三种哥白尼革命

作者：Zev Bechler

书名：三种哥白尼革命

作者：Zev Bechler

高级编辑与出版商：Contento

翻译：Wei Qingjun

编辑：Hongpan Zhou

设计 封面设计：Usama Waqar

制作人：Eran Aviad

ISBN：978-965-550-520-7

国际独家发行商：

Contento

22 Isserles Street, 6701457, Tel Aviv, Israel

www.ContentoNow.com

Netanel@contento-publishing.com

三种哥白尼革命

作者：Zev Bechler

目錄

介绍

本书目标有三：第一，完成我已经为之付出十五年精力的三部曲；第二，绘制出二十世智力的衰落和退化过程，正如科学原理所反映的那样；第三，将这一切写成一部受欢迎的书。在此，我希望对本书的不足失败之处加以解释。

精神的退化实为接受形而上学中任意和强制的辩证性的过程。继柏拉图学院校长一职角逐败北之后，亚里士多德首次提出了形而上学的原型。在三部曲的开篇部分（《亚里士多德之现实论》），我描述了形而上学的基本特征，并且将其称作"现实主义"。"现实主义"指亚里士多德教条中所说的现实在三个方面皆先于潜力，即，逻辑、实际和时间。亚里士多德为了使自然的科学具有可能性而创造的形而上学表明，任何真实的事物只以现实经历或者在人类经验中可以变成现实事物的情况下存在。这一点来说，他需要以他的科学观作为必须的而且特定的知识框架。

隐含在这一体系之下的是现实世界不需要经验之外事物（比如，柏拉图式的理念）的帮助的观点。随时间的发展，这一推论变得更为清晰，这意味着现实世界本身就是一个单位，并且在它之外无任何外力保护或者保存它。这一结论影响了大多数完成亚里士多德"现实主义"释义的人，比如：斯宾诺莎，且在这种形式下它因为不仅对康德和黑格尔哲学还是十九世纪（将其称作"现实主义"有影响），我仅仅追溯了黑格尔以及20世纪重要的黑格尔追随者，比如泰尔和海德格尔）等多数的英国哲学产生影响而极其重要。

新康德主义者以及新海德格尔主义者的新理想主义用新的语言解释了19世纪末的现实主义论点，正因为此，贯穿整个20世纪思想史的现代中心教义诞生了。它表示，现实不再是层面的一个单位，并且这意味着每一个独立的方面只是外表的一部分。因为科学只能解释单一的方面—物理，正因为此，科学是现实的曲解。它是一种"简化"、"放空"、"虚化"、"内容删减"和"失真"等等。这个主题的几个变形在19世纪末理想主义建立之后被创造出来，最近的一个变形被称作后现代主义概念之解构。这个版本将任何科学传统创造出的事物定义为对现实的扭曲、抽象以及简化，因为它只是一些语言学的或者社会传统的成果，以及这些传统不经任何辩护而被动接受的原则和教义，即为，先验。

这个版本的现实主义通过扮演所有迷惑和晦涩的裁决者，超越了一些灵魂，智慧和伦理以及在巨大的复杂性和不可估量的的深度的伪装下的一切。现实主义的道德规范定义的好和利益、成功以及权力有必然联系，因此现实主义演变成了强制力的意识形态。所以，自由主义和左翼政客基本上坚持"多元化"名号下的后现代主义，这事实上仅仅掩饰了每一个当代现实主义的核心后果 — 真理的概念毫无意义。因为既然所有可知的都只是事物的一些方面，而方面是种扭曲（由于每一个方面都具有"片面性"），继而无从得知现实本身。因此，真理仅仅在理论上有潜在可能性，根据现实主义观点它并非真实存在。继智慧衰退之后，出现的是在现实主义框架下构建所有思想的必要条件。

由现实主义形而上学发展而来的解释的哲学（科学的以及其他方面）映射了如下原理：在要求所有解释需要完全的确定性的条件下现实才是真实的。因为解释中一个永恒的不确定性的起源是对仅仅是潜在客体的利用（例如，将柏拉图的思想，牛顿的空间时间、利于自然规律作为原因）。通过从所有解释中将之消除这些，现实主义声称以科学作为确定而必要的知识已经达到了理想化境界。但因为此，所有的科学被束缚与现实之中，它需要接受并强制一个解释的理念作为严格的非信息类结构。简单来说，如要一个解释成为科学知识，它必须不具有任何信息。

❧ 介绍 ❧

我不知道如何才能避免这一灾难性后果，除非接受其相对的教义—有且仅有一个独特的真理可以解释万物，这个真理包含全部的真相，并且它一直包含世界的信息。但完全因为真理是关于世界的信息，它一直和一个永恒的疑问相伴。永远存在我们过去一直被误解以及我们会一直被误解下去的可能性，这一误解不是轻微的，而是巨大的，就像希腊人与地球的运动一般。认识这一曾经存在且要一直延续下去的可能性是柏拉图的成就，但它仅仅在短期内主宰了科学革命—发生在17世纪的科学革命期间，终结于牛顿的物理学。到18世纪它的统治地位有所减弱，之后在康德时期得到了致命一击。现如今它被认为是对知识的好奇和化石，我的三部曲中的第二部（《牛顿物理学和科学革命的结构概念》）致力于对它的分析。在本卷的第一部分有对这一故事的总结。

哥白尼，17世纪革命开始于他，将他的天文学研究沉浸于这一独特真理教义以及对这一真理确切发现的可能性的绝望之中。但是，他真正革命性的发现是真理具有特征的假说，他将其昵称作理论的和谐与对称，尽管它没有产生确定性，但仍具有广泛的说服力。独特真理的教义，对确定性的绝望，以及这一真理标准的新地位，总结起来我将之命名为"潜在主义论断"和随之而来的"信息论"。

总体来说，它阐述了世界拥有其独立的形式，独立或分离于我们的认知，因此在所有适用于相同现象的可能理论中，有一个必定为真，因为只有它保有这一形式。但既然所有其他可替代的理论也适用于现象，没有区分它们的逻辑化方法。世界的真正形态我们的肉眼和智力不可企及的，它的存在于我们来说仅仅是潜在的，因此也是无望的。但是继哥白尼发现了和谐的概念作为区分不同对等理论的非逻辑方式，这变成了17世纪信息论真理的主体，促成了牛顿的成就。这一相当复杂的对位事件在本卷第一部分有所描述。

与存在争议性的牛顿潜在主义背道而驰，康德解释说对现代数学和物理具有独特意义的是关于世界的信息为空的事实塑造的后果。这是他们迫切的

❧ 三种哥白尼革命 ❧

确定性和必然性的来源。康德称这一发现为他的哥白尼化转变，在这本书它被称为第二次哥白尼革命"。具有讽刺意味的（甚至是幽默），康德和哥白尼之间的类比是驱使我选择这本书的书名原因。

康德接受了哥白尼和谐之标准，但与哥白尼的目的截然相反。然而对于哥白尼和17时间应用和谐之标准来发现和筛选真实翔实的理论，康德采用这一标准来作为信息空无作为克服潜在主义者的绝望的唯一方式。因此康德的第二次哥白尼运动将会抹除17世纪的一切成就。本书第二部分讲述了牛顿科学受到攻击的故事，因为它由新现实主义的创始人—贝克莱 •休谟和康德提出。

到了19世纪末，从康德运动中出现的是一场决定了20世纪科学之哲学的形式的强大的运动。这场运动的核心是庞加莱，希尔伯特，罗素和逻辑实证家。我将此称为第三次哥白尼革命，原因很简单，它的路线引领着，在罗素的传记作家之一的话来说，"从康德到康德"。第三次革命开始与康德，呈现为对康德的反抗，但很快掉头回到主观主义和非信息化的温暖怀抱，这也是康德自身革命的核心。这些康德学说催生的新理念的变化是肤浅的而它的中心是保守的。这本书的第三部分和结论涉及新现实主义主导下的20世纪。

在第三次革命期间，20世纪的科学被创建，例如，爱因斯坦的两个相对论和量子力学。我觉得这些将第三次哥白尼革命特征化因为创作的动机以及创造者和观众对其直接的解读是由现实主义论点主导。哲学和科学界对采用这一现实主义解读全面同意，这一直保持到1970年，即使在今天这是流传和接受程度最广的解读。

这两场哥白尼革命——康德和20世纪的革命——是这个三部曲的结篇的中心主题。它的第一部分介绍了第一次哥白尼革命，作为前缀以引出无法避免任何真实的反现实主义的驳论。这对观察显性事实十分重要，即任何会特征化每个一致的现实主义都是一个值得关注的问题—科学理论的逻辑一致性。一个将永远不会让人失去兴趣的问题——理论的真理。如果真理意味着除了理论的逻辑一致性之外的一切，那么真理的问题对现实主义来说毫无意义。

故事横跨三个部分，因此，关于哲学头脑的退化的故事，是从它在17世纪获得短暂的信息化巅峰退化并落定至20世纪的非信息化。哲学精神的退化展现在其本身，在所有其他物体之中，在对任何大胆行为的戒心和任何获得机会的恐惧之中，在对确定性的需求和对假设的厌恶之中，在对形式主义、公理化和伪数学证明的热忱之中。这是一个应用于计算工具和计算机以及微芯片和小压头时代的哲学。

请容许我对我认为何种情况下我会在三个目标上不足失败做出解释。第一，很明显三部曲结束之前需要另加一部书，一部致力于美国实用主义的书。原因在于近五十年来实用主义已经蜕变成智慧界最重要的哲学强制力。它实现了其重要性，首先也是最重要的，通过它表达现代精神的极端方式，一种所有标记当下哲学思想贫瘠的现象最终得以尖锐且明确地表达出来的方式。但是还有另外的原因——美国实用主义当下构成了最新版本的小头脑哲学，或者说，后现代主义，产生的土壤。如果没有理解实用主义的降解特性，三大革命的故事是远远不够的，也不能假装提供当代思想退化的大致轮廓。

其次，很明显，我认为不可能在不概述所设计伦理理论的基本形式的前提下，真正吸收当代社会智力退化的全部意义。自从我对亚里士多德的现实理论做研究以来，我渐渐明白现实主义最重要的方面是它的自然属性。因为现实主义认为价值 – 比如好、正义和美 – 仅仅是潜在的实体（"抽象"），并因此它们不具有现实性。最直接的结果是一个虚无主义的到的理论指出，所有指导我们生活价值观都是约定的，主观的，随意的，仅仅是情绪化的。亚里士多德在反抗柏拉图时，是第一个描述现实主义伦理的细节的人，并在他之后创建了包括霍布斯，斯宾诺莎，休谟，康德，黑格尔，尼采，约翰•斯图亚特•穆勒以及他们在20世纪的当代版本的传统，所谓的情感主义，实用主义，存在主义和后现代主义。

❧ 三种哥白尼革命 ❧

如果没有现实主义道德的描述，将不可能获得科学的现实主义哲学的全部意义，更别提它的感染力和强度。所以很明显，我认为即使是第四卷，关于实用主义的一卷，也不会是我的劳苦工作的结束。我将需要第五卷，描写现实主义道德的发展和变革，因为它们导致了20世纪的残酷主义。作为一个坚定的潜在论者，我认为这样的灾难性后果是哲学唯一可能的检测，如果这种检测真的存在的话。第三，我发现我无法创作一本即严肃又受欢迎的书。从我朋友读过我的手稿后作的笔记看来，这一点毋庸置疑，并且我意识到到目前为止我的另一个梦想也破碎了。但是这一好心的工作至少收获了一点甜美的果实 —— 我不得不终止这一麻烦、自命不凡且虚假的学术怪癖，比如：所谓的脚注。这也意味着这一故事不必受其他解读的正义和反驳所支配。所以一旦失去了脚注庇护，因此我迫切地需要尽可能多的将我的解读的文本证据包含在故事里，只为了我都这加以审视、检查和评判。所以，尽管这只会使故事有点以至于无法流行起来，但至少让我感到欣慰的是我的作品不至于太文邹邹，这也是一点成就，不是吗？

1. 第一次哥白尼革命：潜在的项目

1.1和谐与信息性

现在谈什么：在此我们需要明确一下即将一直陪伴我们的概念——信息和空无，和谐和矛盾。我们不会对它们下定义，因为我从不相信定义。反之，我会提出一些关键的的历史上的例子——芝诺、亚里士多德和柏拉图。因此，故事会有点…不顺畅。它主要讲述了以哥白尼关注未观察现实的信息需求开始，这些未观察的现实指超越现象或者隐藏在现象之下的现实。此类信息的典型标志是对真理永恒的质疑，并且真理的典型标志是其后的和谐。最重要的创新是发现了信息性、矛盾性和和谐性之间的关系。因此，确定性的概念被提了出来，并且会统治整个17世纪——人类或者道德确定性。

1.1.1哥白尼·真相和解读

被称作"科学的历史"的纪律的现代形态仅仅诞生于20世纪初，继英国哲学家埃德温·伯特出版了一本书的标题耐人寻味的《现代物理科学的形而上学基础》（1925年），开启了一个新问题：究竟为什么哥白尼提出了他的新天文学？不具备新的事实来反驳旧理论，他的理论不能自夸为在在预测性的观察上更加精确，并且它的假设也不是更简洁。在很多方面，它甚至比其前任者更糟糕——主要因为没有对革命性论点的任何物理学支撑，换句话说，地球以惊人的速度（30公里每秒）在环绕太阳的圆形路径上飞速旋转，同时也以惊人的速度环绕以其轴为顶点自转（每分26公里，可以和速度接近MACH2的飞

❧ 三种哥白尼革命 ❧

机相匹配），而这一切竟没有让我们感到任何动静！树木不会像在暴风雨中吹得到处都是因为空气捕手这些巨大速度的影响，云彩也不会到处乱窜，而且一个主要的古话——当你朝上扔出石头，它会原路落回你的手中，然而石头停留在空中（假如只有一秒钟），那我们已经离开了原来位置至少30公里之外。

自从读过之后，伯特的问题一直困扰着我，三年之后，托马斯·库恩关于哥白尼革命的书籍出版了，我匆忙地翻阅图书寻找答案，但是整本书都在讲这只是因为哥白尼的动机是艺术性的——老天文学在他眼里如怪物一般，然而他自己的天文学看起来既和谐有系统。我认为这和简化有关。之后，当得知的一个重要的数学家和天文学历史学家奥托纽格鲍尔遭遇判决时，我十分惊讶。他曾说过，哥白尼的天文学设法丢弃了旧天文学典型的优美和典雅。哥白尼添加了很多校正圈，和旧天文学完全一致，只是它们的数量只多不减少。过去的优雅消失了，数学的复杂性增加了——何以言美，何以言和谐？

同年出版了史上关于科学革命的最引人入胜的一本书：阿瑟·库斯勒的《梦游者》。库斯勒只是加深了我的疑惑——因为除了他那些精彩文章，根据三大革命先驱哥白尼、开普勒和伽利略，革命的兴起犹如梦游（一篇开始榨取历史学家中理性的陈旧意义），他不嫌麻烦，计算和比较在两个古代天文学中本轮的总数，所以很明显，而旧的天文用了37，哥白尼只好用57（差不多多了二分之一的周期和本轮）以获得相同的结果。美学何在，对称何在，和谐何在？并且为什么喜欢尔后接受了新理论呢？本故事中的科学理性何在？

一个答案适时出现，一部分在于哥白尼的言论部分在于开普勒和伽利略的言论。毋庸置疑，本答案将和谐和对称作为一个重要的元素，只是稍微回避了美学。因为没有关联，所以我开始思索哥白尼写下的在美和简约、和谐和对称的关联。除了美学问题，综合考虑了以下因素后唯一最重要的理念是真理。之前疑惑的解答从现在开始变得十分清晰且简单：哥白尼表示他差不多发现了太阳系的真正结构，他将对他来说真理的决定性证据称之为和谐和

1. 第一次哥白尼革命：潜在的项目

对称。此外，很明显，我认为开普勒和伽利略，事实上17世纪所有的加入了科学革命哲学家和科学家都采纳了他的理论，因为相同的两个原因 —— 真理和它的新准则，和谐。

真理概念没有此标准是为无力，标准没有真理概念是为空洞。但他们的组合是爆炸性的，它包含了科学革命的主要哲学见解和新科学。对于这里所涉及的事实是客观真理，即分别凭借某人和他的观念或他的能力去发现它的真理。相反，现在起最大的假设世界的状态是我们原则上无法"脱离那里"然后由"外"及内靠所有的感官来感知它。世界的状态变成了某些人类感官无法感知的东西，仅有世界的状态的蛛丝马迹而非世界的状态本身可供观察。有很多原因来解释此问题，但只有两个足以解释清楚——如果我们位于一个热闹的地球上，因此不是在太阳系一个固定的中心，很明显所有的天文学观察都将会被这一视觉效果所扭曲，这和我们从侧面看硬币只能看到椭圆形或窄的矩形一个道理。第二个例子：观察中的距离和尺寸导致失真，所以我们之前看到的图像仅仅是真正状态的一个结果，也只是一个扭曲的图像。

客观真理的概念和第二个观点纠缠在一起成了科学革命的中心——解读为科学思想的关键部分。科学理论从现在起将被认为是解释性行为——它解释了现象以从中抽离出现象背后的独特真理。因此，从现在起现象将有两个功能：第一，作为隐藏现实和客观真理的面纱。第二，作为现实和真理的暗示、标志和效果。

科学形式在17世纪被设想为密码破译的类比。正如伽利略所说，现象是"自然之书"，如笛卡尔所说的"加密的写作"，也像培根生成的"科学是自然的解释"。作为一种加密的写作，现象将单独的现实信息加密，隐藏在我们的感知之外。解读是简单的解码，是发现现象所使用的加密代码。

1.1.2如何拯救现象？

这不是一个隐喻。这是对新科学本质的简单而直接的描述。既然现象对现实进行了隐藏或者加密，只有发现这套代码我们菜呢个解密现象，因此科学面临解码的问题，和数学要解决的问题相似。在拉丁语中这被称作salvare apparantias，动词salvare被翻译成英语salve，之后变成solve（解决）。这个拉丁单词是希腊语soizein ta phainomena的翻译，意思是拯救现象。拉丁语salve意思是拯救/保护，但一个小小的转变使salve变成了solve，意思是解散或者不——纠缠。所以在17世纪，他们习惯于将科学的目标描述为现象的"解决办法"，这意味着解答或者解码它们包含的真正信息。"去解决现象"的翻译是，可能无意识地，比希腊语源更好，然而"解散"现象是解决的方式最恰当的描述，通过分析，或者将现象分解，揭露了它真正的组合成分。组合成份的哲学在伽利略学者和牛顿新科学涉足前后成为了讨论的中心。

但是"拯救现象"表达的起源来自柏拉图，他用此表达来向他所在学院的数学家们提出挑战——"你必须拯救现象"，他声称，"通过假设定期和平等运动的方式"。此处的"现象"他指的是天文学现象，数学的挑战是解释观察到的行星的运动，众所周知，这既没有正常的轨迹也不是普通的圆弧，通过假设的方式，比如说它们实际上是在做匀速圆周运动。这是一个严谨的数学问题，最终的解决方案到18世纪才被法国数学家傅立叶发现，它表明即使它没有确定的轨迹（就有这种可能），有可能通过分解把每一行变成确切的周期分量。比如，一条除了一端突然上升或者折回外笔直的线，可以被分解为严格的周期曲线。（其振荡的周期被设定为相互抵消，除了在互加强，因此创造了急剧上升的线的那一点上）。但是第一个数学方案早被在柏拉图学院工作的数学家尤德萨斯发现了。他接受了挑战并且展示所有关于星球可观测到的运动可以被视为，其实他们本来就已被视为假设任何一个行星同时按不同周期在运动，每一个周期运动都是与地球同心的圆圈，只是在每一个圆圈上运动的周期和方向各不相同。

分析的观点，或者将一个已有现象分解为隐藏的不可观察的元素，在这时第一次出现。这是希腊天文学的开端。因此，作为数学的下级学科天文学从此点进化而来，因此构成了建立于柏拉图拯救现象论之上的物理学的第一模型，比如，通过将他们分解为元素加以分析来解决他们。随着希腊天文学走向成熟，最终由400多年之后托勒密确定了它忠于柏拉图原理的最终形式。

1.1.3和谐和美好的对称

就像托勒密，哥白尼也在柏拉图的启迪下推动了他工作，但是他的革命以一个全新的视角开端。继哥白尼发现了可以将现象结构为小分子，他意识到这一独特的分析方法有独特而绝佳的质量，这是希腊天文学所缺失的。因此他将这一与众不同的质量描述为：

我们发现根据这一安排，世界呈现了美好的对称性，在圆周运动和尺寸之间也有一个确定而和谐的关联，就好像不可能以其他方式发现。（哥白尼: 22）

在给教皇的献词中，同时也是书的前言，哥白尼解释：

所以对我作品中关于地球的规定的运动，在深思熟虑后我最终发现如果其他行星的运动与地球的运动有关，如果运动按照行星的旋转加以计算，不仅现象以此为基础，而且这一关联将所有行星的顺序和轨道绑定在一起，以及他们的球形的和轨道圈，任何一部分都不可能在不干扰其他部分或者宇宙整体的情况下独自改变。（同上: 5）

一旦哥白尼发现了他的解决方案（或者分析，或者拯救现象）包含其他解决方案所不包含的"和谐"和"美好的对称"的特点，他坚信这些都是清晰的证据，因为这一分析会揭露与我们分离开来的现实或者因为它只存在于上帝创造者眼中。

同样地，当我对着这一由于世界球形运动的组成使得传统数学缺乏确定性而冥思苦想时，那些在其他方面对世界的最微小细节做了非常细致的推敲的哲学家反而对这个为我们创造的最优秀最有秩序的世界的机械运动毫无确定方案，这使我很苦恼。（同上：4）

哥白尼所表达的是他对数学家们（"哲学家们"）背叛了他们独特的职业——发现世界的真正结构。因此他对希腊解决方案有以下批判：那些接受了本解决方案的数学家

没能发现或测量最关键的一点，比如：世界的形式和它每一部分的确定形态。

数学家们背叛了他们的职业因为他们没有将世界是"为我们创造的最优秀最有秩序的"考虑在内。否则，他们会明白他们在其解决方案里所发现的不是"世界的机制而是一个怪物"，这是任何对得起他的称号的工匠都不会同意创造的：

> *他们和来自他处的任何人有着相同的修复程序，手、脚、头和其他的躯干——造型优美但是没有偏好一个身体忽略其他身体，如此以至于这些部分组成了一个怪物而非一个完整的人。（同上）*

哥白尼在这些话和随之出现的详细的解决方案中创造了新科学的意识形态：它的目标——世界形式的特定发现由于只对上帝可见对人类不可见；这意味着将现象分解为其组成部分，和数学家通过分析解决问题的方式完全一致；它的测试——和谐和对称作为特征使得此分析区别于彼分析。

1.1.4 中国疑团，有机统一和真相

但为什么真理的和谐标准对哥白尼来说承载了如此的确定性的强度。我在想经过这么长时间，知道我对中国疑团有所了解。这是现代理念，有机统一

✎ 1. 第一次哥白尼革命：潜在的项目 ✎

的概念的一个核心概念的最佳材料例证。让我吃惊的是在亚里士多德的悲剧的本质的解释中我第一次知道这一说法。他的话语总是让我充满疑惑，事实上，我从来不懂他所说的。"有机体"是亚里士多德没有使用过的表达，在传统解释中使用以协助翻译希腊单词"整体"或者"个体"，这些单词亚里士多德使用过。艺术创作，作为模仿性质的工作，必须具备一个统一，反映本质的统一的想法：

> 因此，在其他模仿艺术面前，模仿是一回事，客体是一回事。所以情节，作为一个动作的模仿，必须模仿一个动作，因此整体作为部分的结构型组合，如果任何一个部分被误置或者起初，整体将脱节或者受到干扰。一个存在与否无区别的事物不会成为整体的一部分。(Poetica:1451a30——35)

通过声称是个结构必须模仿（一个完成并结束的动作有一个开始，中间和结尾）他的意思是：

> 艺术性工作因此代表了一个活的组织，并且产生相应的愉悦。(1459a20)

亚里士多德表示，因此在文学作品中，比如悲剧，所有的部分必须紧密相连，使得任何一部分的改变必定会破坏整体。这是好作品的特点——和一系列的作品或者仅通过时间和空间关联在一起的故事区别开来，比如书写历史。

优美的文字，美轮美奂的观点，但是我不幸没有找到这样的作品，尽管大艺术家们有很多可提供的例子。我不相信有如此的艺术品，专家的话只是说了有机整体除了表达愉悦别无他物。甚至观点本身——如此作品的可能性——对我来说非常可疑。

因为在亚里士多德心里，和我一样，没有艺术创作的模型只有自然创作的模型——生命体和星球。作为物理学家的儿子，那样的生物具有的有机整体的

❧ 三种哥白尼革命 ❧

现象帮助亚里士多德认定这一观点在所有领域的重要性，以及以其非常独特的形式——在艺术理论领域。因此他的观点是就像生命体是大自然的超级作品并且具有图特的特性——生命——作为有机整体，所以艺术创作作为人类的超级作品以及人类尽力"模仿"自然，需要反映出自然创作典型的有机整体。

虽然我们都知道这样的有机整体并不严谨——我在工作坊中失去了左手食指指尖后，我身体的其他部分并没有很多变化。甚至我的生活习惯也没有变化——痊愈后我还能使用手指，从事工作坊，教书和学习，和以前完全一样。有些东西确实变化了（比如恐惧）但是这些只是生命的外在。

有一天我接触了一个新事物——中国的九连环，我开始明白亚里士多德的意图是什么了。因为这环环相扣的中国玩具有点不同：你无法在不破坏整体的情况下改变任何一个部分。你在不破坏九连环的本质——空出的空间将出现在它和一个摇铃将被创建，从而破坏其坚固性和形式的情况下无法加长或者缩短九连环任何一部分的长度。

每当我们完成一轮的九连环是我们都经历了如此确定性的开心。我们甚至不需要进一步的实验来确定有且仅有此一个方式把各组分在一起并到达在解决方案的相同程度的一致性。该解决方案的独特之处完全明确且一劳永逸，无需任何进一步的论证。而且，确定性与这一认知和我现在撰写时感受到的确定性强度一致。这也是揭开加密文本的密码时产生的确定性的强度一致。

哥白尼之后八年，笛卡尔在他著作的结尾提出一个比喻：

> *例如，如果任何想阅读拉丁文写的但是顺序打乱的一封信，他需要记住B是A，C是B，每个字母都由它后面的字母代替，如果他用这种方式发现有这些构成一定的拉丁词，他不会怀疑这些话的真正含义，他可能通过猜测发现，虽然可能是作家没有如此安排，但在其他方面，它*

1. 第一次哥白尼革命：潜在的项目

暗示了另一种含义：因为这不可能发生，尤其是当密码包含了很多的文字，这似乎令人难以置信。(原则之四 §205)

没有必要来计算概率或尝试其他的代码，来知道这是真正的代码，并且出现了真正的意思，并没有其他的代码能够如此成功地解码此信。什么标志着此项成功？简单的事实是无法在不破坏剩余部分的意思的前提下删除任何字符。在这里成功的标志是解码的和谐感，以及文本的任何一部分的存在都有其必要性而决非偶然的事实。这一必要性通过在信中任何标志都与剩下的上百个标志紧密联系的事实揭示了它的本质。成功解码揭示了信的真实含义，比如，它本身的意思，信书写者要表达的意思和书写出来的信所表达的意思。这意思就是哥白尼所说的"世界的确定形式"。

1.1.2 人类确定性的真相

现在，是此非彼的确定性的根源是，比如，即使出现乱码的文字变得连贯和有意义，代码可能是错的以及真实含义完全不同？这个感觉可以由代码的简洁性和文本的完整性之间巨大的差异来解释。这种差异使得发现新的文本和意义是偶然的变得及其难以置信，因此具有确定性。在这差异中有对科学革命成功的信仰，因为这只是规律和现象之间的差异。这一规律微不足道（在我们的例子——"与它的后继者替换每个字母"或"将地球作为宇宙中心的革命性地转移到太阳为中心"），但其后果的现象，新的连贯性，原则上很多，不同且无限。解码现象越多，（"尤其是当文本包含很多的文字"）也许这一切都是错误和事故的疑惑也就越小。与由两部分组成的中国九连环打交道时，有无限的方式可以将他们和谐地组合在一起。当有20个九连环时——只有一个解决方式，所有的疑惑消失了。

但是很明显，我们指的是人类质疑，是非常常见的标准质疑。我们所谈论的不是一个逻辑性的问题。因为问题本身就不是¬——只是逻辑上单纯地有可能存在其他解决方案等等。逻辑性问题的答案很明确，但是解码者和科学家对它提不起兴趣，然而真正的问题都是日常生活相关的问题，这是常识，这是市场上的问题，是陪审团所提出的"合理性质疑"。在艾希曼案件中对法官来说没有合理性质疑，因为他涉及了大规模谋杀，但是反方仍然无休止地辩护。O.J.辛普森案中他确实有谋杀的罪行对陪审团来说没有合理性质疑，但是对他们来说他将被判无罪同样没有合理性质疑。我们对如果攻击冲我们开来的卡车会杀死我们没有合理性质疑，尽管这不具备逻辑上的确定性。总之这里没有逻辑性兴趣只有人类的兴趣，这便 - 是哥白尼和笛卡尔讨论的每一天的确定性，之后笛卡尔将之称为"道德的确定性"。

> *然而，我可能不会破坏真相，我们需要将两种不确定性考虑在内：第一，什么具备道德的确定性；即，遵守生活守则的确定性，尽管如果我们崇尚上帝的绝对权威道德的确定性将变成不确定性。原则之死 §205*

并且科学确定性的存在为接下来的科学革命做了准备。只有当它和日常的确定性和道德确定性有严格地关系时，任何和一些科学解决方案相关的问题才非常有趣。我们对科学的确定性提出更高要求的时候，或者将其称作绝对或者神圣的确定性，问题便失去了乐趣。因为这样答案会相应地变得琐碎：没有任何事情是绝对的确定。答案的锁碎性预示着问题的锁碎性——我们甚至都不知道绝对确定性真正的意思是什么。笛卡尔继续解释道：

> *那些观察了诸如世界的磁、火和纤维的事物的人，仅仅是从几个原则中推导出来，尽管他们觉得我随意地毫无根据地选择了这些原则，但是他们会明白如果他们是错的这些一致性将很难发生。（同上。）*

这是科学革命解决问题的卫冕方案，在将来会被称作"归纳法"——如果我们一直现象，如何分析、解决或者拯救现象。因此，解决方案包括两部分：第一，如果我们参考绝对确定的方案，那么问题和答案会很琐碎，其解决方案也一样琐碎。但是如果我们只解决道德的和人类的确定方案，问题和答案将会非常有趣：现象需要解释所以突然的和谐迫使我们承认我们拥有道德的确定性作为唯一可能的解决方案。造成这一和谐中的确定性和紧张感的是代码之间的差异，即，自然的法则和原理与现象。并且差异越大，和谐效果越好。——这只是简单的认为事实。这种区别代表了我会称作的信息与信息性。

1.1.6确定性和信息性

笛卡尔只提及了数量上的差异——原理仅为少数，现象解释多如牛毛.他忽视了主要的区别——组成成分和显现的内容之间的区别甚至对立性。这一忽视有其合理的原因——如果他提及此事将会破坏道德的确定性，并且这将会预期发生。但是在这对立性中存在着科学革命的哲学本质。而且，笛卡尔深知此点因为他创立的物理建立在此原则之上：法则（和组成成分）必定不会简单得和现象有区别，但是区别于他们直接对立性的延展。

我不是说笛卡尔构建的科学原理和显现相对立。他构建的方式非常繁琐并且承载了物质性质和上帝本质的逻辑与理论解释。所以，这不像是笛卡尔观察了现象，然后自问什么是直接对立性，因此决定了这些"原理"，比如，自然法则。但是论点的结果指向了自然法则看起来他成功了，这也是我所强调的。而且，我表示这并不是巧合，因为自然法则的重要性以及真理不仅基于通向它们的论证而且基于它们的逻辑特征。笛卡尔强调我们需要认同他自然法则是真实的，因为那些随之出现的五花八门的现象不会仅仅是巧合。为什么？因为法则和现象之间存在极端的差异。我们能看到他指出了这些数值的差异——这只是少数而那些在数量上无穷尽。但是作为这些原理的本质和内容的后果，这一论证需要特殊的紧迫感：只是因为原理和现象之间内容上的差异，很明显原理从未被选择用于适应现象或者，想当下习惯说的，它们不是为了显现而被选中，"特设"（"为此"）。

❧ 三种哥白尼革命 ❧

现象告诉我们物质实体之间存在差距，它们向差距转变，因此成为它们运动的必要状态。笛卡尔声称并无此空差距的存在。现象展现了星球沿闭合路径做自然运动——轨道呈圆形和椭圆形等等。笛卡尔将它们称作"旋涡"并且表示作为他的物理学的第一"原理"，事实上宇宙中根本不存在曲线运动，世界上唯一真正的运动轨迹为直线。笛卡尔声称世界上所有的运动都由外力推动物体而产生，而不受外力干扰时物体倾向于静止不动。而我们观察到的是因为力和倾角物体本身或者依靠自身而运动。我们观察到世界的状态无休止的变化着——笛卡尔表示世界的状态一成不变。我们观察并且感觉到物质具有的各种性质，如颜色、 硬度、 内力、 味道等等——笛卡尔提出物质不具被以上这些性质，其唯一的和真正的、 重要的性质只有它的"延展"，即，只有其空间。其他的一稠度、 流动性、 封闭性、 惯性，等等一不具备其根本的性质仅为现象而已。笛卡尔物理学成功之处在于展示了各种现象，如"磁、或和整个世界的组织"，如何由误置只是"延展"这一单一的原理推断出来，并且因此所有引动轨迹为直线，物质不具有力，以及其他各种各样的推断。

为什么笛卡尔声称物质的本质是严格的"延展"？因为他是数学家，也因为他成功地将几个缩减为算数或者代数（在其分析几何中）。他物理学的程序是将物质缩减为空间，以此成为几何学，最终成为算法。如果我们记得除此之外空间即误置的论题也表示在物理世界中除了空间别无他物，我们获得笛卡儿程序这一惊人特性：虽然古代原子学家声称除了原子和空间世界上没有其他物质，笛卡尔现在说物理世界别无他物只有空间。但既然空间只是数学中的概念，（比如，分析几何），它也具备世界本身没有特征但是那些数学家可以用语言来描述的特点。

这是原则和现象之间可以想象的最极端的对立局面，因为它说物理是数学的，即物理根本不是物理的。以此，这一对立可以解释为逻辑上的矛盾，或至少为一个逻辑矛盾。但它不是一个真正的悖论，也不是一个矛盾。我们只有17世纪基本论点的一种表达，据其观察不是它看起来的样子，一堆毫无意义的

字母 —— 但是是不同或者与之相悖的东西：这是一个加密的消息，并且它本身包含着隐藏的秩序和意义。意思是现象所携带的信息以及它的发现在17世纪期间成为科学理论的最终目标。而由于这是隐含的意思，与观察到的现象截然不同，阐明这一信息的理论在逻辑上存在疑点，唯一可以实现的确定性是严格的道德层面的。

一个科学理论意图揭露我称之为"信息理论"的信息以及我会称作"信息表"的逻辑形式。信息的形式是什么样的？笛卡尔的理论说物质只是看起来一成不变等等，空间只是看起来和物质分离，物理只是看起来和数学不同或者相反。这些翔实的命题因为说一件事是另一件事，例如，物质不是物质而是空间，物理不是物理而是数学，等等。翔实命题的形式，或"形式的信息"，是矛盾的形式，它是相异的食物之间的联系。正因为彼此相异，他们的联系才包涵信息。

1.1.7信息与非理性 —— 巴门尼德和悖论

因为信息是相悖的联系，比如多种相异元素之间的连接，不但没有道德上的确定的信息，而且不存在严格理性的信息。从相反方向来看情况更简单：只有事情彼此相同时，它们之间的联系才能是确定而合理的。这是巴门尼德的发现，之后成了哲学主要而关键的来源。我现在稍稍偏离故事的主线，以熟悉信息性的概念，并给它一个消化的机会。

巴门尼德的发现如下：只思考那些不是矛盾的事情是可能的，但是不是矛盾是一个身份，所以思想必定只包含身份。然而——现实只能包含可思考的事物，因此现实仅由身份构成。因此，巴门尼德认为世界上不存在复数，否则每个整体将只有其零散的组成部分。同样，运动不可能发生，因为如果有可能的话，那么线性将由非线组合而成，长度由非长度组合而成。他的结论是现实中是不包含部分和静止的绝对完全的整体，因此不存在变化。因此，复数、运动和变化就像我们所观察到现象一样，幻觉无法对应现实。

❧ 三种哥白尼革命 ❧

因此，巴门尼德的哲学是，不具备同一性判断或主张的论点是不可想象也因此不可能作为现实的描述的一种矛盾。但巴门尼德论文的意义是包含有关世界信息的每一个介绍都是一个自我矛盾。例如，"桌子是绿色的"根据本论点表示桌子不是桌子，绿色不是绿色，因此这样的描述是一个矛盾。

正如巴门尼德所发现这一点，他的追随者芝诺在在著名的悖论序列说明了这种信息的不合理性。其中最令人惊讶的反应，它是柏拉图决定将悖论纳入到他的核心理念之中。所以大约两千年后，当笛卡尔开始创建他的物理学时，将会是柏拉图和他对芝诺和巴门尼德的回应成为帮助他的典范。大约在巴门尼德之前一百年左右，继勾股定理之后，很明显，两条等腰三角形的斜边和等边三角形的边没有统一的测量。这意味者如果没有一条尽可能小的边可以链接另外两条边，比如，可以无限次置于两边之中。它总会而且必定发生，如果它无数次存在于其中的一个之内，那么它不会无数次的存在于其它事物之内。毕达哥拉斯的想法是实际测量这两条线的是点，假定线由点组成，每条线必须包含大量的点，所以点数即为线的量度。

芝诺在几个悖论中驳斥这一观点，意义在于科学思想的形成一直影响到今天。首先，无论是几何点有长度或者它无长度。如果点有一定的长度，它确实可以作为这条线的测量措施，那么勾股定理必须是错的。因此该点没有长度。但随后芝诺认为线不能由零长度的点构成，因为其总和为零。也许可以回答虽然数学连续性不能由点构成，物理连续性具备这一可能 —— 在诸如距离和时间间隔之中 —— ，由点构成。芝诺回答说，在这种情况下，我们将无法理解和解释运动是什么以及运动是如何发生的。这时我们就不得不说一个箭头是在每个时间点都在运动也处于静止的状态，因为在"每一刻"它横跨一些确定的空间距离，而这正是我们所说的静止。因此，如果时间是由时刻组成那么可以说飞行中的箭头每一刻都是运动的，它每一刻也都是静止的。这是一种自我矛盾的"悖论"：因为如果静止是运动的对立面那么运动不可能由静止组成。结论：时间不是由时刻组成，比如，时间点。

✎ 1. 第一次哥白尼革命：潜在的项目 ✎

芝诺增加了两个有关的空间连续性的悖论作为测量方式。如果空间是连续的，则每两个点的连线之间存在至少另一点，否则线会存在的孔而不存在连续性。这样，如果线是连续的并且由点构成，那么任何一点不会接触其它点，因此任何两点之间存在无穷多个其他点。因此如果线是连续的，是可以无限分割的，因为分割无法达到或孤立成点。在这一假设之下运动如何存在可能？为了到达一条线的一端，必须首先到达其中间，然后到达剩余一半的中间，依此类推。如果运动是分割距离这样的一个过程，这个分割过程必须是无限的，因此它没有结尾 —— 那么如果线是连续的运动如何才能结束？

这个悖论的另一个版本是阿基里斯和乌龟 —— 如果阿基里斯犯了致命的错误同意在比赛中让乌龟占有领先地位（因为他拥有跑得最快的人和希腊绅士的名声），他怎么可能弥补他们之间的距离？因为在之前的悖论中，即使乌龟站着不动，它们之间的距离不可能是无穷尽的，更不用说乌龟在运动中，

因此运动一旦开始将不可能结束。那么再问一遍，运动是如何开始的？因为要到达整个距离的中间，首先要到达前半部分的中间 —— 无限循环下去。因此不可能有第一步。总之，运动无法开始，无法发生或者无法结束。因此，一种可能的结论是因为世界上存在运动，空间和时间不能由"不可分割的事物"组成 —— 但如果存在这种可能，则运动是不可能的。

芝诺向其读者清楚地解释了运动的理念是自相矛盾的。而且，这只是反映了由无穷大的离散和不可分割元素组成的数学连续性概念的矛盾性。存在避免这些矛盾性的可能，只要我们同意世界上并不存在运动和连续性这类事物。否则，我们将不得不同意该议案由一系列休止符，非线（点），非长长度的线，并且具有无穷的结束（因为有限的长度是不无边的总和长度）。

这些悖论所蕴含的哲学意义解释了巴门尼德关于信息不合理性的论点：要预测一件事，必定会有另一件事牵涉到矛盾之中。如果说，一个连续的幅度由不可分割的事物构成，以此来断言矛盾，就像说一件事情是很多件事情一

样。同样地说一个事物在运动也是说这一事物处于静止一样。翔实的陈述原则上是非理性的，保持理性的唯一办法就是将我们的言论限制在我们的个体水平。与信息性相悖的一个新原则是以理性之名得以提出　的——　空无。

芝诺悖论从来没有得以解决。今天，一种解决方案被发现了（在所谓的非标准数学的帮助下），但它似乎可以说，芝诺与其追随者宁愿保留这些悖论。芝诺会认为它解决了他们涉及的实体数学，称为无穷小，这是自相矛盾，作为幅度这两者都是小于每个实但大于零。数学承担了"无限"的数字，这些数字或大于或小于所有自然数，然而它们是有限的。芝诺会争辩说，也许他无法看到在假定新矛盾来解决旧矛盾的优势。旧的矛盾至少有这样的一个优势，那就是即我们已经习惯了那些旧矛盾。

1.1.8对空无原则的第一次反抗：柏拉图和原子论

作为巴门尼德和芝诺以及他们这些非信息性的反应，德谟克利特和柏拉图提出了异议。德谟克利特的回应是两个原子理论　——　最为人熟知的一个是现实中存在的一切是物质原子和空无的无限空间。但似乎德谟克利特也试图建立数学几何原子理论，第一无穷理论。无穷小的逻辑是它们有特殊的大小，因此它们不能在我们的标准想象中抽象出来。我们的想象力是"二进制"　——　如果一个大小可以被画出来那么它是有限的，如果它不是有限的，它是零，那么我们也不能在想象中画出来，也就是说，我们无法想象空无，或者想象空无的不存在。因此我们无法想象既不是零也没有穷尽的东西。如果物理现象和数学事实需要这种程度的存在，寓意很简单　——　物理和数学世界的理解不能依靠或者连接我们的想象力。理解不是想象，不要求作为想象能力的条件。理解是一个纯粹的知识能力，因此德谟克利特可以介绍空间是无限的观点，柏拉图可以介绍概念不是思想的观点。

❧ 1. 第一次哥白尼革命：潜在的项目 ❧

它们是和我们以及我们的思想相分离的内容。我们无法想象无限的空间，同样地我们无法想象的内容（如那些以文字表示"正义"，"美女"，"好"）如何可以独立于我们的思想而存在。但接着巴门尼德和芝诺的教训，这个困难失去了他它的吸引力。这一提出了呈现它本身的选择要么是否认运动和多元化的事实，要么是接受世界矛盾性具有必要性，尽管事实是我们根本无法想象。德谟克利特和柏拉图选择了第二个选项。

在其最成熟的阶段，柏拉图在《蒂迈欧篇》写了描述世界的物理结构的短论，而大约2000年后这本书也曾作为笛卡尔撰写他第一本物理书《世界和光》（在听到有关伽利略因与教会的矛盾而身陷囹圄之后，本书被压了下去）的范本。在他《蒂迈欧篇》柏拉图描述了他称为造物主（意思是创造之神）创造世界结构的神话。当这个工匠神开始其创作行为时，已经存在的两个领域 —— 材料的和形式的。正式的领域是以"形式"为填充物，在希腊语中被称为"点子"，因此形式的世界 —— 或者点子的世界 —— 就是它们完全存在的领域。标志形式的特征是既然它们缺乏任何实质性，它们是不可变的，因此是永恒的、彼此分开的，每一个都具有定义明确的内容。因此，我宁愿把这些形式作为定义明确且保持不变的内容，其存在独立于物质世界，而不被任何人思考过、理解过或者设想过。柏拉图在神话中表达出分离和独立，他说物质世界的早期是完全混沌的，尽管在内容的世界之外存在着其完整的秩序和定义。

在这个阶段，工匠之神开始了他的创作，即将秩序引入混沌的物质世界。以他观察到的世界永恒不变的内容为模型，他介绍了此秩序。柏拉图告诉我们他的第一个行动是创造世界的灵魂，从中导出我们这个世界剩余的灵魂。世界的灵魂，柏拉图讲述，是一个非常特殊的生物。这既不是所有形式中的一种，也不是物质的：它由几种形式组合而成，存在于物质世界中。它由三种宇宙形式的混合物构成，与其他的形式区别开来，即特殊性的形式（每种形式对其自身来说是独特的），不同性的形式（与其他形式的不同）以及存在的形式（它存在）。造物主采用这三种组成成分创造了不同的混合物，将它们与其他事物混合在一起，因此创造了世界的灵魂。

1.1.9.神话的逻辑

我提出这个故事作为柏拉图对巴门尼德反信息主义的异议的解释。为这一异议和紧随其后加入的观点赋予特征的是对反信息主义和纯粹理性主义简单粗暴的逻辑的反对。反对巴门尼德世界上没有任何事物包含矛盾的理性主义的原理。这里柏拉图呈现了相反的原理——物理世界的每一个事物都包含矛盾，因此无法完全地成像，或者构思，或者理解。在我们这个世界的一切都是纯粹形式和不可分割的物质的混合物，只有通过灵魂我们才能理解它，而灵魂也是三个纯粹形式与他们不可分割的成分的的混合物。因此，这也难怪，了解世界意味着隐含组成世界的每一个物理事实的矛盾的纯粹的直觉。运动和它的矛盾，芝诺的主题仅仅是一个例子。主要的例子就是信息命题的逻辑形式，如巴门尼德指出的：既然命题承载了有关世界的信息，就必须说一件事对另一件事，因此它必须至少有两个独立的而陌生的东西相互连接。正是这种连接或胶合创建了一种矛盾的，因此矛盾是每个信息的逻辑形式。借用柏拉图的语言，我会说世界的形式是信息的形式，它存在于个体形式、差异性是和存在形式和差异性和存在的混合物中。这实际上抓住了世界的独特性作为结构顺序，也就是说，它的独特性作为一种成熟的存在，是不完全纯粹的但也不是完全无序的，是由纯粹（形式）和无序（物质）组成的特殊混合物。

柏拉图接着解释说，这种混合物性，信息的本质，既不由纯粹的理智也不由感官把握。它必须仅由两者合适的混合物来把握，并且就只能由一种"相似的故事"，一个神话来表示，因为世界上有唯一的一个近似的存在。对世界的任何理解不可能准确且一致，因为虽然物理世界确实体现了一个持续而连贯的事实，但它稍纵即逝且不具备一致性..

🔊 1. 第一次哥白尼革命：潜在的项目 🔊

除了巴门尼德的一致而针锋相对的逻辑合理性,它的结论是唯一可能的理解是非信息的,因此柏拉图构建了一个新的认识观。其主要意图是某种理智的不合理性,总是踩着矛盾的深渊边缘上又总是小心翼翼避免跌入深渊。为了换取这一危险的存在,信息性变得具有可能性。这种非理性的第一种解释是对世界的灵魂物质之间的联系的描述。这种联系能够建立首先是因为世界的灵魂存在于物质典型的非理性成分的混合物中 —— 不同的组成成分 —— 恒常性与同一性的矛盾。而作为世界灵魂和物质共享的组成成分的结果,世界的灵魂能够执行一些重要的行为。它可以理解物质,并"说服它"(蒂迈欧篇48A)作有序的运动,而不是作无序的原始而自然的运动。因此,世界的灵魂导演着物质世界的运动:是她推动着恒星每天做有秩序的运动(这一运动与灵魂中的恒常性与同一性的组成成分相关),并且纠正星体的错误轨迹在其错误的运动的行星球体(这与灵魂中不同的组成成分对应)。而这些组成成分—运动创造了世界上其他所有的物质运动.

1.1.10神话，信息性和逻辑性

对我们来说柏拉图式的神话最重要的细节是所有的灵魂源于世界灵魂。因此,星球和恒星,以及人类的灵魂既不是物质的也不是纯粹的形式(观点)。因此,它们是非空间实体,不占据空间也不具有几何形式,但与单纯地形式相反,它们恰恰存在于空间之中。它们不是物质,例如我们通过感官无法感知它们,但他们存在于物质中。它们不能移动(因为它们不是空间的),但是它们决定和指引物质在空间里的运动。

我们怎么理解这一神话? 有一件事情是明确的——我们怎能不去尝试理解它:我们不应该试图通过想象描绘它而使它合理,而这,理由是这些实体的构建只是使其无法通过想象力简单的描绘它:既然这些实体既非空间性也没有几何形式,我们不能感知它们形状;而且由于它们是非物质的,我们无法通过感官感知他们(如触摸、味觉或者听觉)。那么如何才可能理解它们? 能使理解它们变得可能?

答案是通过神话: 我们要把神话作为理解世界的范式和知识。我们必须接受知识和理解只不过是关于世界的一个可能的故事。知识和理解是信息, 所以无法期望它们能适应我们的想象能力和逻辑能力。正如我们的想象力是有限的 (在感知领域), 所以我们的逻辑能力也限制在二进制的领域, 也就是说, 我们的逻辑是二进制且其中并无模糊性。这就是为什么现在我们的知识受到尖锐界限的限制, 我们将在巴门尼德的合理性和空无之中结束。

1.1.11每一个可能的信心实体的逻辑形式

造物主的神话和创造世界是柏拉图对这种纯理性的反抗, 通过神话而不是同一性或者矛盾性才能以神话的逻辑形式取代它。模糊的第三种形式是同一性和矛盾性的混合物 —— 它是以一件事预测另一件事的命题结构: 一方面, 客体不同, 因此预测不再是同一性的命题。但客体与预测不会相左, 所以预测不具备矛盾性。这就是我们所说的属性的逻辑含义: 它 "属于" 或 "关于" 的客体。属于这种关系在命题信息通过 "解说", 或者被 "被预测" 的逻辑形式体现出来。因此经过翔实命题描述的世界是由属性, 状态, 物体和相应的相关性, 还是从属关系组成的世界。世界只能由神话描述, 即其中主体的属性和状态, 因可以将其称为信息的世界。

物体与其客体之间的从属关系体现在解说、包含和信息的世界不能同时是理性的世界的结论的逻辑关系之中。控制或者描述它的逻辑不能是二分制, 逻辑法则 (比如同一性和矛盾性的法则) 无法解释它, 因此了解这样的世界不具备逻辑性。这样的世界的物理学必将打破我们日常使用思维逻辑习惯。每一个物理信息, 即, 每一个假定物理世界是一个信息的世界的物理学, 通过物体及其属性构成, 因此将是非理性的或者甚至是不合理的物理学。它会永远存在于矛盾的边缘, 且在想象和逻辑规律之中永远无法理解。这部分书的主要目的说明信息性与非理性 (或悖论) 之间的联系。

❧ 1. 第一次哥白尼革命：潜在的项目 ❧

我认为这一联系是柏拉图在他蒂迈欧篇创世神话的反抗精神：世界既不是纯粹的，也不合乎逻辑，只不过是一个混合体，是介于完全的混沌和彻底的秩序之间的混合物，介于事物无休止的自我矛盾性和世界的纯粹形式和纯粹的自我同一性之间。柏拉图绰号"必要性"物质的性质和权力在其混乱的状态，而纯粹的形式，他被称为"理性"的世界的本质物理世界是必要原因的混合结果，是盲目的混沌和它完美质询和规则的力量的混合结果。每一中力量都是有限的，而物质世界是妥协的结果。在世界的灵魂"说服"的物质呈现某些形式的过程中，柏拉图将这种妥协描述为"信念"。世界的灵魂是能够令人信服的物质，因为这个灵魂本身是妥协的产物，它是在两个世界都有一个立足点的混合体。因为物质都有其力量，因为世界的灵魂力量是有限的，它没有办法压倒物质且完全征服它。因此，这是妥协的意义——即使在物质已知具备各种形式，即，即使将混沌组织成一个有序的宇宙，它并不是完美的而是只有部分的有序。物质和它的力量仍然是与秩序相反的，并且混乱仍然存在和发生效用。在一个妥协的世界中没有任何意义，因此自然法则的概念如同，因为它是在第十七世纪刚面世时一样。自然法则在柏拉图的世界只主宰部分的物质，因为世界的形式只是部分地随附于物质世界。那么，如何才能把数学定律应用到物理世界呢？

1.1.12数学神话

再次，柏拉图的回答很神奇，而且蒂迈欧篇是伽利略所说的用数学语言书写的关于自然的书的观点的来源。对于这个神话柏拉图介绍了他所谓的"容器"，即，是空间。"容器"接受到其所有的特性，造物主以有根据的独立形式为范例。因此，与物体相反，容器本身没有特性，柏拉图写道：

这是一个不能被看到的实体，它没有任何属性，它接受一切，并且它以一种非常奇怪的方式参与且这很难想象。（蒂迈欧51B）

❧ 三种哥白尼革命 ❧

空间是我们理解世界的必要条件，因为它是所有事物具有物质性且能被感知的以至于帮助我们理解物理世界的过程的必要条件。因此，空间参与任何事物都是合理的，但它的参与相当奇怪而在逻辑上不可想象。这显然是不可感知的（非物质的），但它也难以靠我们智慧把握——我们无法理解什么是空间。

柏拉图解释道，即使空间的性质的纯智力概念很难甚至是不可能的，但有一种独立于我们的感官的想象它的方式。这半智慧的概念，他称之为"中庸的"或"私生子"思想。正如我们将看到的，笛卡尔和之后牛顿的空间哲学是延续这里柏拉图介绍的私生子思想，他们发现新物理的基础论述也是柏拉图在这里描述的空间。但现在需要提一下柏拉图理论中最重要的一点是空间是一种在物理学含义中绝对真实的存在，而——不是一种形式，在观点激荡的世界宇宙空间没有形式。它是严格地物理学意象。但即使它是物理的，因为它不具有任何性质所以它无法改变，因此就其本身而言，与造物者希望其接受的不一样，它与造物者希望其接受的性质和本质分开。与每一个本质分离，它如同一个容器意味着空间本身是永恒的。因此，空间是一种实物，因此它是独立的也有不同于其他的形式，即使它与任何一种形式完全一样都是持续的和永恒的。空间和形式之间的主要区别是理解他们的方式：由于空间是一个物理性的物体，它不能以纯粹智力的方式被理解，但是只能通过不专业方式的理解。

从其他方面来看空间也是一个物理性的物体：它本身承载着自身，如同护理一般，构成世界的四种物质元素。虽然空间和物质的性质不同，空间与物质之间有永恒的链接，两者无法脱离对反单独存在，尽管它们在本质上是不同的和独立的。这种紧密的联系赋予物质衡量的合理性，其结果是物质是空间的因此具有几何属性。这是物质的空间性，使造物主或世界灵魂的理性部分（这可能是相同的）能够根据几何原理创造出四要素。每个元素对应的四个几何上完美的物体：地球是由微观的立方体构成；水—是通过二十面体；火—是通过金字塔以及空气—是通过八面体。

∽ 1. 第一次哥白尼革命：潜在的项目 ∽

但是柏拉图认为这一理论说明了理性与逻辑必然性和"可能的故事"能结合起来，因为虽然它只是一个假设，它却只包含据有可能的事物。这是根据我们将这些几何体与四个元素链接起来的原则的例子。例如，火由金字塔形粒子构成，因为这些都是最能够移动的，有尖锐的角，因此是最敏锐的。这就解释了火是最敏锐而轻的元素，由于其颗粒具最小数量的侧面。因此它围绕着其余部分的元素。但从这一假设几个后果遵循的逻辑必然性，比如以下：金字塔、八面体和正二十面体的侧面数量是由一种三角形结构构成的几何图形——直角三角形其中斜边是其中一边长度的两倍。作为预期的结果，三要素中的每一个——水、火、、空气——将能够相互转化：当水被火分解，水的每个粒子可能会出现从一个火栗子和两个空气粒子中重新组合（56d）。二十面体的二十个面，是水的一个粒子，可以分解成基本的三角形和这些可能重组为两个八面体（空气）粒子和一个金字塔形粒子（火）。

这是一种特殊的原子理论。它说这些元素是空间物体，由三角形的基本粒子构成。这些颗粒组成四个元素的"分子"。因此我们有一个假说，它解释了元素相互转化的现象。但这怎么可能？三角形是二维的实体，因此物体由二维实体组成。但是二维形状如何创建一个三维实体呢？物质如何由几何实体组成呢？因为每一个水"分子"，比如说，一定是要么完整，但是它不能真是由面组成，或是至由面构成，那么它是空的空间，没有物质存在。

这些问题指出了科学认识的意义，一个柏拉图所说的"中庸的"或"私生子"思想：是彼此不同且分离的空间和物质，或是他们是同一件事？非物质性的几何实体可以作为构成物质的物体吗？二维能产生三维吗？对这些问题的回答可能是积极的，但也不清楚原因以及物质如何存在可能是无法理解。这种混乱的原因仅仅是人类、理性和二分制逻辑不是物理世界的逻辑。物质世界中所嵌入的非理性仅仅是使其与纯形式的世界分离的原因。

柏拉图对巴门尼德的回应使这件事再次亮相：了解世界以矛盾的成立为开端——空间是物质，几何的是物理的，一个三维实体能变成第三个维度，就像在埃舍尔的图形中展示的那样。科学的认识意味着将这些矛盾交织成一个合理的故事，通过一中矛盾的模糊逻辑方法和非正式的逻辑实现。这种理解模仿了理由说服盲目必然性（混沌空间）使其服从自己（即使只是一般性的），并且它反映了世界灵魂的结构和从中派生的特定的灵魂。这种结构将理性的"同等的运动"与"不理性的"不同的运动"相结合。每一中旨在了解世界的物理，包括其合理以及不合理的部分，将一定是一个故事、一个神话，永远不能达到超过一个理性的和不理性的合理的统一。这是信息性理解世界的必要性质，即任何信息性的科学。

1.1.13回归笛卡尔和悖论原则

我们现在回到笛卡尔物理学的程序，并把它解读并理解为回归到柏拉图的洞察力。这是一种认为世界的结构是信息的结构的洞察力，所以为了理解它，物理必须接受悖论，因为悖论是信息世界精华的一部分。这一解决困难的策略我会称作"矛盾原则"，它出现在笛卡尔物理学紧接在开篇部分之后，便——在他关于物质本质的探究中。它的结论是，即使物质在空间上是分开的，但彼此之间是相同的：物质是空间，空间是物质。紧随其后的是，在这个世界上空的空间是不可能的，因此任何运动，在如此完整的世界的任何情况下，必然导致整个世界产生运动。因此，唯一可能的运动是整个世界一起的运动，并且运动将以局部旋涡的形式出现。即使沿着一条直线开始运动，也会很快被破坏而成为一个曲线运动。既然所有的运动都是与一些物质是相北的，它总是反对干预的运动，因此永远不能观察到一致的运动。

笛卡尔对这些来自物质和空间是统一的基本悖论的结果的反应激起了另一个悖论。他创立了一个复杂的论点，最终的结果是我们的世界运动的基本规律是与以下结果相反：即使世界上任何运动必然是圆形或弧形，仍然"每个物体，物质本身到目前为止，永远保持相同的状态。因此，一旦它被设置成运动状态，它将持续运动（这是他的第一运动定律）"沿着一条直线"（这是他

1. 第一次哥白尼革命：潜在的项目

的第二运动定律）。牛顿将这两者统一成一个运动定律，称之为惯性定律。

悖论原则在这里随复合强度一同展现：证明了第一悖论——物质和空间是相同的东西——笛卡尔推导出了悖论的第二层解读u：每个单独的运动是全世界同时在运动，每个曲线运动实际上是直线运动以及所有这些和现象相反的推论。现在悖论出现了第三层解读：运动的基本定律告诉我们每一个运动都是统一的。这第三层是最基本的，但它与来自第一层的第二层解读是相矛盾的，而第二层解读也是最基本的解读。但是接下来会有更多解读。

从物质和空间的身份而来的悖论的第二层的解读，包含了无穷多的各种子悖论，因为这是唯一被期待的。如果物质只是空间，——如果这个空间是几何的主体，——那么物质是连续的，因此是无限可分的。所以，物质是可分割的、连续的和无限可分的。因此，构成它的"原子"是几何的点、线和面。

我提出的问题与柏拉图神话连接在一起同时出现：物质怎么可能是通过几何实体构成的？一维实体（点）是如何构成三维连续物质的？笛卡尔回答这些关于无限可分物质的困惑因此：

> *虽然我们无法理解这种模糊划分是如何发生的，我们必须承认它确实发生了：因为我们清楚地看到它遵循一定的物质规律，这是非常明显其众所周知的；并且因为我们知道，这种划分是那些不能由我们的思维充分把握的，因为我们的思想是有限的。（原理II 35）*

这是很容易看出将笛卡儿标榜为"理性主义"的奇怪之处。在这篇文章中，和许多其他人，他表示自己是一个严格的反理性主义。在这里他很清楚地表示，他认为世界上的各种性质不是由纯智力能够理解或想象的——通过清晰而独特的思维。所以即使他习惯于（如这里）发表相当明确的论点，如"物质的性质是对我们来说是确定性的"，就像物质的性质是"我们的头脑不完全可以想象的"一样。此外，这不仅是因为我们的精神是有限的，因此无法掌握属于这一特定物质性质的概念和性质（如实际的无限分裂）。所以我们不能把笛卡尔声明对才智确定性的声明仅仅解读为表面价值。他创立的自然科学的哲学，如果我们必须使用这些陈腐的硬币，肯定是反理性主义的，这样做的原因是他的信息主义，即，他在所有工作中所表达的观点，世界是信息，因此我们对它的了解必须是对悖论的了解，不管是什么样的。

1.1.14超级悖论——信息的逻辑

在他的哲学开篇，笛卡尔提出的最荒谬的概念——信息的逻辑：这是一个引导我们从前提中得出结论的逻辑，虽然他们彼此相异。因为只有这样，才能推导产生确定且全新的信息。为此他的展会以成为他的标志的例子开幕——怀疑否定本身的证据：如果我怀疑我的存在，那么我必定是存在的。这个证明是众所周知的"我认为因此我存在"，但其关键的重要性存在于它主张反驳任何激进的怀疑论哲学：我不可能怀疑整个世界的存在，因为我不可能怀疑自己的存在。

但是，这个证明的主要兴趣是它对一个令人吃惊的事实的阐释，即连接的存在即是逻辑的，也因此是肯定和必要的，但也是信息的。笛卡尔通过坚持他证明的确定性同时也坚持"我存在"是不包含在"我思考"之中，并举例说明了这一点。他拒绝了所有试图把这个证明当作标准推理的尝试。

我们都知道从"所有希腊人都为智者"中产生了"苏格拉底时代的希腊是智慧的"的原因是"希腊人"是"所有希腊人"文本的一部分。这就是为什么结果是标准的"逻辑"，即，跟随必要性出现的结果，而且不可能前提是真实的而结果是错误的。我们明白这个逻辑必然性只反映了"如果所有的希腊人都是明智的，那么苏格拉底时代的希腊是明智的"不是一个信息的命题的事实，即，它并没有告诉我们任何关于世界的真相。它的证据是它有可能取代所有的预测和命题中所有的名字而保持它的真实性——"如果所有土耳其人都高大，而且穆罕默德这位土耳其人也很高大"，等等。既然这一一命题

❧ 1. 第一次哥白尼革命：潜在的项目 ❧

的真相是独立于它的内容的，这意味着，它是真实的是源于它的形状，因为它的真理性和确定性与我们世界对土耳其人和希腊人或者一切人种的事实毫无联系。对我们来说这一点很清楚，从这样的考虑，一个真相独立于任何关于世界的信息的命题将保存其真实性，即使全世界都改变——在所有可能的世界中命题将保持其真实性，正是因为它不携带关于任何特定的世界的任何特殊信息。

这种考虑的要点非常简单——传统逻辑（也称为亚里士多德逻辑，因为亚里士多德是的第一个制定此推导规则的人，所谓"三段论"的规则）是基于内容为空的事实。因此，我们描述了它的信息的空无，并说它是纯粹的形式。这意味着，只有当其各自的信息包含在彼此之中时，结果可以跟随前提出现。

笛卡尔在他的哲学表示的"我认为"，根据他的意见，是对空的三段论逻辑的反抗。它是这作为一个新的丰富的逻辑范式，笛卡尔试图把他的新科学建立在它之上。根据这一逻辑，新的科学将构建为一个系统的公理，遵循的结论既包含新的内容但也遵循确定性。此外，公理本身将是个小型的争论，开始于绝对确定的假设，然后链接到既不同于它们的内容但却有必要的如"我思"这样的联系的结论。

1.1.15必要条件的真相

笛卡尔提出根据这个模型，一切皆可构成他哲学。从"我认为"他得出了上帝的存在，并从这个问题的本质以及从这个物理定律，然后推广到所有的现象。在这个推导中的每一个阶段都是信息的，但也是确定而必要的。我们这里有两个问题：

这样一个东西是怎么产生可能的，即如何通过一个必要的连接来连接两个分离的内容？其次，我们怎样才能把这些连接视为必不可少的？笛卡儿回归到异教徒柏拉图来回答第二个问题，而他已解决只有基督教徒能解决的第一个问题。那么，我们认识到了确定性的必然联系，因为我们有特别的智力能力使得这一切变得可能。这种能力是我们思维的"自然之光"，并从笛卡尔开始被称为"直觉"，这个词在柏拉图的术语中翻译为没有　　。这是一种智力视觉能力，它注重概念上"自然之光"的光束，使智能能够理清这些概念与绝对确定性交织的不同连接。例如，这是连接之间的概念"存在"、"思想"、"我"等等，既然这些都具有当自然之光、直觉聚焦其上时我们清楚地了解的特定内容。

甚至尽管笛卡尔小心翼翼地不要争辩这些内容分别存在于我们的头脑之中，并且强调了它们只作为它的一部分存在于其本身之中这一点——如此反对柏拉图的观点——但他暗示在我们的脑海中它们有一种单独的存。我们可以看到这些内容，就好像他们是和我们分开的一样，因为它们的内容是恒定的、稳定的，独立于我们心灵的瞬间状态。为什么这样？有一个简单的原因——上帝。他是一个将这些确定和稳定的内容植入我们的头脑中的人，从而使他成为他们稳定和分离的源泉。它是我们所有概念的神圣起源，它会产生我们知识的确定性，因为只有这样，我们才无法怀疑我们的直觉中的内容。这样的疑问只会像怀疑无限的恩惠和神的力量一样，这意味着违背神给予我们的带有充分的透明度和清晰度的概念。当然，你感觉到的这一论点的循环性，但循环性在笛卡尔的新逻辑中没什么大不了的，并且他的论证充满了循环性。

随着上帝在我们的心灵注入概念，他也注入了一些真实的命题。因为他们的起源是神圣的，他们是稳定的、永远没有变化的——他们是"永恒的真理"。笛卡尔提出了包括各种版本的随意的原理的例子（没有无因果的现象，没有从无到有的创造），如此的命题，每个属性都由物质携带，不可能事物存在和不存在同时发生，做了的事无法改变，无论谁思考了，他必然在思考时存在（原则I49），这样也是几何和算术的公理。

1. 第一次哥白尼革命：潜在的项目

笛卡尔使一切像数学真理一样看起来有必要且其必要性是绝对真实的变得很明显。但随它出现的是必要性的连续：虽然每一个永恒的真理都是必要的（因为不可能它永远不会是假的）然而这种必要性本身是偶然，因为上帝完全可以在我们的头脑中植入相反的命题，然后我们会接受这个完全相反的必然真理。因此，上帝是真理的源头，当你在同等程度上加上相等的大小，你就可以得到相等的大小。但神既然是这个真理的起源，他完全可以选择在我们头脑中植入完全相反的真理——当你向相同事物添加相同事物时，你得到了完全不同的——那么这对我们来说就出现了一个永恒的且因此必然的真理。

1.1.16信服已过时，权力即一切

在这一点上，我们观察自柏拉图在信息主义者的传统之后发生的中心的变化，它似乎是一个关键的变化。根据柏拉图的神话，只存在一个包含所有的永恒真理的神话，——这些都是集中在理念世界的真理。造物主必须窥视理念世界来在物质空间的混沌中创造出秩序，因为只有在那里他才能找到真理。每一个真相都独立于造物主而存在，但它不可能独立于犹太或——基督教的上帝而存在。这个上帝，具有无限的力量，在无到有创造了世界，而不仅仅是存在于预先存在的世界中。但这就是为什么没有真理是强加于他身上的，因此没有真理是与他分离的。每一个真理都是这样的，完全是因为上帝选中了它。

因此，永恒的真理是神圣选择的产物。但这也就是他们是偶然的原因，既然上帝的选择是绝对自由的，他可以选择他们否定的那面并且将他们作为永恒的真理。但是既然对永恒真理的否定对我们来说似乎是一个自相矛盾的东西，从这个考虑看起来与我们自相矛盾只是一个偶然。因此，唯一知道什么是必要真理和自我矛盾的方式，是利用我们的自然之光来观察存在于我们头脑中的概念和真理的文件。这些真理是绝对强加给我们的——我们被强

迫去考虑他们并且仅考虑他们，因为他们有那么多的神圣法令。

这是否意味着这些真理不描述任何外部世界超出他们的事物？当然不是，出于本身同样的原因：就像上帝为我们选择的必要的真理，只是让他创造了他们描绘的世界，只因为此世界上各个现象的存在都有其理由并且没有从无到有的创造，在每两个几何点之间有且只有一条直线通过等等。这些都是存在的且是真实的事实，因此永恒的真理实际上描述了他们。最主要的事情是这些存在的东西有存在必要性且是依靠本身而存在，但一切他们描述的真理和事实，只作为神圣的任意选择的结果而存在，因此它的存在是必要的和偶然的。

但是需要注意在笛卡尔的世界中这一结论也是柏拉图世界的第一个重要的假设，尽管其中有很多分歧。因为没有和不可能有，任何关于独立想法比如客观内容的各种概念的事实是这样的而不是其他。这个问题没有答案——为什么一个点的观点和一个直线的观点，两点之间有且仅有一条直线通过？因为思想不仅与我们分开，而且彼此分离，不可能在理念世界他们的理由会被再次发现。但因为这是柏拉图世界上理由唯一存在的地方，显然这样一个问题只有一个可能的答案——事实恰好就是这样。所以很明显，柏拉图的理念世界也是一个任意的世界和它包含的永恒的真理（如关于道德和数学的真理）在这个意义上说是任意的或偶然的，即使他们是必要的。

因此，这是将万能的上帝引入自然哲学的意义。但也有另一个轨迹，这一变化的重要结果确实出现了，即，自然法则的概念。既然笛卡尔的上帝是万能且从虚无之中创造了世界，他的每一个强加于世界的意志都是依靠无限的力量来实现的。在这样一个世界上没有一个地方像柏拉图那样，以理性的理由来让事情有说服力。由于异教徒的世界进步很快，基督教世界没有任何有说服力的活动的想法。它承认只有力量。这也是为什么自然法则是神圣的法令、意志和力量的表达，极其精确地统治着物质世界。"在大多数情况下和一般来说"的表达，其在希腊时代代表妥协，在柏拉图的世界上取得了令人信服的问题，现在从哲学词典中消失了且没有意义了。

1.1.17自然法则——新的创造物

新世界的另一个重要属性作为这一考虑的结果而出现。正如柏拉图在创世神话中所描述的那样，混乱表达了物质的不合理性。因此，物质有了它自己的本质，而且在它的自发和混乱的运动得以表达。但是在基督教世界中，这样的想法根本没有意义，因为物质的本质是神圣决定的结果。因为物质的任何本质只存在于神圣法令的美德之中，不具有属于物质本质上的内在驱动力。

笛卡尔解释道，这个事实的直接的结果是物质完全不具备掌控力。物质本身无法运动或者使另外的物质运动。物质只是空间、三维度，因此它不包含任何外力或内力。世界上唯一存在的，且能推动物质从一个地方移到一个地方的力量就是神本身，他通过这一运动的基本规律来实现运动。因此，可以说这种运动规律是确定在世界每一个物质粒子运动的每个细节力量（笛卡尔称他们为"原因"）。他用的最好的例子是依据世界的运动量是恒定的，和神创造世界的那刻加载在世界中运动量相等的基本定律。这种的恒定原因是上帝的永恒不变性——*他没有改变，因为他是推动物质的唯一力量，这种运动必须是不可变的。这是表示作为数量运动永恒的不变性。每一个运动"到目前为止"，只是"在那一刻"的状态的持续。（原则II: 36）*。即，如果物体在一个特定的时刻朝一个特定的方向移动，然后"依靠本身"它继续朝同一方向移动，和"在本身"它继续保存相同的速度。笛卡尔解释道：

本法则像前一个一样，结果从上帝保持物质运动的不变性和操作的简便性；他只精确地保持它当下的状态，而不是保持它在一些较早的时间的状态（原则II §39）。

在这里，一个更深层次的现实出现了。保持力和神的永恒性揭示了时间的本质：每一刻都与每一个过去和未来的时刻分开。时刻彼此挨着就像一个由不存在的线串起来的串珠，彼此没有连接。要形成存在，世界的每一个瞬间都必须由上帝创造，这样的时间和物质世界的存在是一个不断被上帝重新创造的过程。这就是为什么物质没有自己的力量，因此也无法保护它的存在。要不是上帝重新创造它的每个时刻，它会立即被歼灭。物质是所有力量的虚空的事实意味着它的状态之间没有任何联系，换句话说，时间是由相互独立的，由独立的时刻构成的。

现在，这样的分离意味着它们之间没有逻辑联系。

1.1.18因果关系、时间和悖论——信息的范式

所以，从神的全能性得出物质是绝对被动性的，然后得出时间的原子本质。现在，这样的原子是关于物质物体之间因果关系本质的一个极端的结果。因此，因果关系不是逻辑必然性的一个关系。一种状态（任何物体的、世界的）并不能暗示其他状态的任何事情。那么，什么是因果关系？

根据笛卡儿的话，就下像我描述过的，因果关系存在于"神圣的必要性"的美德之中，作为自然规律活动的结果。自然法则是神圣的法令，是上帝的意志和决定的化身，所以它们是绝对强度的力量。他们是直接支配物质运动的力量，而上帝通过法令主宰整个世界。因此，根据自然规律和在常规过程中的奇迹的干扰，世界客观规律的阐释没有任何客观的区别。都是同样的表达和上帝行动的实例，而常规过程表示他的间接作用，他的"普通"行动（如它被称为中世纪神学），奇迹表达了他的"非凡"行动，也就是说，他无视自然规律。

现在，既然自然法则和奇迹在原则上没有区别，它遵循自然是延长的奇迹，一切关于奇迹的真相都是自然的真相——正如我们后来将要看到的，伽利略表示说，他用奇迹解释奇观。主要来说，因果关系是一种多年生的奇迹，每一刻都更新。

❧ 1. 第一次哥白尼革命：潜在的项目 ❧

笛卡尔在证明上帝存在时也运用了这种说法。因为我们"可以很容易地意识到我们没有实现保持自己"，我们也很容易意识到"时间的本质或事物的持续时间……是不依靠其他部分而存在的，……并且从我们活在当下的事实中，而非我们在下一刻才存在"。但因为我们确实持续地存在，它遵循"有原因——与一开始创造我们的原因相同——它确实……继续创造我们，也就是说，继续保护我们"。因为我们的持续存在只能通过他的力量来解释，所以说上帝是存在的。

（原理I 21）

通过接受它们作为神圣创造的事实，时间和物质的理论可以为芝诺的悖论提供解决之道。世界在不同时间运动且变化着，但它在时间的每一个时刻是静止的。因此，时间和运动的连续统一体是原子或时间点组成的产品（时刻点），也是运动点（静止）。对此，笛卡尔附加了物理无限理论。既然物质是空间，它不仅是无限可分的，而且它实际上是被无限分割的，因此无穷数不是一个仅存在潜在可能性的概念。然而，它表示一些现实——物质实际上是无限分割的。因此，每一个合理的物质都是由一个实际上无穷多的物质粒子组成，就像连续长度由一个实际上无穷多的点组成。

这是运动悖论（如阿基琉斯）现在被解决的方式：它有可能从一个点达到另一个点，因为它确实有可能在一个有限的时间间隔穿越实际无穷大的时间点。换句话说，有可能可以总结一个实际的无穷大的数目。但是，究竟怎么可能在一个无限的数目中看到有没有最后的成员？笛卡尔的回答是，这只是一个构成我们的世界但我们无法理解的东西。它甚至不是最令人惊奇的。

除此之外，他还对我们无法理解涉及到无限的所有问题，即我们的思想是有限的的事实有一个现成的解释。笛卡尔，伟大的理性主义者，清楚地向他的读者解释道：

我们必须试图不去争论无限，但只是考虑了那些我们发现没有限制是不确定的，如世界的延伸，它的部分的可分性，星星的数量，等

❧ 三种哥白尼革命 ❧

等……我们人类是有限的却承担着决定无限的事物，这意味着试图理解它，所以把它作为有限，这十分荒谬。这就是为什么我们不关心那些要求是否一半的无限的线也是无限的，是否一个无限数是偶数或奇数等。（原理I §26）

但我们无法理解与无限没有直接联系却构成我们日常经验的本质的更简单的事情。我们无法理解因果关系，因此也无法理解物质作为物质的运动，就像无法理解头脑中的物质和物质头脑。我们不了解这些日常的事情都是如何存在可能的，正如我们不了解上帝无中生有创造了世界和加诸于物质运动上的法则。

现在，在这个失败的根源是每个谜题都有信息的逻辑结构，且这个结构是非逻辑或非理性的的事实：在本质上它是连接相互陌生的事物的必然联系。因此，这是构成我们世界的本质的悖论，它以其典型的非理性影响着世界的每一个细节。

我们看到的是：笛卡尔，正史中的传奇理性主义者，是首先介绍了必不可少的无所不包的非理性世界，因此成为了17世纪科学革命的最重要的发言人的哲学家。他的愿景的本质现在可以概括成：构成世界的物理连接是信息的连接，即绝对的外来事物之间的必然联系。因此解释世界必须需要一个信息，即，它必须通过必要的连接将彼此陌生的事物连接起来。接下来我会称这一原则为信息性的论点；拥有这些信息的连接的世界我会称之为信息世界；自然哲学以及科学哲学建立于这一论点之上我会称之为信息主义者的哲学；最后，包含所有这些的意识形态我会称之为信息主义。

使用这些术语，我们可以说，在第十七世纪的科学革命是信息主义者意识形态与知道那个年代统治自然与科学的反信息主义者的意识形态的对抗。对抗期间创造的新科学，其由牛顿在世纪末创造的公式是信息在其本质上，与它描述的世界在牛顿手中成了信息世界。

❧ 1. 第一次哥白尼革命：潜在的项目 ❧

1.2.奇迹与奇观中的伽利略

会是：我们将看到伽利略如何将矛盾性贡献于他创造的新科学的本质。同样地，这将主宰他对无穷小的现状，自然的延续，速度在一个时间点的现实的看法，主要是——组成部分的关键功能在于他创建的解释的新概念。信息主义在力作为世界上运动的原因的物理论文中以具体形式出现——即使力本事不是运动——差不多恰好是世界的常量。

1.2.1悖论循环——出路在哪里？

我关于伽利略的故事以对科学革命里阐明信息化为中心的好奇心与将哥白尼作为新的信息主义警报的方式开始。

在1633年教会审判他之后，伽利略被判处了有期徒刑，并被禁止出版书籍、教和接收太多的拜访者。他的余生在佛罗伦萨的家里度过，在那里他写了他最重要的书《两种新科学》（1638）。他的手稿被走私到了荷兰，在那里发表了。在这本书的创作过程中，伽利略的视力变得越来越遭，这部分是由他的弟子们的口述完成的。他知道这是他最后的工作，也因此是他对新知识世界的哲学和科学证明。它不是为了吸引读者或者说服读者而创作的——他没有写这些废话的时间。为了总结他在物理学中最重要的发现，这本书书写非常严格。《两种新科学》是关于物质的力或者数据的科学，也是关于运动——运动学的科学。这本书分为与三个人四天的谈话。第一天是专门介绍有关物质的力的中心思想，占了全书的三分之一左右。

谈话以一个问题开始，是一个古老的几何悖论的演示和解决方案，而不是直接进入主题。伽利略第一天致力于这整个的三分之一，并通过这一点，他含蓄地表示了他对这一问题的重要性。这就是悖论：假设我们给定的两个同心圆（图1），大圆沿直线AA'旋转一圈，即，这条线的长度等于圆周的大圆AA' =

2¶R.因此，小圆也可以旋转一圈。由于B点位于半径R＝OA它将在整个旋转过程中停留在它之上，所以当A达到A'，B将达到B'。因此，BB'等于小圆的圆周周长，即BB'＝2¶r.但是很明显，AA'＝BB'，因为在矩形ABB'A'中所有的角都是直角。但现在相反的命题也是，例如既然AA'＝BB'，那么当　　r　R时2¶r=2¶R。这是亟待解决的矛盾。

伽利略的解决方法是：首先，我们用两个相似的多边形代替两个圆，在大多边形开始前移时观测会发生什么。好吧，发生了：B是第一个动作的转折点，因此C从Q之上移动过去，同时I上升到虚线以上。也就是说，在小的多边形上的一个点离开直线，跳过一个等于它的边长的线段。所以它会继续跳，直到旋转在S和T点结束。虚弧线显示小多边形上的点如何形成直线，使小多边形在旋转过程中不会接触到线段（PY等）。

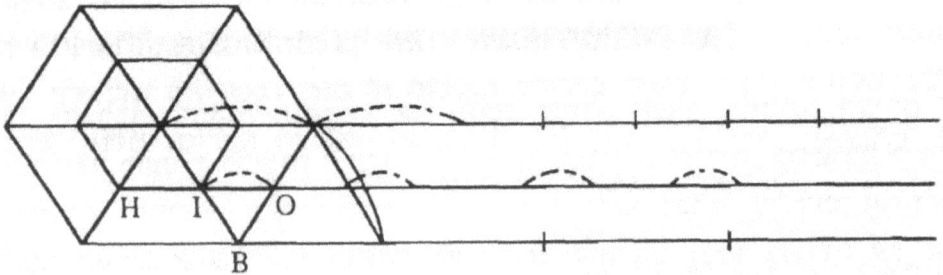

❧ 1. 第一次哥白尼革命：潜在的项目 ❧

现在是解决方案的关键阶段：将圆看作有无数条边的多边形，每一个都是无限小，比如，是一个点那么小。这意味着，在虚线下的线段也是点。这些都是小圆旋转经过但不会接触的点。因此，这些是小圆圈留下的"空"的点。因此，它描述的是，在它旋转过程中的线布满了无数的"孔"。校园的半径越小，线上的洞就越多完整的点就越少（尽管他们的数量仍然是无限的，因为这就是圆形线上点的数量）。因此，随着内圆变得更小，直线变得更空，知道到达中心。这个中心可以被看作是零半径的圆，因此它描述的线将只包含一个点，所有的其余部分将是空的。但是一条线怎么能够等同于一个点呢？

这是伽利略的解决方案：所有这些线都是相等的，但也有一些比其他的有更多的点。面对用一个新的悖论来解决第一个悖论的方案，伽利略总结道：

> 一个点怎么可能和一条线是相等的？因为现在我不能做更多的事情，我会尝试通过介绍另一个类似于或大于它的不可能性来删除或至少减少一个不可能性，正如有时奇迹被减少是因为新的奇迹的出现一样。（两种科学：27）

伽利略现在i继续描述一个新的几何悖论，这说明一个范围等于一条直线，而这条直线等于一个点。因此，这是他最后的解决方案：为了解决第一个奇迹，他介绍了一个更大的奇迹，从而用奇迹解释奇迹。

为什么伽利略选择用一系列的悖论和他们依靠奇迹的解决方案来开启他最重要和最成熟的作品？我认为这个口号——用更大的奇迹解释当下的奇迹——是伽利略新解释的本质的结晶，大约在那时候17世纪科学革命参与了进来。这里的奇迹是奇迹的存在，就像点和无穷是真实的事物一样。无法靠想象和思考感知他们，因为他们显然包含了矛盾——但他们的现实成为第十七世纪科学革命的基础。要实现这一基础的强度和重要性，让我们暂时回到亚里士多德反抗的传统的时代。

1.2.2仅一分钟亚里斯多德、连续性和再次反信息化

即使对此没有明确的证明，我认为亚里士多德世界观的重要组成部分被建成巴门尼德的反信息主义的变体，也作芝诺的连续性问题的解决办法。作为这一些列问题的结果，亚里士多德最终能够创造了他的有机整体的观点，关于只要没有人真正地分割整体时部分（如线上的点，时间中的时刻等）就不是真的。到那时为止部分只是潜在的，事实上，整体不包含任何部分。但是如果整体中没有真正的部分，那么芝诺的所有悖论都是将立即失去根基。

因此，例如连续性悖论——如果一条线是由点组成的，那么它不可能真正的连续不断，因为一个点不属于线这个种类。它没有长度，因此它没有侧面边，左面和右面。这意味着在不会完全与之合并的情况下它无法接触到另一个点，所以它有没有紧邻的邻居。但任何两个点之间必须有无限的其他点，所以就没办法创建点的连续性。因此，连续性———一条线——不能由点组成，同样地，平面不是由线条组成的，空间不是由平面组成的，时间不是由时刻组成的。从常识的角度来看，这是一个好的结果：如何才能使无长度的东西创造出长度，等等？

亚里斯多德的结论是，实际上的线不由点组成，时间不由时刻组成。然而，点实际上是由一个人划分得到的，因此部分是认为创建的，线是固有的存在，点是人为的划分。因此，点不是线的部分，仅是线的极限而已。因此，亚里斯多德认为，唯一的选择是线仅仅由其他线组成，平面仅仅由其他平面组成，时间仅仅由其他时间组成等。芝诺的悖论会被消除，如果我们足够严谨地拒绝用另一种事物解释这一中事物。一条线具有长度无需解释，和最确定的解释不是线由已经具有长度的线构成，因为事实是另一种情况，只是因为一条线具有长度，在被创建后其部分也拥有长度。同样对点来说——他们不可能构成一条线，因为他们不是真的。只有当线在该点处被分割时，这个点才真实存在。甚至线段两端的两个点都不是完全真实的，因为无法通过分隔

❧ 1. 第一次哥白尼革命：潜在的项目 ❧

或分割的方式剥离出它们。这种分割将是无限的，因此它也代表着不真实的东西。无限是无法结束或者实施的过程，因此它只是潜在的事情。

这是一个十分集中的问题，它既关注了亚里士多德的科学思想，也涉及了亚里士多德之后两千年后人对其解读。亚里士多德科学解释的结构是由以下问题而产生：无限的非现实性，现实的概念及作为相反且矛盾的潜在可能性，和它们与数学思想的本质问题的关系。亚里士多德的传统认为，一个科学的解释只能是实体的每个物种本身解释才有效，要通过其本身的资源，而不受任何外来物种的干预。因此，举例来说，有必要再解释石头的自由落体运动时只按照石头的性质做解释，而不是通过引入外来的实体，如外部力量来作解释。

但是这一"本质"到底是什么？它不能与石头分开，否则解释石头做自由落体将变成通过他物种（自然）来解释该物种（石头），这是站不住脚的。而且，这样的解释也会将这一自然运动转变为强迫的运动。所以，如果不分开，"自然"必须是分不开的，但这意味着它不会像引擎一样隐藏在石头之中。相反，它只能被定位于石头及其运动。

石头的自然运动现在变成了自我运动，也就是说，运动产生于其自身，并由其自身解释。亚里士多德由此创造了科学解释的形式，在伽利略时代之前一直是核心的科学解释——它的中心是由自己的本性解释事物的需求。结果是识别每个这些属性的物体的自然行为的总和：这块石头下落因为这是石头的本性，这意味着，在这些情况下石头跌落。

亚里士多德称之为自然物体的典型行为，也就是"本质"及其描述，他称之为"定义"。所以他提出，结果是每个自然科学必须基于这样的定义，但定义，亚里士多德继续解释"不说一件事对另一件事"（P 90b35），它们不是非对既错的描述性命题。定义是一个命题，因为物体的"本质"或"本质"不与物体分离。"自然"或"本质"是物体本身。一块石头与以这样的方式下落不是两个独立的事物，而是一个同样的东西，而定义只表明了这个东西"是什么"。因此，定义是一个身份声明，解释了"关于本身的一些事情"（模仿亚里士多德的话）。

影响是深远的。首先，科学的解释必然是信息的空无，因为它是建立在定义上的，它是身份的陈述，因此是客观信息的空无。很明显可以说，以这种方式构建的解释圆形的或是空的。即使你不知道所有的石头都是这样的，这样的解释会给你提供一个新的信息——你仍然可以问："嗯，是的，我知道这不是一块疯狂的石头，所以我问的是，事实上，为什么所有石头的下落都是这样的。我得到的答案是什么？因为它们像这样下落：这是一个解释？"因此，在这个意义上，亚里士多德要求所有的科学解释都不具备信息。他不是第一个提出这个需求的人——我们已经看到了，在他之前是巴门尼德围绕这一思路形成了他的整个哲学。但亚里士多德是第一个创造这一理论的人，他根据这一概念整体和丰富的科学结构——物理（这只意味着事物运动依靠自身性质，比如，它的本质），生物学，宇宙学，心理学，逻辑学，形而上学，伦理学和美学。我把这种观念和科学，是按照建立反信息论。

这种伽利略与之抗争的传统观念，带有一下结论：任何运用科学解释的事物或者不真实，因为只有潜在的可能，或者是真实的但与他们不得不解释的现状相同。不管怎样，解释必然是空的。我们看到亚里士多德指出的潜在实体——无限，点，线，时间，以及"本质"，到目前为止只是隐藏的实体。他继续解释道，所有几何使用的事物（三角形，圆等）自然目标和结束（例如当我们根据其用途或结果为用蜘蛛网来捕捉昆虫来解释蜘蛛的行为）迫使（内部和外部，就先我们用隐藏的内力或者外力来解释石头的下落至吸引到世界的中心。）进一步的例子是后来由传统添加的，如被认为是区别于物质实体存在的自然法则和本质规律。按照亚里士多德建立的传统解释，所有这些都不是真实的，因为它们只是潜在的，即，它们永远不会与物质物体或者我们的思想分开。它们实际上是思想的虚构。因此，他们的意思是，作为科学必然的解释，是创造一解释，这是关于世界的信息是空的。另一方面，他们解释道，因为与现状一致，所以他们确实是真实的，但解释是同义反复，即，再一次陷入了空无。

1.2.3奇观、奇迹和感官强奸

因为它是以笛卡尔，所以它同样与伽利略，新的科学本质是减少到只有两个要求。第一，篇章每一个解释的信息性，第二，需要解释我们的世界的每一个现象。圆圈所示的悖论，在伽利略的两个新的科学的最开始，什么是数学事实的信息性解释，即，为它是建立在胡乱猜测的现实点上，孔线上的孔，和主要在线的外观和其隐蔽的本质与现实的差距。

因此，有的线看起来饱满但实际上是空的，或者几乎完全是空的，事实上只是一个点。

所以，他向全世界提出了他的两个新科学之前，伽利略决定来总结他对传统的反抗，发布了关于每一个解释都具备信息性本质的声明，在他的新科学中提出了——"解释奇迹的奇迹"。对他来说，问题的重点和其真实的存在是他宣布新的本体的契机，根据这一点，像点这样的事物具有充分和完全的现实性，尽管事实上它们对我们来说仍然只纯粹的潜在可能性，即，它们不会出现更不会被我们感知。因为它们是真实的，在这个意义上，可以说该线是由点构成的。芝诺所有的悖论都是为了证明相反的结论，这样就导致了结论具有多种可能而且运动是不可能发生的。

本解释第一个模型是伽利略关于数学连续性的任意猜测。科学确定性与亚里士多德的像点一样的潜在事物的非现实性一致，伽利略的解决方案表现出其反叛意图，通过假设现实前期：线是由真正的点，点有时在线上，有的甚至是与彼此分离的孔（在我们的语言中——像"反点"）。点组成一条线是怎么可能发生的？嗯，这是奇迹。

❧ 三种哥白尼革命 ❧

我提出这件事是因为它包含了一个关于伽利略的革命和反抗的简单故事，并且它展示了最新的科学所需要的勇气。因为，除了几何解释的悖论，伽利略用水果来解释材料的强度，在各种状态比如可以类比成根据无限的孔分散于其中形成的各种线上密集分布的点。几何点在这一解释中得到了转化，这是构成所有物质的无限小的点。我们所看到的哥白尼和笛卡儿几何和物理的重叠，从伽利略那里，我么看到了现在和将来的新科学视野的本质。

正如我们从在笛卡尔那里看到的，信息主义革命在科学解释方面的意义是常识和日常的理解链接（以亚里士多德的传统为基础）被切断了。这是伽利略提出的"圆"悖论的一个原因。这一声明的影响是，从现在起科学解释已经改变了它的目的——不在平息我们的困惑。事实上，甚至相反：科学的解释将从现在开始只增加我们对世界的困惑和混沌。从现在开始，解释仅仅意味着信息，并由此通过一个完全不同的和陌生的事实来解释一个现象。因此而且只因为此它遵循此信息将被制作成与现象的概念完全无关的概念。他们会得出任何现象中不具备的以及任何常识性语言都不会使用的东西。空点的无穷远点和空点，共同创造出一个线性的连续，是我们无法想象的。我们知道如何使用词语解释，但我们无法理解解释的意思。

现象和现实中间的概念性对立使得通过现实解释的信息性成为伽利略区分（从希腊原子）　两种要素之间的区别的本质。我们通过感官感知世界，但我们知道一些知觉是非常主观的——例如，我们知道在现实中没有甜味，没有红或热，因为每一个人以不同的方式感觉它们。但也有表示客观事物的感觉，如这张桌子的几何形状，与那张椅子不同，它的质地，它的运动与静止状态以及更多的区别。这些可以被同样的方式被每一个人感知，并且他们因此描述这些素质都独立与感知者的感受，既是即，即使没有人察觉到他们依然存在。伽利略区分他们作为中级、初级的性质。但区别它们的不是只有客观性。很容易看到采取初级性质要客观，因为他们可以进行准确的度量。这意味着，与中级性质相反，它们有详尽的数学语言中来加以构建。

1. 第一次哥白尼革命：潜在的项目

客观性和主观性、现实和现象之间的区别在笛卡尔和伽利略那里被区分作可以以及不可以用数学语言详尽地描述的。在这里现实成了与数学相同，现象以事实为特征而且只是部分具有数学化特征。但由于物理现实应该是在这一框架中的所有现象的起因，结果是引出了最高的悖论——如何可以理解数学现实是创造世界现象的方式但是某些部分不能在由数学描述？这将是会困扰康德，直到他创建起他的哲学，并且今天它仍然引发困惑的悖论。这一悖论表示，也许比起其他的、、伽利略和笛卡尔的遗产在现代社会中，由于我们今天被理解20 世纪的新科学所困扰，尤其是量子力学的解释，我们依然被同一个问题所困扰——客观现实与我们称之为现象的世界之间超常的的相异性。

最后，我的故事回到了伽利略在唤醒他创造第二次的《新科学》（射弹的理论）的最伟大的成就，这是他为哥白尼天文学提供的证据。哥白尼是伽利略的智慧英雄。为什么呢？因为哥白尼敢否认感官的证据并且提出"一场天体的革命"的理论，这是一个伟大的奇迹，正如我们所看到的： 这一宣言——与感官真实展现给我们的事物相反，真相是地球是绕着太阳转，太阳则是固定在行星系统的中心。现在这一伟大的奇迹需要解释，哥白尼学说是否讲述了真实的故事。解释这一奇观是科学的力学，从伽利略的第二个"新科学"中被创作出。这种解释将在50 年后变为现实，在牛顿的万有引力、 极点和科学革命理论的终点。

哥白尼是伽利略的英雄，因为他成功的了

通过纯粹的智力实施这种暴力对他来说根据某些理由那些感官经历恰恰相反…我表现出了无限的震惊…哥白尼是能够制造出如此的征服感，不顾后者，前者成为他情妇般的信仰。(对话: 328)

这夸大了感官，伽利略视之为哥白尼智慧英雄般的学说，暗示了深远的结果。其直接的意义是，在我们使用感官作为任何理论的证据之前，我们必须解释这一证据。但因为诠释它的唯一方法是使用一些理论,有些怪异的事情开始显现出来: 感官证据不具备清晰明确的意义,因为它不再作为确定且坚实基础。换句话说,感官的证据变得依赖理论,所以理论与感知信息之间的界限变得模糊。从现在起,一切都成为纯理论,所以感官的确定性被摧毁了。伽利略认为的新科学,一开始就是没有任何坚实的基础,也没有任何声称确定性和真理性的理由的推测而已。

1.2.4.理论和循环: 现象去哪里了?

但这不是全部。——因为为了解释感官证据以及将它作为确认地球是运动的理论来使用,伽利略不得不用这一理论解释其自身。所以出现了一个奇怪的现象: 假设地球运动,伽利略现象解读为地球运动的证据并中得出了地球确实移动的结果。

伽利略很清楚这种循环的论点却把他们说成能明确证明到地球运动的证据。为什么呢?最简单的解释是如同古希腊人对科学的蛮横认知一样,确定且必要的知识也控制了他的思维。这一亚里士多德视角持续百年在科学革命领域占据统治地位。在牛顿养成一遍遍提醒他的读者他没有"创造假说",他的理论 (光学和万有引力) 没有不确定性因为它们是实验事实和严格的数学推导的习惯时,这种温顺的革命者和保守的反叛者的奇怪现象到达高潮。在他的门徒之一 (罗杰•柯特斯) 告诉他之后,伽利略开始意识到他的辩证中的逻辑循环性,但伽利略从一开始就清楚地看到了这一循环性。除了他们的认知,他们都丝毫不放弃他们的证明和确定性论证。

让我们提醒自己地球是静止的这一古代的论点: 当一块石头向上垂直地被扔向地球,它会在同一个地方落下,因此地球在这段时间静止不动。同样很显然,石头从塔楼的顶上落下会墙平行着垂直地向地球移动。但如果地球在这段时间移动了,然后尽管石头到达了塔基,它不会是垂直地落至地球。从图中可以很清楚地看出三种不同状态下的下落的情况。

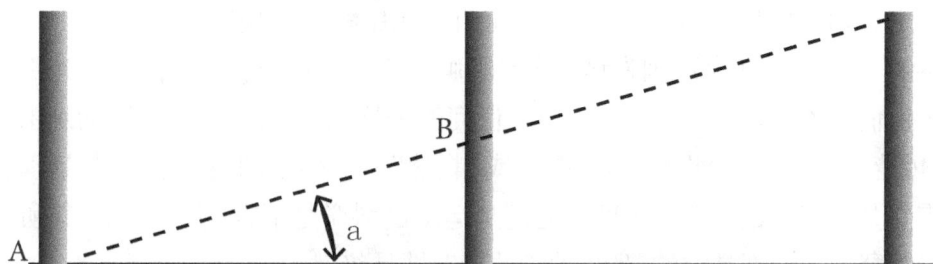

对于这一论点的伽利略的回应是令人惊讶： 那么无论谁这么说的，他假定他看到的击球角度是实际上真正的角度。但这只是因为他假定地球是在静止状态。如果他的假设恰好相反，他就的除了相反的结论。那么他会得出，看起来垂直的角度只是相对于自己垂直，只是因为他参与到地球的运动之中所以不能看到真正的角度。(这个真正的角度是在图中从一些不参与其运动的地球以外的地方可以观察到)。因此，结果是传统的认为地球是静止的观点是循环论证——它假定了需要证明的条件。

因此伽利略的构建了相反的论点： 假设地球移动，他总结道，角度垂直只是相对于我们来说的，他继续解释道为什么是这样的。这一解释成为了新的力学的基础。它表明石头顺着塔壁移动，因为它实际上的移动可分为两种——一种是下落，另一种是与塔 （与地球） 一致的运动，比如与下落方向垂直的方向的运动。

1.2.5 组成成分: 运动的惯性

这种解释建立在三个核心要素之上，这些将成为伽利略力学的三个最重要的发现。首先，一个运动可以看作由一系列运动组成的原则。第二，自由落体的性质。第三，也许是最重要的，与自由下落垂直的方向的运动的性质。

最后一项假设从他的青年时期就激起了他浓厚兴趣，因为他将之作为亚里士多德的运动分类的反驳。正如我们所看到的，亚里士多德将它们分为两类。第一，自然动作是"根据事物本身的性质"，即，运动不适用外力 （外部或内部）来开始和保持有运动，比如重的东西的自由落体运动和轻的东西向上运动事情（如空气和火）。因为这两个类的解释无需任何外力（内部的或外部的），他们"靠其本身"发生，"当没有任何的干扰"。与本质相反的运动是由外力引起的。但由于"物理"是"物"（或"自然"）的运动的科学，它只处理不需要外力解释的运动。物理学因而是运动的科学是不言自明的，即，其所有的解释原则上都是空的，所以他们的确定性是绝对的。

作为一个年轻人，伽利略设计了以下的思维实验：假设地球是一个光滑的确切大小的大理石球，然后放一个小的大理石球在上面。如果我们给它一点外力，小球会发生什么变化？伽利略认为会发生什么是小球会开始滚动，又因为没有摩擦力也并没有其他干扰，它将沿大球继续移动，最终回到了原来的地方，重新开始相同的运动，所以没有尽头。为什么呢？因它是运动的然后既不是自然的（向下），也不强制的（向上），因此它有没有障碍。但它既不会因其本身而发生，——不得不使用一些外力来启动它。这一运动，不由自身启动，但需外界启动的力量，之后无法停止，（如果没有干扰如摩擦等）成为了新物理学的核心发现和后来被命名为"惯性运动"。使保持下去的力量是运动开始之后植入（"加载于"）物体之中的，它会被称作（被牛顿）惯性力量。正是这种惯性的力量的特征是它不会导致加速但只保存物体的初始速度的"极尽其能"，（如牛顿会说）。

回到塔和落下的石头：什么原因使它沿塔壁下降，即使塔伴随地球以巨大的速度移动？伽利略解释：加在石头上的力在石头开始下降那一刻成为了石头的内力。这种惯性的力量产生了最初使得石头沿塔的方向（和地球的）运动以及与其运动保持一合适的角度。

伽利略没有解释导致下落的出动力，看起来认为这是所有物体内部的力量使得它们移动，如果没有干扰或阻碍存在的话。但之后它会导致向下匀速运动。伽利略不得不提供自由落体实际上是加速运动的解释，并且他基于这再次惯性的作用。当物体静止在桌面上，重力作用于其上，但是桌子提供支

🪶 1. 第一次哥白尼革命：潜在的项目 🪶

撑力。这是惯性的作用和重力的作用相抵消，这就是为什么该物体处于静止状态。但是因为这种惯性的力量针对行为阻力　（重力的作用），如果不是桌子曾经产生的支撑力，新的结果会产生，该物体会因力的作用开始下落。因此，当物体静止的时候，发生什么是不断翻新的惯性，所以是守恒的。因此，静止状态是表面上的静止，因为事实上它是静止的过程的一个持续的内部力量的博弈过程，而这博弈没有一秒钟停止过。

但的物体离开桌子那一刻，它失去了外部源提供向上的惯性内力。从现在开始它开始弱化，因为在下落期间它抵抗重力的作用，这一行动使它和以前一样产生磨损，然而重力不需要任何外部的供应来源，保持不变。因此，随着时间的变化，在重力的方向合力越来越大，因此速度一直在增加。这是自然的加速度。

那现在，有什么东西是什么分力导致自由落体沿着塔的墙壁下落?嗯，开始时，我们有三种力量——两种是惯性力量一种是重力。一个惯性力针对向上因为它对抗地心引力和加速运动。第二种惯性力量与两外两个力呈直角因此它不会不会消失，这是一个使它能够跟随地球运动的力；也就是说，它会导致石头与墙保持恒定的距离。第三种力量是重力，导致物体移向地球，并由于某种原因，它不会消失。

等一下，为了得到最后的解释，一个更大的惯性力量已被添加到两个现有的力上，为了保持石头在它原来的地方，即使地球绕地轴一天一次自转。总之，我们有四种力是亚里士多德解释为无需外力作用。显然，伽利略实现的是没有更简单的。然而，他的解释提供对物理现实的信息，这是有效的，即使不具备确定性，但这一信息是真实。

1.2.6 即时速度与 "自由落体的本质"

为了确切地了解自由落体中速度如何增加，有必要知道究竟自由落体的惯性的力量是怎样减弱。伽利略的想法是，它削弱了是因为它做一些工作，因为他假定它削弱正比于它沿其行为的路径。因此他认为自由落体的速度按比例增加到所覆盖的距离。很多年前他紧紧抓住这个错误很明显他是自相矛盾的，然后替换它的自由速度下落时间成正比增加的假设。此函数他称为 "自由落体的本质"，从中他找到了 （像在他之前已经知道），长度与物体下落涵盖时间的平方成正比，而且，在相同的连续时间内，物体将覆盖彼此是奇数的长度。

现在，为什么下降速度在变化是 "自由落体的本质"？两个重要原因。首先，这里的速度是一个独特的实体，它是不可观测的规模，具有逻辑上的理由：因为这个速度不断变化所有自由落体物体从静止直到任何给定的时刻的状态——经过很多的速度变化。几个？伽利略回答¬：——零和现在之间所有可能的速度。但这多少有？伽利略淡定的回答：无限多。下落的物体之间任何两个的速度，一定经过无限许多其他速度。但这就意味着，在任何时间，即，它是严格一个时间点 （"时刻"） 停留在任何给定的速度。但时间点不是时间 （就像一条线上的一个点不是一条线）。因此该物体并不运动甚至它经过的这些速度之一 （在伽利略的文字中）。只是为了这个原因很难衡量它们，或在实验中发现通过下落速度如何变化。这是为什么伽利略认为的咋则即速度变化作为其本质的自由落体——它是不可观测的首要原因。但正是由于这个原因，关于自由落体这以定律本质上意味着，创造有关它的信息。亚里斯多德使其，因为速度是不会隐藏的因素是他反抗的另一个阶段。相反，它们是相同的物体，观察到的行为，因此要说关于速度的本质，对他来说正是形成身份声明的伪装。

第二个原因是，伽利略的速度变化规律，成为了一切的真正起因，可以在实验中观察和测量到。很明显，伽利略实际上在他的书 （他的一些工作文件和测量是现存)中描述了一些实验。通过这些实验，他发现了我之前提到的奇数数字的规律，即，在连续的时间间隔期间，物体将覆盖连续奇数成正比的长度。

从现在起他有翔实解释这一现象的自由落体。路径是作为连续奇数(或路径增加时间的平方成正比的长度)，因为本质的自由落体速度与时间成正比增加。因为实质可归结为是完全陌生的路径和时间，这是制定这一现象的概念的实体的瞬时速度，是内容丰富的解释。我们不明白到底是如何这种实体导致这种现象因为我们不了解其最基本的元素:第一，速度如何存在在一个时间点或时间段，第二，它可能速度期间任何时间交出任何路径根本不存在的吗?

这是奇迹，为什么伽利略打开他的书与圈子悖论、，　从点，构建延续的问题和解决方案奇迹的原因。瞬时速度的存在方式的核心，令人惊叹的新物理，这不知道伽利略解释的奇迹：　创造出速度，并不存在于时间有限的、可衡量的距离。最终，这个奇迹与这个奇迹之间的联系将被新数学家牛顿发现——微积分将以其奇妙的方式显示"本质"(速度与时间成正比)　如何实际创建的现象(距离时间的平方根成正比)，以及其最后组成成分。这一数学发现，这确实是科学革命的伟大的奇迹，将成为概念中心一块新理论中的万有引力，是奇迹中的奇迹。这就是为什么牛顿用提及伽利略和他的自由落体的解释作为启动力，达到更远的距离，只是因为他站在巨人的肩膀上。

1.2.7.现实的组成成分

再一次回到石头沿塔壁下落。伽利略曾为两项运动提出两种信息性解释：——自由落体和垂直于它的惯性运动。现在他将两者结合，认为两者都存在于石头的最终运动之中，所以，最后，来证明地球的运动。这是他最后大胆的一步：　他关于力和运动的理论构成了其他的力和运动。构成元素，"组成成分"和最终产物"合力"是完全不同的。然而组成成分是合力的真实的解释，正是由于这种差异，这种解释是翔实的解释范式。伽利略在这里假定分力是能够以某种方式相互构成的实体，但依然保存各自的独立性。他们造成每个单独组成成分的运动并且组成彼此，然而他们能够在合成运动中保持各自独立的身份。他证明了这一点，伽利略的答案的重要组成部分是对亚里士多德地球的静止的证明。

我们看到这一亚里士多德的证明是，石头垂直地落到地球 （即，沿塔的墙壁），如果在下落过程中地球是运动，那么石头会下降在一个不同的角度。伽利略的答案是这样的： 石头实际上以一个精准的角度落下，如果我们位于地球以外我们是可以观察到它的。只因为我们都绑定到地球上，我们参与这一运动，以及垂直于石头下落的方向。而只是因为此，我们无法观察到。由于我们的运动与一个石头横向运动相同，对我们来说它好像不存在，所以我们之观察到另一其他成分，即自由落体运动，是速度分量，真正垂直于地球。因此，每个组成成分分别存在内合力和通过一些适当的观察可以分离出来。

但什么是石头真正的合成运动？——是我们被放置在地球以外才能观察到的?伽利略通过计算有自由落体和与之垂直方向上的惯性运动回答了这一问题，即，一条抛物线。这是我们可以看到的合成运动，例如，当一块石头被水平抛出，因为由此产生的这两个坟运动与自由落下的石头一样。投掷手相当于施加在石头上的惯性运动，由于我们参与在这一运动中，我们可以观察完整的结果，它是一条抛物线。

牛顿将最终构建行星绕太阳运动的解释为伽利略的模型的复制品： 每个行星的运动由两项运动构成。——一个是自由落体，迎着太阳重力的作用，另一种是垂直于它的惯性运动。由此产生的是一个抛物线 （圆、 椭圆或双曲线） 根据惯性运动的速度。同样牛顿又解释光的路径，当它从一种稀疏的介质进入密集的介质后发生折射。他表明，如果我们假设折射是由密集介质的吸引力 （这导致类似于重力加速度） 和光粒子的惯性的作用组成，将产生入射角和折射角的按照所发现的现象(赛奈尔的正弦定律)一样的条件。

❧ 1. 第一次哥白尼革命：潜在的项目 ❧

更简单且更著名的事情是伽利略在解释现象中的改革，通过分析它们的组成成分，即自由落体的速度和重量在独立性。这件事在《两种新科学》中出现，伽利略描述了循环悖论。这一问题，从比萨斜塔丢不同重量的两个铁球的实验中得以解释，但它似乎是一例围绕亚里士多德闹着玩的实验而已。真的，在亚里士多德的物理学中一个命题，大意是一块沉重的石头比轻的石头落得快　（速度之比为重量之比）。但是这个命题本身对亚里士多德不具有重要性，因为不是从他的理论中得出的。在这方面来说这只是亚里士多德物理学的延展。但它存在于亚里士多德的物理学著作中，足够伽利略拿来作为嘲笑亚里士多德的愚蠢的一个机会。但也有更有趣但我们较少注意到，因为除了实验反驳，伽利略也在他的书籍开篇作出了理论的反驳：

> 让我们假象一个重物，将之划分成两部分，两部分共同构成这一重物，让我们假设一部分小于另一部分。根据亚里士多德的理论，小的部分比大一点的部分下降得慢，因此它会慢下来，同样那更大的一部分比小的部分下降快，因此它会加快。因此当它们连接在一起，速度是两个部分速度的中间值。但我们也不得不同意当它们连接起来重量更大，它将以更大的速度移动因此会大于中间值。所以我们得出一个矛盾，即，该物体会按照平均速度下降也会以更大的速度下降。

亚里士多德会怎么回答这个矛盾的论点，(他一直都有意要捍卫他原始的语句，这一点我持怀疑态度)？我相信他会拒绝我们将一个物体想象成两个部分的想法。原因是自然物不由靠外力而是靠自然本质连接于彼此的部分构成。这恰恰区别了人造物与自然物。因此亚里士多德认为，不可能把一个自然物体视为单独的组成部分。甚至不可能将它们想象成部分，即，作为互相分离的事物。当我们说牛是由腿部和头部和尾部等组成时，我们正在以一种伪造牛作为一个天然的物体本质的方式在思考。一条单独或甚至可分割的腿不再是一条腿，而只是"同名地"。单独的腿是只是一个潜在的东西，亚里士多德认为，仅仅具有潜在可能性的东西不是真的。这一自然物体是不可分解的想法，因此不能以部分的总和被理解和解释，将成为现代社会反信息主义者最重要的原则之一，正如我们即将看到。今天它被称为"完整"的原则和它是最能被接受的量子力学解释的中心，但在生物学、 社会学和心理学思想领域应用更广泛。

所以，伽利略所做的实际上是： 他暗示基于相反的假设他的"新科学"还有另一个实例:所有被视为构成该物体的组成部分都是真实存在的，即使他们只是可能被观察到。此外，正因为如此它是可能用总结各部分的贡献来解释整体，无论它们具备何种可能性。最后，他暗示，这是唯一的可允许的解释模式，因为它与科学本质一致，所有解释的信息性。

1.2.8.分析、 整合和大愚

伽利略将组成成分的发现过程称为"分析"，这些组成成分造就的结果称为"整合"，这些属于在那些处理他们自称做"方法"的哲学家那里盛行一时。从而他创造了科学革命的核心标志之一:的"分析与整合的方法"应用于新科学稀奇古怪的概念——无法将科学知识减少至感官知觉的绝对确定的基础的概念，我们可以完全肯定地发现他们隐藏的原因 （即组成成分的运动和力)，然后，从这些因素中我们可以重建 （整合) 原来的现象。

但我们看到，如果现象由单独的和隐藏的组成成分组成，那么在没有事先假设它们的组成成分的前提下无法分解它们。因此伽利略将自由落体运动分解为石头自由落体分量和惯性的分量，他假定地球是在运动中，因为只有在假定地球运动条件下，我们才可以得出存在惯性运动分量的结论。但地球的运动继哥白尼引发的巨大争执之后是存在质疑的问题。伽利略的所有科学工作的原因和理由是来证明哥白尼理论的真实性，将存在惯性运动的反驳建立在假定哥白尼是正确之上，所以他不得不假设他想要证明。

牛顿按照他的方式，用数学完善了这种愚蠢科学革命做法。他所有的作品和在物理学的发现被创建为"著名的分析和整合的方法"，和他伟大的力学之书包含不少于五个证明哥白尼学说的证据，都是基于相同的模型的循环论证，都是旨在显示他的论点中不存在一丁点的假设。

但除了这种愚蠢的肯定，至关重要的是观察伽利略介绍的"分析和整合的方法"不仅仅是一句口号——它体现信息解释的观点。我们现在可以很清楚地看到，因为我们明白正是因为信息性(即，因为组成成分，也是原因，有别于他们造成的现象) 世界上不存在任何确定程度的从现象中去除组成成分来，因此"方法"根本不是方法。它不过是天马行空的胡乱猜测，世界上不存在把它变成确定性的方法，或者甚至都没有提高其概率(如果在任何客观意义上有这样的事)的方法，这违背常识，而常识是我们生活的本能。

1.2.9.传统、 新神和科学

伽利略知道这一切，当然，因为他相当熟悉创建哥白尼学说时期的传统，从传统中他提取出了隐藏的组成成分和翔实的解释。这是在天文学中的柏拉图式传统，"拯救现象"的传统。我们已经看到这一口号在柏拉图式传统里的意义是为行星运动的现象创建内容丰富的解释的需求。伽利略陷入"哥白尼和他的门徒"的诱惑正是因为他们敢强制执行现象，是第一个敢于在物理(不只有天文学) 领域来执行柏拉图式程序的人。

不过，在柏拉图和伽利略之建的 2000 年，发生了： 异教盛行的世界被基督教的替代，无中生有产生了一个全知全能的上帝。在这样一个世界中，独立的自然，具备申明独特的本质的物质，不强加于世界令世界一丝不苟地服从自然法则没有立足之地。另一方面，自然法则是抽象、 近似值和 理想主义，这种想法是由亚里士多德拟订并培育的典型的希腊异教思想。伽利略的书将之当作一派胡言。新柏拉图主义伽利略在他著名的关于物理世界的数学本质中表示(在早期作品中)，同样可以在柏拉图蒂迈欧篇中提取出来：

❧ 三种哥白尼革命 ❧

哲学 [自然科学] 是记录在宇宙这本盛大的书中，这是开放的可供我们观测的。除非人类学会理解和阅读大自然使用的字母组成的语言，要么不能理解这本书。它以数学的语言书写，并且其字符都是三角形、 圆和其他几何图形，如果没有它们，人类无法理解它的任何一个词语；如果没有这些，一人类智能在黑暗的迷宫中徘徊。(发现 237——8)

数学的世界现在不仅表达其绝对的准确性，更主要的是它意味着这准确性意味着其解释需要具备信息性——因为现象是许多组成成分相互影响的产物，因此我们无法预计可以观察到的现象本身存在的法则。但随之而来的是，现象由彼此独立运动的组成成分构成，因此组成成分本身按照绝对正确性在运动，所以事实上，它们是遵循自然法则按照绝对精确的轨迹表达自己。所以对伽利略来说在每一个我们观察到的现象中存在有隐藏的运动和以及促使它运动的力，这是自然法则的完美和绝对的表达。所以，例如，在每一例曲线的运动中，我们知道存在是沿着一条直线匀速运动的纯惯性运动的一个组成部分。

数学语言是自然之书的语言，这全能的神写了这本书，这本书可以解释伽利略在他详细处理循环悖论和其奇迹般的解决办法之后的兴奋。事物的现实显然只是潜在的东西，就像点组成的线，落下的石头穿过所有的无限性存在的速度之间任何其中两个而不会在其中任何一个速度停住，真正实际的距离由无尽的速度、 力和组成彼此但保持各自独立性的方式构成，这一方式是无限作为真实物体而存在的方式——所有这些都是其中出现的都是最伟大的奇迹的材料，这是物理世界。这也许是使得大愚的科学革命不以其荒谬给伽利略留下深刻印象而存在可能性的神秘感觉。

我不知道是否这是实际的解释，但在我眼中真正的奇迹和悖论实际上会从这荒谬的戏剧中出现新的科学文化。隐藏的是原因的方式。

1. 第一次哥白尼革命：潜在的项目

我们所看到的：伽利略关于自然的数学性的论文是他的信息主义的最后结论。根据它性质分为真实但无法观察到的组成成分，如点——原子构成物质，组成成分的运动和速度、瞬时速度和力。所有这些都是数学探讨的物体，也是因为现实是原因和信息解释所以现实较现象更重要的物理学中的物体。

1.3.信息理解 —— 牛顿引领革命

它将是：在下面关于牛顿的故事中我们将遇到两个新概念：现实主义与潜在主义。这些将总结我们与信息性和信息主义有关的事情。在这个框架内我们分析新物理学和牛顿构造的数学的重要意义。图片的中心是运动定律和作为介绍哥白尼天文学信息解释的新实体：绝对空间和时间，各种力和它们转化为彼此、瞬时速度以及加速度，和加速度的加速度，与自然法则。第一次革命的本质在此处也显示作为所有这些实体的论点，亚里士多德的传统中被认为只是潜在的，因此对它来说不真实的是绝对真实的虽然它们在原则上不能观察到。要分使这些潜在的实体具备现实性需要它们彼此独立的 —— 思想上、参考系统上，以及有时从物质上。这些潜在的实体的现实性的论点是牛顿数学发现建立的基础：——微分和积微积分。

1.3.1 运动定律和自然新哲学

定义的哥白尼式本质和17 世纪的整个科学革命的工作是革命的是 1687年出版的题为《自然哲学的数学原理》的书。它的作者是艾萨克 • 牛顿，在当时他是剑桥大学的一位教授（在数学、物理学和天文学领域占据着卢卡斯椅子，今天被斯蒂芬 • 霍金占据着）。牛顿本质上来说是一场革命，他接触的每个物体都经历了极端的观念更新。尽管这本书出版时牛顿 43岁，其革命性的发明了产生于学生时代，那时他年仅23 岁。一年内，他的"奇迹年"，他发现了微积分和积分、万有引力理论和新的光学的基础。他们都有相同的逻辑结构：信息性。

《数学原理　》以一系列的"定义"开篇：比如物质数量、　运动数量、　惯性、　向心力等等。定义以开头标有"注释"的篇章结束，它占了超过七个紧凑的页面。这是革命本质最精华的部分，它比其他任何都重要，因为它为这场革命的未来反抗形式奠定了基础。这个反革命将在约　40　年后启动，甚至到目前都不会停止。

注释，以及它解释的定义，确定了牛顿发展的物理理论的含义，他的万有引力理论。注释写得很清楚，前面定义过的力是从物质和运动分离开的单独实体。是这种分离使我们能够以内容丰富的命题作为运动的规律的解释。因此，理论的解释内容非常丰富：　每个解释将显示这种现象由施加在物体上的力产生，只要力和作用的物体分开这一解释才具有信息。这个信息化的解释的逻辑形式永远是这样的：　几件彼此独立的事物根据运动定律互相联系在一起，即，"一件事指向一件事"。定律本身根据相同的逻辑形式也是信息的，因为他们描述力和物质由物理上占主导地位的现象本质的必要性联系在一起。运动定律是连接了原因的——力，对他们的影响：——物质的各种运动。如果运动和力不是独立的，运动定律将成为身份命题"一件事指向其本身"；那么他们就不会是随意的因果而是必然真实或者是逻辑正确的语句，但它们不会体现关于世界的信息。换句话说，他们对任何可能的世界都是真实的，因此它们将不包含目前的现实世界的任何具体的信息。

以万有引力理论为基础的运动三定律告诉我们，第一，每一物体都具有其状态，无论是静止、　或匀速直线运动，除非它受外力影响。第二，外力作用于一个物体要更改其静止或匀速运动的状态，引起的变化与力的大小成正比。第三，一个物体对另一个物体的作用会相应使得这一物体产生相等且相反作用力。

❧ 1. 第一次哥白尼革命：潜在的项目 ❧

本文的主要创新包含于第一定律中，这一发现大约 在50 年前(由，伽桑狄，笛卡尔，每个人都有他自己的观点)，它象征着对以前物理科学的反抗。它被称为惯性定律，我很快就会解释这一名字的意思。意识到这一点很重要，然而，亚里士多德物理学也基于惯性定律，且是它整个观点的核心。

1.3.2.什么是亚里士多德的惯性定律?

亚里士多德的物理学认为自由落下的石头，依其性质而不是作用在它上面外力在运动。类似世界上所有自然运动——在月球之下和之上。因此，这是亚里士多德的物理学中的普遍规律。它解释了星星，例如，没有任何外力作用于它们上的运动，因为否则它们不会像神圣理所当然的事物那样自由且快乐，就像他拿苏格拉底反讽所表示的，或者对我来说看起来是这样的。所以毫无疑问，重要的是提醒我们自己在亚里士多德的物理学的自然运动不由任何的内力或自然，或本质引起，原因很简单，在自然事物里是没有其他类似力量，或自然或本质的物质。自然事物是一个有机的统一体，没有实际的部分，否它不会只是一种物质。因此，即使它有其"性质"，这不是另一个物质或它的一部分。自然物质不是某种头巾——没有分解或分析可以发现它之中存在另一种物质。因此，如果天然物质 （不论是一颗星，或一块石头，或一些火，或任何动物或植物)按其性质运动(以为它具有性质)它不是因其性质而运动 （因为在它之内没有"性质"） 或由其本质，或任何其它"内部的"东西。简而言之——它靠其本身运动，并不通过本身。因此，根据性质解释，永远不会是因果解释。

但这是从一个地方到另一个地方的自然运动期间("本土"运动) 没有发生质的变化，因为它并不逐渐从一状态向另一个状态改变。因此，例如，在它们运动过程中没有发生变化，它们将永远保持恒定的状态。当一块石头靠其本身下落时是这样——在所有其运动过程中没有发生质的变化，原因很简单，没有外力作用于它——正如我们所看到，没有力从内部或外部作用于它（在亚里士多德的物理学没有吸引力）。

那么亚里士多德物理学是怎么理解释诸如掉落的石头和转动的星球?对问题的这种解释的立场是令人惊讶。它辩称，首先，既然运动是自然发生的那么就没有什么好解释的；并说，它继续解释道声明它们所发生的是潜在状态的现实化。但它是为什么现实化呢?简单地说，因为使"这以显示"有可能的所有的条件突然变得令人满意。它声明，在这种状态下静止。

但在这个无辜的解释之上存在一个认真的铰接式和包罗万象的世界的哲学。首先，说潜力已经现实化因为无需解释所有存在的必要的条件不只是因为关于自然动作没有什么好解释的。相反，没什么要解释的是因为潜在的事物并不表示任何真实的东西但是，相反，它表示根本不现实的东西，总之它其实未能表示在所有。因为只是潜在的可能性所以没有行动，亚里士多德解释。例如，未来现在只是潜在的因此未来不能作用于现在。一般情况下，进程的结果在这过程中是潜在的东西，因此结果或目标　(在希腊语中是同义词)并不是真实的，它们不能向后产生影响也不能导致过程继续进行。这是为什么目的论的解释，就像亚里士多德提出的，得到它的恶名：目的和宗旨不是力以及它们做不会作用于物体上指导它们的运动。换句话说，和广泛相信的相悖—在亚里士多德物理学中没有对自然运动的目的论的解释，而这只是因为目标和目的是潜在的东西，因此，亚里士多德认为，它们是彻底的不真实的以及不能对任何实际物体产生作用。

但自然、　本质、　力量、　配置和分离的物质物体不　"属于"物质物体。它们甚至不具备同一品质，因为你可以指着一种品质并说出"这种品质"，但很难指出并说"这种本质"、"这种配置"、"这种力"。不可能指着它们不是因为它们太小以至于看不见，或者是因为它们隐藏"里面"。两者都不是，或者说，他们是充分暴露在我们的观察下并且完全公开，但严格来说是物体的某些方面。这是它们真实的存在：　当它们不在观察和公开之中，它们是不实

1. 第一次哥白尼革命：潜在的项目

际的，然后它们只是潜在的但一个"潜在的方面"是没有真正存在的食物。被亚里士多德的灵魂理论是一个典型的例子。他详细地解释说灵魂目前是一个与有机体分开的物体，不是真实的，即使是真实的它也不是独立的。但如果它不是单独的，灵魂本身也是有机体，更准确地说，是有机体的一个特别的方面。

这方面是什么?亚里士多德回答——到目前为止只是有机生物因为它具有的典型的生活方式。亚里士多德将之称作"灵魂"，换句话说，灵魂是有机体的行为表现的象征性的一面。因为它是该物体的一个方面，亚里士多德也叫它有机体的"形式"。灵魂是一个有机物体的行为形式。两个类比送帮他澄清这一点：如果眼睛是一个单独的有机生物，其视线(或者视线处理) 将是它的灵魂，正如切割 (或削减处理) 将是斧头的灵魂。

这是为什么亚里士多德坚决反对他的老师柏拉图提出的理论的各种不同形式的基本原因——形式，所以他认为，不能单独脱离实物存在，因为形式只是整个物体的一个方面。这个问题在几何形式上是很清楚——三角形不会与木头或金属，或石头等形状是三角形的分离开存在。例如，数学研究中的三角形只是一个方面，是我们从物质中抽象出来的三角形，而抽象出来的当然并不是真正的物质 (然而，它们还是方面，即对物体而言是如此这般)。

因此，亚里士多德的本体论承认，物质的现实与品质只有在它们对我们的感官来说真实存在的条件下，如物质的东西和它们以现象的形式显现给我们的性能，我们可以指着说"这是这"。在此现实化的本体论中，非实际存在东西的状态只具有可能性(像明天的情况)，是相互独立但不像力、 性质、 本质一样可观察——是非现实的状态。另一方面，非单独的事物是部分潜在的东西在某些条件下会现实化 (像明天的情况或简单的自然运动或糖的溶解)，它们一方面是潜在的事情，在任何条件下永远不会现实化，比如无限过程的结果(例如连续分割连续的大小) 。我们可能认为方面是潜在的，因为只有无法现实化物质的分离过程的抽象创建了方面：它只存在于思想中，存在于抽象者的头脑中，永远不会被一个单独的和明智的实体所现实化。

在这种现实化的世界，力不是实体而是思维的抽象，当一个物体推动另一个物体时才会产生运动。这些都不是自然的运动——由外力引起的运动因此不是"根据物体的性质"。因此，自然的动作是物体本身产生的运动。不仅有重物的自由落体，轻的物体的上升，星体绕其轨道旋转，也有植物的生长和动物的运动。因此，它不能自然运动的物体由另一件事物引起运动的情况，而是独立且有别于此。其解释必定是物体靠其本身运动：一个重物落下来是因为这是它的性质，也就是说，因为其典型的行为（其性质或灵魂）就是在这些条件下下落。这是物理学"根据自然产生运动的科学"上唯一可能的解释，物体的"性质"。因此，在现实世界中自然运动的解释将是任何信息都是空的。

总结此情况。由于任何物体与其性质不可分离，性质和物体是同一的。因此用性质解释物体就是解释它本身。空虚是现实世界的必要特征。

这一荒谬的课题是用亚里士多德来反映莫里哀的"医学博士"中《李的假想》的回答：

你们医生

需要知道

什么是原因

鸦片是这样的药物

使得每个人都睡着。

这个问题的答案是：

因为它具有麻醉的属性，

是它本身的性质

它使我们的感官进入睡眠。

1.3.3 牛顿物理学中分离的力——新信息性的秘密

在 17 世纪结束时，科学革命看起来像根究与运动"背离自然"相反的"按照自然"没有运动在努力地创建"物理"。所有动作都是要求信息解释的一种类型： 每个运动状态或其他任何情况下的静止，往往是物体外的事物造成，往往是外力。因此，运动始终是强迫的运动。它们是由非物质的东西且独立于物质的力量所引致的。从无力量物理至力引发物理的篇章是现实到潜在本体的转换，同样也是反反信息主义者哲学向信息主义哲学的转变，这是17 世纪科学革命的本质。这一本质提出了在牛顿的力学三定律及其对"定义"的"注释"，引导读者如何解读这些定律。

第三种"定义"解释说，"内力"（固有的力"内部的力"）是"抵抗力"，其中每一物理对象"目前都拥有"这种力，保持其目前的状态，无论是静止、或匀速直线运动的状态。伴随这一定义的解释说："力总是与造成其运动的物体成正比，另一种了解它的方式是物体的惰性"，因此"这内在的力量可以叫非常重要的名称——惯性或惰性"。然后解释添加了一个关键性的事实，尽管它只是一种维持现有状态的力量，它有时变成一种"为了改变一个状态"的力量。在碰撞中，一个物体施加了改变另一个物体的状态的力，这里两种惯性力量转化为外部的力量，作用于另一物体，改变他们的状态，像外力一样改变彼此的状态。

牛顿在遵循第三的"定义"的解释中概述了，力的本体的重要一步是万有引力定律的形成：尽管惯性相比物体本身难以识别，事实上是清楚地与物体分开，因为它有时转换 （例如在碰撞的情况下）， 由内部力转化为外部的力。但为了能做到这一点它必须与物质或物体分开。物质本身只有一个属性——

❧ 三种哥白尼革命 ❧

封闭性——此属性在其存在期间不会改变。因此，导致物质得以保存其状态，抵消其状态的改变，以及作用于另一种物体，是区别于物质的实体，与其分离，尽两者相伴相随。世界包含至少两种相互分离的东西——物质和力：这是遵循从"运动定律"，"定义"和"解释"的第一个本体论信息。

有时也会描述分离的一些细节。因此，牛顿区别 （在"定义8"中)向心力起源的不同方面、 引起的加速度和它的方向。在向心力的加速度方面他有如下表述：

> 我指的加速的力是物体的位置，随着一个确定的力从周围位置的中心分散开，移动它们之中的物体。(原则：5)

这里描述的引力是力作为独立于质量的实体的清楚说明——因为它产生于或"发源"与质量，"脱离"它，在它的空间内延展，这样来作用于任何恰巧在这个空间里的物质，因此它与质量分开。

只有作为此本体的结果现在才可能观察信息世界的本质： 每一个运动都必须并且可以用单独作用于物质并且造成其状态变化的力来解释。

但是，与物质相反，力不会被我们的感官感知——我们只能感觉到物质和其运动，只能从这些中我们可以推断出力的存在。此外，不仅是力对我们的感官来说是透明的，而且同样的理由它们对我们的想象力来说也是透明： 我们不能在我们的想象描绘出它们的样子，那个内在的隐秘的视频屏幕上是我们随心所欲幻想出的世界。最终康德将此屏幕称作"纯直觉"，力在直觉中不具有代表性的简单事实会带领他创造全新的《基本原理》的解读，和牛顿对其理论的解读完全相反。

但为科学的革命，牛顿在此定论，透明根本没有什么困难。一个完整的理解世界的新理论和世界本身——对他来说并不取决于我们的想象力。此外，所有的新理论中的重要性是不可想象的，因为它有时是非物质的，它有时会要求接受世界的逻辑矛盾的一部分：从第一刻起矛盾的世界就塑造了它的外貌，例如第三个"定义"描述了惯性的存在形式。

1.3.4 分离状态的力——为什么运动定律既没有独特性也没有明确性

从第一时刻起就很明显，这一矛盾，现实的非物质的物理实体，如令人难以想象的力，在信息化的新本体中有着至关重要的作用。现在，为了获得运动信息的解释，有必要假定世界包含单独的力。它们是非物质的物体，但它们作用于物体上，存在于空间的特定位置，虽然它们没有形状，虽然它们的外形对我们的感官和想象来说都是潜在的。没有这个潜在的物体，运动定律成为独特的，在时间会称为"重言式"——确定的一件事与本身用不同词的伪装。

因为力对我们意识来说只是潜在的（或者说现象），唯一能知道它们的存在是它们在物质和其运动中产生的现象化结果。因此，例如，知道外力的作用在物体上的唯一方法是测量其变化的速度（或其数值或其方向）。因此，如果力与物体的加速度相同，即，如果它与该物体不分离，那么在运动第二定律中，会成为同一语句：说力与加速度成正比，将意味着加速度与其本身成正比。如果此定律不是同一声明，因此，从这个力与加速度是分开的，与每个原因是独立于其效果完全一致。力与质量分离以及运动是新物理的信息性的逻辑必要条件。这种本体论，说有人在潜在相对于现象（或相对与想象力或相对与原因）并非完全真实——我会叫"潜在本体论"。当牛顿继续解释力的独立性之后是什么，它很显然成为一个潜在的本体是科学的新信息主义意识形态的必要基础。错过一个即是错过对方。

由于力是独立于物质，紧接于此的是物体匀速运动的状态，是惯性的力量被保存，和外力加于相同质量的物体使其加速的状态之间的本体论区别。不同的是作用于物体的力在种类和性质上的区别。既然所有力都是与作用于物体的力分开，因此这两种状态在造成各自独特状态的物理真实实体的种类和质量上有区别。现在,假设这一物体是绝对刚性的 (例如,如果它是牛顿认为是绝对刚性的一个单个的原子),那么就有可能不会存在任何现象可以区别两种状态。例如,想象一个包含一个单原子的世界。在这样一个世界是原子的两个状态,因为外力作用只会导致加速但不是变形。但我们无法区分其本身的匀速和加速运动状态。为什么呢?因为发生这些运动的空的空间,对我们的感官来说是透明的物体。

但是,虽然我们无法区分它们,我们必须同意这些是不同状态的物体,因为不同的物理实体参与创建并导致它们。本体是不同,状态是不同的,但这种差异对我们来说只是可能的东西,即,它不能被我们的感官感知。那么就力的潜在主义来说推动了状态的潜在主义的苏醒。但它的推动作用不仅于此。

1.3.5.区分力 —— 绝对空间和时间

由于运动两种状态在本质上的不同,因此它们是绝对不同的,差异是独立于我们的判断或我们会用来测量速度的参考系统。但其运动状态的绝对差异意味着运动本身是绝对。如果运动是绝对的,它们的速度也拥有绝对的真实性,因此可以说存在一个时间和空间相对于这些速度是真实的和绝对的。这些是绝对空间和绝对时间,牛顿在"解释"中介绍的"定义"作为此物理的重要组成部分:

我观察到常人所设想这些数量只是基于他们与合理的物体的关系。并因它的去除会导致某些偏见的出现,这将很容易区分它们变成绝对和相对的,真正的和表面上的,数学的和常见的。

一、 绝对的、 真实的和数学的时间,其本身而言,并且根据其本身的性质,与任何外部事物无关地均匀流淌,它的另一个名字是持续时间;相对的,表面上的,和共同的时间,是一些合理的和外部的 (不管是否准确或均匀) 运动的持续时间的测量方式,这是通常所用的而不是真正的时间:比如一小时、 一天、 一个月、 一年。

✑ 1. 第一次哥白尼革命：潜在的项目 ✑

二.绝对空间，就其本身的性质而言，与任何外部事物没有关系依然保持相似和不动。相对空间可移动的维度或绝对空间的度量；我们的感官童工它与身体的相对位置感知它；这一般来源于不动的空间。这就是地下、　　空中、或天体维度空间，根据地球确定其相对位置。在数字和大小上绝对和相对的空间是相同的；但在数值上它们不总是相同。(原理:6)

甚至仅仅是这些新的实体的描述和它们存在模式的解释他们也充满矛盾性，因为语言不是足够用来描述绝对实体。一条河因为有一个坚实的参考框架才能流淌——河床和时间。但作为最终参考框架的绝对时间，有没有进一步的参考框架，因此对它的"流淌"以及它的流淌可以为"任何速率"，"速度"必须是"连续的"——这些总是具有规范相对的意义描述，我们没有其他平行的概念辅助绝对的描述。同样的空间——可动性和不变性的概念对我们来说的意义是相对的。但没有与移动或者静止的绝对的空间相对的事物：　这些概念并不适用于它。因此如果我们解释这些描述的字面意思——我们得到一片混乱。但如果我们只要求逻辑上有效的说明，我们将不得不放弃所有的描述——我们日常的语言缺乏描述绝对实体所需力量和丰富性。

牛顿的描述矛盾性反映了这种贫乏，但它反映了很多，例如概念陌生的世界。不只是我们无法在直觉或想象中表示世界；　它们也是无法用任何一致的概念表征表示：　对我们来说科学地询问绝对的世界的唯一方法，比如与我们的视野分离的世界，是自相矛盾的概念。

在关于笛卡尔和伽利略的故事中我们已经看到巨大的概念性困难和时空连续体的概念中的种种自相矛盾。现在变得非常清晰的是力、绝对空间和时间作为一个信息物理必要的条件都必须假设为完全真正的实体。但我们不能说，如果没有矛盾和悖论，我们到底假设了什么。

1.3.6同一性可能存在的区别

但至少, 新潜在重要公理是可能之间的区别是不轻易察觉得到的东西的原则: 只有当我们放弃两个不可分离的物体实际上是一个物体的偏见, 而是接受有可能它们的性质一致但数量不同, ——只有到那时我们将能够理解新的物理学。新的原则, 叫它同一性差异化可能性原则, 正如我们所看到, 由力是实体与物质的分离的假设所限定。因此, 事实上原则的终极根源是所有物理解释都需要信息化的需求。所以可知同一性差异化可能原则是信息主义的核心公理和只能通过其手段才可以将潜在主义本体构建成其基础。

物体和状态, 只有一个潜在现象主义存在, 但其现实是由到目前为止才被发现的新物理学的基础(即使它们是不可见)假定的, 有力和运动的状态, 这样的刚体在空旷的空间, 它是无法辨别它是处于匀速还是是加速运动状态。从现在开始, 一旦根据需要介绍了绝对物体, 虽然它们彼此不同, 但可以添加各种不同但不轻易察觉得到的物体。第一, 空间和时间的不同点。既然这些没有内在的品质来区分它们, 既然这些空间和时间是自身和各向同性(空间"类似于本身"和时间"以相同的速度流逝", 即, 任何地点任何方向, 每个个体都有相同的品质), 它遵循一个点的不同临近地区的区别也不轻易察觉, 同样地也不同的地区之间也无法区别。

点此的分辨是莱布尼兹反对绝对空间和时间的主要论点, 他基于以它命名的原理——不可分辨的同一性。在两个点的情况下, 因为它们是不可分辨的, 根据原理可知, 它们不是两个而是一个。因为绝对空间假设多个点"与外在的东西无任何关系", 它是不可能的物体。莱布尼兹认为空间只是相对的, 即, 它是简单的物体之间的所有关系的集合, 因此其现实取决于现实的物体。但是不只空的空间, 例如, 作为莱布尼兹原则的结果是不可能的。而针对这一点, 以不同速度运动或者有不同加速度的不同运动状态不能为真实的(以及明显的), 因为这一切取决于将被选为参考的物体。

例如，相对于本身的物体始终是静止的。紧随于此，力不拥有单独的现实，即，它们必须是纯粹的相对实体。这意味着力出现和消失是根据我们选择的参考物体。因此根据莱布尼兹原则，决定　物体是否加速和外力是否作用于它只有一个因素，便是——我们和我们选择的参考物体。是人类智慧确定了世界上力和运动的存在。因此，莱布尼兹是第一个反对牛顿物理学的人，解释了所有哥白尼革命的成果和　17　世纪发生的整个科学革命是无效的：托勒密和哥白尼的天文学　（甚至后由开普勒和牛顿做得改进）　之间没有实质差别，因为它们之间唯一的区别是参考物——地球或太阳的选择。我提到这一切只是为了强调莱布尼茨原则在定义世界的任何场景的意义。它被接受意味着现实本体和反信息主义意识形态被接受。拒绝它意味着潜在主义本体和信息主义的意识形态被接受。回到牛顿。

1.3.7 牛顿承认但又否认

因为绝对空间中的点和时间之间的区别是真实的，它遵循的物体运动状态在以下意义上是绝对：　决定物体处于绝对静止与否的是两个时间点之间是否占用的是相同的绝对空间与否。根据运动的新定律两个状态之间没有现象差异，因此这些运动状态对我们来说只是潜在的，而它们的现实与二者之间的差异的现实是绝对的。牛顿在其余的解释中详细地澄清了这一问题：

> 物体的真实和绝对运动不能从那些只是看上去静止的转换而来；外部物体应该不只出现静止状态，而是真的处于静止状态。(原理：9)

但它现在很清楚，很难区分静止的物体和在匀速运动的物体，因此我们不能通过与他物的关系知道物体真实且绝对的运动。因为即使有可能在某个地方有物体绝处于绝对静止状态，

> 通过我们地区内物体相对其他物体的位置很难知道是否任何一个物体都与远处另一物体保持相同的位置。它遵循绝对静止不能由我们区域内物体的位置决定。　(同上)

❧ 三种哥白尼革命 ❧

请注意此演示中的某些奇怪现象: 牛顿似乎说, 只是因为绝对静止的物体在远方它不可能其彼此之间的相对运动的绝对状态中确定的物体的绝对运动状态。当然在这里隐藏的完整论证是, 即使绝对静止的物体在我们附近 (例如, 如果它是太阳本身), 我们不能够确定其他的物体的绝对运动状态——因为世界上没有办法得知物体 (例如太阳) 实际上是绝对静止的。但即使在这里没有表述完整的论点, 它显然有暗示。

所以我们观察到牛顿承认通过测量相对于其他物体的距离没有办法知道物体是否在绝对运动或绝对静止。牛顿不只承认了此事, 他也澄清了困难:

> 这的确是很难发现并有效地来区分, 特定物体的真实运动和表面现象; 因为运动发生的固定的空间确实无法被我们的感官捕捉。(同上: 12)

这样的主要困难在于绝对空间和时间对我们来说是透明的, 因此我们无法区分其不同的部分。但是, 牛顿补充说, 它是可能通过理性来克服此我们的感官的限制, 那就是, "通过论证":

> 然而事情并不完全绝望: 因为我们有一些论据来指导我们, 部分是与真实的运动有所不同的明显的运动; 部分来自运动的原因和效果的力……但我们如何从产生的原因、 效应和明显的差异和反转中抽离出实际的运动, 必须在以下论述中详细解释。因为此目的为组成了它。(同上: 12)

这是关于牛顿理论的本质的一项重要宣言, 直接从它的创造者的嘴中得出。其目的是查明确定的绝对运动, 因此, 绝对空间和时间是这一理论的精髓部分。牛顿在这里清楚地表示, 这一定义的成功之处取决于导致绝对运动的原因和结果的力的识别。并因此分离这些力, 这是它们作为绝对运动的原因和效果的事实的结果, 也是新理论精髓的一部分。在这些定义中 "来指导我们的论点", 实际上只是一个论点, 是牛顿在《解释》结尾部分进一步发展的论点, 开发中的整合, 的和被称为 "木桶论点"。

1.3.8 木桶

每个　现实主义者，从莱布尼茨到贝克莱和康德到马赫和爱因斯坦，将木桶论点视为他现实主义的主要障碍，但直到 1915 年除了爱因斯坦没有人成功地克服它。我们应在细节中看到，在 1915 年爱因斯坦的胜利是没有真正的反驳，但不仅仅是回到贝克莱和马赫的现实主义。爱因斯坦承认他的失败，并在 1920 年开始，与空间、时间相对论的观点一起他放弃了现实主义，因此也包括相对论的相对论解析。

想象一下，一个空的空间只有一只装满了水的水桶，躺在转台的中心。在此，阶段一，如果转台关闭那么水的表面是平的。现在我们打开转台，这生成水和桶之间的相对运动，因为桶转动一次，但水由于惯性仍然静止。这是阶段二。但过了一会儿运动从桶传到桶里的水，直到两者以相同的速度旋转。这是第三阶段的实验，但是桶和水之间没有相对运动，和第一阶段完全相同。只是现在水的表面不是像以前平静，而是凹陷了下去，由于引发的离心力的作用使得水沿桶壁上爬。在第四阶段，我们把它关掉，水桶停止转动。但是，由于惯性，水继续旋转，它的形式仍然是凹形，只有现在水和桶之间才发生相对运动。

现在凹陷的水面是导致水的粒子沿水桶壁加速上升的力的作用，这些加速的力由惯性产生，正如我们所看到的每当它们表现为干扰原有状态变化时转化为加速力。这种干扰是什么？它来自水桶壁施加在水分子"以改变其静止的状态"并使它们沿圆圈运动的(向心力) 力。水的惯性力量作为外部（离心）力施加在桶壁上，这使水分子爬上桶壁，从而产生了凹形。因此，这个凹形的意义是水做圆周运动。这是凹形产生的唯一可能解释，直到爱因斯坦于 1915 年发展一个替代的解释之前这将是唯一的解释。

实验的四个阶段意图证明它是不可能建议生成的曲线的凹状的相对论解释，因为这些阶段驳斥相对状态与凹形的任何任意联系 （水和桶）：在第一和第四阶段在水和桶之间有相同的相对运动，但表面的形状是不同，而在第二和第三阶段，表面的形状是相同的 （凹） 但相对运动不同。因此，生活在水的表面上的微小扁平生物不能通过观察桶的相对运动找出是否它们处于圆周运动之中，但它们本可以知道确切地知道这一点，通过测量水的表面，忽略水桶的相对运动：

> 水上升表明其努力脱离轴的运动；以及谁真实而绝对的圆周运动，在这里直接与相对截然相反，通过这一努力得以测量，成为已知。……因此这一努力不取决于环境机构中水的转变，真正的圆周运动也不会由这种转变定义。(同上：10——11)

最后牛顿描述了空旷的空间中仅有的两个球由弹性绳相连的另一个思维实验。如果它们围绕重力的常见中心旋转，

> 我们可能从弦的张力中发现球体努力从轴的运动中退去，从那里我们可以计算其圆周运动的数量。(同上：12)

此外，如果对球体施加同样但相反的力 （沿绳子的正确角度），然后再测量其张力，然后"从弦的张力的增减，我们可以推断它们的运动增减"，然后由一些进一步这样的实验，我们还可以

> 发现的旋转方向，这样我们可能会找到这些圆周运动的数量和测定，即使是在没有球体可与之比较的任何外部或明智一个巨大的真空中。(同上)。

1.3.9.桶作为一个相反的事实论据

于是，这是从其因果解释的唯一性圆周运动的绝对性的理由。因为根据牛顿力学，这只可能是惯性力量的作用。如果没有这种力量在运动期间创建的证据，这一论点不可能出现。但证据出现似乎只是因为有非刚性材料，如弹

性材料，例如，绳子相连球体或桶内的水。这些都是力的作用的证据因为它们的几何形状变化了——绳子绷紧了（即，它会增加它的长度）和水有了凹形。如果有在世界上只有刚性材料这些力不会留下痕迹。例如，如果开始做实验之前把水冻结，或用一些刚性的金属杆取代绳子。

这种突然的扭曲的力量，即外部力，是论点的核心，因为牛顿暗示，只有一个解释，即运动三定律信息化解释，例如，通过假设绝对空间、时间和力。因为只有这种解释，因为它在第三的"定义"中做了描述，解释说惯性内力转化为外力在某些情况下，即，一些外部干扰与内力作用于维持当下状态。但正如我们所看到的，这种理论是指力与物体分离。因此，凹状的水的唯一的解释和绳子的张力的前提是力的独立性。其余的论点很简单:因为力是绝对的物体，那么其作用的效果也是绝对的，效果独立于任何参考物体。水桶论点通过展示清楚说明力对相对运动的独立性：我们依靠力生成的明确迹象知道当水真实且绝对是移动的。

为了得到水桶论点未来变换的坚实概念，查看为绝对空间的存在作证明。相反地，它假定存在绝对空间、时间和绝对的力，而它又证实了绝对运动可被确认。这个大的假设是必要的，因为这是运动定律的信息性解释做得假设，只有在这种解释中水桶论点的确有效。因此，它可以作为某些绝对运动可被确认的论点，只要假设绝对空间等等。

因此，只要我们没有连接力与相对运动的理论，就不会存在任何反驳运动的绝对性的争论。在牛顿时代已经可以预见，这种替代的理论将是现实的和反信息主义的，因为它将不得不认为，力是只是相对的物体，即，它们的出现和消失取决于我们——我们的参考系统的选择。因为这种理论不会承力区别于物体，其运动规律将是非信息性的，可能属于同一性陈述类。

请注意，我们是否生活在一个足够刚性的世界，测量仪器对我们可获得的弹性材料无所反映，牛顿可以仍然为水桶论点和球体论点而争论，即使他将不得不用在虚拟语——"如果是这种情况"——语言或语言的可能性。然后争论说世界是否有弹性物体，力就会通过扭曲这些物体发出它们存在的信号。因此，例如，如果水桶要包含这种虚构的材料，我们应当称作"水"，这种材料在没有与相对于桶的运动的常规联系中会有凹陷。这种说法就会在说明中得出结论，世界实际上并不包含弹性物体，只是意外的事实，因此我们不允许从中推断出任何本体论的结论。因为我们要在这里决定的将我们的结论，如果上世界也会有弹性物体，尽管这种可能性不会现实化。只要这种可能性与刚性世界的规律并不会有任何矛盾，虚构的水桶理论在刚性的世界上是同样有效基于确定一些绝对运动的可能性的原则。

这种相反的事实论据会被现实主义者赶出物理界，由因为他会回答说可能性不是真实的东西因此人们不可以玩弄它们或者从中得出关于现实的结论。但牛顿的原始讨论——即使在我们弹性的世界——确实是事实论据相反——这是19 世纪末一个重要的现实主义，恩斯特 • 马赫事实上会反对它。这种马赫批评成了着手发展水桶论点反驳的细节的爱因斯坦的重要灵感来源——这是广义相对论的故事，我会在第三部分讲述。

1.3.10 悖论巅峰 — — 无尽的结束

牛顿的物理学不得不为其运动理论坚持和创建新的本体，中心问题将是——这些实体、 速度、 加速度是什么，它们与绝对空间和时间的连接是什么样的？ 牛顿所创造的作为答案的数学正是悖论的巅峰，新科学信息性的最高境界的高峰期，因此也是想象力的终点。

正如亚里士多德解释的，速度是距离和时间之比，条件是速度是常数。而一旦他对中世纪解读变得清楚，这种情况在他的物理学中的确是流行，它引发了一个漫长的修改速度概念的过程，直到最后匀速直线的条件完全被否决了。速度作为单独的和独立的规模从中产生，运动物体具有的品质，可能是固定和恒定的，但也可能会随时间改变。新的问题是如何理解速度的变化。速度改变的事实我们很清楚 — — 重物自由落体速度从零开始和以较大

❧ 1. 第一次哥白尼革命：潜在的项目 ❧

的速度结束，速度取决于所花的时间。因此，下跌后一秒，其速度是不同于零但也和它几秒钟后获得的速度不同。然后，在此期间速度一直发生变化，如何可以得出速度等于距离与时间之比的概念？显然这一比率将根据时间间隔不同，以及我们选择在何处衡量而不同。但如果速度是运动中的物体的一种品质（如其几何形状）显然每个时刻只可以有一个速度，无论速度改变或保持不变。

我们已经看到了强加在伽利略身上的概念，但现在看起来是一个必要的解决办法，如果速度是一种状态或属性。因此，牛顿的判决是运动的物体的"真实的和绝对的和数学的"速度是其速度，不是在任何时间间隔期间，但恰好一个时间点——时刻。我们现在面临一个困难但典型的情况:显然这是唯一能解决困难的办法，但同样明显的是我们不明白此解决方案意味着什么。因为如果在某一特定时刻的速度是物体运动的距离与时间之间的关系，这以时间是时刻，这意味着没有经过时间——时刻，时间点不是时间，准确地说=线上的点不是线，就像平面上的线不是平面。因此，如果时刻不是时间物体怎么可能在时间"中"移动而产生距离？总之，某一时刻的速度怎么可能存在？如果不可能存在，我们该如何理解是什么导致速度改变？

牛顿的办法与伽利略相同——用奇迹解释奇迹，奇迹是微积分。牛顿发现了它时还是1666年在剑桥大学就读的一个学生，他"变异元年"，奇迹之年。微积分创建有且只有一个宗旨——实现逻辑上不可实现只是——计算在一个时刻的速度。微积分最大的噱头是既然在一个时刻有速度，所以时刻不可能只是一个时间点，为零的时间，即使它无法是任何有限的时间间隔。如果有不断变化的速度，那么一定有瞬时速度，然后时刻一定是新物种——大于零而小于任何有限的数量。它是"无穷小"的东西，但不是零。

要计算物体在给定时刻运行的距离，就必须克服这一事实，数学不承认存在无穷小。它承认只存的数字，这些通常都是有限数字或零。但尽管有限，数学也承认实体在某些方面是无限的——无限数量的数列，如芝诺在他的矛盾中使用的序列。阿喀琉斯序列，例如，是 1, 1/10, 1/102, ……1/10n。显然指数 n越大，1/10n接近为零。此外，选择任何非零的数，可以任意小，可以找到一个 n 使得 1/10n小于这个数。我们可以选择无限接近0的数，因此 0"往往"是序列的"极限"，用牛顿的话说，即使不能通过它。但它能否至少达到零呢?也就是说，0是序列的成员之一以及序列最后一个成员吗?

一方面，因为阿喀琉斯最后超越乌龟，看来的确——是距离的无限序列将两者分开，最后，经过无穷多个步骤，实际上达到了 0。但另一方面，具有无穷多成员的序列如何存在最后一个成员呢? 无限的概念不是意味着序列没有尽头吗?说无限有尽头听起来理智吗?

牛顿认为是的。芝诺的距离序列除了应该考虑速度序列，还应距离时间比率序列。落下的石头总的第一个数，比如，是它第一个 10 秒落下的距离和10秒之比，第二个数是它第一个 1/10 秒落下的距离和1/10 秒之比，等等。让我们称之为第一段距离 S0第二段距离为 S1 ，以此类推。然后无限的速度序列是是 S0/10, S1/1, S2/0.1, S3/0.01,… Sn/1/10n。所以当分母接近零作为限制，距离也接近零作为一种限制，但是利率不会靠近 0/0，这是一个毫无意义的实体。事实上它们接近石头开始速度的数值——如果它从静止出发则是零，否则就是一个确定的速度。牛顿说，速度在某一时刻是无限序列的极限。所以，他称之为序列的"最后比率"。他称之为"最后比率"，也"瞬时比率"因为它是两个数量级之间的比率，每一种不断变小直至消失。他的书中有一章提出 了运动定律的演示，总结了他的整个引力理论新数学，我们在这里会遇见作为无穷小的实体基础的11个辅助定律。

1.3.11 出现和消失的奇迹

像往常一样，数学章节以解释结束，在其中牛顿引导读者如何解释这些辅助定律。解释解决的中心问题是无限序列如何可能拥有最后一个数：

❧ 1. 第一次哥白尼革命：潜在的项目 ❧

也许它可能会是相反的，那转瞬即逝的数量： 因为数量消失之前的
比例不是最终比例，当它们都消失了，什么都留不下。(原理：38)

这当然是刚制定的芝诺悖论。牛顿在这里说，有可能反对新数学序列中出现
在每个比率("数量消失之前")是有限的数级介于其他有限的数级之间因此
不是"最后一个比率"。结论——序列中不包含这种最后的比率 （即，阿喀
琉斯永远不会赶上乌龟)。但牛顿证明了这最后的比例实际上存在：

但由同样的论点可能声称身体到达一定的地方和那里的停下来，没
有最终的速度；因为身体来到这个地方之前的速度， 不是其最终的
速度；当它已经到达了，也就没有了。(同上)

因此，这是牛顿对没有最后的比率论据的反驳——反证法的反驳。我们必须
接受这个明显的，物体在它们停止移动的时刻拥有速度 （即，那阿喀琉斯赶
上乌龟) 和缔结关于无限很奇怪的东西：

但答案很简单：为终极速度指的是，身体在到达其最后的场所或者
和运动停止之前或者之后，但在那一时刻它到达了；那就是，速度身
体到达其最后的地方和这运至停止是的速度 (同上：39)。

最后一句描述解决奇迹的奇迹——"的速度，身体到达其最后的地方"的
奇迹。芝诺会认为这些只是自我矛盾的声明，和亚里士多德其实得出类似的
推理的结论是没有过去的速度，因为在任何过程中"那里是没有最后一刻"
(他得出结论，世界的运动是永恒的和"运动数目"的时间也是无限的，物
理：207b14——16)。如果对任何运动来说还有"最后一刻"，那么要么在那一
刻有或没有运动，如果没有，那此运动不是运动的时刻之一，如果有，那么这
一刻实际上是一个小的时间间隔，并因此不是最后一刻的运动。因此，亚里
士多德会有反唇相讥，指出"运动结束的速度"是指自相矛盾。

所以，借由他的宣言，牛顿隐晦地宣布芝诺和亚里士多德现实本体的结束，
即无限是从未"明确的"。在数学中的无限表示，亚里士多德认为，没有什

么比通过任何因素可以随时增加有限大小(阿基米德公理)。无限是一个概念,它表示只有仅仅的潜力——可以永远不会结束的一个过程——因此而不能由自相矛盾的惩罚现实化的潜力。没有真实的无限,或换句话说,任何无限的东西不是现实的一部分。亚里士多德从这里到达了关于自然的几何物体的一般性的结论。点、线、面、等等——都是通过无限可象征化的:点是线无限的二分法(它是描述给定的线段继续二分法直到无限序列中的最后一个成员)的最终结果,所以,同样线是一个给定的区域无限二分法的最终结果,等等。这是点没有长度的定义的含义,也是点没有宽度的含义,等等。因此,亚里士多德认为所有的数学实体只是潜在的实体,在没有设计自相矛盾的情况下无法在现实中现实化,因此它们不是真实的实体。相反地,它们是数学家从中抽象出的"物质的抽象",即,一个接一个地从物体中拿掉部分——无论谁认为抽象为真正的实体,通过与虚构混淆扭曲了现实内容。亚里士多德之后,这种态度被现实主义者接受一直延续到这一天,自行宣布现实主义者(像贝克莱分校、达朗贝尔和休谟)进行了对牛顿的数学的攻击。

因此,只因为这些论点失去在牛顿这位潜在主义者那里了它们的权力,他是能够对现实主义者看作明显自相矛盾的事做出回应——"运动结束的速度",相当于"无限序列的最后一个成员"的概念。牛顿在这里再次使用 潜在主义的本体论,根据这一理论事情尽管从未在各种现象中现实化但是可以是真的。无限是指这样一种实体——我们是无法通过我们的感官感知它,因此也不能在我们的想象中绘制它。但无限尽管是所有这是实实在在的东西。因此,不仅是空间和时间是无限且真实的,而每个运动的现象都是无限的现实的证据,即是说,现实的无限序列,其中一些具有最后的成员这一事实清楚地证明。总结前一段,牛顿写道:

有的末尾的运动速度可以达到但不超过限制。这是最终速度。还有的像限制所有的数量和比例,开始和停止。由于这种限制是明确的,确定它们是严格的几何问题。(同上:39)

因此，很明显牛顿认为这里无限序列可以完全达到（即到达和触及）它的极限。很明显，他指出存在的物理运动（阿喀琉斯确实能赶上乌龟的事实）视为一个明确的证明，这种"到达极限"确实一直发生在我们的世界。因此，牛顿的观点说明了现实主义者认为只是潜在的和非真实的，与此相反，是物理现实的特征化的一部分，反对一切的想象或逻辑可能会告诉我们。

1.3.12 笔误

牛顿并不太满意他潜在主义的本体。这我们不应该感到惊讶：大多数人是现实主义者（即使他们宣称信仰神圣的实体）和所有那些认为自己是理性的，总是现实主义者。潜在主义者（像柏拉图）总是少数且始终是存在危险（像苏格拉底）。牛顿倾向，因此，围绕他的真实想法构建一个口头的防御墙。因此，他用来加强并宣布，他拒绝了无穷小，并使其作为代替无穷小的语言的限制。但作为一项规则他未能隐藏潜在主义这一影响他的语言。写了道，

渐逝数量的终极比率不是在它们消失之前或之后而是在它们消失时用来理解数量比例。

他补充说，什么开始作为无穷小量的排斥，但突然包含一项意外的注释揭示了其真正的意图，：

> *这些最终的比率与数量消失并不是真正的最终数量，但限制对其无限制减少的量之比做总是聚集于一点；比任何给定的差异更接近，但从来没有超越，也没有实际上达到，直到数量在无限中被减少。（原理：39)*

我加下划线的单词是笔误，因为如果牛顿是真正的现实主义者，他就不会写"直到"。他会写的只是 ——"即使"。我们必须记住，牛顿强迫性地重写一切他曾经写过的东西以及一切他决定出版的东西。他是一个隐士担心任何暴露（因此经他同意才能编写并发布《原理》，只有在一些重要人物到剑桥

大学朝圣并说服并安抚他之后）。在牛顿的出版物中没有真正笔误。每一件事都计划到最后的细节，所以"直至"表达他真正想说的——直到那一刻，序列实际上已经达到其限制。这种情况，显然，当数级事实上减少到无限，即，当它们变得无穷小。

但通过将无限包含在现实中，一个新的认识出现了。从现在起，就没有理由反对把点、 线、 面等看成是真正的实体。如此，它们也是单独的实体，而与"抽象"的数学无关。从现在起它们可以认为不是仅仅是物体的"方面"，而是独立于物质，其现实并不取决于在所在物体。

它现在某种意义上已经明确，一个可容纳的数学定理都是真实的。在与"这张桌子是绿色"同样的意义上它们是真实的；它们描述品质和关系以及单独的物体的状态。毕氏定理描述了三角形性能，即，任何三角形的边之间的关系。由于三角形不仅与物质分离，而且也与人类理性、想象和理解分离，毕氏定理是永恒的真理，并会保持真实，即使它从来没有被发现。

1.3.13数学的信息性

因为它描述了单独的物体的状态和属性，一个数学定理是饱含信息的——"它用一件事指另一件事"。因此，数学是一套内容丰富和永恒的命题，如果它们是像描述的那样是真实的。因此，介绍了它们的联系都不是偶然，他们的信息和必要的连接，就像它们的永恒所表明的。但它们永恒的条件是其单独存在的方式——它们是否作为独立的实体存在，如柏拉图的理念，即，在一个非物质的世界中?或者也许它们作为物理的即使非物质的东西存在。我想，牛顿看到它们的第二种形式，在除了物质性外的物体的所有方面。

在牛顿的新世界的物理学我们已经见过各种类似的物体——力、 空间、时间、 是所有单独的物体，真实的但非物质也非精神，即是说，它们是分开的思想。这样的物体，另一种我认为是在牛顿的物理学中，自然的法则，因为

1. 第一次哥白尼革命：潜在的项目

它们太独立、 真正、 非物质，因此是永恒和不变的，只是作为数学定律。自然法则是像力一般的实体，支配物理事件的进程和强制所有的物体按它们本身行动。但这些通过必要的力连接的物体与性质是我们众所周知的——这些都是通过它们移动的力和物质，因此我们也很清楚地知道规律的存在方式——它们存在于空间和时间中。

牛顿倾向于认为几何物体也存在于绝对的空间中，和静止的物体完全一致。这方面的证据，牛顿认为，是一个物质不可能在绝对空间中移动，在那里不存在任何几何形状来包含它并提供运动场所。物体是不能在空间中为自己创造适当的形状——

为材料划定的任何挺行不与空间相关图形的新产物，而只是物质表象，以便显示在空间中，以前在空间中无法感知的现在对感官来说都存在。…我们坚定地认为，在天体占领之前空间是球形，以便它可以包含天体；因此，所有包含天体的空间都是球形的。其他的形状亦如此。(引力:133)

因此，必须有无限数目的形状可能出现在无限空间的每一个点：

那就是，到处都有作为此面与彼面连接的表面；到处都有作为此面的一部分与彼面的一部分连接的线；到处都有作为此线的一部分与彼线的一部分连接的点。并因此到处都有形形色色的图形，球体、 立方体、 三角形、 直线、 圆、 椭圆、 抛物线，和所有其他类型的图形，和那些所有的形状和大小，即使它们没被披露。(同上)

这些都来源于牛顿压制的一篇论文，在他的著作中没有类似的文章。我认为他们澄清了他回答的关于数学陈述信息的本体论问题。潜在主义本体内部的物理规律和数学定律之间的区别就消失了。两组定律在同样的意义中都是内容丰富，信息是关于独立的物体，这些物体是物理的。

显然，然后，潜在主义者的数学真理不可能是逻辑上必要的，即，他们的否定不是（尽管虚假）自相矛盾的。直至现在我们都无法想象他们的否定是否有特殊利益，当然应该不会感到惊讶，因为我们无法想象即使他们是积极的内容，即数学真理本身，正如我们看到。例如，因为从现在起无限可被视为实际，因此，对于任何给定的空间存在位于垂直的平分它和线段的点，其距离是无限的。不过，它是明确的也是因为通过任何点分割的末端也可以相遇。显然他们的长度将是无限的，但这仍将是一个三角形——它甚至是等边三角形，两个底角相等。牛顿引证这无限的三角形为例，以便于我们的理解。之后他描述这个三角形的构建由垂直平分的两边相遇，相遇点距离增加"直到两边平行，不再相遇"他接着写道：

> *现在，我想问，边相遇到了最后一个点的距离是什么？它肯定大于任何不可忽视的距离或者说任何点都不是最后一个，所以在所有这些相遇点所在的直线其实是大于有限。也不是任何人都可以说者只是存在于想象中的无限，而非事实中；因为如果实际上绘制一个三角形，它的边事实上总是指向某个相同的点，如果线段延长将会相遇，所以总是一个实际的点在那里线相遇，虽然是可以想象它可能存在于物理宇宙的范围之外。(同上 134)。*

所以，当"两面变成平行的，不能彼此相遇"，一定存在着一个在无穷远处的点，并且这是一个真正的点，它们相遇的"最后一点"，因为，然后它们平行并且"不再相遇"，即，在任何地方，其距离是有限的。

1.3.14 信息性和意想不到

因此，有一个真正的"最后一点"是边分离并平行之前相遇的点。它是一个真正的点，即使是从基地段比任何其他点更遥远。两者形成的角是在那个时候是尚不是零但小于任何有限的角度，正如基本角之和还不是 180º但也不会大于任何数目小于 180º的角。于是我们看到，没有逻辑理由，就像自相矛

1. 第一次哥白尼革命：潜在的项目

盾，否认这种奇怪的三角形的现实，即使它有别于我们的想象中任何标准的三角形。牛顿用这个三角形来说明对数学的理解，并因此理解物理世界不能单纯地凭借我们的能力去想象它的状态。这就意味着我们的理解是纯粹理性的问题：

> 如果任何人现在反对我们无法想象存在无限，我同意。但同时我坚信我们能理解。我们可以想象一个更大的扩展，然后是一个更大的，但我们理解存在任何比我们能想象更大的延伸。在这里，顺便说一句，理解是与想象力明确区分开来的。(引力: 134)

"有了明确的区分"，并因此理解不是想象。这就结束了，一劳永逸，许可使用"难以想象"或"不可思议"，作为反对理解的可能性。我们看到如何从释义到"定义"，解释自然的绝对空间和时间，牛顿指出因为它们无法被我们的感官捕捉，所以我们必须使用相对空间和时间，这些　　　（测量棒和时间片断）　是可观察到的东西。但是，他补充说，我们不能忽视他们之间的区别和我们对科学问题的目标是绝对的事情这一事实，因此

> 在哲学论辩中我们应该从我们的感官中抽象和考虑与感知衡量截然不同的事物。可能不存在静止中的物体，那些他物位置和运动所做的参考。(原理: 8)

"事情本身"将成为与康德"事物本身的本质"、牛顿的从感官中抽象出来的潜在主义　的思想以及通过原因调查事物本身的科学，将成为康德哲学中不可感知的范式。牛顿在最后一句中所述的的可能性，将是对所有牛顿物理学的现实主义者的死亡判决。这些将使得很多现实主义被钉在信息科学的哲学棺材中。

1.3.15. 告别确定性

牛顿用来声明他的物理学是没有"假说",而是数学上完全从现象中推导的。我不能相信任何人读到的"定义"的解释能有认真这样的声明。虽然这种声明是典型的科技革命,很明显,正如我们看到在伽利略和笛卡尔的案例中,其一天结束时创建的科学是一个巨大的假设,并不是偶然的但是最好的原因: 潜在主义 和信息性意识形态由科学的目标是"事情本身"性质的认知必要性引领,独立世界的本质,只要它与这种解释所有可能的必要联系相互关联。正如我们所看到的这就是笛卡尔、伽利略和牛顿理解的把所有科学判为某些必要的不完整的自然的法则只是非信息性的事实。这是如此重要,因为使这些法则成为解释工具其本身不可能在信息丰富的世界中,因此将总是剩下关键的未解释的和不可解释的。当"世界本身"(如必要连接)无法直接并且立即被觉察到,和观测之间的联系是信息性的,所以它将永远不可能确切地知道解释现象的理论是正确的。

然而,如果我们和任何信息的科学的必要不完整性和解,以之作为关于世界的必要基准,牛顿开始的假设性的世界图景成为其智力的强度中及其惊险的东西。一场开始于视觉和谐作为信息真理的明确见证的革命以和谐被物理连接力取代的物理而告终。世界从现在起被认为是一个单元,而任何物质原子连接到每个其他物质的原子,它们之间的距离是任意的。引力是现在不仅为像地球、月亮、太阳和星星这样巨大物体运转的事实负责,而且也为想太阳系一样巨大结构的事实负责,能够保持它们处于稳定运动中。每个现象都是被引力和其他力(如电、 磁和近程力,所有牛顿研究的)创建的,自然的法则在细节处知道它们。因此出现了独特内在物理需要将所有的现象连接在一起, ——例如恒星的轨道、 行星的椭圆轨迹、海洋的潮涨潮落——所以,如果它会指出的一种现象的解释是假的,整个理论就会崩溃,就像哥白尼设想的。解释这种物理和谐也将会成为激励康德的视野。但当他完成了他

1. 第一次哥白尼革命：潜在的项目

的解释，从而使科学革命视觉系统的破坏合法化。与康德一起，团结了整个世界的力不再是与人类物种分离的力。

但康德只是对牛顿的物理学、 特别是其潜在的实体、 单独的空间、 时间、 力量和自然法则的现实的攻击的高潮。它最初由乔治 • 贝克莱开始，再由大卫•休谟接手，他们是经验主义的两个代表。事实上，第一次的哥白尼式革命在其最高峰时被扼杀，康德是看到此全部意义的人。

2. 第二次哥白尼革命: 现代现实主义程序

2.1.种子: 贝克莱攻击怀疑主义

它将是: 康德看到哥白尼革命,与他本人提出的关于经验、科学和世界本质的革命,因此它只是自然地称之为第二次的哥白尼革命。这是蔓延整个世界的批评和对牛顿的物理学攻击的高潮,创办者是乔治 • 贝克莱和 大卫•休谟。本质上这种批评只不过是现实主义的觉醒。其结论仅由康德完全澄清了,因此只有一个办法理解牛顿物理学的巨大成功,即,它是非信息性空虚的证明。下坡路已经开始了。

2.2.1.怀疑主义和牛顿的科学

牛顿1687年发表《数学原理 》和 1704 年发表的最后的作品《光学》,那时他已经 62岁。五年前他换到比剑桥教授更可敬有利可图的工作,是国会议员、 皇家铸币局大师和英国皇家学会主席的职位,直到他死于 1728 年的那天。《光学》实际上是他最早的作品,以文件的形式及其主要大事记出版使他获得皇家学会院士时才 30 岁。但他拒绝发布全面书,因为他对其早期出版物遭遇的纠纷和攻击满怀焦虑和仇恨。所以他耐心地等着直到他两个主要的和最恶毒的敌人罗伯特 • 虎克和莱布尼兹死后没有对质疑他在科学的绝对权威的恐惧时才出版了《 光学》。但对于每一个给定的快速抽屉都存在比其更快的。当《数学原理 》出版时,最致命的他未来的批评者仍然是一个两岁的婴儿,但光学出版6年后,他已经足够成熟来出版了开始科学思想的新革命的这本书,那本我成为第二次哥白尼革命的书。

❧ 三种哥白尼革命 ❧

一个年轻的叫乔治 · 贝克莱的爱尔兰牧师，在25岁时他发表了《人类知识原理》(1710)。贝克莱《原理》是对牛顿哲学原理的全面袭击，他第二次的致命袭击是其作品《论运动》(1721)。这些袭击是毁灭性的，牛顿决定完全不理睬它们，于是他从未提及爱尔兰哲学家的名字，直到他去世 (1728)。他的死救了他很多的痛苦，因为八年以后贝克莱处理了数学原理作为基础的致命一击——微积分——在他的《分析师》(1736) 一书中。

但超过被攻击的新科学，加州大学贝克莱分校的哲学赤裸裸地宣称了科学革命和 潜在主义哲学的死亡。加州大学贝克莱分校的工作是科学的系统建设，现代现实主义的无畏和令人敬畏的演示的新基础。只是这个爱尔兰典型的粗糙度引导知识世界的注意力转移到新现实主义。

贝克莱分校指责牛顿的科学创造的新的怀疑，并因此危害宗教信仰。当然关于是怀疑主义他完全正确。潜在主义 第一次的哥白尼革命，因为它区分了与我们不可分离的单独的物理现实和现象，使我们所看到科学的非信息性只能以必要的不确定性的代价获得。随行的概念是，科学和人类的知识只可以通过破译现象获得，因此它暗示了即将被发现的隐藏文本总会遇到质疑，也就是说，怀疑原则上 (因此"从不"）不能克服。科学需要假设，只要有丰富的信息量。因此，其必需的 (或永恒的) 假设正是它的独特性和灿烂指出，正如 17 世纪 潜在主义认为的。

于是很显然从一开始当贝克莱指责牛顿的科学传播怀疑时，以及当他要求用的一门新兴的科学代替，与怀疑主义抗衡，他从而意图消除科学信息性，并为科学介绍新的必要条件——非信息性。他详细的论证都瞄准同一目标——要删除"人类知识"指的是一个令人怀疑的实体的每个概念。因为如果实体是独立于我们就必须存在这样的疑问，加州大学贝克莱分校《原理》的伟大目标是反驳独立自然的想法。因此，加州大学贝克莱分校的《原理》应被看作是一个长时间的争论，反对独立的实体，因此反对牛顿物理学。

🙠 2. 第二次哥白尼革命: 现代现实主义程序 🙠

2.1.2.存在就是相关

大部分的这一论点的筹备工作已经由笛卡尔和洛克完成,他们强调所有这些对我们都是即时的,无须给予任何假设的推论,是感情、 思想、 记忆和感觉——他们称之为"头脑中的想法"。它在那之后,只有这些想法是不容置疑。

贝克莱高高兴兴地接受了这一论点并且从中得出了新的东西——我们不这样做,不可能对一个单独的物体有明确的概念("一个清晰的想法")。他认为这是无价值的,因为大家都会同意的想法除了在脑海中出现便不会存在;但一切我们声称存在的,正是这种在思想中的想法——"有一种气味,那就是,它被闻到了;有一种声音,即是说,它被听到了;一种颜色或者物体,它被视觉或触觉捕捉。这是所有明白可以按这些和类似的表达式。但是这是也是如此"房子、 山脉、 河流、 和世上所有可以被感知的物体",应该是有 "一个自然或真实的存在,有别于理解感知"。因此

> *就像所说的不经思考和被感知无关的绝对存在,听起来完全不知所云。它们的存在是被感知,而不可能在思想之外或者能察觉到它们的思想之外存在。(原理 1: §3, §4)*

"也是不可能": 贝克莱在这里宣告分离论文,潜在主义 的中心论题"涉及一个明显的矛盾",因为房子、河流和山脉的事情只不过是我们通过我们的感官感知到的 "除了我们自己的想法或感觉我们还能觉察到吗?如果其中的任何一个或者它们的任何组合不被感知而存在,这不明明是矛盾的吗?"(§4)。在另一章(《三次对话》)中,他解释了单独存在概念的逻辑矛盾:"一个单独的物体"的概念是有意义,只要我们有一个清晰的概念,然后一个单独的物体只不过是一个想法 (明确但只是可能),因此不会被认为不能存在。所以一个单独的概念认为实际上是物体的概念而不是物体的分离,如果它可能是单独的物体。因此,这是包含一个"明显的矛盾"的概念,

❧ 三种哥白尼革命 ❧

因此根本没有概念。

如果房子和河流和山脉没有被头脑感知而不存在，然后物质存在的概念是自相矛盾的想法，——物质只不过是想法，因此不能单独与感知而存在。因此并不矛盾，只有本体是想法：存在的事情只是他们的想法。世界由想法构成。

这里存在一些困难——因为有一些思想必须存在才能避免思想世界的分离，但思想本身不是可感知的东西。还有别的东西——神也不可感知，而且没有一个基督徒甚至愿意考虑上帝不是单独的概念。当然，这两个困难，足以反驳整体不可分离的原则，但贝克莱根本无视这一切。在短时间内，新现实主义将同样不理会这两个困难而不损害其知识清白，因为哲学家们很快就会失去对神的兴趣，而否认灵魂的现实将会成为一种时尚。贝克莱站的启蒙时代的边缘，因此他的论点可以保持深远的影响，尽管存在这种困难。

如果物质，我们一直可以感知的，不单独存在，这甚至更有力地适用于其余的牛顿的物理学——空间、时间和力的中心绝对物体。所有这些，贝克莱争辩说，都是"抽象的概念"，即，我们观念中它们的真实来源中抽离思想。我们的看法表明空间相对与物质物体，时间相对于时钟，运动的相对于其他物体。总之，存在就是被感知，和被认为是要相对于别的东西的东西。存在只是感知的存在，因此，存在是相对的。本论文开始的相对论，自始至终接地气，即使爱因斯坦所赋予了它数学表述。(我们将会看到，是这个数学表述驳斥最终反驳了它，在1920 年左右爱因斯坦被说服时)。一个抽象的概念并非指任何真正的实体，因为它从其参考系统中抽象出来，相对于人们能感知的事物，和因此相对，因此只和存在的事物相对：

> 当我们尝试从其他一切的特质中抽象出扩展和运动，通过它们本身考虑它们，我们目前看不见它们，同时陷入无休止的言论放纵。所有这取决于两个抽象：例如，假设扩展可能从所有其他可被感知的品质中提取：其次，扩展的实体可能从其被感知中提取。(同上：§99)

❧ 2. 第二次哥白尼革命: 现代现实主义程序 ❧

*时间也是一样的, 在这里我们"从我头脑中的流动均匀和众生参与
的想法中抽象", 但我试着创造这种时间的抽象的那一刻, 我感到失
去了混乱 中不可分割的困难。我根本不懂得这一点。(同上: §98)*

作为这种"混乱"中"不可分割的困难的一个例子", 贝克莱终于在这里引用
了牛顿关于相对空间和时间的解释。因此, 加入了现实主义原则, 存在是被
感知, 因此在其结论中存在是相对存在的东西, 他反驳了牛顿 潜在主义
本体论。

2.1.3 从相对论到空无: 消除力

反驳的要点已经形成了——所有牛顿的绝对物体都是抽象的概念, 因此不
存在。结论是: —— 没有绝对的运动:

*对我来说除了相对运动还有各种各样的运动: 所以, 想象运动必须
至少设想的两个物体, 两者距离或位置各不相同。因此如果存在一个
唯一的物体, 它不可能移动。这看上去是显而易见, 在这我关于运动
的想法中一定包括关系。(原理: §112)*

既然有没有绝对的运动而只有相对的运动, 没有绝对的只有相对的空间和
时间, 因此也没有力。这里关键在于科学解释的问题, 贝克莱得出结论: 由
于没有力, 解释是不可能的, 因此科学是不能解释任何意义上对原因的暴露
或发现。因为它无法解释, 它不是自己工作的一部分。否则, 科学便会变成仅
仅是抽象的概念, 在另一个世界里, 或许存在, 但在我们的世界不存在。因
此, 势力的存在是贝克莱的现实主义, 既然如果没有力, 牛顿的运动定律和
源于它们的整个物理必须被重新解释。

我们现在已经处在概念的动荡期, 这种科学的革命是所需求的。对力的主要
攻击是由贝克莱在他《论运动》中, 开始了力作为单独的物体是"隐匿性素
质"的声称, 这是由 17 世纪的科学革命赋予中世纪亚里士多德的所有理

论实体的名称。但是，科学家贝克莱争辩说，科学家使用"力"这个词就像这是已知的性质，是与运动、物体和每个可被感知的事不同的，也与生命体的感情不同(论运动：§5)。引力、中心力的牛顿物理学和其他所有的力，只是"设想"或"数学假设"，不是真正的物体或品质：

> *正如几何学家为了他们的艺术使许多设备，他们自己也不能描述或发现事物的本质，甚至技师使用一定的抽象和笼统的术语，想象在物体中，力量、行动、吸引力、诱惑等，是用于理论和配方的第一个实用程序，作为运动的计算，即使在实际存在的事物的真相，他们想要徒然找寻，就像几何学的想象由数学抽象构成 [......]所有作用于物体的力是数学假设，就像是在行星和太阳的引力。但数学实体在物体性质中没有稳定的本质；他们取决于定义的概念。这样，同样的事情可以在很多方面解释。(论运动：§39, §67)*

在这里，我们可以观察如何在物理学的所有解释的翔实空虚直接源于关于力的现实论文。因为这些不是独立存在的"定义"，它是同样允许定义力以不同的方式，根据"实用程序"，创建不同的解释，解释看似互不兼容的同样的现象。但由于所有力"无论怎样定义"都不是单独的物体，我们必须不拿作为本体论叙述把力作为因果解释。这种解释不是互相排斥的，原因很简单，因为他们根本不是解释，也不打算描述不同状态的事情。托勒密-亚里士多德关于行星运动能给的解释，因此，与哥白尼牛顿的解释并不矛盾。它们不包含互相矛盾的信息，因为他们解释的部分不能传送任何信息，而其信息性的部分并不是解释。

贝克莱开发了对依靠万有引力的牛顿运动解释(比如行星运动)的分析。既然引力作为一支独立的力并不存在，事实上显然概念 (想法) 是指所造成的运动：

> *重力将不能与动力分开； 但没有速度就没有动力； 因为是质量乘以速度； 再次，没有运动速度不能被理解，同样适用万有引力。因*

此, 除了通过行动没有任何力量使自己已知, 并通过行动来衡量; 但我们无法将运动与物体的行动分开。(论动力: §11)

于是, 由于力与它应该导致的运动相同, 由力产生的运动的解释现在成为身份声明。它现在会说, 这一运动自发产生。因此, 贝克莱争辩说, 物理学是不能并且不能被允许制造因果解释, 它所接受的唯一解释是现象作为普遍规律的一个特殊情况的展示:

然而在物理哲学中, 我们必须在机械原理之间寻求原因和解决方案。因此物理上, 一件事情解释不通过提出它真实的、积极的、无形的原因, 但通过展示其与力学原理的关系, 如作用力和反作用力总是大小相同但方向相反的。(论动力: §69)

2.1.4.从因果推理到归纳总结——空无蔓延

"现象的解决办法"当然是我们的老朋友, 古时 "拯救现象" 的英语转型, 以及贝克莱在这里说明任何人都知道这件事, 那我们不得不放弃发现关于柏拉图式的概念作为解释的现象的原因。相反, 我们必须将理论法则视为归纳, 并把现象作为他们的特殊案例, 此连接是所有物理解释所提供。他将这些定律称之为 "机械原理", 那些不得不决绝的原因和力, 他称为 "形而上学原则":

机械原理和运动共性定律, 在上个世纪被发现, 应用了几何来解释, 为哲学点了一盏明灯。但是, 形而上学和运动真正有效的成因及存在的物体或即不是机械实验也没有为其照射光芒的物质属性。(论动力: §41)

物理和形而上的解释之间的区别, 在物理学和形而上学领域之间, 在定律和公理一方面作为原因和另一方面作为真实作用的原因——之间的这些差别都基于确定事物的感知需求, 以及总体来讲, 物理现实身份与被我们的感官所感知的现状的存在。不是每个真实的东西都可以被我们的感官 (例如, 头脑和上帝)所感知, 但所有真实在物理意义上必须给予感官知觉。只作为此刚性的现实主义的结果, 伯克以坚持牛顿物理学的所有绝对物体都不是真实的。他只有这样才能得出的力量什么也不是只是被 "定义" 定义为力。用真正的原因取代 "形而上学" 意味着在现象领域确定因果关系与前后顺序。第一, 物理定律的现在可能解释为连接前后现象的物体。下一步, 这种定律本身也成为了 "原因":

> 按物理意识和经验, 达到唯一的明显效果占据主导地位; 在力学中的数学家的抽象概念被认可。第一哲学或形而上学中我们关心无形的东西, 与原因、真理和事物的存在。物理学家研究系列或一连串可感知的事情, 注意他们由什么定律相连, 以及按什么顺序, 什么是原因以及什么是随之产生的影响。这种方法我们说物体的运动是另一物体运动的原因, 对其施加了运动, 创造了运动或推动了运动。在这个意义上说, 第二个物质原因应该被理解, 没有考虑实际所在地的力或导致它们的真正的主动力。此外, 除了可以称为物体、身体和运动, 甚至主要的机械科学公理, 原因或机械原理, 被视为结果的原因。
> (论动力:§71)

这一概念的源公理可以看作 "原因" 的逻辑后果, 可以肯定的是, 古希腊哲学家亚里士多德宣布了这一几何公理。这反映了亚里士多德因果作为单纯形式关系的一般观点, 贝克莱在这里暗示他完全认可。因此, 因果解释, 即解释力, 不是信息性的。

现在物理现在变成了严格正规的, 即连接逻辑 (因此正式的) 之间的连接只是介于具体和一般性陈述之间。但因为一般性陈述不能表示一般事实(因为这些都是 "抽象概念" 只), 它们表示只有一类具体的事实。所以原来 "运动定律" 或一般定律性质的物理解释并一定是空的也是循环的(因为具体的事实已经按其名称在一般定律中被提及), 任何其他方式都无效。

2. 第二次哥白尼革命: 现代现实主义程序

因此, 贝克莱要求在物理中需要解释的双消除信息化: 第一, 所有因果定律的运动涉及力其实是身份陈述, 因此通过它们将是空的解释的手段解释现象。"因为地心吸力行星在椭圆轨道移动"等同于"该行星一个椭圆轨道移动因其运动是沿椭圆"。每一个基于运动的规律的推导演绎都将为空, 因为任何有效的演绎中都存在明显的循环论证——运动的规律被视为只是所有具体现象的实例列表中的一个, 其中之一是实际情况下解释的现象。"现象的解决方案", 因此, 不是物理中现象和其高效的原因之间的联系, 仅仅是建立身份联系, 发现这一现象与本身之间的纯粹的逻辑联系:

一件事可以机械解释, 事实上它减少到最简单、最普遍的原则, 而且显示了它们之间在的精确推理。一旦自然的法则被发现了, 之后就是哲学家的任务来显示每个现象都恒定符合这些法律, 那就是, 一定遵循这些原则。这由解释和解决方案的现象和分配的原因组成, 即, 为什么它们会发生的原因。(论动力: §37)

贝克莱在这里为科学的解释澄清他的程序是"减少", 数学上即取消以实现最大识别操作一词: 一种现象"沦为"法律时证明是鉴于是它和定律之间没有区别。因此, 定律必须成为如此减少的现象总才具备可能。但这种鉴定法及现象已经确保了现实本体, 即每个抽象的概念"减少到"的现象, 每个现有的事被我们的感官感知。因此, "现象的解决方案"是展示我们解释的现象和定律中提及的现象的同一性, 即, 现象与其本身之间的展示。

我们已经看到牛顿如何理解他发现的一个奇迹后悖论之上的悖论的数学, 作我们看到的只是他的潜在主义使他能够接受这个迷宫安静: 绝对空间不比微积分矛盾。读过贝克莱的〈原理〉和《莫图》就能很容易感觉到微积分即将成为他舞动的现实主义的下一个受害者。

2.1.5.现实数学: 对无限的攻击

牛顿于 1728 年死亡, 六年以后贝克莱在他的书(1736)《分析师》中发表他对数学新的攻击。这本书以启蒙时代的数学家开启唤醒科学腐烂的根基。所有数学更新的努力在贝克莱时开始在法国数学家柯西和德国博尔扎诺和魏尔斯特拉斯之后约 100 年后结束。这是完整概念的革命,因为其目标是从数学中消除所有潜在主义本体论而代之以严格的现实主义。

这场革命确实是一件奇怪的事情。它被历史学家和哲学家成为 "数学严格化",因为最终微积分成为逻辑上非常严谨, 即, 微积分从任何想象元素中提纯。但现实主义的全部原因和严格化建立的敦促,在其审议中被推倒了。

贝克莱攻击微积分,因为它不符合他本体论的基本要求,即存在只是为了被感知。因为 "被感知" 现实主义者来说唯一的意义是 "被感官或想象感知", 贝克莱的攻击不严格以逻辑为名义而以想象力为名义。他的论点很简单: 新微积分处理我们不能感知的事物,因为他们既不是有限的,也不是零,而我们是能够察觉到只有有限大小的实体。因此, 现实只属于有限大小。一旦牛顿的微积分证明被解释为只处理有限大小, 他们将崩溃且自相矛盾。因此,在牛顿的微积分的逻辑谬误只存在于我们的想象力是存在和意义的最后仲裁的条件下。试图解决这些逻辑矛盾将都表达完全接受的贝克莱的现实本体。事实上, 微积分最终实现减少到有限大小的严格化, 即驱逐了它从牛顿的实际无限并以亚里士德的潜力无限取而代之。

贝克莱在《原理》中发起攻击。做完他对牛顿的绝对实体的批评, 贝克莱以几何为基础, 侧重于几何空间是连续的因此无限可分割的基本假设。理由很简单:

每个特定的有限扩张, 这可能是我们思想的物体, 是存在于头脑中的一个想法, 因此必须感知其每个部分。如果因此我无法感知在任何有限的扩展中无数的部分, 我认为这是因为他们不包含在内。没有

🕉 2. 第二次哥白尼革命: 现代现实主义程序 🕉

*什么比它更平淡…我不能解决任何我的想法之一使之成无限数目的
其他的想法, 那就是, 它们不是无限可分……然后说有限数量或扩展
包括部分无限数量, 是如此明显的矛盾, 乍一看每一个承认就是这
样。(原理§104)*

直接结论是从这种原始混乱"遵循了"几个"荒谬和矛盾"(同上:§129)和最
坏的打算是无穷小是真实的概念, 而且, "有无穷小的无穷小的无穷小, 永远
都不会结束"(同上:§130)。他建议的计数器理由是, 只有在这个假设"无疑
是真实的几个定理, 由方法发现的无穷小都使用的这一点永远不会存在,
如果它们的存在包含它内在的矛盾"。对此贝克莱回答暗示这些方法不是必
要, 有可能不使用无穷小而实现的相同的定理。此外, 不仅他们不需要, 但事
实上数学家实际上根本不使用它们, 不考虑他们的想法和声明。其实这样的
数学家

*不感知或想象小于所觉察到的线或表面。他们可能确实叫那些小的
几乎无法感知或者是无穷小的无穷小, 如果他们愿意: 但底部这是
所有他们在真相有限存在的, 也不需要假定任何其他事物来解决问
题。(同上:§132)*

贝克莱是一位有抱负的业余数学家, (他22 岁时第一次的出版物是两个数学
短篇), 但他花了超过 25 年才拼写出他关于微积分解释的细节。这种解释
的结果是越来越认识到对微积分全集基础的需求和可行性。那个 100 年后
最后创造了的虽和贝克莱的完全不同, 但它完全匹配了他的现实主义。

在《分析师》, 对牛顿的数学的攻击从现实主义原则争论到它的基本矛盾的
详细介绍。原来是每个证明过程中总是有两个互相矛盾的假设涉及。每个这
种证据开始由假设牛顿的"新生"或"渐逝"数级, 即, 在其出现或者小时
那刻的数级是有限的, 和常见的算术运算应用于它好像它是标准的编号。但
一旦这些都完成后, 一个新的假设将出现, 允许我们跨出相对到其余的数级
的这一数字, 因为它是无穷小, 实际上为零。避免这种矛盾的唯一办法是辩

论，像牛顿一样，"渐逝或新生的数级"，或"最终或最后的关系"，既不是有限，也不是零，但在这两者之间，具有特殊的数学素质，允许我们把它作为或者有限或者零，因为我们需要。贝克莱争辩说，没有这种数级存在因为我们是无法感知它，因此，矛盾仍然是植根于现实的本质，对现实主义者来说并不构成一个数学问题。

所以的确很明显当数学革命结束的时候。因为矛盾消失只有当数学家最终拒绝了牛顿的主要假设——序列止于极限实际上达到极限使它成为无穷小的奇迹。放弃这一假设，实际上意味着芝诺和贝克莱的参数是有效的，即，趋同序列事实上无法达到机芯啊。以贝克莱开始的革命结束时，显然有必要改变数学谈话的语言，重新界定其概念，如无限序列、极限、导数、积分总和。所有的这些都是新定义的，这样它们的意思完全改变了。因此例如无限的趋同序列的"总和"现在因为该序列具有无限多的成员所以不再是总和。"总和"只是有限序列，其每个数是原始的无限序列的一些有限的标准总和的极限。所以我们得到原始的序列的部分总和是无限序列，如果这一新的总和序列趋同于极限，然后此限制现在命名定义为原始序列的总和。新的语言不会需要使用任何非有限大小——因此将没有更多对数学解决的存在事物的质疑，因为它们现在都由想象力构思，因此它们存在。即使新的语言听起来和旧的完全一样，没有概念和老概念的内容相同，因此中心哲学问题——例如芝诺悖论——仍未解决。

从 19 世纪末开始，这将成为新的支配时尚——而不是解决旧问题，科学家和哲学家将创建一个新的语言，这甚至不可能确切地阐释这些问题。20 世纪将变得沉迷于这种方式，在短时间内将超越它。乔治•奥威尔在1984年用标题为《原则的新话》的文章，表明了贝克莱遗产对我们这个时代的象征。

我们所做的： 贝克莱的批判基于反牛顿原理，其意义只可以通过我们的想象力得出，现实只可以由我们可的感官所感受的到来谱写。想象力和感官感知贝克莱称为"想法"，所以他的结果是，只有在我们脑海中的想法是真实的

(灵魂，以及神也是，但它们不是想法)。这是贝克莱建造"理想主义"，以此开始他着手证明牛顿的物理学和数学上的矛盾。现实可以只归于有限的、想象的程度，相对的空间和时间，即，那些由我们的感官我们感觉到的。因此他播下未来理论相对论的种子。他证明了牛顿数学中基本概念的矛盾，但也引出了不需要实际的无限来重建它的方式。因此他播下了现代现实主义数学的种子。

2.2.休谟和系统逻辑原则

什么将是： 现在我们遇到了将康德从教条主义美梦中唤醒的理论。在其中心矗立着存在的原则，说只有有意义的才是真实，而且只有可以抽象成"想法"的才有意义。休谟采用这一原则来攻击因果必然性，物质作为品质和性能的单独的载体的现实，以及灵魂。他的结论是，这些都是我们自己创建的看法，为了从无限的困惑中创建一个我们可以理解的世界。因此在与我们分离的世界中没有因果关系，因此不存在自然定律，数学原理也没有存在的必要。只有感知才拥有现实。这是现实主义在纯粹的高峰期，并将永远不会为新时代让路，直到其直接影响的康德创建了他的哥白尼革命，100 年后爱因斯坦将创建他的相对论理论。

2.2.1.唯一有意义的的事物才存在

贝克莱为牛顿科学的现实主义批判总体形式定型，但大卫•休谟将其添加到一个元素中最终会增加体重，在短时间内将成为其核心，在我们自己的时代。这一概念是科学和日常经验的概念结构的重要部分，日常经验包括不只是主观的但纯粹主观的观点，因此只是在人脑中自发的创作过程的产物。"自发"意味着——世界上没有任何事物作为其相对物。这就是因果、必然的联系、固定物质作为所有明显的变化的基础的想法和自我的想法——所有的心理变化的基本物质。

❧ 三种哥白尼革命 ❧

休谟的论证方法是将贝克莱的现实的原则转化为含义的原则，进而从中获得关于现实的结论。这一原则说要有意义就要被视为想法，即，像在想象中绘制或一些其他的精神印象。休谟把这一原则用作发现标准概念的真正意义的方法。方法是：首先这个想法伴随着一个给定的必须揭露的概念，然后它必须按其组成成分分析，而且一旦完成这些会构成概念的真正含义。这是意义原则和现实原则的结合，将会成为贝克莱后新现实主义结晶的中心。

新原则背后的理性是感觉的我们的想法如下——一种感觉或感觉的复制。因此，在头脑中的存在的想法是某些感性是其来源的唯一保证。概念分析最后会引到想法复制的感性的来源。这些感觉都是真实存在的唯一证据，因此它们构成想法真实而唯一的内容。分析的意义因此是揭露真实的东西——只是这些都是真正意义上的观念。休谟认为这是肯定的方式，来净化我们的知识的冗余因素——比如没有感性的来源的想法，因此不能表示任何真正的想法。所以，贝克莱的现实主义原则据实地被使用，略有伪装：存在是要有意义，有意义是成为一个想法，那就是，被感受到。

它很容易看到，现在所有贝克莱的结论，关于物质世界的独立存在必须被休谟按照其意义原则所承认。他只通过避免单独现实的物质的小问题设法避免他们。但他得出了关于问题相同的结论，他也分析——因果关系、物质、自我等问题——对他们来说被阅读即是成为头脑中的想法。另一方面有贝克莱不敢触及的整个领域，但休谟直接投入研究得到了其主要成果——感觉和道德领域。在这里他的现实主义结论比在科学知识方面更有灾难性。

休谟 1739 年他28 岁时出版了他的主要作品《人性论》。这本书"仍是从新闻中诞生的"，休谟说。没有人感兴趣，没有人买，没有人读它。大约十年后他发表了一个大众化的短版本，而这成就了他的名字。部分被译成德语，在1770 年激发了康德哲学的想象力，休谟在其哲学永恒的路上。

休谟认为，人类的知识基于两个来源：要么是直接知识，由我们的感官直接意识到；或者是间接的知识，由一件事（像是谣言和报告的信息）引出另一件事。我们的知识大部分是间接的, 每一个间接的知识基于复杂的由连接到我们的已知物体而产生因果关系的网络。因此, 理解因果关系的含义对理解知识的性质具有关键重要性。用这种站不住脚的借口休谟开始分析因果关系的想法。

2.2.2 因果关系

休谟发现这种想法中一些组成成分是他很容易显示是感官印象的复制, 如因果关系之间的连续性(空间和时间)、连接形式的恒常性(即, 相同因果, 因变而果变, 因小变而果小变), 但这些形式确实耗尽了我们因果关系的概念。因为当我们说, 红球推白球是造成其运动的原因, 除了这些, 我们也暗示推红球和白球运动之间存在某种联系。因此, 这不仅仅是时间和空间的连续性, 甚至不是规律和恒常性。我们的意思是除了这些还有红球迫使白球移动, 即, 这种条件下不可能红球作用而白球无变化。我们打算说的是连接是必要的。

但所有其他想法的组成成分有它们的影响来源, 而对必要性的组成成分没有找到来源。这也是为什么在我们想象中两个球之间的因果关系不来源于这一必要性。这一事实, 正如我们已经看到, 被科学革命的哲学家广泛接受。他们认识到事实必要性不是一些物质的东西, 就像自然法则、力和空间和时间不是物质物体。然而, 没有人对此太过兴奋了。但休谟住在另一个世界, 断然现实的世界, 在哪里被感知的不存在, 因此也是不在头脑中的想法。因此, 结论是革命性的但不可避免: 既然没有复制必要联系观点的感官印象, 那么物理世界中没有必要连接。

在另一个更密切的构想中——因为没有感官印象作为想法的来源, 就没有内容, 因此没有必要性概念的客观的真实含义。没有意义和客观内容的想法是不复制任何客观实体的想法, 并因此缺乏意义意味着非现实。

休谟接着问： 不过既然我们觉得必要连接的概念有一定的意义，因为它遵循感性的来源必须是一种内心的感觉，一些身体的感受，即使没有感觉印象。并由于因果关系之间必要连接的概念和我们通过因果对重复出现而学到辨别因果紧密联系，休谟得出这种重复在我们中创造了一种期待的感觉的结论，一种对原因之后出现相应结果的精神认可，而且这是必要连接的想法会不断复制的感觉。因此，这是"必要连接"，这是概念所指的的真实内容———一种心理满足的感觉。因此休谟总结道：

> *必然性观念源于印象。我们的感官能够激发这一观念，但不会传达印象，因此，它必须来自一些内部的印象…，没有内部的印象和眼下之事有关，但习惯倾向于从一个物体传递到它通常伴随的观念。因此，这是必要性的本质。整个的必要性是在心里，而**不在物体之中**；也不可能是我们形成它最远的想法，将之视为内部的品质。或者我们不知道其必要性，或者必要性除了是从原因到结果以及从结果到原因的决定思想，根据其经验丰富的统一体。(专著§165-6)*

为什么因果必然性"不在物体内"？因为它们是彼此独立的逻辑，也就是说因为因果关系是信息性的。效果不是逻辑上带来的原因，休谟解释说，因为作为原因的物体(即，其心理图像)的观念不包含作为效果的物体(再一次，其心理图像)的观念。休谟按这种方式所述每一个内容丰富的环节的本质属性，因此，他的结论是，在信息结构的世界必要性没有任何意义。必要的连接和信息性连接对现实主义者来说不兼容。对他来说唯一可能的结论很清楚： 如果科学要求一个具备必要连接的世界，那么它必须为自己建立一个非信息性的世界。

2.2.3.那数学的必要性呢?

数学是个不已讨论的案例,因为它的声明看起来内容丰富,但也是必要的。一个三角形和其角之和之间的联系不是偶然的而是必要的。但很明确,角的总和不是三角形概念的一部分,即,连接这两个的定理是内容丰富的。休谟没有被这一对其革命性的观点的明确反驳 (必要性和信息性) 吓到,他宣布: 同样在数学案例中必要性只不过是主观的和精神上的,因此这和因果关系一样具有同样的必要性——两个都只是心理的和主观的,在客观世界中没有对应:

> *正如必要性, 二乘以二等于四, 或一个三角形的三个角之和等于两个直角之和, 只存在于理解之中, 通过我们考虑和比较这些想法; 必要性和力按相似的方式将原因和结果连在一起, 存在于从一个传递到另一个的决定意志中。作为原因的疗效和能量既不置于原因之中, 也不在上帝那里, 也不在这两项原则的表现之中; 但完全属于考虑两个或者更多过去时的物体的灵魂中。' 到这里原因的真正力量及它们的连接和必要性放置在一起。(专著§166)*

休谟在这里宣布了一个令人眼花缭乱的结论:

> *数学的必要连接和自然物体无异, 它们都没有一个客观的起源, 且因此都是完全主观的。是头脑创造了数学的连接和所有的必要性, 和它在每一个因果案例中创建的必要性完全一致。于是, 因为必要的连接"完全属于灵魂"而且心灵是"原因的真正力量之所在"——不只是没有方法区分数学和物理的必要性, 但即使在这和必要性之间迫使我们做出某一种行为 , 这就是道德的必要性。(专著§171)。*

既然每个必要性都只是主观的,因此在世界上没有单独的力,因此区分力和其效果是毫无意义的。该力与其效果相同:

(专著 §311)〔完全无价值 106页的书, 报价失踪〕

我们看到贝克莱如何辩称力等于据称它造成的运动, 没有别的。休谟得出相同的结论, 也是现实主义的特征结论。只有实际的 (相对) 运动, 那些对我们的感官来说看来是真实的。造成它们的力是毫无意义的, 因为它们对于我们的感官不是可感知的。因此, 一切都只是潜在的, 如权力、倾向、可能性——都不是真实的东西。就像力, 它们过于依赖"标识符"。

如果没有和思想分离的力和必然性, 那么运动定律也不会与思想分离, 因为运动定律是指必要的连接以及它们本身是在力构造世界的潜在主义传统中。于思想分离世界无法确定, 并且如果世界上存在意义独立于思想, 它一定是一个混沌的世界, 无法无天且缺乏规律和必要性, 是绝对确定性的世界。另一方面, 世界目前为止是与思想不分离的事物现在可以组成绝对确定性的世界, 只是这件事仅仅依赖于思想。

2.2.4 休谟的伟大发现——构建世界

这些都是在"我们对必然联系的观念"分析中暗示出的结论, 但休谟很小心地没有在此联系中明确制定它们。他还设法消灭另一个关于因果关系的发现。他尖锐而明确地区分了他想解决的两个问题——第一, 我们为什么接受任何事情的发生都必然有原因? 这是关于因果关系的普遍问题。与之分离, 休谟也给出了一个特殊问题——我们为什么接受特殊的规律, 比如火必定造成升温等等。总之, 要发现"进入我们的因果观念的必要连接的本质", 我们必须检查两个问题:

第一, 基于什么原因我们声称它是必要的, 一切的存在都有一个开端, 也应该有一个理由吗?第二, 为什么我们总结这些特例必然导致特定的影响; 我们从一个得出另一个的推论和寄予的信仰的本质是什么?(专著: 78)

☙ 2. 第二次哥白尼革命: 现代现实主义程序 ☙

休谟解释他将处理特殊定律问题，他希望能解决普遍的问题，或者因果关系作为这次讨论结果的普遍原则（专著: 82）但这不是所发生的。在尝试解决特别定律的问题时，他开始明白这种解决方案可能也不能对普遍原则有效。在这里他来到了他主要发现的边缘。

他对特殊定律问题的办法是完全心理上的。我们根据经验知道火很温暖，我们是从重复与火接触的经验中学到这一点。足够数量的这种经验后我们的头脑开始适应，看到火后它开始期望热量。这个期望或"头脑中的决定"，是我们对火和热之间的必然联系的唯一的想法。但我们如何同样解释我们在因果关系的普遍原则中的信念?休谟在这里停下来，拒绝沿着100年后即将被其坚韧的经验主义者(如约翰 · 斯图尔特 · 穆勒、赫伯特 · 斯宾塞和约翰 · 赫歇尔)追随的路径走下去。他没有被他考虑中的任何一个层面所吸引，按照习惯和重复的经验是我们信奉的因果关系的普遍原则的唯一创造者的概念。

是什么把他带到这一特殊的阐明中: 我们一直成功，每个醒着体验的时刻，无视两件事: 第一，我们无视这一事实我们每天的经历是对特别定律不断连续的反驳。第二，我们一直处理从给出事实和其他的事实得出的推论，我们从未经历过也永远不会经历——我们可以访问的经验至上的事实。我们如何能做到无视?休谟的答案令人惊讶: 我们成功地无视我们的经验中的漏洞，因为我们已经为自己建立了完整的世界，在其中我们超越了所有给定感官印象的限制，因为只有这样，我们为自己创造了现实的概念:

按这些观念和记忆的印象我们形成一种系统，理解我们所记得发生过的，对我们内部感知或感官; 该系统的每个特别案例是加入到我们开心地称之为现实的当下的印象中。

但思想不在这里停下来。未来寻找，有了这个看法系统，还有另一种习俗的连接，如果你愿意，通过因果关系的连接，它按自己的想法进行; 正如它感觉它按照必要的方式查看这些特殊的观点，决定它的

❧ 三种哥白尼革命 ❧

习俗或者联系，不承认最小的改变，它帮助它们形成一个新的系统，它同样意味着现实的头衔。这些系统的第一点是该物体的内存和感官；第二点是判断。

它是占领世界的最后原则，并使我们熟悉这种存在，随它们在时间和地点的转移，使知觉和记忆无法企及。(专著：108)

思想按其记忆为其本身创建一个世界的"系统"。在记忆的帮助下，我可以将我昨天看到桌子与我现在伏案写作的桌子联系在一起，与和桌子有关联的物体联系在一起(如桌子在所在的房间，旁边的窗户，窗口那棵苹果树等)。由于这种连接，我们称这一切的事物为"真实"。

但记忆是不够的，它包含的种种干涉这种连接的细节，以及与这第一"系统"的创作。因此，我的记忆告诉我当我最后看到这张桌子时它的颜色是黑的，我那时并没有看到那棵苹果树。现在一种不和谐的情况出现了——因为我们知道桌子不能既是暗的又是明的、与苹果树既近又远。这种知识是判断的结果，是我们理性分析的结果，就是因为理性分析不愿意接受在我们现实生活中的矛盾。为此，它采用因果关系，而"不承认最少的改变"，即，不接受任何对其严格性的放松，因此不能接受矛盾物体进入到世界的"系统"之中。

因此，为了克服这些矛盾，天的深色的桌子和今天的明亮的桌之间的因果联系和连续性被创建。例如，它将变化解释为效果，其原因是太阳下落和光线变暗，和之后太阳上升和光线的增加。但为使这一矛盾的解决成功，就必须要用新的物体(太阳)"占据世界"以及其因果关系的行动。所以"判断"创建了第二个"系统"，创造更多的物体，主要是因果联系的网络。此网络看到新物体将填补以前的"系统"存在的漏洞，所以到现在的以前的矛盾消失了，新的"系统"成为整体和相关的。

此外, 这次判断活动的典型表现是学者创建因果关系的普遍原则——这既不是想象, 也不是记忆 (这是消极学者的观点) 而是"判断"。这是纯粹智力学者, 所以可以看出, 除感性学者和半感性学者(想象和记忆) 参加世界体系的构建(通过特殊的因果规律), 存在智者和它产生的判断的主角地位。因此, 因果关系的普遍原则是"现实"的创作和持久性, 因为智者为我们构造了它。它扮演者同样的角色, 康德将归因于他会叫作"先天综合"的原则。

2.2.5 单独的物体 —— 另一个建设

这些都不是休谟引入这个角色的唯一原则。我注意到他是谨慎的, 对这种智者和因果关系的普遍原则的特殊地位以及倾向于把它放在一个黑暗的角落, 以便其非实证起源不应该凸显出来。这更难避免, 当他按照相似方式着手分析潜在主义的另一个核心论点:

基本素质单的独存在, 如几何形状、稠度、运动, 和离不开思想的次要性质相反。他的论点是可以预见的: 没有办法区分这两种素质, 因为我们已经有一个肯定的感性的起源作为唯一的想法是次要性质。例如, "运动一定预示着物体移动的观念", 而是物体"必须解决本身的想法的扩展或坚固性"的观念, 而扩展的观念一定"由部分组成, 具有坚固的颜色" (专著228)

现在, 什么是坚固的观念?什么是兼顾感念起源的感官方面的印象?休谟在这里争论所有坚固观念复制的感官方面的印象都是次要性质——比如特定的触觉。但那时就不存在主要品质比如运动和坚实, 和次要性质之间的逻辑区别。这两种想法面临相同的情况: 要么它们是感官印象的副本, 然后它们可以与思想分开而存在, 或他们不是副本, 那么它们没有感官印象的起源, 那么它们的想法没有内容, 因此没有意义。如果是由稠度和不是感觉印象的运动, 那么我们不知道我们是什么意思。

并且从这我推断，他们既不代表稠度也没有任何实际的物体。……
因此在我们的理性与我们的感官之间存在直接和完全的对立；或更
恰当地说，在我们根据因果形成的结论之间，说服我们的物体持续
和独立存在。当我们从因果推论时，我们得出结论，既不是颜色，声
音，味道，也不是气味，有持续而独立的存在。当我们排除这些可感
知的性质，宇宙里没有什么有这样一种存在。(专著：231)

那就是，所有感性的证据 (和判断，根据因果关系的一般原则) 向我们展示
我们的感觉是不连续的，但我们推断与这种证据的相反——我们认为有一
个持续的存在导致感觉的中断，这个东西我们称之为 "物质" 或者 "物体"。
但既不是也不可能有任何关于物质或物体的不由感官印象组成：

但对我们来说不可能明显地将物体转换为其性质中的任何事物但与
感知完全一致。(同上：218)

因此，这是我们有能力理解和想象为清晰的概念的唯一的现状:感知。所有
充满整个世界又被我们感知的因此必须用感知的语言来制定。作为此现实
主义的直接后果，它遵循物质的概念或者独立的物质——继续存在，即使
我们的看法显示相反的结果——是自相矛盾的。换句话说，对于独立和持续
存在的物质世界我们没有清晰的概念。潜在主义 的理念，建立在不可理解
力的世界的独立存在的假设之上

是两个原则的可怕后代，两个原则彼此相反，两者都是立刻被思想接
受，两者无法互相毁灭。(同上：215)

休谟指出这里的矛盾是，"我们的看法是我们唯一的物体"(专著： 213)的现
实主义原则和只有他们能够填补我们的概念与内容以及物体甚至当他们被
察觉时继续存在的假设之间。这一矛盾和跟随它的 "怪物" 是我们拥有的唯
一确定性之间，即，我们的看法被打断后，与智力的要求和我们判断物体继
续存在和独立于我们的感知的需求。

✋ 2. 第二次哥白尼革命: 现代现实主义程序 ✋

休谟也懒得去详细解释这种批评的结论是什么, 但这很容易看到:对我们来说唯一开放的途径是从哲学上的确凿是为将我们的概念减少为看法。但由于看法与我们无法隔离, 因此大家都在谈论一个单独的世界是毫无意义的。我们将某些东西注入进去的那一刻, 这样谈话转变为我们的看法, 因此只是有关于和我们不分离的事物:

> *总的说来我们必须得出结论后的颜色、 声音、 热和冷排除外部存在的等级, 将不存在他物, 这可以给我们提供一个关于物体的公正而一致的想法。(同上: 229)*

这一论点和贝克莱的有何不同?由这两个现实主义者共享的结论是, 在物质世界的概念中没有意义也没有内容, 因为在一个物体与我们对其认知的概念中没有意义也没有内容。现实主义的根本原则, 现实只属于实际的东西, 在这里以全功率和清晰行动。那些只是实际被我们感知的才是真实的, 并且只有当它们确切感觉中存在它们才是真实的。

2.2.6.自发的想法和世界狗构建.

这里是休谟的现实主义添加一个决定性步骤中的第二个地方: 物质实体独立于感知而存在的观念作为一个自发的想法被介绍, 它源于其本身, 而不是作为任何外部源的结果。单独存在的观念, 像是有必要的连接的观念现在成为了 "积极的原则", 这与感知中思想状态完全不同。因为没有且不能有这样的经历就像它是关于因果关系的一般原则, 单独存在的概念不能作为习惯和任何经验条件而被创造。因此, 休谟解释说, 这些想法作为一种产品的头脑中的创造性活动, 即, 作为一种智力创造, 目的是克服强烈的失调感。失调感之所以出现是因为我们的看法出现 (转头导致我看到的房子消失在转头则重新出现)描述它们的外观一致性和恒常性(第二次转头之后对房子的感知又几乎等同于它以前的感知, 在接下来的转头之后它将继续保持这样)。我们因此倾向于为我们目前的存在找出我们以前的状态, (以前的房子与现在的房子) 但这种识别显然可由中断反驳(以前对房子的感知肯定不是目前这一个)。这是思想亟需解决的矛盾,它是通过发明"虚构"的单独的物体和不被感知时的连续存在而实现:

这里我们有倾向假装所有可感知物体持续存在;……这心理倾向赐予我们类似的看法一个身份,对继续存在创造虚构。(专著209)

因此单独的 ("继续的") 物体存在是个噱头,虚构,是头脑的(想象和智力) 发明,就像我加下划线的句子所展示的。因此,单独存在不是来源于感觉的智力,因为这样的结论在观念中没有可能的基础结论。休谟解释说,即使想象创造了这一虚构,尽管我们习惯于相信它,

但很少的反射和哲学就足以让我们认识这一观点的谬误…但当我们比较实验,并在他们身上找一点原因,我们很快就会领悟到我们感知到的独立存在的教义与最简单的经验相反。这带领我们来感知我们错误的归因到我们的感知,并且是许多好奇意见的起源。(同上:210)

我不想描述导致休谟到这一位置的复杂的考虑因素,我也不确定我是否有此能耐。这是一个有弹性的论据,充分漏洞和假设,我不能确定对他们的地位。例如,休谟认为,单独存在的虚构基于假设 ("其中我们都相信"),"我们看法的持续存在"。作为事实的已知报告,这当然是胡说八道。没有人相信或假定他觉得他闭上了眼睛之前红作为一种观念继续存在,即,作为一种感觉,即使它不被任何人感知。

休谟为单独存在假设提出的解释的一章,是他的书中最复杂和最困惑的一章,但也是最重要和命运相关的,因为它邀请我们跳到现代现实主义的发展中新的和关键的步骤的创作。这是思想开始活跃的一步,并打造理论的一个部分旨在通过构建一个连贯的世界的"系统"安抚困惑,正如我们看到的虚构本身。这个"系统"是思想的自然产物,这也就是智力的判断。大脑不自觉且严格按其性质 ("心理倾向"),所以它将它们发射到世界上,因此,存在

ᐒ 2. 第二次哥白尼革命: 现代现实主义程序 ᐒ

一个独立于观念的世界的信仰。总之, 世界的"系统", 为世界本身和它构建的原则——(如.因果关系)除了是思想的自发创作外什么都不是, 因此只反映思想的性质、 其困惑和其解决方案, 只不过这些。

有一点很重要, 记住休谟也认为这些虚构都是假的, 是大脑假设虚构的那一刻的错误, 比如因果关系的原则, 或单独的原则:

> *自这一虚构 [继续存在的虚构], 以及身份, 真为假, 就像被所有的哲学家所承认的, 除了纠正我们感知的中断没有其他影响。(同上: 209)*

因此, 休谟的本体是被中断的看法都是无中生有, 每次重新创建, 是所有真实存在的世界。事实是没有因果力量, 没有单独的物体, 没有空间, 没有时间、没有因果关系, 没有自然定律。所有这些都是我们的思想创造的, 有时作为一些刺激的被动的反应(特别是因果关系), 有时作为自发的活动, 以便解决我们的看法中的矛盾(一般原则的因果关系、单独的物体, 标识和自我)。并由于必要性标志的数学也是同一种, 正如我们看到的 (2.2.3 以上), 明显的暗示是科学革命的所有科学成就只不过是思想自发创造的虚构而已。所有的科学和数学是完全主观的和虚的。

我不相信还有比此关于本质及成就的摘要集合更进一步、更清晰的现实主义的驳斥。我认为这如果不是反证法中的现实主义, 然后至少作为反证结果。因为其后代的大关今天仍存质疑, 存在着伟大的谜我们必须解决: 现实主义如何可能成为今天科学的执政理念?部分答案, 或许吧, 在于从贝克莱和休谟种的种子——伊曼努尔 • 康德的哲学——中长大的哲学的强。在短时间内, 这被视为哲学的新启示的化身。还有人知道恰恰相反 (如德国诗人海涅、 其犹太焦虑告诉他, 这里播下了灾难的种子), 但康德成为了19 世纪的什么也不抗拒的瘟疫, 可见范围中没有免疫方法。

2.3.灾难: 康德醒来

什么将是:继牛顿物理学和数学被贝克莱和休谟沉重打击后,保存确定性成
为了康德的最终目的。这种保存是可能的,所以他从休谟的论文得出结论,只
有在数学和物理缺乏关于世界的信息的条件下。康德接受了这一结论,并展
示纯粹数学和物理的确是空的。他认为,它们是我们构建或创造经验和现象
的综合的原则。因为这些不超过合成原则,紧随它们是先验的,即,先于经验
和作为可能性的条件的现象,独立于经验和现象,只在我们的主观条件中发
源。那就是,它们严格反映我们的感觉,我们的知觉和智力天赋,这是它们信
息为空的原因。康德声称它们是"纯粹的形式"表示此观点,即,它们是无内
容的。

2.3.1.先验信息如何存在可能?

关于休谟对自己的影响,康德写了非常有名的一句话:

> 我公开承认,正是由于大卫 · 休谟的这一启示,在多年之前第一次把
> 我从教条主义的梦中唤醒,使我在思辨哲学的研究获得新的方向。(
> 绪论: 7)

奇怪的事情正在进行。为什么"承认"?为什么"公开"?"大卫•休谟的这一启
示"的含义是什么?康德发表他的主要作品《纯粹理性批判》(1781年)后,一些
评论家指出他的理论和当时被称为"理想主义的贝克莱和休谟"之间亲近的
血缘关系。为了排斥这种指控,康德写了他的《未来形而上学导论》(1783),他
在导言中供认,休谟"把我从教条主义的梦中唤醒",他接着说:

> 我无法跟上他的脚步,他通过就问题的部分而非整体加以讨论而得
> 出了结论,它本身不能给我们提供任何信息。(同上)

❧ 2. 第二次哥白尼革命: 现代现实主义程序 ❧

康德可能以这种方式争辩, 也可能继续相信, 因为他从来没有真正读过休谟主要作品, 只是读过一些它的翻译段落, 所以他永远不会对休谟的对物质和自我概念的批评以及他建设理论密切熟悉。由于这种错误, 他可以代表他自己的独特性作为一个人第一次看到休谟的因果关系问题是一个普遍的问题, 是康德首先形成的, 其解决方案是他创造的哲学。他因此提出这个问题:

综合命题是先验的可能吗?(同上: §5)

"综合命题" 概念由康德杜撰来表示一个命题, 不是 "分析", 而是通过 "分析" 他的意思是一个命题的主题是与谓语逻辑上不可分离的。这不可分离性康德通过描述单词 "谓语包含在主语中"。他现在认为与定律相反的从逻辑上讲是真实的, 如 "整体大于部分", "大小相等则彼此相同" (欧几里德的几何中被列为 "一般概念", 也被称为 "公理" 的定律) 很明显是分析的 (除了与一个整体的关系, 一部分的概念没有意义, 等等), 这些几何命题都不是解析的, 因此它们可以 "合成的"。

但康德也争论, 所有数学定理都是确定的和必要的, 原因很简单: 对我们来说是确定的和必要的。它是至今都不容置疑的心理学事实, 我们不能够向自己描述几何定理的否定可能意味着什么。例如, 我们都无法想象平面上的两点之间怎么可能有不止一条直线穿过。事实是为了想象这样一件事我们被迫弯曲平面。既然这样的必然性和必要性无法通过经验获得, 就像休谟的论证充分表明的, 康德认为它遵循所有数学定理都独立于经验, 且逻辑上 "优先" 于经验: 数学定理并非只是非解析的, 它们也是非经验的: 他们是合成和先验。然后, 这是他所谓的 "休谟问题" 的充分表述, 即, 如何可能解释这种独特的事实?

这个事实变得更加奇特了, 当康德发现数学是能够只是通过他所谓的 "直觉" 而连接不同的概念, 并且只要它可以从他的语言中提取, 是不比我们在想象中画图和绘画本身。因为这种数学的 "直觉" 不会利用我们的眼睛, 康德称之为 "纯粹的":

所以我们找到所有的数学认知有这样一个特点：　它必须首先表现出直觉中的概念(直观)以及先验，因此在一种不是实证的而是纯粹的视觉形式。没有这一点，数学寸步难行；因此其判断都是视觉的，即"直观的"；……数学性质的观察给了我们一条它可能性的第一和最高条件的线索，即一些非感性的可视化　(称为纯直觉或纯直观)必须构成其基础，在所有其概念可以展出或构建，具体而先验。(同上：§7)

康德用这一发现来解释，有时来证明数学的"合成"字符。因为它的意思是不可能仅仅通过分析概念来证明数学定理，因此定理不是分析的；每个定理中的主题概念意义上不包含谓语概念，主语和谓语彼此独立。

2.3.2. 对先验信息性的可能性的三个康德式反驳.

因而一个自相矛盾的概念被创造了——"先验直觉"。这种直觉是什么意思以及如何存在可能？如果它是一种直觉　(假如它可能是外部的以及纯粹的)它是某事的一种直觉——"物体的"，但由于它也是先验的，有必要此物体不存在直觉之前，那就是，与它分离。因此，很明显先验直觉的物体必须只一直觉的效果形式存在，否则它会在直觉之后、经验直觉植入到已经存在的事物之中。这样一个难题出现了——或者数学直觉的确是一种直觉，那么在它之前必须有物体存在且与它分离，那么它就不是一种先验。或它是一种先验但然后它不是直觉。于是康德规定它为：

现在的问题是"如何可能直觉任何事物为先验？"直觉是一种代表，直接却绝欲事物的存在。因此看起来不可能从一开始就有先验的直觉，因为直觉会在这种情况不依靠之前或现在的实物而发生，而后果可能不是直觉。…但是物体的直觉如何可以在物体本身之前呢？(绪论：§8)

❧ 2. 第二次哥白尼革命: 现代现实主义程序 ❧

作为将数学作为一种先验和"合成"的结果,这是康德不得不面对的第一个困难。

第二个困难是事实的先验知识是可能的概念。康德强烈反对这种观念,因此完全接受休谟的经验主义论点 (例如,批判A765 / B793) 是没有先验信息的。即,世界上没有对事情的描述是可能真实的同时也可能是假的——就像信息性的描述通常是这样——然而,这是一个先验的真实,那就是真正的独立与世界的状态和逻辑上先于它。反对对此表示怀疑的任何人,康德提出的问题:

> *…我应该高兴知道它如何可能知道事物的构成为先验, 即, 和我们熟悉它们之前以及在将它们呈现给我们之前?(同上: §11)*

> *…如果直觉必须符合物体的构成, 我没有看到我们怎么能知道后于先验的东西。(批判, 第二版: 十六, 序言)*

这些文章是不足以建立关于康德在信息问题的地位的中心点: 他否认先验信息的可能性。这也是为什么他不得不面对第二个难题——如果数学基于直觉,但这是一种先验的直觉,它怎么可能也是信息性的?

第三个障碍现在出现了, 由于接受数学是合成而先验是: 即使纯粹或先验的直觉提供信息,它怎会是确定的信息?这种直觉现在是内部的事实是怎样的, (即, 不是靠我们的肉眼) 保证它远离所有的观察都作为信息来源的已知命运——缺乏确定性和缺乏必要性?休谟曾告诉他,没有一种观察,无论是内部还是外部,能给我们呈现信息连接的必要性,即,两个事实或两个"想法"是分开的、相互独立的。因此,直觉是能够做的只是向我们展示事物是如此这般,但永远不必定是这样。但数学只处理通过必要性相互关联的事情。因此如果其综合性是信息的,它如何可能基于任何直觉?

2.3.3.康德的解决办法: "合成的" 信息和形式

康德通过一个壮观的动作解决了三个难点, 这是在将来被称为他的哥白尼式
革命的一切的本质:

到目前为止人们认为我们所有的知识必须符合物体。但所以试图通
过建立相关先验扩展我们对物体的知识的努力, 以及通过在此假设
下概念的所有尝试都以失败告终。因此, 我们必须判定是否我们在形
而上学的任务中可能没有更多的成功, 如果我们假设物体必须符合
我们的知识。这将更赞同被需要的, 即, 它应该可能有物体先验的知
识, 确定在他们被给予之前的事情。(批判, 第二版: 十六, 序言)

对于这一新战略模型康德解释说, 是第一次的哥白尼式革命:

然后, 我们应该正在哥白尼的主要假设的线上进行。在解释天体的运
动为围绕观测者进行的进度上不令人满意, 他尝试如果他让观测者
旋转而星体保持静止, 是否他不可能有更好的成功。类似的实验可
以在关于物体直觉的形而上学做尝试。如果直觉必须符合物体的构
成, 我看不到我们怎么知道先验之后的事物: 但如果物体 (对我们
的感官来说的物体) 必须符合我们直觉的构成, 我不觉得难以设想
这样一种可能性。(同上.: xvii)

相应地他从他的困难中得出结论, 即使数学是"合成", 它不能包含任何关于
世界的信息。他的假设是数学的"综合性"仅仅表示数学严格处理"形式的
现象"以及没有关于它们的内容的问题。因此, 这一假设是他解决第一个难
题的本质——一个先验的直觉的悖谬。

他对他选择假设的方式的思考基于经验主义关于世界的信息化知识的公认
原则和主要原则, 我们归因于单独的世界的每一个信息都是令人怀疑的, 其
性质缺乏必要性。康德解释说, 即使我们能够直接凭直觉了解世界, 即使它

❧ 2. 第二次哥白尼革命: 现代现实主义程序 ❧

不能理解如何凭直觉知道物体的存在,可以促进了解此物体本身,"因为其属性不能迁移到我的能力代表"(绪论 §9),意思是,即使在当时会有关于我和对象中的图像的对应或整合的怀疑。因此,我们归因于世界的任何信息一定令人怀疑,即使证据达到我们对实证的要求。更不必说,当证据存在我们先验独立于任何可能的经验。即是说,如果我没有关于世界的如世界本身的直接的直觉。

> *我的表现和对象之间的关系是没有理由的, 除非它取决于直接的灵*
> *感(绪论 §9)*

如果没有理由来假定一个神秘的关系,也没有理由假定在我之内的图像的必要性和必然性。因此,如果这种直觉在数学上的基础包含的一些内容,即关于世界的信息,那么数学不能是确定的和必要的,因此它不会是先验。但任何数学定理中,由于存在必然性和必要性,即,因为它是先验,它可能不能包含关于世界的信息。

另一方面,这意味着这中纯粹的直觉只是处理与感性体验的形式而不是其内容,如康德的结论:

> *因此有一种方式我的直觉 (直观) 可以预测物体的现状以及作为认*
> *知先验, 即, 如果是我的直觉只包含感性形式, 在我主观意识中所有*
> *真实的印象通过我被物体影响。(同上.: §9)*

因此,数学只包含现象形式,但没有现象的内容。这是简单取消关于世界信息的数学,这一取消是康德对数学事实的解释,即使它基于直觉,是确定的和必要的,即,是先验的科学。但现在比较紧急的是解释新颖而不减奇特的东西——怎么可能即使是这样一种形式,(即,数学定理) 一定适用于我们经验的物体。康德从而创建他的假说的第二部分: 数学形式不是描述事物本身的形式,但只有我们的感性能力——它是人类情感的形式。于是,

我们很容易理解，并同时无可争辩地证明，感觉我们世界的所有外部
物体必须在最严格的方式与几何命题重合；因为感性借助其外部直
觉的形式，即，由空间，几何被占领的空间，使这些物体尽可能仅仅是
表象。(同上.：§13 评论 I)

2.3.4.数学作为单纯的形式 —— 第一次放水

因此，数学反映了我们的能力之一：我们的情感——而不是单独世界的形
式。这解释了它未必适用于现象的事实，因为，首先，这种能力不包含有关现
象的信息，第二，因为它是能力的形式使现象对我们来说具有可能。数学仅
包含的信息也许不是三角形和圆形等等，而是严格关于我们自己的，关于能
力形式使现象存在可能而已。换言之，现象的形式起源于并且是使之成为可
能的能力形式，我们的感性。在什么意义上感性是现象的必要条件，并使它
们成为可能?在感性确定它所接收的感觉流的形式。与世界本身相反的是，
现象与我们的能力和我们的感性是分不开，原因很简单，只有我们的感性，
使人成为可能，即，创造了世界现象的重要意义： 通过成为任何经验和现象
的感知能力的前提条件 (即，先验)，并因此我们感性不确定任何内容。感性
不是任何内容 (信息)，而仅仅是形式 (结构)。因此数学中的先验：

> *只要空间和时间的计数超过了我们感性的形式化条件，而物体计数*
> *仅仅作为现象，然后作为现象的形式，即纯粹的直觉，可以由所有的*
> *手段来表示，从我们自己，这就是，先验。(绪论§11)*

这是为什么"单纯形式"不重新引入它旨在解决的同样的困难。否则，显然，
同样的问题可能会重新引发： 数学怎能仅仅只是所有可能惊艳的形式，如
果它是先验的一种形式?康德的意图是形式先验不增加这一困难，原因很简
单——这种形式不是关于世界的信息。感性只是根据几何和算术的主观规
律，迫使我们感觉呈现在我们主观的空间和时间中。

2. 第二次哥白尼革命: 现代现实主义程序 ∾

空间和时间的主观性,因此数学作为整体恰恰意味着所有这些和人类的思想不可分离——不管怎样他们没有单独的存在。康德解释说,这种主观性或不可分离性是保证数学确定性的必要条件。因为如果空间拥有任何单独的存在,如空间本身,几何学将产生疑问——为什么一群先验定理是关于空间本身的?在这种情况下

> *空间几何会被认为是徒有虚名,它不会被记入客观有效性因为我们看不见事情怎么必须必要地同意它们的形象,这是我们自发地并且先于我们对它们的了解。(同上: §13 评论 I)*

几何的空间"将被视为是虚构",因为即使它被自发地创造和先验——在对空间本身必要的"了解"之前——它只不过必须适应它。但这种怀疑的出现只有当空间本身应该存在,即,和我们的感官分离。并因此,只有在它不存在的情况下,这种怀疑是不可能的。康德在这里说,因此,如果作为空间本身信息的集合被呈现,那么几何是先验的事实必须使我们怀疑其客观的有效性。因此,这种怀疑会不妥当如果 (1) 没有空间本身并且 (2)几何的空间并不"表示"一个单独的物体也不"打算"作为任何其它东西的副本(即,空间本身)。既然两者在一起,一切都是为了最好。我们的感官见证的只是现象,几何空间不是任何东西的副本。

因此,数学是。我们对世界认知的那一部分要么为真要么为假,但只是形式和组织对我们来说可以是现象。因此,信息先验得以解决。前两个困难——无目的的直觉的悖论,以及由于时间和空间只是经验的形式,并不包含任何关于经验的内容,它遵循这样的直觉物体 (点、 线、 圆等) 先于物体且独立存在。它们只是这种直觉的属性,因此它们并不体现关于世界的信息。

第三个困难: 直觉如何,尽管非常纯粹,提供确定性和必要性——采用了相同的策略: 直觉确实可以提供必然性和必要性,到目前为止,这些都与信息无关,即,它们不适用于内容,但只适用于现象的形式。因此康德这样总结他的解决方案:

本节的问题因此得以解决：纯数学作为先验综合认知只可能通过感官来实现。(同上.：§11)

所以解决主要问题的核心——在数学中合成先验怎么可能存在——是合成先验认知只有在它不是信息的认知而仅仅是直觉本身的表达的情况下具有可能。康德命名这些主观条件为"单纯形式"，这种形式没有任何内容。这是经验的他现在所声明的物体，这是他现在通过宣称这些合成先验认知表示的物体是经验的物体而不是物体本身的方式总结出了解决方案。

2.3.5.纯物理作为单纯的形式: 第二次放水以及 "休谟问题的完整解决方案"

解决了这个问题的数学分支，合成先验判断如何具有可能之后，他继续且又应用了物理分支中同样的解决办法。因果关系原则是物理的合成先验判断之一 （正如休谟所展示的） 和康德着手构建的它们所有的系统列表。这种结构，他首先安排我们在思想和探讨中使用的各种判断的分类，然后显示每种判断基于使用一些并非来自经验的概念，即先验(如概念原因，必要的连接、物质和其存在、可能性)的概念，但其应用是我们对经验判断的必要条件。他命名为"类别表格"或"原因的纯概念"，以及仅他们使用的他称作"纯粹的 （或一般） 自然法则"的非分析判断。这些都是物理科学构建作为它的可能性的必备条件的合成先验原则。例如，这种原则是"在物质世界所有的变化中物质质量守恒"，"运动从一个物体转移到另一个物体行动和反应是平等的"，"所有变化按照因果定律发生"。

因此，"休谟问题"在其新的一般构想纯粹的自然科学(即，这些原则列表)怎么具有可能?意图是——如何解释这些原则适用于物理本质的事实，有和数学必然性一样但这是不可分析的的必要性?康德的解决方案，就像在数学问题中，是纯粹的自然科学本质是可能的，即，适用于世界，只是某种程度上

✎ 2. 第二次哥白尼革命: 现代现实主义程序 ✎

这是世界的经验, 和只是某种程度上纯粹的自然科学处理经验的 "纯粹形式" 而非其内容:

> 例如, 我很容易理解原因的概念作为一种属于经验的单纯形式的概念和通常潜意识中作为认知综合联盟　[我理解的]　的可能性。(绪论:§29)

在这些解决方案中三个要素不断一起出现:　原则只适用体验, 而不是事物本身; 就单纯经验的形式而言, 并不是针对其内容; 他们都是感觉的统一合成, 并不复制事情的任何单独状态。这三个要素之间的联系是几乎不缺身份——每一个都为另两个代言。应用于单纯的经验, 就是指单纯形式, 并要统一合成, 所以和其他的组合在一起。每个表示其余两个, 和它们一起所表达的都是每个和所有合成先验的原则的信息性空无。此外, 康德明确指出这种空无, 当他在著名的词语中解释: "没有内容的想法是空的, 没有概念的直觉是盲目。(批判:　A51　/　B75)。我稍后会回到这个问题, 所以现在先放一放。康德认为这 "单纯形式" (和其他等价的形式)是 "休谟问题的完整解决方案":

> 休谟问题的完整(虽然对其发起者来说比较意外)　解决方案, 抢救理解他们先验起源的纯粹概念, 以及普遍的自然法则作为理解定律的有效性……但伴随从未发生在休谟身上的完全颠倒的连接模式, 他们不是源于经验, 而经验是源于他们。(同上.:§30)

康德在这里宣告他与贝克莱和休谟关于初级和中级素质的平等主体地位。而且他还用总的主体性解释与纯数学的命题和纯科学的性质适用于现象的必要性。这种亲贝克莱和亲休谟尖锐地指出了在这里达到了巅峰的巨大反信息主义革命:　信息主义传统自古代希腊原子主义, 通过笛卡尔和伽利略到牛顿, 视数学性质为客观性的本质, 所有提取的物体都是主观的。我们看到笛卡尔如何, 例如, 提出数学性质是抽象的限制——不可能从物体中抽象出其几何形式、位置、其运动状态和数据(是一个或很多)。因此, 数学记录并复制

❧ 三种哥白尼革命 ❧

客观世界的本质、世界本身是什么，对我们的认知来说与其表象分离。我们看到了这一传统如何辩称自己世界的本质是关于它的数学信息（"自然写在数学语言中"，正如伽利略所说）以及这篇论文是如何创造了牛顿物理学和它建立的科学传统。

康德是这一传统之子，直到他意识到它构成一种睡眠，"教条之梦"，将梦和现实混淆。因此，这"教条之梦"不亚于世界的数学和物理性能定位 （因为牛顿的科学揭示了它们）与其单独，或坚固的或客观的属性——世界本身的属性。因此，从这个教条的沉睡中醒来，康德的发现是有必要消除所有的基本素质并将它们包括在次要性质之中，即，这些属性不属于物体，但都由我们的看法创造。于是，混合了普鲁士人沉重的幽默和具有讽刺意味的假天真，康德写道：

> 洛克之前很长的时间，但肯定自他以来，这已被普遍认为是理所当然的……很外在东西的谓语可能被说成不属于它们本身，有在我们的表象之外没有正确的存在。例如，热、色和味都属于此类。现在，如果我走远点，也因为重量因素只作为物体存在的质量的单纯表象，叫做初级，例如延展，则放置，和一般空间，与属于它的一切 （封闭性或物质性、空间，等）——至少没有人可以援引其不予受理的原因。(同上.：§13 注二)

但尽管所有这些看上去虚假，这一步远超过"所有构成物体直觉的属性仅仅都属于其表象"的简单声明(同上。强调起源)，因为其目的是自相矛盾的——保存纯数学的客观有效性和自然科学。正如我们所看到的康德的论点是，只有两者充分主观化才能够解释其必然性和必要性等，据称，其客观性：

> 因此，我说的理想的空间和时间，远非将理智世界减少为单纯幻想，是保护最重要认知(即哪些数学提出了先验)之一的唯一手段，对实际存在的物体以及防止其被视为只是一个幻觉；……关于所有合

理世界的物体我们已经能够展示数学不容置疑的有效性, 只是因为
它们仅仅是表象。(同上.: §13 注 3)

同样地, 在自然科学方面——

此解决方案拯救了理解它们先验起源的纯粹概念, 和对自然的普遍
法则其有效性, 作为理解定律。(同上.: §30)

2.3.6. 科学空无的本体论基础

而笛卡尔和牛顿争辩说数学和数学物理学是可能的因为世界本身就是数学, 康德现在解释说真相是相反的: 比如先验, 这两者是确定且必要可能的, 只是因为它们根本就没有连接到世界本身, 即是说只是因为世界本身不具有数学的属性。因为只有那时才可能争辩说纯粹数学和物理根本不能复制世界本身, 因此它们只赋予现象某种形式。但主体性本身是不足够拯救纯粹数学和物理。它必须是一种特殊的主体性, 最重要的是与" 热、色和味" 的主体性区别开来。

因为即使潜在主义传统的次要性质的确 "不属于事物本身, 而只是它们的现象", 说在这一传统中它们 "在我们看法之外没有真实的存在" 会引起误导。因为 "热、色和味" 在潜在主义的传统中只是对独立于我们的感知而真实存在的东西的反应。由于这种传统的假设, 还可以假设在某些情况下, 在我们的真实事物和他们的反应之间有一些足够精确的映射（或对应）。当我感知到红色, 在我之外存在一个明确界定的事物导致这种感觉——物理上称之为光射线并且它试图猜测什么是造成这种感觉(波长度、粒子速度等)的物理特性。即使我感知的红色不总是由光射线引起(例如, 当我产生幻觉了), 不过我们确实学到了根据经验来区分情况。并且因此, 感知红色可以表明导致它的不同物体。

另一方面，康德被迫完全消除任何上述他的新次要性质和独立世界之间的对应或映射，正如我们将看到的。但现在很重要的是看到根据他的理论通过任何此类映射纯粹或一般的数学和物理的品质不连接到单独的世界。我们的感知形式，即空间、时间和它们的数学，以及理解的纯粹概念，不是对在单独的世界中有源头的刺激的消极反应。正如我们所看到(上面2.3.3)，康德认为，如果世界本身对我来说不存在，"我表示的物体与物体之间的关系没有理由可以想象"(绪论§9)。相反，现在，如果数学和纯粹自然科学具有必然性和必要性的话就没有如此关联。康德认为，我们的情感是"自发的"，这不是一种反应而是有特征的独立智力，它不包含被动，它是完全活跃的:空间和时间和它们的数学结构是我们无中生有的创造——这是它们作为先验的确切的感觉。他们和所有的理解的纯粹概念不具任何感官经验地存在于我们之中，同样，没有任何外部世界的参与。

但是因为这个原因，我们赋予感觉数学和物理的结构，以便从它们构建世界的现象，它们不可能应该对应于任何真实的东西并且和我们分离。并因此对康德来说纯粹数学的地位和现象的物理属性根本不像洛克的次要品质的地位，但和我们在梦中相遇的所有素质一致。

促使康德从教条主义睡梦中惊醒的是他对我们的认知是某种形式的睡眠充斥着梦想的发现——数学和科学的梦想，但因为所有的素质出现在它之中，并不只是颜色、口味而也是纯粹数学和物理品质，所以梦想，都是主观的没有任何与单独世界的对应，尽管康德强调有必要假定这样一个独立的世界的存在，世界上事物存在与本身中。

2.3.7 从数学主体性到其确定性

几何空间都不是实体，与人类理性分离但却是感官经验可能性的主观条件(如颜色的感觉)，意味着根据规则形成经验。如果空间是一个单独的实体，它在人类认知中的地位将是假设或虚构和关于它的所有知识将会遭遇质

✷ 2. 第二次哥白尼革命: 现代现实主义程序 ✷

疑。于是, 只有因为并且在没有单独空间的条件下, 只有因为并且在空间是由感性构建的条件下, 几何空间既不是假设, 也不是虚构:

所有外部表象…必须一定和最严格地与几何命题一致, 他不是从任何虚构的概念中得出, 而是从所有外在现象的主观基础中得出, 本身就是感性。在没有其他办法可以让几何成为像不容置疑的客观现实那样安全的命题。(绪论: §13, 评论 I)

直觉先验是可能的, 因为物体不存在, 也没有提供给直觉, 然而它们通过直觉而构成的。直觉先验是创造性的或建设性的直觉:

圆的可能性在圆的定义中给定, 既然圆实际上由其定义而构建, 即它在知觉中表现, 实际上并不在纸上 (实证) 而是在想象中 (先验)。(致赫茨, 1789 年 5 月 26 日, 对应: 155)

我们创建几何形状, 这个创造性的过程 ——这当然是一种先验——本身是直觉或对事物的先验性观察。因为这些物体不是从直觉中独立存在的, 因为每个可能的经验投入到这些几何形式中作为它是一种现象和经验的条件, 只是因为这些, "可以让几何成为像不容置疑的客观现实那样安全的命题"。因此, 例如, 关于一条真实的线与数学的线的本质相反的问题毫无意义:问是否 "线的本质" 不是由点构成就像几何的线不是由点构成一样也毫无意义。(绪论: §13 评论 I)。

当此解决方案也应用于物理, 这种积极的主观主义的充分强度变得完全清楚: 它现在有必要解释并宣布所有一般的自然法则只是理解的法则, 根据其性质创建现象的形式。

本节论述的主要命题——自然界的普遍规律可以清楚地认识到先验——自然地导出这一命题: 自然的最高立法必须在它们内部, 即, 在我们的理解中, 以及我们不必凭借经验在自然中寻求普遍的自然规

律,但相反地必须寻求自然及其普遍遵守的定律,在经验可能性的条
件下,这存在于我们的情感和我们的理解中。(同上.:§36)

因此,康德看到主观主义结论 ("自然的最高定律必在自然之中") 如下,
即,无关紧要而且因此"必然",从有对自然法则的先验认知的假设中。他将
任何事物的先验认知视为与此事与我们不可分离的可能性不符。因此,为了
对革命的强度留下正确的印象,有必要记住康德视牛顿三定律为三个先验
原则的详细原因,其中纯粹理解是它们唯一的起源。(在三个"经验类比"中
形成,批判 B219ff)

2.3.8.总结: 怀疑、 完整性和空无

尽管一开始在潜在主义的传统中在实证科学的概念中固有不合理性是,正
如我们看到的,以非理性为基础上构造的科学图片是充满希望。这张照片为
问题提供一个明确的答案: 科学进步和科学知识在哪里表达本身?在这幅画
中这一传统介绍所有信息性的知识的固有不合理性,不是来自经验科学的
忧虑和绝望,但与此相反,作为对怀疑的一个理智的答案。在这种情况其革
命性的观念是下怀疑基于错误的知识概念,这也是完整知识的观念,对于每
个可能的问题都有答案的只是。这是知识的错误概念,科学革命的传统解释
道,因为它违背了信息化知识的本质。由于信息性的本质是加入或粘接在它
们的本质和概念方面相异的事物,信息性知识一定是基于世界依情况而定
的假设。在这样一个世界某些部分彼此相连,即使它们之间没有逻辑联系,
以至于它们可以刚好彼此连接。例如,洛克认为既然基本的自然法则是依情
况而定的法则,它们将需要保持永远不解释,不考虑科学知识取得进展和深
度。但他假设它们是依情况而定作为其信息性的必要条件,因此也是科学构
建它们的必要条件。(洛克, 杂文, IV, ch.iv, §7)。

换句话说,信息性科学必然是不完整的,其中一些最重要的事实将需要永远
保持不可解释的性质。

ꙮ 2. 第二次哥白尼革命: 现代现实主义程序 ꙮ

理想主义的关键点是不完备的科学根本就不是科学。对理想主义来说任何不完整性为引起对科学的怀疑和对彻底改变的科学的哲学的需求构成足够的理由。所以对理想主义者而言，真正的科学和信息性是不相容的，因为基本的怀疑所固有的任何信息。这种疑虑和其隐含的怀疑源于一个事实，即，即使所有的物体某种程度上给我们的直接的感性认知，那里仍然存在对科学基础的怀疑，那就是关于科学最基本的公理，推导出其解释的定律。只要不解释这些定律、公理和主要假设，理想主义者视为它们（理由）为怀疑的来源。因此，理想主义的批判总是针对每个信息性科学的不完整性——基于不是其中的每件事都由它解释的事实。因此，很明显对康德来说，如果自然法则不是逻辑上必要的（如休谟展示给他的）即，如果他们是信息性的命题，就逃不出怀疑。

贝克莱和休谟开始了第二次的哥白尼式革命，因此，对因果关系和物质的概念不是很多——所有他们对因果关系和物质的分析是相当过时的问题，在17世纪中叶已经存在——但只因为他们表达了回归亚里士多德完整科学的理想，以及回归通过信息性空无作为科学目标的确定性的紧迫要求。当康德从他的教条主义睡梦中醒来时，他对休谟的回答无意成为反驳。它是对休谟观点的相当全面的赞同，扩大和深化，为了构建一个科学的新展示作为完整的结构，并因此作为一个完全非信息的系统。

在著作中康德出版的放水计划失败了。他表达得很清楚，科学中存在一些只是实证性的定律，他所指的是洛克所谓的依情况而定(我称之为信息性的)。但另一方面，所有自然的基本法则成了人类认知的必要定律。康德通过另一个数学的纯粹形式论证其必要性，然而现对于自然的纯粹定律：康德解释说"对休谟的回答"，基本的自然法则的意义在改变。他们不是被视为关于世界的信息性命题（像牛顿解读的）但作为形成我们的经验的规则，因此也仅仅是正式的命题，只适用于现象。

这些两个限制词"仅仅"和"只",不断地被康德重复这,是至关重要的。自然地基本法则(那些康德称之为"一般"或"纯粹") 是"单纯形式",因为他们不公布也不包含任何现象的内容。所有现象的内容由康德称为"感觉"给出,没有更多的内容由理解或感知贡献。正如我们已经看到 (2.3.2 以上),在这方面康德是坚韧的经验主义——肯定比洛克顽固,至少休谟一般顽固,他表示得很清楚,不可能有先验的内容,即,就是没有先验信息。所有对我们来说可能的信息都只是后验,所以出现了所有先验都是非信息的。总之,自然的一般定律,和数学定律非常一致,不包含有关世界或现象的信息。这就是在他的声明中"仅仅"的意义,它们都只是形式的定律:

> *除了对改变内容的所有问题,那就是,什么状态改变了可能是所有改变的,就像即将成为另一种状态,它可以单独发生的情况下,所以状态的演替本身(所发生的事情),根据因果关系定律和时间的条件仍然可认为是先验。(批判: A207/B252)*

以这种方式,康德为自己解决了纯粹数学和物理命题的先验地位和他们看起来为信息性的事实的矛盾,即不是解析的而是合成的。它们的确包含信息,但这不是关于点和线和三角形或有关因果连接和物体的身份的问题,也不是关于单独世界的信息。然而它是关于人的本质的信息、"感性"和"理解"。只有作为这个的结果,合成先验也有某种预测功能: 即使它没有关于现象内容的预测能力,它确实构成关于它们可能的形式的必要预测。

2.3.9.那么什么是先验的综合性?

正如我们现在看到的,康德关于信息的立场十分清楚: 我们可以获得它的唯一途径是通过经验。因此,他关于信息的立场是,比洛克新实证主义的科学革命的创始人更极端: 洛克只好同意我们拥有非经验的信息,比如,道德公理。洛克 声称(文章iv,ch.8 §8; ch.3 §31; ch. 6 §13)这些都是确定的, 信息性的, 但不来自任何经验。但康德抵制信息性原则中的**任何分歧**: 获得有关现象内容的信息的唯一方法是实证方法:

> *如何实现什么事都是可以改变的, 以及如何可能一个状态在某一特定的时刻相反的状态可能出现在下一时刻——这我们并没有先验, 最少的概念。为此我们需要实际力的知识, 这只能给实证, 例如, 因为移动的力, 或什么相当于同样的事情, 某些连续的表象, 作为运动, 这表明了力。(同上)*

所以如果我们拥有非经验先验认识, 唯一可能的意义是它们是关于惊艳的单独形式的认知, 并不包含任何关于其内容的认知。形式不是内容, 仅因为此它可以是先验的。

我们现在要解决的是——先验是 "合成的" 的原则和经验主义对信息性的原则的事实之间没有矛盾吗? 换句话说, 我们要明白康德对此问题答案的意义是什么, 当他说: 合成先验的原则除了经验形式外不能说明什么, 或换句话说——它们只适用于现象 (经验)。我们亦要了解为什么这两者对康德来说是同一想法的不同配方。为什么这些原则只适用于现象而不是世界本身; 表示只是现象的形式并不是其内容; 仅构成经验可能性的条件——所有这些都是对相同的事实的同样的解释, 先验的原则都是合成的, 但不是包含任何关于这个世界的信息可。

这些解释必须显示原则的 "综合性" 和它们只是单纯形式的事实相连, 只是可能性的条件, 只是现象的条件。但究竟是什么联系?康德未能解释这一重点的任何细节, 从而导致 19 世纪下半叶以来直到今天给予他的理论的解读存在奇怪困惑, 以及本世纪另一个了解科学哲学精髓的困惑。第一个困惑引起哲学家认为20 世纪的科学革命反驳了康德的哲学, 直到今天这个意见被几乎每个人接受。第二个困惑从第一个中来, 在于广泛传播的爱因斯坦、玻尔和海森堡的科学革命建立了反康德主义科学哲学的信仰。这些困惑基于康德理论中综合性原则意义的错误——因为和康德自己所作的澄清相反，正如我们所看到的原则的综合性被视为信息性。犯错误可能有两个原因。首先，康德用了"合成"一词，有至少三种不同的意思，但他未能指出这一点。第二，康德很小心不去解释我指出的联系——在原则综合性和它们仅仅是形式、可能性的条件和仅仅是现象之间的联系。现在我将勾画出这两个当下困惑的来源

2.3.10.综合性和信息性——极大的困惑

分析这种混乱的一种方法是注意到康德未能指出他意图表示至少三种不同的概念但用了同一个字——"合成"。在某种意义上，判断是合成的如果谓语未包括在主语。在另一种意义上，它是合成当它不是"澄清"而是"扩展"时。并且还另一种意义上的"合成"是关于世界是信息的。第一感觉是静止状态的必要条件，第二种意义是第三种的必要条件。但两者互不为充分条件。因此，不是每个"扩展"判断都是信息的，而这是康德未能向他的读者指出的一个关键细节。例如，定义对他来说是合成的，因为主语不包含谓语，在定义之前根本不存在。因此，在第一印象中定义是合成，因此也是在第二个——定义给向主语添加谓语"放大"了琐细的感觉。但它也并不一定是关于世界的信息。因为如果概念不是独立存在，那么关于世界的信息没有由定义提供的。因为康德事实上抱有关于概念的本体、定义是"延展"的事实只字不提他们信息性。因此，他懒得指出综合性的先验原则和原则后验之间的区别。但他明显区分了他们，他明确地说，正如我们所看到的，只有后验判断可以是信息性的，因而很清楚的表明，他认为所有他的原则先验都可以是信息性的。这也是他区别不仅仅是正式和内容（或材料）综合性的地方。因此，当合成是一种先验时它是非信息性的但"不仅仅是形式"。所有的合成先验原则，即，所有单纯自然的数学和科学，不携带关于世界的信息，以为他们都是合成。

👁 2. 第二次哥白尼革命: 现代现实主义程序 👁

但这是他澄清的区别，强调只有在《绪论》中，但在《批判》中保持无形。导致他忽视的是他专注于另一回事——概念和判断的适用性。对他来说很清楚，这些有意义以防他们可以应用于经验，以及当我们有一些"直觉"和经验时这是可能的，这包含且充分体现了它们。

因此，只是因为我们有纯直觉，其中包含"三角形"概念，我们也可以将它适用于我们的感官经验，因而只是对我们有意义。像"双角"的概念是没有意义的，虽然它不是自相矛盾的，它不包括在任何直觉，所以不能应用于感觉经验。这一洞见在他制定"综合判断的原则"中，宣布任何合成判断的基础也是某些连接主语和谓语的直觉(批判B195)。

他的消息的依据是，由于综合评判的真相不能接地在分析它的概念，它必须植根于一些经验。在经验判断的案例中，这是感觉经验。他得出结论，在一个先验判断中，这仍然是经验，而非感性，他称之为纯视觉或"直觉"。典型的例子是我们对一些几何物体和概念的直觉，例如，三角形。我们拥有这种特殊的能力使我们激活我们的纯粹视觉，以及在任意三角形中构建它，并且使用多种构建形式和用它做纯粹实验，然后从这种纯粹经验中得出关于三角形的几种结论。然后我们构建的物体既没有正确的角度，也不精确或者倾斜，但确实这些的叠加。相应地，康德认为，这种纯粹经验是所有几何定理和证明的基础。

并且，由于这种纯粹的直觉是唯一的保证，一个概念对我们有意义，它适用于感觉经验，其缺席表明概念对我们没有意义，即使概念免于内部矛盾，所以预示着物体的一些逻辑上可能的境界。

但这一切意味着的恰恰促使康德写《绪论》来驱散在这件事中的所有疑虑：那些可能错误地用来暗示"综合判断原则"，是合成先验判断和合成后验一样为信息性的。它只是为了避免此错误，康德在《绪论》中澄清信息性情况：即使直觉是所有综合判断的基础，仍然，那些先验只是纯粹直觉的事实，立刻成为关于世界他们是的非信息性的。这是他在他的正式论文中的声明——纯直觉只是直觉形式，这些不包含关于这个世界的内容。

但除了他在绪论中做出的解释，形成了继他之后的传统是直觉的问题。这一传统引起的结论是对数学直觉的需求和必要性的反驳也会反驳康德哲学的一些中心支柱。

所以非欧几里德几何的出现被视为对综合性论点的平淡反驳，因为很明显，纯粹直觉在这里失去其功能，而且确定且精确的几何构造已被构建。在博尔扎诺、柯西、魏尔斯特拉斯和戴德金演算的严格化中这一"反驳"继续，因为在这里这一纯粹数学分支仅仅基于逻辑的定义和概念，而不涉及任何直觉。

这所有的混乱康德难辞其咎，因为他强调在《批判》中一个侧面问题——直觉——但完全被忽略了一个中心问题——流于形式，即，他合成先验中严格的非信息性。他在《绪论》中所有的呐喊和抗议都无济于事。传统被分流它从未出现过的侧轨中。

因此，这据称反康德的传统无法感知事实上它在正式问题中逐步追溯回康德，信息性的真空，和一切源于他们的。因为正式论点独立于综合性论点——单纯形式可以很容易地连接纯粹理解与它的概念，以及纯直觉和其物体(也许甚至更容易)。

康德哲学的核心不是直觉的论点，而恰恰正是关于正式的论题——因为仅用其方法康德在所有其共性中成功地解决了"休谟问题"——他的《批判》中的核心问题。

因为他对"合成是先验是如何可能的?"这个问题的答案围绕合成先验的单纯正是行，没有与纯粹直觉的连接： 合成先验是可能的，只要目前是不仅仅是正式，直觉或否定，并且衡量它是内容的变得不再可能，没有直觉或其消除可以防止这种情况。

这是没有反驳康德的原因, 科学的未来演化不断确认他直到最终变成在其"语言学转向"中一知半解, 根据那些我们用来作为内容的都只是形式——严格来说是我们语言的副产品。

2.3.11 先验的综合性作为建设之本

在这方面几乎不言而喻的解释是, 原则是"合成"的不只是因为他们不是解析的但主要是因为它们是合成原理, 人类思维从它接收到的感知中综合出的现象。现象不是东西独立于思想的事物的概念, 和我们的思想从在外界感知的"材料"中构建出现象, 这些当然是康德的哥白尼式的革命, 但不是它的本质。我们已经看到它们在贝克莱和休谟的哲学中有清楚地呈现。康德理论具有革命创新性主要集中在知道现象世界这一切是恒定和必要的, 如物质实体和自然法则和数学, 其恒定性和必要性只有一个原因——因为它只是合成原理的产品, 受人类思维的影响。

有一个很好的例子, 稍后我还会提到几次, 是物质实体的逻辑状态。与休谟一致, 康德明确表示这些不在我们观点中给出, 它们也不是我们观点的原因。他的结论是物质实体远非观点的原因, 其实只是它们的影响, 即, 是合成操作我们的感知的效果:

> *物体和运动都不在我们之外: 都是我们之内的代表, 因此, 它不是在我们之内产生代表的物质的运动; 运动本身只是代表, 也是使自己以这种方式已知的代表。(批判: A387)*

显然然后, 这完整的主体性不仅立即需要原则的信息真空度, 但是它还阐明了其合成的地位的确切含义: 这是属于建设规则的综合性, 根据建设规则我们建造任何东西。示例将澄清在何种方式建设规则是主观的并因此是信息空无的, 即使他们不是分析命题。每个游戏规则, 比如象棋, 显然不是一个分析命题因为它的主题不包含其谓语。理由是, 主语的概念在这条规则被创造之前根本不存。也因此显然象棋规则的否定不是自相矛盾的。因此规则是合成的。但也是必要的和普遍的，因为它是定义或构建游戏的规则之一。象棋一定包含每个它的规则，当其中之一被一种新的、不同的规则取而代之，象棋不再是象棋。很明显象棋的规则是确定的，因为怀疑它们的真相是毫无意义的。另一个例子是语法规则，尤其是涉及一种人工语言。所有关于象棋规则的考虑在这里同样适用，因此语法规则是综合命题，它们都是必要的、普遍的、确定的。很容易看到作为他们信息性空无的结果，必要性和确定性是怎么在象棋规则和与语法中出现的。首先，显然棋和语法规则是不具有信息。这种迹象是象棋中骑士的移动以这样或那样的方式不能出差错，一定是真的，因为游戏已经无法脱离我们单独存在，它不可能具有我们开始未载入的可能的正式特性。只有拥有与我们单独存在的东西碰巧可以拥有隐藏于我们的方面，与我们对他们的了解不同甚至相反的属性，因此关于他们的每个命题有为假的机会。

我相信，它会达成同意，所有信息必须都是在某种状态下位假的描述。或者多一点专业性——只有在存在一个可能的世界（即，有一种可能性）且在其中它为假的条件下一个命题是信息的。意思很简单——命题包含一些世界有关的信息，条件是它是可以想象成是虚假的，即，它是可能想象或描述一个与之几乎相同的世界，唯一的区别是它不包含这一命题。但建设游戏的规则无法可能不同于那些我们确定的，因为象棋是我们确定的，因此任何其他游戏不是象棋。总之，因为游戏与我们无法分割，就不可能某一天我们会发现另一个象棋游戏，在其中移动骑士的规则是不同的，一般来说，是一种与我们的逻辑形式不同的规则。这是为什么任何游戏的所有规则都一定是真的，即，它们不包含任何与我们分离的信息。理解的合成先验原则是我们的建设原则，根据这一原则我们为自己构建了我们的经验。因此很显然，它们中的必要性和必然性直接从综合性作为建设或建设规则的决定的意义中喷涌而出。因此，如果康德发现的作为牛顿的科学思想的基础事实上是的语法规则，根据此我们从嘈杂的检测数据中合成牛顿的经验，那么他们一定是先验的命题, 他们适合经验和现象是必要的, 正如康德解释的 (2.3.14——15 以下)。

因此, 就这种适合原则看, 作为自然法则的一部分: "这些原则实际上是自然的法则"。(绪论§25)。

但由于综合性在建设的意义上它遵循原则的先验城市意味着这项必要的适合体验, 遵循现象服从自然法则的必要性, 现象服从实证的自然定律有本质上的区别, 后验的定律。先验的定律的必要性是逻辑的必然, 在他们构成任何一种认识的必要条件的意义上, 而后验定律的必要性是物理上的必要性。最重要的区别是其信息性: 逻辑必然性创建一个非信息的连接, 物理上的必要性创建信息性的连接。因此, 如果自然法则确实是先验原则, 然后由他们的方式解释现象将是非信息性的解释。因此, 石头如此运动的解释和惯性定律的结果, 将是一个逻辑上必要的命题: 逻辑上不存在惯性定律将合成先验和石头不会服从它的可能性, 完全如同逻辑上不存在象棋中不根据规则移动骑士的可能性。因此即使合成先验的原则的否定不是自相矛盾, 即, 显然它不是逻辑上必要的, 这一原则可以被本分人类经验的事实反驳的假设是自相矛盾的。这种体验是游戏遵循由人脑发明的规则 (即, 它的理解和情感) 作为其本质的结果。就像没有象棋比赛的规则不同, 所以是没有人类的经验与现在不同。很明显存在其他的游戏, 康德提出可能存在另一种有不同本质的生物的经验。在这方面, 人脑合成的性质是一个必要的世界。思考另一个人类世界, 就是思考矛盾。

因此, 他对休谟的答案是这样的:自然的先验科学是可能的只要这门科学是自然合成。因为如果它是自然合成, 那么它是一个完整的科学, 它创建的性质是必要的并且没有包含偶发事件。现在不可能建议自然本可能与我们的认知确定的它是不同的, 那时它将不会被认为是"认知", 因此它不再是"自然"了。

那么，康德革命对可能的科学发展有重要意义？例如，现在可能发现几何形状与我们已经知道的不同，例如，欧几里德几何？正如我们即将看到的，康德认为这完全有可能。但如果这样，还怎么能坚信，就像它今天通常的样子，发现非欧几里德几何形状并及其嵌入，在 20 世纪物理学中构成整个康德哲学的反驳呢？

2.3.12.数学空无和非欧几里德几何的可能性

康德曾说综合命题可能包含"客观现实"，并且他将此联系到我们对其内容的"纯直觉"，即，我们在想象描述和绘制它 （三角形、圆、线、数字等）。由于数学只是 （一部分） 经验合成的规则，它在逻辑上和国际象棋一样任意：除了逻辑上的一致性，它构建的唯一限制是我们的本性。经验之间的不同，将由欧几里德几何规则建造或合成，其中一个由非欧几里德几何规则构成的只有这：一个将符合我们的本性，因此它将拥有"客观现实"而其他的不会。因为既然底线是我们构建经验和"客观真实"的我们的本性，这种现实对我们来说是欧几里德的。

康德的所谓"客观现实"是只使"真正的可能性"特征化，与纯粹逻辑上的可能性相反。显示表示与纯逻辑可能完全相反的概念是他所说的我们可以想象一个但无法想象另一个的事实。

康德的"客观事实"没有考虑非欧几里德几何，即使他说得很清楚，他把它视为非自我矛盾。因为它不包含矛盾，它是可能的，但只是逻辑上的可能性而不是真正的可能性，但是，原因就是我们无法想象它的内容，即，我们无法想象遵守其规则的真正物体。例如，我们无法想象两条直线包含一个区域，因此命题 （这表示它们可以包含一个区域） 没有"客观现实"：

事实上，一个必要的逻辑前提，可能的概念必须不包含任何的矛盾；但这不足以通过任何手段确定现实目标的概念，那就是，通过概念思

考这一物体的可能性。因此两根直线形成的封闭的图形的概念中没有矛盾,因为是两条直线以及两条直线相遇的概念不包含图形否定概念。不可能性不是来自这个概念本身,而是来自空间建设的关联之中,即 ,从空间的条件和决心中。(批判A220 / B268)

因此,"客观现实"的概念是一个"合适的物体",物体的可能性对康德来说与"纯直觉"中的物体的实际建设相同 ("与其空间建设有关联"或在时间上),即,在我们拥有对应概念为自己创建物体的创造性的特殊想象中:"构建概念指展示与物体一致的先验直觉"。(批判: A713 /B741)。

对纯直觉的物体的建设是根据概念对物体的合成,只有这种合成能够显示数学的概念,是"理解任意创造的"不是"空的,无目的的概念"。(致雷伯革,信件: 167)

2.3.13.数学作为建设和定义

我们这个世纪的物理学通过将本身嵌入到非欧几里德几何中反驳了康德的论点吗?我们最终会遇到对本书第三部分详细的答复,但在这一阶段已经很重要的是看到这个答案中的一个中心组成成分将是数学的信息性空无。因为很清楚如果数学是信息性空无的,一个几何学不能反驳或与另一几何学矛盾,和象棋游戏不能反驳足球比赛完全一样。他们为不同性质的生物构成了不同的世界。

我们看到,康德认为数学命题是先天的,因为他们是肯定的、必然和普遍的。让我们看看在解释为什么数学命题是如此这般时他更深层次的立场——即,是什么原因导致他们是先验的?为什么它们是必要而确定的?

❧ 三种哥白尼革命 ❧

康德认为不可能证明任何几何的公理，但不是因为它是不言而喻的真理，而是因为它只包含"程序……从中我们第一次生成了概念"（A234/B287）。

这就是说，公理是我们想象中物体的合成以及对概念的坚持。公理不属于关于世界的信息化命题，但是是一种构造了物体的定义。这种定义是非信息性的，因为他们不可能是真的或假的（如果它们是一致的）。他们是纯粹的合成。这就是为什么否定欧几里德的非欧氏合成不自相矛盾。公理不是信息性的，"一件事不说另一件事"，就像亚里士多德和洛克所说的，因为现在还没有"其他东西"：那些他们说的物体尚不存在，因此公理中出现的概念有和前公理不明确的内容并且与它们分离。

因此，康德说得很清楚，"直线"的概念，例如，不包含本身，那就是之前所有的公理，均匀性的方向概念或不包含的区域。因此，即使是这样一个如"直线可以包含区域"的命题不是自相矛盾的，因为同样的原因，即，直线的概念没有先于合成的明确内容，因为其物体尚未建立。如果这样的物体事先存在、直线概念将拥有一个事先的内容，然后此内容的组成成分之一可能像方向的统一。只有在此条件下可以包含区域是与这一内容矛盾的。既然康德认为它不是一个矛盾，他不认为这是概念内容的组成成分之一。但这种考虑也同样适用于任何其他直线的特点。因此这一概念按其公理不具有任何先于合成的内容。换句话说，公理是数学物体的建设性定义，因此是"概念的第一代"：

在数学中，一个假设就意味着一个不包含合成的实际命题，我们首先给自己一个对象，并生成它的概念…不能证明这样一个命题，因为它所要求的过程就是我们首先生成这样一个图的概念的过程。（评论：A234／B287）

同样康德认为他看不到概念12是包含在7和5的总和的概念中，因此，他认为，这一命题 $12 = 5 + 7$ 是合成的。因此，他就不会看到命题 12   5 +

7中的矛盾, 只有一些至少在这里所涉及的概念没有明确的内容之前以及在这里"首先产生"的条件下, 这是可能的。换句话说, 没有想法是分开的并具有明确的内容, 而内容是恒定和永恒的, 以及我们的直觉在数学的公理中对它们进行扫描和报告。没有柏拉图的想法是与我们分开的, 正如我们头脑中没有笛卡尔或洛克思想。只有在综合的基础上, 数学的原理是真实的, 即、建设性概念的定义和其相应的物体。因此他们是真实的, 和根据亚里士多德定义是真实的完全一致, 即, 正如其中一件事是不说另一件事的命题是正确的。

康德问——如果三角形的几何定理说如果存在与我们对其思考分离的东西, 那么它是如何能说作为三角形的一个必要组成部分存在在我们的理解中的事物也存在也一定存在在那分开的三角形本身中吗?(批判A48 / B65)。如果空间与我们的直觉形式是分开, 我们可能永远不会说任何先验对于给定的事物不是解析的(批判A48/B66)。这是必要的, 没有任何元素的假设空间和时间都是主观条件作为一切可能的经验直觉的必要形式 (48 / B66)。所以没有与我们的主观性分离而单独存在的几何物体, 以及几何物体拥有的客观实体只为我们存在, 只是因为我们在纯粹直觉中创建了他们, 即, 根据我们对它执行的主观条件。

2.3.14.数学作为 "任意合成"

当康德着手解释为什么纯理解的原则只限于经验, 以及为什么没有办法发现先验信息, 他花时间来解释为什么有时我们看来数学是信息的, 即使它是一种先验。我们认为, 在数学中我们基于概念生产出来知识, 但实际上不是这样——"数学知识是靠理性从概念的构建中形成的知识"。(批判A713/B741)。

这以概念的"建设"其实是对应于它, 此物体我们在直觉中构建一种先验, 它必须是普遍的尽管它是一个"单一物体", 即, 它必须"为同意概念下的所有直觉普遍有效性"(同上)。因为数学构造及其物体先验,"在单独的想象力、纯直觉,或在纸上,在实证的直觉中"(同上) 它可以由特别代表普遍,因而获得关于它的知识:

> 这一概念是数学的,就像在一个三角形的概念中,我在构建概念的位置,那就是,给它一种先验的直觉,以这种方式来获取知识,这一方法立刻是合成而理性的。(批判A722/B750)

但这种先验知识是可能的,康德继续,只是因为它属于"正式意义上的经验元素"(即,而不是明智的物质元素) 以及

> 至于正式的元素,我们可以确定先验的直觉,我们概念中尽可能多为自己创造空间和时间,通过均匀的合成,这些物体本身。(批判 A723/B751)

所以,只是因为未给出数学概念,但是我们通过纯直觉中构造的物体创建先验,我们通过确定性可以了解他们,但不会超出单纯的概念。康德解释说,因为现在不可能同样地定义经验概念,但也不可能定义不具有经验的概念如果他们已经给我们一种先验,(因为那时它们的内容已经提前确定,) 所以唯一的概念是可定义的

> 是任意发明的概念。我发明一个概念,我总是可以定义它;因为它不是根据理解的本质或者经验呈现给我,而是如我自己故意使其成为此,我必须知道我本来的意图来考虑使用它。(同上。: A729/B755)

现在它变得清晰了,当他用动词"创造"构建为了描述数学概念确定的方式的,康德的意思正是这一点 —— 这是无中生有,因此它不受任何之前概念内容的限制。由于这种数学概念的特别性质的结果,真正的定义,即完全确定内容的定义 (它们的属性是明确且适当的) 有可能只在数学中。于是,怀疑他们的真相是不可能的。康德解释说,这种"决心"不是从别的事物中派生的,因此无需加以证明。这种"完整和原始"的定义具有可能需要一个条

件——他们必须是完全任意的:

> *于是，还有没有允许定义的概念，除了那些容许但承认先验性地建设的任意合成的概念。因此数学是唯一有定义的科学。因为它思考的物体而得此名，它具有先验的直觉，此物体不能包含多于或少于这一概念，因为它是通过定义而给出物体的概念——给出了最初的，也就是说，没有必要从任何其他来源得到定义。(同上。: A730/B758)*

这任意性的合成，通过其中构造的概念和数学物体，对数学先验独而言是独特的。作为结果，很清楚所有的内容的概念都是由定义创造的:

> *另一方面，在数学中我们没有先于定义的概念，通过它概念本身第一次给出。(同上: A731/B759)。*

因为这个任意性需要概念的所有内容都给出其定义，在定义中增加错误的可能性是没有意义的:

> *数学定义可以永远不会有错。由于概念是通过定义首次被提出，它只包括除了定义所意图的可以非常精确地理解它，而不包含其他。(同上)*

要强调康德认为数学概念作为特殊的意义的事实可能很重要，其定义不是分析概念的最明确的证据，即，不是分析的。因为分析的概念是可能只有当其内容已经固定的但其结果是，他解释说，每个分析都可能是错误的。并因此"分析性的定义可以在很多方面弄错""没有错误可以输入合成定义的内容"，即创造性的数学定义。因此，尽管康德用来指先验数学命题中获得的知识，他也清楚它不是真正的知识，因为它只属于形式的现象，即，不包含任何关于这个世界的信息，但只是关于它出现的可能性。只是可能性的知识并不是真正的知识:

> *通过纯直觉我们可以获得物体的先验知识，比如在数学中，但只有涉及他们的形式，作为表象；是否可以必须以这种形式，直觉的东西*

仍然悬而未决。以此，数学的概念不是，通过它们，除了这个假设之外的知识，还有一些事情，我们只能按照这种直觉的形式呈现给我们[..] 最终，理解的纯概念，即时他们应用于先验直觉，就像在数学中，只有到目前为止这些直觉产生的知识——因此间接通过他们的手段纯概念也可以应用于实证的直觉中。(同上: B147)

在文章中 （以及许多类似的文章中） 康德说得很清楚，他认为纯数学的确定性和必要性由它不包含信息("认知"、"知识")的事实解释。在我看来这纯净的形式，关于内容的现象和数学决定所有概念的方式是任意的是信息性的空无——是同一个事物的不同方面： 概念决定的任意性从中而来，它们是建造或"独创"的，即**无任何模型**；这种合成是先验的事实是相同的；信息性的空无又是同一事实的另一面。因此，缺少模型的建设是信息性空无的明确标准，是它的构建概念，或它们的物体，或根据这些概念的经验。

但这就恰恰是关于合成先验的原则的案例，即普遍的自然法则。因此，它们的必然性和必要性的来源也可能是这些定律是一种构建其概念的定义的事实。没有办法逃避这一结论，如果"从教条主义睡梦中觉醒"是认识到没有一种模式 （"教条"） 与普遍自然法则分离。但康德未能用他解释数学的地位同样明确得解释这种情况。相反，我们有他关于自然法则必须与之相对应的预先存在的模型不存在的锋利宣言。我称之为"人为自然立法"的论文，意图作为康德声明的支撑，即，确定性的来源和性质的一般规律的必要性是事实，他们定义和构造与它们所引用的所有自然物体的明确证据。因此一次，不仅是标准，也是科学的真理只可能意义是内部协调一致。一个新的和声现在出现在哲学的世界里。

2.3.15.作为一个故事，一个统一的梦想的性质

随之而来的现在，因为它是可能知道一种先验的自然法则，他们不可能是信息量大，因此，它们是纯粹的思想，产品即，那个男人创建自然现象的一种方

∾ 2. 第二次哥白尼革命: 现代现实主义程序 ∾

式类似于一个他创造的数学事实:

主要的命题, 阐述了在这一节的自然界的普遍规律可以明显认知先
验——整个自然地导致这一命题: 自然的最高立法必须躺在自己,
即, 在我们的理解, 和, 我们必须不寻求在自然界中, 自然界的普遍
定律凭借经验, 但是相反必须寻求性质及其普遍遵守律法在经验的
可能性的条件, 其中躺在我们的情感和我们的理解。(绪论: §36)

这是性质的说, 经验的本质是性质的纯定律, 和它的起源是性质的的理解其
中驻留, 并不仅是性质的因为这可以它被发现和处置先验和没有任何经验。
因此康德回答两个问题, 如何是可能的自然纯科学和自然本身, 因为经验如
何监管的普遍法则, 可能。他回答都使用同一个公式——自然的普遍法则是
一种先验的因为他们是限于经验和不关注事物本身的本质。它是重要因此
看到这个公式隐式地包含整个详细的答案, 大意是, 由于现象仅限于自然的
普遍法则, 他们也是什么造成这种现象, 作者创建了他的叙述和其角色的一
样:

理解不是源于其定律 (先验), 而是规定性质。 (同上)

所以, 我们可能有毫无疑问, 这个描述 ("听写模式" 的定律性质的理解) 根
本不是隐喻, 但是, 它的本意擅用, 康德介绍了一个详细的例子。圈子由其性
质是这样直线裁剪它被切成段在内外在恒定的比率。康德问:

本法躺在圈子或理解, 那就是, 不独立理解此图, 包含本身的定律,
地面或做了解, 构建其概念 (根据平等的半径) 根据图本身, 这项定
律的绳索引入它 切割另一个几何比例吗?(同上: 38)。

然后他问一个并行的问题关于牛顿的万有引力定律, "这似乎是一定所固有
的本质的东西, 和因此通常提出作为认知先验":

做自然法则躺在空间和理解并学习他们的只努力找出巨大的财富的
意义在于在空间中; 或他们固有的理解和方式, 它决定了空间, 它的

❧ 三种哥白尼革命 ❧

概念都是以综合统一的条件吗?(同上)

他回答这两个问题是空间是如此均匀和缺乏测定,在寻找到它的自然法则来源的毫无意义,因此,

它来决定向空间假设一个圆的形式或锥的数字及一个球体,是理解,只要它包含统一的他们的建筑地面。(同上)

理解是自然规律,如万有引力定律的来源,因为只有这样它才能解释什么康德叫做"性质的统一",即事实的性质在经验中出现并非杂乱无形的嗡嗡声的看法,而是坚实而稳定的实体的合法性成一个连贯的结构连接良好。这种统一是继承人的哥白尼的和睦,和它将承担这种和谐的角色,与最重要的区别,现在它是人类理解的产品:

统一的物体是完全确定经了解,和对条件,躺在自己的本性;和这样的理解是性质,普遍秩序的起源,因为它通过,无论是要认定只有通过经验,理解所有外表下　(关于其形式),其自身定律法规,从而第一个构造,先验1y,经验一定遭受其定律。[…]理解,同时,它使经验可能,从而坚持感性世界或者不是物体的根本经验,或必须是自然。(同上)

自然是可能的正因同样的原因,科学本质是可能的——因为自然是仅仅是现象和自然纯科学,只是在正式的定律现象,现象得到他们的形式由建造它们按自身固有的规律的认识。世界本身以及均匀的空间是无形的实体,缺乏"决心"并因为它们是死的实体,他们无法为自己可能创建自己的窗户。它是人类的理解所赋予他们的形式,他们的天性,他们的生活。所以他们服从它的必要性,因为它拒绝接受进入它的领土任何未通过本身对其议事规则绝对的事情,正如作者谁强加给他的故事和角色他的世界,和他的意志和他的故事和人物角色,想象力绝对迫和:没有经验或经验将性质即,一个统一和连贯的实体。

2.3.16.人立法性质

康德把这一问题非常清楚他的批判的第一版。而且因为这版成为了后来修改,它可能有用带出他们的丰满的有关案文:

这样的顺序和规律中的表现,我们有权"自然"我们自己介绍。我们找不到他们在外表,有没有我们自己,或我们的心性,最初设置那里。(批判 125)

"秩序和规律"表达的这种现象,合法性和"自然"作为包含必要的连接,和这种必要性以来因此不揭示本身在验后现象,和他自举行以来,我们不应该假定"预先确定的和谐"我们心灵的生物与自然之间,它遵循康德,唯一的解释的性质存在可能性是对它的理解立法的立法:

最高的自然规律, 树下, 其他人都站着, 发出的先验性地从本身的理解。他们不被借用经验; 相反, 他们有他们遵守律法, 赋予出场, 使经验可能。这样的理解是比制订规则中的表象: 比较权更多的东西它本身就是自然律法颁布者。(同上。: A126)

结论的理解是"性质的定律送礼者"解释为康德的事实性质构成统一的表示,不只是单独的事物,之间的必要联系也的现象的各个部分之间的相互作用。因此,这种互动成为了最高的定律性质,理解立法,和这幅图象的统一性质成为他哲学的中心:

保存通过了解, 自然, 那就是, 合成统一的流形的出场, 根据规则, 将不存在根本 (出场, 因此, 不存在我们外面——它们只存在于我们的情感); 并且这种性质, 作为物体的知识经验, 拥有一切, 它可能包含, 只可能在感知的统一。(同上: A127)

康德也知道危险在这些结论中,但他能不放弃他们,至少在第一版的批判和绪论:

然而被夸大和荒谬，听起来说，理解是本身的性质，定律的来源，所以其正式统一，这种说法不过是正确的并符合的物体，它是指，即体验。(同上)

但我们现在可以看到第一份论文，数学和自然定律是合成先验，不禁"夸张和荒谬"的论文中的问题 —— 这两个都只是不同配方的相同的论点，如果解释这个世界不能再使用的假设，它由一个无限理解和力量：如果世界包含（团结、 合法性、 秩序）的必要性和必要性无法链接单独物体 （正如休谟主张），然后它被引入到世界从之外，而且由于不由任何像万能的上帝，然后由某些其它心智创造它的人的心灵。

2.3.17.内部真相 —— 拆除通往现实的桥梁

第二次的哥白尼式革命而告终，因此，再次统治世界的和谐，但现在它是一个和谐的新种——它不是"最好的工匠的所有"创造了它不过一个小小的工匠。因为它是人的胸怀，创建自然统一性的而且知道它作为数学和物理科学产生这一认识，它遵循这种和谐有没有其他来源——我们来知道在物理科学的和谐和我们项目对大自然的和谐是同一个和谐的知识和这种预测是一个相同的操作。从现在起可能的错误在我们对自然的知识变得毫无意义——因为正如尚无单独和事先的模型很有这种可能的错误没有意义。因此，和谐停止服务作为真理标准，与它现在成为真理的唯一可能定义。显然这是一种新型的真理——它完全描绘为"系统"对彼此的所有部分的谐波拟合。第二次的哥白尼式革命结束了，因此，与"连贯性"概念的真理"系统"的世界，了解创建作为感知的综合统一的外观。康德制定这一结论在同一段文字，介绍了论文的所有人类思想的内在，是注视论文认为接下来的两个世纪：

但纯粹理性是一个球体，单独和自包含的我们无法不影响所有其他情况下触摸的一部分。因此，我们可以尽什么没有首先确定位置的每个部分与休息；如不能通过任何事情没有，纠正我们的判断使用的每个部分的有效性取

✑ 2. 第二次哥白尼革命: 现代现实主义程序 ✑

决于在其中它站立原因域内所有其余的人的关系。

所以在结构中的组织机构, 每个成员的结束, 只可以推论从整体的完整概念。(绪论: p14)

在这里, 我们可以观察康德的概论的概念, 即内部的概念系统, 以及为我们的概念系统在它之外什么都不是与它相关的论文。因为这个系统是一个"独立和单独的球体", 它将创建所有的概念和它们的含义从内, 所以我没什么外它反对其中进行比较和测试他们。由于严格内部含义, 仅仅依靠彼此, 所以不能有任何外部和独立的标准, 为此"自足的球体"的命题的真理。每个原则和纯粹理性判断的真值和任何命题的纯科学的性质, 固定在这一领域只内, 于是只取决于其适合与所有其他命题。因而被创造了内部真相的现代模式, 不可能从外面, 逮捕的论文和卑鄙的概念, 我们被困在茧里无可救药的我们的概念系统和逻辑上无法思考及理解否则比我们实际上做。"不可通约性"的论文, 即, 不同的理论缺乏任何共同措施, 因此是无法网在智能的争端中, 将通过第一次由希尔伯特然后由逻辑实证主义者, 通向山顶中奎因和库恩的荒诞。

康德没有制订这一结论在批判, 但在他的演讲在逻辑上他提出了一个类似的论据, 即使没有明确的承诺, 并没有与批判的概念连接。这种情况下, 参数适合任何哲学, 但其特殊的重要性, 事实上它必然由康德的哲学是:

现在我也比不上我认知的物体只能由认知它。我认识因而须确认本身, 尚不足为真理。因为自从物体是客体的客体的我外中我, 我可以判断只有我认识是否同意我认识的认知。(逻辑: 55)。

作为外部物体对应的真理是一个可能的概念, 只有只要此物体具有属性分开我们的认知, 为标准 潜在主义者 (笛卡尔, 洛克, 牛顿) 认为。但康德拒绝了这个。因此真理不能到他的哲学中的外部物体的关系。真理一定是内部系统的认知、关系的内部一致性或"协调一致"的属性。这一论点(或"这样的循环中被称为dialelus的解释",同上.）将出现在产生于康德的传统短的时间内,它将构成的逻辑实证主义和后期维特根斯坦哲学的核心.

2.3.18.从疯狂的飞行

我们尽可能地选择而不是疯狂的混乱。这是标准的个人喜好,和它本身就是我们的心智健全的标志。当混乱加剧我们从它——逃往疯狂。过渡是连续的潜移默化的向其有结束的明确迹象,并没有更多的矛盾,在我们的世界,一切走进的地方,一致性是完整。

康德也偏爱混乱他一生大部分时。因此人类的理解就高立法者对自然不让他休息的想法,一致性等典型疯狂如此清楚地显示的想法。我们自然的教条主义,具有代表性的常识,反抗以理智,这种想法和康德表示它清楚当他宣称,即使我们的理解是最高立法者对自然,这种立法不本来可能如果大自然不包含由本身和本身某种顺序。时,在第一版的显然对他他被他的读者们视为只是复杂版本的贝克莱和休谟的批判之后,他连忙减少关于流行摘要中的立法原因他宣言卷他出版,绪论和两年后,对出版第二版的批判他净化它大部分的我上面引述的那种违规的段落。这种理智的冲动收到表达在更大的混乱他的判断力批判的三年后问世。这里他解释原因在立法上对自然的成功也许取决于世界比他想到直到现在。因为它根本不是必要

自然在它的经验性规律,是人类的认知力可以把握,系统,系统连贯的经验,它的出现形式因此经验本身作为一种制度,是对人类来说可能。在经验主义的定律可能是如此多样化的异类...我们却不能带这些实证定律本身下一项共同原则,所以对特征的亲属关系的统一。我们将无法这样做,...定律,以及自然的形式,对他们来说,符合了无限多样化的异类和体现自己对我们作为原油的混沌骨料系统丝毫无影无踪。(第一次介绍判断力批判: 397——8)

2. 第二次哥白尼革命: 现代现实主义程序

这似乎也与他出版了介绍的微小变化。这种怀疑不能解决的但另一个先验原则，康德选择在这里做，声明这种性质的先验原则将继续作为相干也出现在它的经验性规律。不仅这可是纯定律的理解纯净的形式现在处于怀疑——因为它现在是可能怀孕的一些自然本身非常混乱，没有先验的立法将能够使它连贯。因此，这种立法是可能的并不是因为它纯粹是形式，作为康德直到现在辩称，而是因为它的内容完全对应的自然自满的肥皂泡。现在隐式拒绝所有康德企业，所有的康德的哥白尼式的革命却明确拒绝了这一论点。但这正是参数常识，心智健全的自从柜台攻击的苏格兰常识上贝克莱和休谟的哲学。康德在这里表明短短的一瞬间，他的疑虑和困惑，永远不会放手，然后再压抑他们。系统统一性和一致性作为真理的本质的思想仍然统治思想。

但从现在起和谐的独特性会失去其意义——因为如果没有真理是相对应的模式，是不可能的原因，为世界各地不将被安排在各种不同的和声，每个作为人类心灵的相干一样。连贯性真理，而真理为书信或模型的副本不能因"正确"的一致性和"错误"的人可能现在区分。每个订单，每个"系统"，每个组织将同样如此。滑坡是现在准备好了，和思想开始滑动随加速度。

我们所看到的: 康德"教条主义睡梦中"，他认为自然法则存在分别从人类思想和，他们的行为在一个空间和时间是独立于人的感官。康德从沉睡中醒来休谟的攻击上的单独存在的因果关系，即定律性质的想法。康德的"Copenican 革命"是相反的理论，即，自然有独立于人类理解和情感，只是这些构造不现实或合成性质及其定律和物体。因此真理观丢失了其标准的（"教条"）意思作为适当的关系命题和一个独立的状态的事情。相反，我们有现在的一致性作为检验真理的唯一标准，也作为真理的全部意义。（康德） 第二次革命因此是第一次革命，截然相反，即使一致性准则是哥白尼的和谐的直接继承人。

3. 第三次哥白尼式革命:陷入空无

3.1.几何作为一种假设: 伯恩哈德·黎曼

将是什么: 对康德的第一次科学反应是黎曼发现几何并将之作为我们基于测量原理的实际空间科学假设。由于空间的连续性质,不存在自然或必要的测量单位,因此这些基本的假设是不可测试的——它们存在于所有如经验般可能的几何学基部的新的系统地演绎。这种解释以黎曼发现康德的现代表述为起点。

3.1.1.曲率和度量

经过一百多年的批评和测试,哲学家们达成一致,认为康德大部分的哲学史对的,只有小细节上有错误。他哲学里的主要错误是,根据哲学家们达成的一致,他曲解了主要论点中的严重结果。这是论文实证科学,正如我们所知它一定包含两个组成成分——正式组成成分和内容组成成分,正式组成成分是逻辑上先于内容。"逻辑优先权"系指该组成成分是"合成的原则",实证科学的性质建立的原则,因此"原则"也是先天的,即,独立于经验。在我们的故事的第三部分,我会描述本协议是如何进化的。

紧随黎曼在 1866 年作品发表后,一个重要的结论出现了,即使它应该从第一时刻就明确,即,物理空间的几何不能由任何测量方式或物理被发现。原因是: 几何是物理学形式的一部分,因此它比任何可能的物理都优先。但如

❧ 三种哥白尼革命 ❧

果这样，当物理学为其设置测量方式时几何必定已经给出时，因此对他们来说已经晚了，因为他们现在已无力确定真实的几何学。

这一结果从黎曼的论文中出现，因为"几何所基于的假设"，就像论文所提示的名称是"假设"正是这一原因——它们先于几何，因此先于每个可能的物理。黎曼统计了五个这种假设，简短而肤浅的看看他们就能得出他们先天综合特征，因此后果是用物理测试它们和其测量本身的概念没有任何意义。让我们看看黎曼现在制定的这些"假设"。由于他们包含数学的内容，我必须限制讨论，避免解释其确切的技术性内容。掌握哲学的影响其实没有必要去了解它们，觉得困扰的读者可以跳过本节和这届阅读下一篇。

第一种假设是线有独立的立场，因此，线的长度可由其他线来测量（就像本文第二章的名称）。(黎曼: 655)这一假设的含义是，当线更改其位置或形状，甚至它在空间中的位置改变，它的长度不会改变。这是为什么它是可能选择一条线并将其转移到不同的地方以用其他的线来测量的原因。

> 为了找到长度的一个代数表达式，黎曼将讨论限制在"某些限制下"，所以这些构成进一步的假设。第二个是每个位置变化或长度变化是按连续的方式变化。因此，现在可以制定第三个假设 ——"我们可以设想将这些线分解成元素，其中数量   的比率dx可以视为常数"（同上：655）。

> 线的组成元素是相对很小的线，**由于它们的渺小可视为是平直的**，即使线本身是弯曲的。元黎曼指定这种小的线为ds，接下来的假设作为计量单位解答当它从一个地方到另一个地方转移时其性质和行为。因此第四个假设，"线状要素的长度[......]是没有改变的当这些元素的点接受相同的无穷小位移时，同时也意味着如果所有数量dx 按相同的比率都增加，线性元素会按相同的比率变化。"（同上。：656）。

✑ 3. 第三次哥白尼式革命:陷入空无 ✑

黎曼解释说,现在,"按照这些假设,线性元素可能是数量的一次方dx,当我们改变所有 dx 时此函数不变,在其中任意常数(同上)是连续函数的数量 x"(黎曼现在开始发现线元素长度的功能和"先去找到最简单的情况"。这里出现了第五个假说——此功能"在所有方向增加,因此在原点处为最小"(同上)。根据这些假设他发现其最简单的功能是线长度所占面积ds2是齐次函数 dx的平方,所以他写下来,作为: ds2= dx2.

如果我们使用笛卡尔坐标,那么 dx2是黎曼对正方形 dx2+ dy2+ dz2之和的简化,简化为dx12+dx22+dx32。黎曼补充说,即使我们看到"空间因此包含在这个简单的案例下"然而"下一个简化的案例包括那些流形的线元素可以被表示为二次微分表达式的四次根"(同上)。

根据这些假设,黎曼导出现在纯粹为解析的他称为空间"曲率" (继他的老师高斯曲面曲率之后) 来测量一个给定空间与"平面"的方差。现在,"平面"是像欧氏空间那样可能的空间,在直角坐标系中表示长度ds是所有系数dx 是 1 的总和。现在是关键的一步出现了。黎曼问: 如果我们想要表达在另一个空间中新的坐标系统的ds,系数必须是什么才能保证 ds的长度保持不变?

从欧氏空间中的一个坐标系统到非欧几里德空间的另一个坐标系统的转换规则被称为两个坐标系统之间的转换方程。黎曼表明如果 n 维度空间参与进来,那么变换方程的设定包含比未知更少的方程,是所需的系数方程来"修复测量关系",即为了确保新的空间距离 ds 的转换。黎曼认为这些系数表达了新空间的内在本质,因为它们表达了系数是 1的平面欧氏空间的偏差。因此,部分的系数"完全取决于所代表的连续的性质"(同上: 656)。换句话说,在一个与欧几里得空间性质不同的空间,长度函数 ds 将保持这样是无法等同部分系数为,因此这一测量方程无法表述 为ds2= (dx)2:

比如空间里飞机的流线型,线元素可能会减为形式 (dx)2,因此是只特定的流形在这里被调查。(同上)

黎曼现在着手构建欧几里得平面中方差的测量，那就是，当并不是所有的 dx^2 系数是 1。这种方差的测量只取决于空间的性质，而不是坐标系统，并且它包含在那些有别于 1 的系数之间的关系。它将有可能发现这些系数，如果我们选择在一个给定的点足够近的点，并通过"最短的线"将它们都连接到这一点。每个这种线有一个曲率度量，就像高斯已经发现的。所有这些不同的曲率的产品是在给定的点的 n 维空间的曲率。因此，如果在足够空间中的每个点的方向给出曲率，它是可以推导出测量的关系，或 （同上：657） 那个空间的"度量标准"。因此测量独立与坐标系统的选择，米和曲率度量都表示"空间的性质"，两者对等。由于曲率确定空间的几何，度量亦是，比如，都确定表达式 $ds^2 = (adx)^2$ 系数之间的关系 （黎曼简化表达式 $a_1 dx_1^2 + a_2 dx_2^2 + a_3 dx_3^2 + \ldots$）。黎曼制定测量和曲率 之间的表达为 $ds^2 = (adx)^2/(1 + \frac{1}{4} x^2)$。

最后黎曼第一次扔了他的炸弹壳并补充说：所有的几何定理都是度量或曲率的表达式 （同上：660）。因此很明显可能的几何数量有别于欧几里德无限的平面几何，因为存在不同 的无限，才能满足这一表达式。

现在本书的技术章节 （对此我表示歉意深深） 已经在我们身后了，现在可以展现黎曼论文的哲学内涵。

3.1.2.什么是 "空间测量关系的基础"？

因此，黎曼表明，被测量的度量 （或曲率)表示给定的空间的本质，本质决定了在它的所有几何定理真正的性质。但他没有解释也没有确定实践中的曲率或度量。如何在给定的真实空间中发现系数?为此黎曼专门用他论文的最后部分来讨论，即使他制定的问题在其客观意义上，比如，不是如何可以发现给定的空间，而是什么是"地面空间的度量关系"(同上：661)。在这里，他扔出了他的第二枚炸弹。

❧ 3. 第三次哥白尼式革命:陷入空无 ❧

黎曼解释说，在离散空间中，即，一个元素彼此不相连的空间，决定度量的是内部问题以及"在这个流形的概念中已给出"，将一个连续的流形纳入考虑时情况是不同的。因为在一个离散的流形给定两点之间的元素数目是固定的、 明确的，这是这样的空间内在的、必然的措施(在黎曼的语言中叫做"基础"，"原则")。但在一个连续的流形中任何给定两点之间有无穷多的元素(点)。因此"在一个连续的流形中这个基础必定来自外部"(同上)，即，度量的源 ("原则")不载有空间本身，但相对于它是外部的。黎曼暗示，由此他提到他所说的"在前一节，"即，关于"的间计量测定所建立在的实证概念，即，固体和一缕光线的概念(同上)。毫无疑问，黎曼在这里提到我们测量空间所基于的概念 —— 刚体和光线是任何可能的测量的基本概念: 刚体是测量距离，测量单元和光射线是直线的标准，沿其进行测量。

因此，刚体和光射线是"外部"源，外部空间，将测量方法建立于其上只是可能，因此它构成"原则"或者"空间测量的关系的基础"。是什么确定了刚性杆空间和光线的方向?黎曼总结，它是物理的"约束力"作用于其上。因为只有这种力导致物体严格而轻盈地向确定的方向移动，因此，这些"约束力"是"测量关系的基础"，存在"外"空间的基础，即，不是其概念及其性质的一部分。

很容易看到，黎曼在两个之间显然不相合概念之间纠缠: 一方面，他表明曲率和度量属于空间的本质，因为它们确定了主导它的几何形状。另一方面他表明了任何连续的空间的这一性质取决于假设，假设是必要的以便构建度量函数和曲率。但这两者看起来相互矛盾: 因为在逻辑上先于事实所以假设具有先验性，因此他们的选择在逻辑上是自由的。因此结果是空间 (其曲率和度量) 的性质也给我们假设的自由选择，因此空间不具有它自己本质。

此外，根据结束语，原来空间的性质由它的外部的东西或者对空间来说非内在或者必须的东西。这外在的东西是确定光线的路径的力，也使物体紧实的约束力。因此为了测量以便确定几何的空间，需要借用能够解释约束力的物理学，因为物理学是能够帮助我们发现紧实的物体和沿直线运动的光线的约束力。

但很显然，这里事物秩序颠倒了，因为刚性、直线的概念是几何概念——刚体是一种始终保持其几何形状的物体。因此必须首先给出几何才能应用于所有告诉我们什么是粘合力的性质的物理学。因此，几何是逻辑先于物理学，因此它是不可能用物理学来确定给定空间内真实的几何形状。

3.1.3.黎曼的双重信息: 康德或反康德?

因此，黎曼的论文中还存在双重的自我矛盾的消息，因此他的读者相应地给出了自相矛盾的解释: 有些人将其作为反康德经验主义的表示，通过读出了它所蕴含的我们的空间性质只有通过实际测量确定，因此不具有先验性。确实这一理解有根有据，因为黎曼认为**确实很难**知道我们的空间是否是真正平的 （欧几里得） 或实际上存在一些非常小的弯曲 （在测量误差之内）。同样地，也将很难知道它是否是无限的 （即，平的） 或有限的(存在弯曲，尽管弯曲尽可能地小，同上: 660)。从这样的评论中得出空间拥有独特的几何形状以及我们能做的只是发现它的测量方法。如果空间拥有一个单独的几何图形，然后其性质不是先验的而是实证的事情，按此来说康德错了。

但论文中也存在相反的信息，其重要性和影响也至关重要。如果物理基于几何及其概念，这种幼稚的经验主义就变得毫无意义。"约束力"不可能是决定测量的基本概念 （刚体和光线的路径） ，因为只有给定物体为刚性以及一些光路径是直的，才可以通过测量和物理理论来确定实际的绑定力。但然后刚体和直的光线测定是黎曼的列表中其他两个假设，并且这些假设是典型的先验的，因为它们是任何可能的测量的必要条件——并因此不仅为任何可能的物理知识，而且甚至为几何，就像文章的标题所表示的。因此在康德意义上原来的这些假设是先验的，它们包含部分任何可能的"经验"或科学本质构成系统的部分必要条件。只有事先测出给定的杆及其转换过程中

❧ 3. 第三次哥白尼式革命:陷入空无 ❧

的长度 ds (系数如何表现为坐标的函数) 将使测量成为可能,如此将使物理空间的曲率成为可能。但这种假设一定独立于任何物理,因为它们包含任何物理学的可能性的必要条件。因此,所有基于几何基础的假设是逻辑意义上康德具有的综合先验。

康德哲学中概念的主要创新是黎曼的论文第一个弄清楚从纯逻辑角度恰当的解答了直觉 (康德的纯粹知觉) 在确定物理空间几何形状不扮演任何角色。本文已明确表示,对康德来说已知的,正如我们看到的,作为几何的综合先验地位的"假设",还有没有否认有效但既非欧几里德又非直观可能性的逻辑方式的几可能性的逻辑方法。

但他弄清楚在了空间的性质是先于人类头脑存在的,即,空间是无定形的,任何它接受的形式都是人类决心的产物。康德认为,决定本身反过来由人类的本性确定。黎曼表明只能这样——因为空间是无定形的 (没有自然的内在尺度) 人类头脑可以以无限多种不同的方式确定它的性质,根据它采用的假设作为几何的基础。这种假设的选择是一个逻辑上任意的事件——世界上不存在可以证明一种可能为真其余可能为假的事实。

文中暗示的两层信息确定了第二次哥白尼革命成立在 19 世纪下半叶的方式。一方面,论文被认为是康德哲学的反驳因为它某种程度上取消了纯直觉作为关于自然空间意义的信息来源。它被认为是对康德的进一步驳斥,因为它暗示了空间通过其弯曲具有单独的几何性质。这些——直觉的否定和空间的独立一起支撑了空间的潜在主义本体作为一个单独的实体拥有自己的性质,并且论文中的这一消息是对康德主义反驳的主要理由。

但它也被视为传达相反的,典型的康德的信息。因为现在很清晰的是空间是无定性的,因此它的形式 (其几何形状) 只取决于逻辑上武断的决定——那就是,世界上没有事实能够驳斥这种决定。因此,几何通常是典型先天的,它是合成的只是因为这些任意裁定和决定使建筑物理和经验成为可能。这是典型的康德信息。

当康德所指的描述空间的几何公理时，他打算把它们变成直觉或感知的内容的公理和假设的组合。但是，这不是这种扩大的几何获取内容并变得真实或虚假的案例，它只是变得假定的？它不是加上"假设"剥夺了几何作为确定和必要的地位的案例，比如，先验？

我认为黎曼意思恰恰相反。他打算说几何成为先验只从这种假设被强加于它那一刻起，因为这才是它能够成为不只是真实的描述而是肯定和必要的条件。因此，它是对康德的论文革命的更正：几何确实是先验的，因此也是确定和必要的，但只有当我们将它添加到一些测量原则（"假设"）的前提下，这些拥有逻辑形式的假设，也就是说，它们是真的，条件式我们能提供这一现象。

只因为测量的原理是假设，几何成为真正先验的，这个机制是康德得出的：我们将几何用于现象的假设，所以我们为空间强加了欧几里得的性质。但我们可以做这只是因为康德的原因——不是因为空间本身不存在，但只因为如果它是的连续的其本身就没有自己的形式。总之，空间没有与我们的认知分离的几何性质。

3.1.4.什么是几何的直观意义？

按其性质测量的假设（"位于几何的基础的假设"）既不是真实的也不是虚假的——它们是行动的要求和原则(测量)，由此我们可以自由地选择一种"系统假说"而不是另一种。但通过这种选择本身我们也选择了空间几何——从现在起，这是我们理解施力空间的确切方式。这一发现的重要性是革命性的，因为现在我们可以同样地把欧几里得本质强加其上作为一些选定的非欧几里德本质）。

换句话说，黎曼的论点暗示当表现出的空间几何不是独立于我们的认知时康德是正确的，但当他假定我们的认知是能够强加先验与其上时他是错的

❧ 3. 第三次哥白尼式革命:陷入空无 ❧

(欧几里德的那个)。康德是错误的因为他未能找到几何的公理系统的确切点,把它们由空的形式变成语境的、真实的和虚假的命题。确切点是测量的假设。有且只有这些引入清晰直观意义的公理,但黎曼之前没有人在几何学的基础中意识到它们,因此康德未能直接看到欧几里德几何的图片内容(直觉)的来源: 公理系统变得直观的只是因为我们采用了 (在不知情的情况下) 测量假设。因此非欧几里德公理系统不是直观,只是因为我们没有为其添加适当的测量假设 (而我们使用的隐藏假设早就了欧几里德几何)。

因此,黎曼的论文是对任何可能的几何直观的来源的一个新解释,并因此研究了源和其先验地位的意义。源的直观性和几何的先验性是康德从来没有研究的话题。他仅仅给定的清楚事实接受了几何的直观性和其先验性。然而我们看到的,他还为它们显然不可能的共存找解释方法(见 2.3.2),这成为了哥白尼式革命的核心。据此,空间的直觉根本不是直觉,而是几何物体的建设。而且正是因为物体不是"给定的",但是是我们构建了它们,它们的先验性和直觉之间没有矛盾。现在黎曼通过展示我们究竟是如何构建,究竟是如何创建的几何形状的直觉和为什么我们将其看作一个欧几里德的直觉和形状对此解释加了另一个层面的意义。他的解释是 —— 这种施工一般来说是可能的,只有采用明确测量假设,和那些我们事实上接受我们构建的的涉及欧几里德空间和形状。但既然测量本身无法是真实的或虚假的,接受测量假设实际上是一种自由选择。先验性的几何的来源:通过相同的基本物体 (点、 线、 面) 我们构建不同的复杂物体,根据测量假设我们选择了先验—— 欧几里德的三角形和非欧几里德三角形在其属性上不同只是因为创建过程中它们采用了不同的测量假设。

我们所看到的: 作为黎曼的论文的结果,真正的康德哲学的科学核心变得十分明显。一直保持到了这一天,黎曼之后立刻已丢弃的外设。而康德保持他从贝克莱和休谟那里继承的 (抗议和否认) 自然主义,黎曼是第一个从数学基础中摆脱自然主义遗迹的人。康德用我们的性质(即,我们直觉的理解)

解释的欧几里德的空间性质。黎曼用我们任意的选择来解释它们,从而避开欧几里德几何的自然状态转而专注于其逻辑状态。

逻辑的任意性现在将开始有系统地取代一切康德归因于我们的本性的东西,在过程结束的过程 (爱因斯坦 1916年和玻尔 1927 年)所有科学的性质和它与我们的世界将成为任意性的产品。从黎曼开始,这个关于空间、时间、物质、运动等等的问题,失去了意义,因为甚至不可能说真理是如此这般只相对人性,就像康德可能仍然宣布的。

19 世纪找到了双重且矛盾的信息加之于整体概念的解决方法,决定了 20 世纪的科学哲学的困惑和矛盾性质。以恩斯特•马赫开始,经过希尔伯特、庞加莱和罗素,以爱因斯坦的相对理论和逻辑实证主义者在新的世纪二十年代的诠释结束,我们应不断满足这中双重信息——科学是合成(因此也是先验)但它同时是纯经验的。没有人会再敢回到康德纯粹主义,但也不会有任何人也冒险回到牛顿纯粹主义。最糟糕的是,没有人敢将他的听众的注意力转移到每个人清楚知道的——那种双重信息是对思想的自杀。

3.2.从平地到废话: 赫尔曼·亥姆霍兹

什么将是: 虽然亥姆霍兹有意反驳康德先验和几何的必要性,但实际上他的情况正好相反: 我们归因于空间的几何不可实证测量,结果,因为它由作为测量标准的刚体自由决定。他还介绍了先验和曲面镜隐喻作为各个几何参数的对等。他的论点的核心是每一个试图通过实证观察来确定空间的循环。

3.2.1 先天综合作为眼镜

亥姆霍兹是第一个介绍(在他的文章 "的起源和意义的几何公理",1870年)使用二维生物生活在一个表面上的假象实验,通过内部测量发现其非欧几里德几何。他从而创建平地故事模型,将在下一个十年中作为照亮非欧几

✌ 3. 第三次哥白尼式革命:陷入空无 ✌

里德几何意义的手段。亥姆霍兹想要反驳康德文章中的一项重要的原则: 我们有关于几何的信息的但先验的知识。很明显,他以最坏的可能方式解释康德的先验综合: 在生理学的意义上作为信息的但必要的。所以在他看来,如果他能证明我们确实能够想象非欧几里德空间的样子,这种必要性会被驳倒。

亥姆霍兹的第二个有趣的例子 (除了二维生物故事) 是凹面镜。他在这里用意大利数学家贝尔特拉米在 1868 年以"企图建立非欧几里德几何解释"标题发表的文章。贝尔特拉米表明,可能通过绘制在特定的欧几里得表面,可以在两个维度中解读拉波切维斯基的几何学,并辩称拉波切维斯基的几何只不过是变相的欧几里德几何。我们是今天熟悉此非欧几里得的几何止于欧几里得马鞍状表面的标准演示中的论点。

当然,贝尔特拉米的论据是对康德论点的重要支持,即使依据其简单的形式——几何对我们来说拥有"真正意义",迄今位置,因为它可以化为我们感知的自然几何,即欧几里德几何。在下一篇文章中,"常曲率空间的基本理论"(1868年9月) 贝尔特拉米几乎用康德术语再次解释了一遍,他提出了的是

> *[拉波切维斯基几何] 的真正意义,因为我们可以在真正的表面上构建 [相关概念]。(奥普拉:427)*

贝尔特拉米表明,对于每一个非欧几里得"双曲线"几何中的概念和物体(这是拉波切维斯基的几何的头衔,因为贝尔特拉米发现欧几里得模型的表面是由双曲线构成的)在欧几里德几何中存在一个相应的概念,这种对应是对于任意句子中的一个几何体都有另一个几何体的句子与之对应。换句话说,贝尔特拉米发现一本词典和规则映射,把几何中的每一句真话转化其他几何中的一句真话。

这一发现将耐心地等到大约 20 年后暴露给哲学家庞加莱，然后它将成为第三次的哥白尼式革命的中心。它将构成的论文最迷人的例子，即科学只是一种语言以及不同的理论都是不同的语言，都如实地描述了自我同一的世界。因此，第三次革命，将是语言学革命，它将创建康德中心思想的最后综合体：语言将接替20 世纪综合先验的角色。从这个语言的瘟疫中我们尚未出现甚至可能无法从中生存。

亥姆霍兹为了表明可能为三维几何以及减到欧几里得的直觉，(东西贝尔特拉米认为不可能的) 重新激活贝尔特拉米的技术。首先，他表明，我们的世界，它体现在凸球面反射镜会期待我们（观察从外面）非欧几里德，世界的措施和物体的形状改变人们的行动。但他指出如果镜子世界的居民会衡量对象和使用这种测量杆，这在我们的世界是刚性的反映，他们会同意他们的世界是欧几里得（因为他们所有的测量将等同于我们的测量，是只有他们思考）。我们会解释这一点，当然，非刚性的测量杆，导致它以更改其大小完全一样的对象，这就是它的措施。

亥姆霍兹还认为它是很容易为自己创造一个虚拟的世界，是相同的镜像人世界：只是戴上一副眼镜，特殊镜头，"这将地面稍下好像他们是较大的部分连接镜头"(作品：22)。然后我们会看到什么是视觉的在其中的对象更改其尺寸和形状上将从我们领域的中心移动到其周边地区，正如我们从镜子里看到一个世界。于是，它很容易体验到非欧几里德镜子的世界，即使我们都习惯直到现在一个欧几里得的世界。到目前为止反对欧几里得公理的生理必要性的论点。

3.2.2.康德的眼镜

但令人惊讶的各种后果出现从这个双重的实验。首先，它似乎现在的欧几里得公理确实执行我们通过我们的生理，我们拥有固有的眼镜，即是我们的眼睛。因此，创建的类比，再也不会放手的康德哲学释义。有可能从现在起要说

❧ 3. 第三次哥白尼式革命:陷入空无 ❧

我们固有的眼镜包括不只是生理的我们的眼睛和神经系统和大脑,但是他们也包括不仅自然而必要的欧几里得形式的感性,但即使是康德系统的类别。因此,生理的解释会出现康德先天综合,也就是我们天生的眼镜合成的现象,世界和这现在是伴随这个先验的必要性。显然,这是没有绝对的必要性,亥姆霍兹表明,也可能是可能,甚至更换眼镜。但他也显示另一件事,没有任何眼镜根本,它将不可能有任何的经验。亥姆霍兹失去了他的战争,在这一步,即使他赢得了这场战斗。他的论点会从那时起培育所有新康德,和由于眼镜先验会变得比以前更为合理。

但这还不算完。镜子的论点澄清黎曼的发现和公布只是四年前,是眼镜这是必不可少的经验,即,所述测量杆的另一部分。如果镜像世界人们用哪些更改其大小以完全相同,其余的对象,随后的经验,这对我们 (外部旁观者)是明确非欧几里德,方式是为镜像人事实上正是欧几里得的测量杆。因此-几何不是一个单独的属性的空间,但一个真正相关的属性,和它是相对于所述测量杆和我们选择它和解释它的方式。如果,例如,镜子人会同意和听听我们的劝告和校准其测量结果以“正确”的测量杆的扭曲,他们不会一个欧几里得的世界任何更多。他们会得到什么?嗯,这取决于。如果他们听听我们,相信我们对其测量杆的扭曲,他们会得到一个拉波切维斯基安几何。但他们可以一样好喜欢其他更正,并得到其他几何图形。

但我们在谈论谁是真的吗?他们吗?当然不可以。我们正在谈论自己。因为这种情况是对称:镜子人们看到我们的世界扭曲和他们的世界作为平欧几里得,因此他们可以一样好说服我们重新调整我们的测量杆,然后我们不得不得出结论,我们的世界是拉波切维斯基安。谁是正确的?什么是真理? 显然在这一问题按照内部逻辑的论点并无意义,测量杆的校准系统是一部分的眼镜使经验可能和固有的自然景观和人工那些旨在纠正自然,消失现在的区别。

❧ 三种哥白尼革命 ❧

先天综合曾经收到这里其惊人的确认和其中一个最令人信服。亥姆霍兹从来没有意识到了什么、怎样产生，他建立了一个实证的几何状态的论点和他突然得到了有史以来最具破坏性的理由先验使合成的经验成为可能。

但也许他真的感觉的东西。因为他认为这两个世界之间的完全对称，然后继续争辩说：

> 据我所看到的如果这两个世界的人能在一起交谈，既不会能说服对方，他有真正的和其他的扭曲的情况。我甚至不能识别此类问题已在任何意义上，只要我们介绍无需机械的考虑。(文字: 20)

亥姆霍兹因而照亮黎曼平行的话（3.1.2 以上）的真实的几何形状的我们的空间概念是没有意义的只要我们不会引入外部，利用考虑的哲学意义。这是毫无意义会被认为在20年内庞加莱作为亥姆霍兹最重要的见解，以及邮政康德哲学中的关键变化。但它将借本体强度对康德的论点这正好的零钱。因为问题是毫无意义的事实将会读取作为证明空间本身拥有没有几何，它仅是肽和唯一现在由于这它将采用本身到我们执行后它，如果我们只介绍足够"机械注意事项"，即，如果我们支持我们选择合适的物理几何的任意几何。亥姆霍兹去带出所有可能的解释，我们的空间的性质之间的对称性：

> 如果我们发现它有用为了某种目的，我们能完全符合逻辑的方式，当作我们生活于其中的空间明显空间背后凸镜其缩短和承包的背景。或者我们可以把我们的空间，其边界之外我们感知而已，无限伪球空间作为一个有界的球体。我们然后仅要归咎于相应的拉伸和酥油的机构的出现给我们固定的也同样适合我们自己的身体在同一时间。我们当然在同一时间会彻底改变我们系统的机械原理。(同上: 24)

❧ 3. 第三次哥白尼式革命:陷入空无 ❧

3.2.3 几何与物理的统一: 第一个墨守成规的参数

我们取得了进展从黎曼的结论"物理注意事项"的必要性的我们所有的物理"彻底改变"的必要性。现在的这个意思是空间的物理逻辑上取决于我们决定和选择有关性质,因此可以不再充当这种决定的事实和中性事实的数据基础。亥姆霍兹经验主义者,打算反驳康德先验,突然发现自己没有物理向他提供"实证数据"。此外,他是很清楚,他偶然发现了弹簧和车轮的联锁几何和物理成一个不可分割的统一体。

但如果是这样的话——什么是几何?它变得清楚既然几何逻辑上优于物理和它在我们可能,实际上必须决定,独立于任何事实,我们的世界的几何意义因此独立。但如果是这样,明确几何不能告诉我们什么实事有关世界。亥姆霍兹的结论是:

> *因此几何的公理当然不能空间关系独自一人,但同时,同时,我们最固定的身体在运动的力学行为。(文字: 24)*

即使亥姆霍兹已经知道,从读过的任何几何中心主张的刚体,从而节省及其措施正在从一个地方运送地方,和这取决于是否有可能将几何结构对物理概念的黎曼空间,其他的东西现在变得清楚他: 甚至作为刚性选择某些机构不能进行物理因为它不存在,只要有是没有几何周围。因此,它是几何本身,必须确定哪些物理刚体。到底怎么了?实际上,它只是由我们决定授予在物理空间上是我们选择的几何结构。这种选择的几何创建一次,只是定义一样,类的刚体,即,那些作为测量棒,我们选择的几何形状将会出现。

亥姆霍兹发现关于刚体这个结果已经两年早些时候,当他发表他的论文《论几何事实(1868 年)。正如标题所说,它本来只是一次指责反对黎曼 (其论文发表两年前) 声明: 在几何的基础在于不"假说"而"事实"。亥姆霍兹意在证明,这些事实是两个——对象保存他们的形状和大小上运往从地方去;和世界是无限的。从这些亥姆霍兹获得表达的黎曼假设作为他的假设——常

曲率空间 （3.1.1 以上） 的一般指标之一。所有似乎很好，不是它那亥姆霍兹解释，正确的文件，第一段，

> *我们只有通过非常命题考试是为了表明其事实的正确性决定身体是否为固定、其双方平、直，其边缘。(同上：39)*

亥姆霍兹指出这里基本任何企图发现实证的空间几何圆度。为了发现几何，我们必须进行测量，和进行测量的我们必须发现刚体作为测量杆，但它是可能发现车身刚度只能通过几何定理的发现为我们进行测量。如果我们假定这些定理，从而选择刚体，不会留在进行测量，发现几何，因为这已经被预料任何意义。

这个特性的循环的亥姆霍兹发现在这里，应已足以阻止他经验主义的驱动，并且他问道，如果是真实的循环这不是最有力的证据为康德论文关于先验的几何作为逻辑的论文吗？亥姆霍兹和但不集中和足够清楚地看出这一点，也许他不想去。别人会在短时间内反而使关键的一步。庞加莱会变成他自己的主要观点的两个世界参数、爱因斯坦将使用他的这个新版本来反对神话的康德必要性、赖欣巴哈将把它变成最有力的论据，曾经由逻辑实证主义的几何和隐含的它，因循守旧的相关性和卡尔纳普将使用它来澄清的典型的墨守成规的结构的广义相对论。

但确定对爱因斯坦的相对论的外观的推动力是康德概念，自 1868 年黎曼和亥姆霍兹的论文刊登由恩斯特 · 马赫的配方。

我们所看到的：为可验证性的几何的亥姆霍兹争吵转到康德的先验观念"作为如果看法"唯一，并因此加强康德论文中的到目前为止好像看到作为逻辑的论文，而不是一种心理或生理。亥姆霍兹的论据和黎曼发现，成为了开始到康德，最终成为了称为新康德主义解释新的、逻辑的解释。而如此反驳信息专家应运而生的亥姆霍兹读康德哲学，为这种哲学逻辑阅读奠定了基础。

ᴥ 3. 第三次哥白尼式革命:陷入空无 ᴥ

3.3.康德现实主义底线: 恩斯特·马赫.

什么将是: 我们应看到现在马赫的现实主义反对牛顿的"抽象",反对独立的空间、时间、力量和法律现实的性质及其关键行动,并在结束时,一种超越康德回到伯克利。根本不存在的外部世界和所有的真是只什么是最实际的印象和看法。从这些我们构建整个世界,因此物理学是一个伟大的小说。我们将看到还在行动驳斥牛顿桶参数,通过哪个高山族逻辑达到爱因斯坦高山族逻辑。在其中心站是转化为物理因果关系的逻辑连接的"决心"的概念。"马赫原理"隐藏内部这种逻辑,以及与这一宇宙一致性原则,最终将成为量子理论的逻辑的中心一块。

3.3.1.性质只是

爱因斯坦的狭义相对论的前一年,科学的力学是恩斯特 · 马赫本书的第五版出版 (第一版走进 1883年) 和一些十年之后的爱因斯坦写道,没有他读休谟和马赫数他最有可能不会发现他的相对论的一般理论。马赫的科学哲学的反映了第二次革命如何感知在世纪末。他的影响力,以及哲学的庞加莱和昂,确定新的科学和其附带的哲学,逻辑实证主义的道路。在马赫哲学令人惊讶的是其完整和无辜的协议与哲学的伯克利、休谟和康德的底线。这个简单 (或无罪) 是什么变成最受欢迎的奥地利哲学家马赫,时间从维也纳大学邀请他,一个 56 岁的物理学家,作为一位哲学 (特意为他创建的椅子) 教授直到后第一次世界大战。实际上,他在这里教仅四年,自 60 岁他罹患中风瘫痪,之后他停止了工作。

康德的底线是世界的先天综合是世界的可能的因为科学研究只与现象而不是世界的单独的性质本身。但是,以上只是"可能的",先天综合而对于科学重要是因为它可以只通过我们构建经验和感官方面的印象和看法的现象。马赫系统攻击所有,并不作为现象出现,而不是"事实"科学理论上讲,绝对

❧ 三种哥白尼革命 ❧

空间、时间和运动，以及部队、群众和因果关系等。所有这些，马赫认为在他力学科学中，我们为自己创造以任意的方式，唯一目的是让我们感知到的经验的最简单的（"经济"）组织的主观建筑只不过是。这是哲学的本文康德在其最简单的版本，那成为了马赫的本质和这世纪初征服年轻的心。马赫写道：

在谈到因果我们随意给救济到这些元素对其连接我们必须参加繁殖的一个方面，它对我们很重要的事实。那里也没有事业性质的影响。自然有，但个别的存在；只有自然。（SM:580）

为什么"就没有原因，也没有性质的影响"？主要是因为基本的现实主义原则——无论是真实有只是"个别存在"，这是只什么"只是"，在这里和现在通过我们的感官感知：

是知识，不能为感官所感知，展出的东西所望尘莫及的事情在自然科学中没有任何意义。（同上：337）

但因果关系不"展出为感官所感知"，因此并无意义不存在。马赫相当明确地向他哲学的祖先，休谟和康德的链接：

休谟首先提出问题：件 A 在 B 的事情上如何行动？休谟，事实上，拒绝因果关系，并承认一连串只在时间。康德正确指出之间的必要连接 A 和 B 不能通过简单的观察透露。他假定天赋观念或思想，弗概念下，经验的案件归入一类。（同上：580）

马赫同意与两个，而是因为他的疑虑"天赋观念"的概念甚至仅仅是小说的哲学家，他提高了休谟康德概念演变理论加入方程：

作为一个事实然后，真的存在心里"理念"下，被归入新鲜经验；但这种想法本身已从发展经验。必然的因果关系的概念由世界我们自愿运动可能创建和的更改这些农产品，作为休谟应该……很多权威的原因和影响的想法是，他们都是发达国家本能地，不由自主地，和我

∂ 3. 第三次哥白尼式革命:陷入空无 ∂

们是明显合理的个人对他们形成毫无贡献。我们可以事实上，说我们的因果关系感获得并不是个人，但得到不断完善发展的竞赛。起因和影响是思想具有经济作用的东西。(同上：581)。

所以是休谟和康德为群众服务和新的科学哲学是现在准备高高兴兴地嵌入作为收购的本能，新兴的种族演化过程中的先验。其合成的功能现在成了只是高效率的组织的看法，思想的经济运作。因为所有这种机制即"任意的救济"的什么"对我们很重要"，只不过是，这里是什么对我们有好处，现在，新包包括现在因袭主义作为从一开始的一个基本组成部分。马赫提出了，因此，所有的普遍原则的科学作为重新建设的事实在头脑中，康德的先天综合原则简单生物转化原则。：

物理科学的业务是重建的思想，事实的抽象定量表达。(同上：604)

此重新建设，如因果关系、运动的规律、养护，原则的一般原则现在成为重建的经验，在思想的重要条件，从而净化所有遗迹的"任何形而上学的神秘主义"(同上：606)。他们并不表达什么多于事实，"仅仅是不相关的变化，不动点的支持或引用，不是可以理解，不弱智重构"(同上：606)。因此它是一个简单的错误，"多数人自然求询者的"对属性

对物理概念质量、原子的知识产权实现、力量等等，其唯一的办公室是重振经济安排经验、现实超越和独立的思想。(同上：610)

3.3.2.因此每一个概念是相对的只是: 再斗

这种缺乏"现实的超越和独立的思想"对该理论的概念的物理，现在接收内部的解释:这种概念是"只是相对的"。他们的相对论现在是双重认知，对于他们的角色作为框架项目建设的思想，经验和从物理的本体论方面，只是有没有这种东西在不同的世界：　那里是没有质量，没有力量，没有原子在不同的世界。他们表示不超过现象之间的关系。它是不可能要说，我们的感觉和

❧ 三种哥白尼革命 ❧

知觉引起对象或外部机构对我们因为

> *身体不会产生感觉，但元素　（配合物的感觉）　配合物组成机构。（*
> *AS:29)*

因此他重复几乎逐字康德的话　(2.3.10　以上)　关于原则对对象的优先级。大众是加速度之间的关系，加速度是距离之间的关系，距离是时间之间的关系　（因为，正如他在　1865　年写道，"身体时间作为一个函数的任何其他人的任何现象表现力"。COE:90)。在短时间和空间表示只测量之间的关系。

作为一个逻辑的角色相对论和相对论作为论文关于这种现象，是密切和链接到对方，但他们是不同的在他们的意思。因为每个概念的逻辑的作用是只是经济，它跟随没有概念表示对象或属性是分开的世界，因此它跟随每个概念是指只是对这一现象，其实只到它们之间的关系。因此，马赫就巩固经济相关性的惊人相对论的想法。最困难的问题是牛顿的桶参数和马赫打开攻击，因此，通过澄清所有概念的相关性：

> *所有大众和所有的速度，而所有的力量，因此是相对的。有是相对和*
> *绝对符合我们可以永远不可能，我们被迫的或从任何知识产权或其*
> *他好处，我们可以获得，没有区别。(SM:279)*

于是我们观察旋转桶里都是运动之间的关系。我们永远看不到人民群众，我们从来没有观察到部队，我们永远不会观察加速度，只有关系对象，我们的名字运动的关系。这也是在作出伟大问题的第一次的哥白尼式革命——什么真正围绕和在休息、太阳或地球到底是什么？在现象中给予我们的所有都是相对的运动，还有没有办法找出单独的力是什么和什么是的绝对的动议，他们造成。马赫总结这卓越配方的现实主义的口号中：

> *世界的系统只给予一旦对我们来说，和托勒密和哥白尼的观点是我*
> *们的解释，但两者都是同样实际。尝试修复牛顿的水桶和旋转的恒*
> *星天堂然后证明不存在离心力。(同上：279)*

3. 第三次哥白尼式革命:陷入空无

世界就"给予我们只有一次",是唯一的现状,因此唯一的现实。所有添加到此的现状是,因此,只是主观的,关于我们的解释,因此只不过是和什么是真正的和结论的主观增补: 所有等效的理论都是"正确的相同的措施"这一现状而言,即是说,"两者都是同样实际"。

但如果原来有明确迹象的向心力 (例如其非球面形状) 地球上但不是在阳光下出现的现象吗?在这里开始马赫的实际斗争反对斗论据,他总结了这篇文章的最后一句中"试着修复桶和移动整个天空"。它被隐藏起来的背后复杂的参数,是最令人惊讶的现实主义历史之一。没有牛顿的现实主义批评者认为它。

3.3.3.桶作为契约参数

在桶争论中,观察到的事实是水的只有相对运动和扭曲的表面。牛顿并不考虑其余的世界:天空和星星,和他并不考虑水的运动是相对的不能仅把桶,也对天上的星的事实。因此,牛顿假设恒星的存在可以被忽略,在参数中。但这意味着,他预料还会已经以同样的方式,实验,即使星星根本不存在。但是什么地上做他这样假设呢?

很好,原因很简单——因为牛顿也假设桶内的水会持平桶和水一直在休息和星星旋转周围的人,以便他们然后将有相同的相对运动和速度和现在一样。因为他假设,这种相对的旋转不会造成任何的失真在水中,他认为星星可以解释这次实验的冷落。

但是,马赫现在辩称,这是一个致命的假设,在牛顿的论点。因为他以为的相反,他的论点不本来能够在所有起飞。水,显然揭示其失真,绝对运动是它们相对于恒星的运动速度相同。可是,这种情况下,怎么可能知道,这种扭曲造成的绝对运动,而不是相对于恒星运动吗?因此所有牛顿会得出都结论,他考虑到这种相对旋转的失真和外观的部队造成的绝对运动或运动相对于广大的世界。现在，唯一的方法来区分这些是不可能的事实验——离开静止桶旋转星星，"然后证明有没有离心力的作用"。

现在，这个实验是不可能的只是因为"世界给予我们只有一次"并不是两次，一次与旋转桶和固定的星星和一次与一个固定的桶和自转的恒星。完全牛顿的结论并不遵循这个原因，马赫暗示。牛顿的假设，实验将显示无论星星的存在同样的现象隐含的假设是一个绝对的空间。总之，牛顿的结论如下只是因为他预料它从一开始，当他离开了星星。牛顿的参数是有效的但循环，和如果不循环则无效。

3.3.4 马赫参数——不可分离和空无的牛顿物理学的核心

马赫是好的当然，但不是因为他的原因。显然，每个参数 （包括马赫） 使假设，它们必须以某种方式包含结论，只因此可以它是有效的所以每个有效的论点并循环。在牛顿的情况下，假设的空间和时间的独立性已经包含在他运动定律和潜在的解释，他给了他们，也就是在团体里脱离群众。部队的独立性意味着部队做不的出现和消失的仅仅是改变参考系统中，因此，他们在绝对意义上存在。只是因为这种独立的存在牛顿得出所有的运动和休息引起的部队都是一定绝对。只因而做它变得必要假定也绝对空间和时间。因此很明显桶参数不为了证明绝对空间的存在，我们也看到就这样，只证明可能辨别或识别绝对运动，假设有绝对空间和部队。(1.3.8 以上)。即是说，这两个三维生物生活在水的表面能测量其绝对运动的"内部"的意见，而无需外窥视和考虑的其他物质的实体在世界上，只有当他们假定的独立性的力量，所以运动的绝对性。

马赫从来没有认为这一点根本就和这就是为什么他得出结论，如果会出来离心力做的确出现由水和星星的相对运动，这种绝对性的议案会然后反驳。他错了，因为这一切取决于分配给部队的本体论地位。为牛顿会然后回答他，因为部队是从物质的单独实体，没有什么改变关于证明他以前的论点，它是

∽ 3. 第三次哥白尼式革命:陷入空无 ∽

可能区分和识别绝对运动没有任何指向外部的物质对象的关系。所有必须改变然后将添加到牛顿物理学的假设,这种单独的部队可以在相对运动由在距离群众采取行动。空间和时间的绝对性仍然会得到支持。

所以在马赫的论点反驳其实是在另一个轨迹,即非——可分性的力量。马赫预料,在轮到他,作为他的高山族本体的一部分,并且一模一样柏克莱和休谟和康德,部队即不是分开的质量和其运动的对象,力的意义就是质量是在一些运动。但由于是实际只有运动是相对的不能有任何本体论差异之间的休息和运动,于是静止质量也象征着力量。这的确是启动马赫的攻击上桶参数的假设:

> 如果在物质空间系统中,有群众以不同的速度,可以进入彼此的相互关系,这些群众向我们提出了部队。我们只能决定这些力量是多么伟大,当我们知道,这些群众都将对提出的速度。如果所有的群众都不休息,休息群众太是部队。(SM: 279)

第二句是第一次的理由: 以来只有速度才可能知道部队,部队代表显然没有比速度。还有最后一句暗示,相对运动中的人民群众是力量,也就是说,没有单独的部队造成群众移动。的确,马赫相应,解释牛顿的运动定律和因此他得出结论,法律,迫使原因加速度成正比力"是一个同义反复"因为力已经被定义为加速度的措施:

> 它是完全不必要的同义反复后建立了加速度为多少力,再说,运动变化是成正比的力 (SM:302)

已经在 1867 年,在他的早期论文之一他才到达这个期望的结果的不同的路线。使用质量的加速度的定义,并聘用第三运动定律,他的结论是

> 如果我们这样定义质量,不妨碍我们保持力作为产品的质量和加速度的旧定义。牛顿第一定律然后成为一个单纯的身份。(COE:84)

牛顿定律实际上成为"陈旧和同义反复"(同上: 302) 如果力定义加速度成正比 (如马赫着手做,同上: 303——4)。但是,这种属性,即力是加速度,仅仅是衡量是没有牛顿的定义的一部分。这是只认为这是一个定义的马赫,只有在这这他也认为是"陈旧和同义反复在牛顿的命题"运动的规律 (同上)。因此,当他来"牛顿表明取代更多简单,有条不紊地更好地安排和更令人满意的命题"(同上.:303),其中之一成为了一个"定义",接着他就单独部队地位的观点的总结:

> *定义:移动力是身体的大规模的,让那体内诱导的加速度值的产品……的观点达成,正如牛顿明确指出,"原因不明"的自然现象无关。在现今的力学称为力的不是潜伏在自然的过程,但是议案,团成加速度的产品可衡量的、实际的情况。(SM: 304、 307)*

力因而是议案的严格主观的实体,因为它是议案的只是议案的一个方面,即知识产权的区别,我们使内实际给出的现象。因此,这是"力"的高山族解释,它是什么位于桶参数马赫的攻击地面。而且一旦掌握了这件事,很容易地看到,尽管这次袭击是有效 (和圆形的课程) 是与牛顿的参数无关。如果没有单独的力,和部队都但加速度的名字,整个牛顿的论点就失去了意义。因为那时"所有的群众和所有的速度,因此所有的力量,是相对"只 (同上: 279)。因此,所有的水桶实验显示,然后是可能通过来区分相对运动内部的测量,即,没有偷窥外面,观察相对于其水移动的物质对象。没有绝对的运动出现在这里,因为世界上没有单独的力量。因此有的没有必要担当一个绝对的空间,使解释失真的浮出水面。

3.3.5. "判定" 的参考系统: 逻辑到因果关系

还有一个问题,的问题的牛顿介绍放在第一位独立的队伍,在他的物理学——如何解释失真的浮出水面?翔实的解释是因果,宣布的潜在的传统,因此单独部队运动唯一可能的解释。可是,怎么可能去解释任何事情,有没

✑ 3. 第三次哥白尼式革命:陷入空无 ✑

有这种力量时任何更多吗？什么原因导致扭曲其表面的水？

我们看到，马赫接受分开高山族论文认为那里是没有原因和没有因果关系。取代因果关系我们现在观察一个新的演员在舞台上，"决心"的一件事的另一种的外观。这种"决心"出现在马赫创建牛顿的主要错误是——忽略失真的解释的星星就是在他的眼睛的解释的上下文中。牛顿认为星星，马赫认为，作为一个纯粹的参考系统，和假设，因为我们通常倾向于做，参考系统有没有物理，但只是叙述性的作用。这就是为什么在我们看来，我们可能忽略了参考机构的存在——我们认为他们只是部分的描述，我们的手段，因此作为跟事实本身没有联系。但存在的参考对象是现实的重要组成部分，因为它们总是实际，马赫提出抗议。

> 因此，如果现在我们突然忽视他们，并试图讲的身体在绝对空间的仪态，我们把自己牵连进双重错误。首先我们不知道身体在没有引用对象会怎么办。(SM: 281)

> 例如，我们不知道将如何表面的水是从世界上消失的明星。它可能的情况是，它不会在整个实验过程中被扭曲。假设相反是要做一个毫无根据的假设，永远无法测试，因为"世界给予我们只有一次"。这是忽视星星的第一个错误。第二种是没有参考对象，将无法描述运动的身体，来测试实验，因此，这种描述的说明"将缺乏所有科学意义"(同上: 281)。

第一个问题是事实——是否有任何物理影响移动对象的参考机构？第二个问题是纯粹的逻辑，没有一个参照系统就没有说明这项议案，然后，对于现实主义者，有没有事实和没有"科学意义"。但是，接下来的关键步骤：马赫合为一体，这两个问题，因此转化为逻辑的事实是物理的事实——因为没有参照系是没有事实，因此，确定参考系统的事实，即，它确定物体的运动。突然，天上的星星了直到现在只是一个参考系统成为什么确定的形状和运动的水桶里的水：

当我们反映出我们不能取消独立的引用机构，那就是，不能通过实验确定，是否他们扮演的角色是最基本的或抵押品，到目前为止他们一直的鞋底和只有主管手段方向的运动和力学对事实的描述时，人们会发现权宜之计暂时把所有的运动，由这些机构认定。(同上：283)

马赫离开毫无疑问，参照主体确定议案这个"决心"因果含义。下面一段话写在大约同一时间，和溶解任何这样的疑问：

现在，我们认为，这些机构中，没有一个不能描述运动想象，都没有对这项议案的影响吗?不知道哪一个上诉必须显式或隐式时想要描述一种现象是否属于最基本的条件，这种现象在因果关系?遥远的天体们，在我们的示例中，不影响加速，却对速度。(COE:79)

因而出现什么爱因斯坦将最终的名字"马赫原理"(和其他人会被称为"伯克利马赫原理"，布莱克摩尔：104) 最重要的是会影响爱因斯坦和他的努力，制定广义相对论的理论，直到他会绝望于1920 年。马赫原理，马赫自己制定它在这里，说，由于没有"科学意义"到物体的运动分别从一些相对于一些参考系统的描述，它遵循，参考系统因果"决定"的议案。因此，不仅必须我们不忽视，(并从而引入绝对空间)，而且只是这种参考——系统在所有可以的因果真实原产地的运动，如水的失真特性。

3.3.6.马赫原则作为现实主义原则

这是现实主义的有史以来原则自伯克利，或者说自康德以来的最极端的应用。马赫在这里说的是议案的，因为我们有水分别从材料的参考系统没有"想法"，这种制度是议案的一个必要的条件，并因此在动议本身的重要组成部分，这项议案甚至不存在分别从参考系统 (就像我的看法是议案的什么我谈一谈现实的重要组成部分)。事物之间的连接是基本还是偶然的由他

❧ 3. 第三次哥白尼式革命:陷入空无 ❧

们的存在现状: 如果他们总是存在在一起,它是一种扭曲他们想单独从彼此,然后它们之间的连接是必不可少:

如果我们采取我们的立场在事实的基础上,我们会发现我们有只的相对空间和运动的知识。相对的不考虑空间的未知和被忽视的媒介,宇宙的运动是相同的是否我们采用托勒密或视图的哥白尼模式。这两种观点确实同样是正确的;只有后者才是更简单、更实用。(SM:283——4)

所以情况便是"根据事实"——和承担水会被扭曲或会变成地球椭球即使星星参考系统并不存在意味着忽略的"事实依据"和现状。因此在桶参数

牛顿与他表示打算只探讨实际事实再次采取了行动。没有人是主管要预测的事情关于绝对空间和绝对运动;他们是纯粹的东西的思想,纯洁的心智结构,就不能生产的经验。...没有人值得在扩展这些原则超越经验的界限。事实上,这种扩展是毫无意义的没有人拥有必要的知识,使它的使用。(同上: 280)

牛顿的引力理论,因此,没有可能在起作用决定之间两个天文学和这是原因: 即使牛顿万有引力无法解释托勒密天文学,这一天文确定引力适合它,即使它们是从牛顿的完全不同。但 actualist(实际的)部队,都是运动,和运动完全由参考系统,因此对他来说,每个参考系统"也确定部队"中的表演,即,它的力学和动力学的原则。所有这些原则和部队"的思想,纯洁的精神产品的纯事情"只不过是因为他们是指不是实际对我们来说,因为他们不是"事实"的事情。动力学的原则我们为我们自己和我们的需求只能创建,和因此,我们将:

力学原理可以事实上,所以设想,就连相对旋转离心力引起。(同上: 284)

而由于这些离心力将表达的测定或参考系统（这是星星）的影响，在离心力的作用将引力。实际上，这是引力的爱因斯坦于 1915 年在他理论将执行的蓝图。这一理论将创建，因此，在努力给数学配方的原则的现实主义，马赫表示他们用他的话说"平等的正确性"的两个不同天文学（和可能不同天文学无限数量的影响）。其中央的推理是，

> 宇宙不是两次给出了地球在运动，但只有一次，单独确定其相对运动与静止的地球。它，因此，不允许我们说将会怎么样如果地球没有不旋转。我们可能解释以不同的方式给我们的一例。(同上)

因此，伯克利马赫原理是方式的世界的如果甚至一小部分是方式的世界的不同的它比在现实中会发生反射高山族本体成为物理学时，没有部队，只给出了一次，在其中是方式的世界的没有意义的问题什么世界相对论物理。

3.3.7.从相对论到一致性

但是什么会比一切更重要的是，新物理学将变得此现实主义，表达的意义转化为世界各地的相互作用物理原理逻辑原则。以这种方式逻辑一致性成为普遍没有原因，因果和逻辑决定论成为物理决定论没有单独的部队。空间和时间，都是"形式的相互依存性现象"，即，他们是我们用来塑造这种依赖的形式。由于这是马赫解释爱因斯坦的相对论理论在 1909 年的方式，他表示，他全力支持，并解释说，出现在这的相对性原理（通常是康德）解释已经发现在他自己的作品：

> 空间和时间都不在这里构思作为独立的实体，而是作为形式的彼此依赖的现象。我订阅，然后，还坚守在我的力学和热学理论的相对性原理。(COE:95)

"相对性原理"的需要，马赫的词在这里，有没有空间和时间的东西分开从这种现象，而只是"形式"的什么康德称为合成统一的现象（"时间是法治

3. 第三次哥白尼式革命:陷入空无

的理解,只有根据它现象获得合成统一",批判: A215/B262),和马赫被称为"相互依存"。对康德论文亲近的血缘关系是最清楚的以下考虑。马赫解释,由于这种统一性的现象是普遍的自然法则的结果,它实际上是人类的活动,介绍了这些法律的现象,和同样到康德解释的产物,"我们可以知道先验的东西只有我们自己放入其中"(批判:B xviii),所以也写了马赫:

自然法则都是我们根据我们认为的心理需求的产物。法律不能归因于自然,我们在自然界中发现尽可能多的"合法性"[gesetzmassigkeit],我们自己的有假设简化外部经验。(引用在布莱克摩尔:177)

因此,理论和一般法律只不过是性质的诱导的连贯性和整体性,我们创造,因为它是性质的,"给我们以不同的方式解释一个给定的情况允许"的方式。任何解释,因此,所有系统的物理将因此同样"正确",原因很简单,所有的相对运动同样存在同样存在,将所有的"力量"(相对于太阳,地球的运动相对于自己,但也相对到月球,金星,火星,等.)。因为唯一的现状是,包含所有的对象给我们,我们的看法,不能有一个首选的参考系统: 是真正的唯一运动是相对的和因此所有力量和所有的群众都是相对的即不能有的规律和原则,首选的系统,所以所有的无限性可能理论对此共现状是否同样正确。

以便它跟随那倾向于一种物理理论是完全偶然的事,没有任何比任何其他历史事故更深的意义。这是为什么马赫写道他物理教科书 (热和力学理论,著成光学) 的哲学原因在这些科学的历史叙事。这种历史的演示文稿旨在展示的随意性和偶然性的每一个物理和这一事实"公约",只不过是这一物理理论: 历史调查不仅促进的了解,现在是,而且带来了新的可能性,摆在我们面前的证明,那现在就是在伟大的测量常规和意外。(SM:316)。马赫因此同意的物理学原理公约和任意的历史上的偶然结果,因此可以只是也有不同,方向相反。

这个意义上的公约作为逻辑上任意制定和由法国传统主义者,由亨利 · 庞加莱在同一时间形成。马赫现在宣布庞加莱他完全同意这个关键问题上:

> *在他的庞加莱La 科学 et 假设是正确的调用很可能以其他方式证明的力学各项公约的基本命题。(同上 306)*

因此,它是时间,讲述如何在最后的第三次革命思想宣言被创造——因袭主义的扭曲的故事和其领导人,亨利 · 庞加莱。

3.4. (conventionalist) 反对因袭主义: 亨利•庞加莱

概念: 　康德论文现代表述的漏洞,我们已经看到他们在黎曼、亥姆霍兹和马赫,来全面繁荣时庞加莱在18世纪末提出了传统主义者IC的论文。我们将看到如何他认为纯几何是一群的定义和其后果,和这些在逻辑上任意的方式如何选择的。但即使物理几何是从逻辑上讲是任意的所以也是物理。这双指示向世界,其形式和内容,并且因此,不仅是形式,内容,也是现在一先天综合。语言学转向获取现在制定得很清楚,所有的科学理论都是只是语言,和因此即使其内容是空的关于世界的信息所以所有观测上真正的理论都同样真实,因为这个世界本身是无形的因此无内容。这一章是有点长,因为我认为庞加莱,与希尔伯特,作为由谁确定形状的现实主义和反——信息化的20 世纪。

3.4.1.建立发展教育署革命

亨利庞加莱是最重要和最霸气的数学家之一在 19 世纪末和因此论文他写在世纪的最后 20 年的数学哲学事宜和物理学有决定性的影响,对形成的整个 20 世纪思想。他科学的权威,这是绝对的引起一些对他的哲学论文,其强度和当这些开始出现作为书 1902至 1909年年间,在新世纪的哲学思想路线决定清晰和明显。他哲学书被译成德文和英文不久,和他们在不同方向的影响甚至今天回荡。最主要的影响是影响道路准备狭义相对论在 1905

年, 一些其原则由庞加莱发现理论自己独立爱因斯坦和也许甚至更早。

我不知道, 事实上, 爱因斯坦并不是庞加莱的解释谁实际上发展充分相对论, 和我看来, 主要原因是无足轻重的如年龄和气质上的差异。庞加莱打这个想法, 当他五十岁时, 爱因斯坦当时24岁。尽管他的哲学, 却相当激进, 它暗示, 庞加莱是由然后不只饱足满意但也谨慎和保守。爱因斯坦是仍然又瘦又饿和叛逆是他还很便宜。这种陈腐的差异可能是什么使爱因斯坦深受庞加莱的最根本意义的哲学, 而庞加莱自己被吓了一跳它们采取的和努力缓和他们尽可能。当他去检查的几何性质时, 他主要的问题是:

几何公理的性质是什么?正如康德申明, 他们是先天综合直觉?(SH: 48)

和庞加莱立即解释他是如何理解什么康德"申明"在他的论文"直觉是先天综合"。如果公理都这样,

他们会然后被强加给我们, 我们不能想象的相反的命题, 也不可能是建立在这一理论大厦的力。将没有非欧几里德几何。(同上)

非欧几里德几何担任, 因此, 驳斥任何几何强加给我们, 也可能是唯一可以想象的概念。一旦这种强迫的观念被否定了, 庞加莱得出结论也被否定了康德全文。正如我们即将看到的他实际上视为驳斥的组件是只有直觉必要性组件。其他组件——综合性和先验性——他不仅实际上没有接受而是加强和建立一个新的和令人惊讶的论据的。

3.4.2.几何是公约

反对的我们庞加莱几何先验性采用我们就能够取代任何非欧几里德的欧几里德几何的亥姆霍兹的参数。但另一个中心意思的康德先验仍然和甚至是

强化，即，在经验和独立它之前的。因为如果没有必要，我们不能接受欧几里德几何，它遵循采用任何几何是一种自由选择，庞加莱争辩说，它是独立于经验。所以，它变成现在，每个几何是先验康德这样关键的词——它是独立于经验，因此逻辑上事先对它

但康德包括另一个组件中的先验，解释为什么它是逻辑上之前每个可能的经验，即，没有它没有经验概念是可能。庞加莱没有显式地审查此组件，但事实上接受它完全由争论那经验无法确定几何。自由选择任何几何证明了的经验不能确定它。因此，那么，这种经验，与此相反，由自由选择几何。也因此，他反对我们的几何必要性的论点变成——推行的其余两个康德组件的先验，既是，从独立并测定的经验。类似的事情发生时他答应反驳他解释为康德综合性。喜欢的康德，庞加莱科学家读者绝大多数解释作为篇章信息性，综合性，因此他认为语篇的作为康德，没有意识到，在先天判断此非篇章信息性是什么康德的确切含义他合成，或驳斥几何信息解读的反驳。

对语篇的几何命题，庞加莱信息解读辩称，这种信息度会变成了几何观测的科学，其命题会变成仅仅是近似的而将不得不改变和改进随着观测手段的提高。上一个荒谬的笑话，又会出现：作为观测的科学，几何便的刚体，运动的描述，因为物理现实中不包含这种绝对刚体，几何将包括严格假命题。既然我们实际上认为它既真实和准确，他的结论是

> 几何公理因此是既不是先天综合直觉，也不是实验事实。他们是公约。我们之间所有可能的约定的选择是指导实验的事实；但它仍然是免费，仅限于由避免一切矛盾的必要性。(SH: 50)

因此，他显然指的"公约"几何公理只是"不做［表示］实验事实"。这种独立性从庞加莱的经验的现实意义后来指出的那样是自由选择的几何好可能保持原样，即使法律指示我们在选择它的经验只是近似的因此即使他们只是一样很可能有假：

❧ 3. 第三次哥白尼式革命:陷入空无 ❧

几何的假设可能始终严格真实,即使实验确定其通过的法律只是个大概。(同上)

庞加莱下去要弄清楚,既然选择了几何公理 ("假设") 是免费的它是独立的事实,并不表示经验事实,只是因为他们都是隐性的定义,因此不是真实和虚假:

换句话说,的几何公理是只定义在伪装。我们去思考的问题然后是什么: 是欧几里德几何真实吗?它没有任何意义。(同上)

所以我们收集《公约》为庞加莱概念的含义: 这是一个没有任何真理价值的命题,因为它是一个定义,只不过并不打算表示事实。这方面的明确证据是它独立于经验,和清楚的标志,为这种独立性是其绝对的正确性。几何不是"近似"——它是绝对精确。这样的精度,因此,是的它的独立从逻辑意义上的经验证明: 它不是任何一组的实验规律的逻辑结果,因为它逻辑上求是不可能绝对准确的命题,从仅仅是近似的。

由于几何公理不能逻辑上源于经验,他们在逻辑上独立的经验,因此他们"不是真实和虚假"。换句话说,它们不包含有关经验的信息。这就是为什么庞加莱称他们是在伪装的定义。即使它们看上去像关于世界的载体,他们是信息的没有这种。这种组合的绝对精度信息空虚是口头定义的泄密标志,它是任意的和任何的事实,因此独立,因此既不真实也不假,但绝对精确。因此,这是"公约"概念的意思为庞加莱——结合,典型的定义,信息的的空虚和绝对精度。

3.4.3.几何是信息为空

在这种组合的绝对精度与翔实空虚第三次的哥白尼式革命发现其最具特色的签名。显然,它现在是康德的哲学在19世纪期间处理的最终产品。这种处理的第一个产品是因袭主义,一切都发生了变化,遗漏的康德的论文关于欧

三种哥白尼革命

几里德几何强制本身对人类直觉的事实。但一旦这自然主义的执法被抛弃，什么变得清晰的并且与强度大大大于任何事情发生到康德的先验状态的几何形状，从中跟随其信息的空虚（至少，任何红血经验主义者）。

只是因为康德的"合成"被解释为篇章信息性，人的印象，他的理论因此被否定了，但事实上其真正意义和解释康德论文现在收到新设防和强度。这方面的证据是，从现在起几何被视为一个"定义"，即任意的建筑的概念，因此对象和短，作为合成和合成的经验规律。庞加莱"定义"是现代的改动康德的"合成"，只是作为独立于经验，选择的任意性（和因此的"定义"）和信息的空虚，是现代的康德的先验的改动。很明显这也立刻需要预期的康德结论是——纯净的形式的几何和：

> *什么，然后，是我们想的问题是真正的欧几里德几何？它没有任何意义。我们不如问如果公制是真实的和旧的度量衡是虚假的；或如果笛卡儿坐标是真假极坐标。一个几何不能更真实比另一种；它只能是更方便。(SH: 50)*

一个几何，类似的度量系统，方便的首选的方便并不表示任何关于世界的事实。几何"描述了"世界不再比测量系统，作为一个参考系统，即，作为正式的框架，确定我们的描述形式，但不带任何内容。但由于它确定只是形式的经验，没有意义及其实验测试或其可能的驳斥任何由经验。

但庞加莱的康德主义继续下去：的结论的几何公理是先天的合成的并不仅仅是形式，导致他产生了另一个问题，因为他们是准确的他们都是精确的东西是什么？他的解决办法，进一步加强综合性而且也——也许不那么惊奇地在这奇怪的喜剧的错误——的康德哲学几何强加给我们通过我们的理解的先验形式。因为他的办法是在"理想"对象——显然康德的概念，康德用于聘请为了强调不可分割并因此翔实空虚涉及：

❧ 3. 第三次哥白尼式革命:陷入空无 ❧

几何形状的对象是某些理想固体,绝对不变,但他们非常远程图像
中大大简化。这些理想的机构的概念是完全心理,,实验是使我们能
够达成这个想法的机会。几何形状的对象是研究某一特定的"组";但
团体的一般概念预存在在我们的心目中,至少可能。它被强加给我们
作为我们的理解的一种形式而不是我们情感的一种形式。(同上: 70)

这,然后,是康德的理论的几何的唯一修正:几何现在是先验概念的理解。
我们有什么被强加于我们先验性的在这件事,这是一般形式的任何可能的
几何——什么庞加莱称为理想对象的转换的一般群。

3.4.4.先天综合作为形式的转换

一般形式的变换取代了庞加莱群纯直觉和感性,但都是先天的先验形式这
一群体作为条件的任何可能的经验的纯粹正式地位仍然严格是康德:

我应当订立是有在我们所有人的任意数量的维度无论连续直观概念
因为我们拥有的能力来构建物理和数学的连续性;和,这种能力在我
们之前存在任何经验因为没有它,恰当地说的经验是不可能的会减
少到蛮的感觉,不适合于任何组织;也因为这种直觉是只是我们具备
这种能力的认识。(LT:44)

直觉现在成为纯粹的智力能力构建的数学和物理的连续康德有时确定。能
力本身,以及物理的一个,确定此建设与数学连续 (几何空间) 的变换群的
一般形式存在于我们先验作为任何经验的可能性的条件。但因为它是只是
形式,某些群体中所有可能的选择是自由的选择,并不取决于任何经验:

从所有可能的组,我们必须选择一个将标准,所以说,我们会提及
的自然现象。实验指导我们在此选择,它并不强加给我们。它告诉我
们,没有什么是真实的但什么是最方便的几何。(SH: 70)

由于几何因而不是对物质世界的描述，什么导致从这有关的物理空间本身（并不只是就在它的物质对象）？几何和庞加莱的经验之间的联系争辩说，是这样的经验在我们里面创造的刚体，概念几何则定义建设的理想刚体。我们选择此定义建设，因为我们的世界的实际对象只是大约刚性。像我们这样的生物，生活在世界与没有刚性的机构，如世界的气体或液体，可能不会创建任何几何。于是，即使几何不是物理世界，在现实世界中有一定的影响，通过我们对我们的理解将创建的几何的知觉经验。这种影响庞加莱描述了当他总结，"经验只是使我们能够达成这个想法的机会"。(SH: 70)。

因此，有是对应的某种含糊不清关系世界的物理和几何，我们描述它，可称为"自然"的信件。世界敦促人类理解创建几何概念的一种，而不是另一种。由于这种自然性，我们往往会说，这种几何是"最简单"之间所有的可能的我们将愿意坚持它，改变我们的物理其他部分。这种"自然"的空房几何是清楚地反映这种几何形状是唯一一个具有"现实"的康德的观念。人类的心灵是能够通过其性质以体现或构建为本身在其纯净的直觉的欧几里德几何只有对象。相对于其他的是逻辑上是可能的这种几何形状，自然是同一自然与康德和庞加莱.

3.4.5 契约的世界

庞加莱得出结论，这奇康德结论——其他的生物，其性质是与我们的不同，可以选择另一种几何。他建造了一个成为臭名昭著的例子：在一个半径为r的球形边界的世界假设有温度梯度从中心到边界，这样在距离r从中心温度成正比 R2——r2.这种梯度实际上导致所有机构合同根据普遍的收缩系数和扩张的所有材料，因此它是无法察觉它的存在的不同材料的不同行为。这是力赖欣巴哈将称之为"万能材料"。

3. 第三次哥白尼式革命:陷入空无

我们现在必须强调的意义"事实上"的出现只是现在,会不断地出现在每个句子中的庞加莱描述的订约的词。"实际上"这里是指这点——这种现象从另一个世界,像我们这样,例如观察到。为只从我们的世界将庞加莱世界出现订约,而那个世界的居民这种收缩是不察觉,因此并不存在。所以当他说,他的意思是,它实际上已经存在,并且是真正如认为是来自另一个世界和相对到它。这是我打电话"实际上"。

这样的世界将被其无限的居民因为当他们接近边界,其步骤成为实际上更小,这样他们可以永远做不到。此外,透明材料折射光线通过他们移动实际上沿着一些曲线均匀介质中的一种。在这样一个世界,实际上包含没有刚性的机构,机构将不过出现于其居民作为刚性,因为他们的眼睛和他们测量仪器实际上承包和扩大完美吻合的收缩和扩张的他们测量的机构。所以其几何公理会与我们不同,即,其几何形状将实际上非欧几里德。

对我们来说,然而,作为外部观察员的这样一个世界,它的几何形状将依然欧几里得只有其物理将会不同。这一事实反映在我们只是给了这个世界的描述。我们说,光线在它实际上移动沿曲线,但我们可以说这只是因为我们定义直线的帮助下我们的光线而不是他们。也是如此,我们说的存在实际上是在他们的世界普遍力量扭曲了光线的路径和合同机构按比例向 $R2——r2$ 场。但这只是因为对我们来说,作为外部观察员,研发具有意义有限规模的(而对其居民它是无限的震级) 因为相对于我们测量棒他们机构合同和扩大的议案辩论,从和中心。

现在,替代的描述是订约的世界居民,谁观察他们的世界作为部分的它,并因此不知道存在的任何扩张或收缩,和他们也观察我们自己的世界。他们认为我们的光线沿着曲线和我们的身体合同以及他们搬离中心 (因此我们想象我们的世界是无限)。这些部队是什么原因,这说明从那个世界里,我们选择我们特殊的几何结构。

3.4.6.契约的世界和物理虚无主义

这只是预期的阶段在庞加莱的演变的参数,但它是一个重要的物理理论现在是参与,而不是几何,并因此从庞加莱的比喻的韵律系统和语言,几何和物理的结合也不超过单纯形式构成。然后它如下物理是信息空一样好。我们看到,几何信息为空的原因是其公理是构建在逻辑上任意的方式只是功能的"理想"机构的定义。物理呢?

庞加莱理论物理分为两个部分,最普遍的规律和专门的法律,在平行于康德的分区。关于特殊法律他决定,就像康德,他们都是实证和只是近似。然而关于宇宙的法则,他的考虑是不同的和追踪闪耀的伯克利和按下建立以来,然后由高山族传统从达朗贝尔向马赫。该参数是牛顿力学定律,以及"变相的定义"只不过是。最主要的考虑是详细的分析每个此类法律的实验测试。由于他们处理对象不在观察 (如力、质量、能量) 中给予它原来我们不得不雇用其他法律以及为了测试每个。例如,为了测试实验牛顿第二定律是必要假定第三定律的真相。于是它跟随这种法律成为"定义":

因此,我们不得不是带入我们定义的两种力量的平等平等原则的行动和反应;这一原则可以因此作为实验法,但是作为一个定义不再被视作。(SH: 100)

但它随后,牛顿第二定律,必须经过新的定义,本身只不过是一种定义。

因此,我们减这一定义: 力是产品的质量和加速度。这项法律就不再是实验。它现在只是一个定义……原则动力学的出现给我们第一次作为实验的真理,但我们一直不得不使用它们作为定义。它是通过定义力等于质量和加速度的乘积。这是一个原则,就是以后得不到任何未来的实验。因此它是由作用力和反作用力是相等的定义和对面。(同上: 100, 104)

✑ 3. 第三次哥白尼式革命:陷入空无 ✑

当他来总结这一分析他写道:

力学原理,因此我方提出以下两个不同方面。一方面,有建立在实验基础上的真理和有关验证大约一样远,几乎孤立的系统;另一方面,有假设适用于整个宇宙的和被看待一样严格地真实。如果这些假设具有通用性和确定性,伪造实验事实推导他们了,这是因为它们减少了在最后的分析,简单的公约,我们有权做出,因为我们确信事前没有任何实验可以与它相矛盾。(同上: 136)

3.4.7.因袭主义和理智

这是实验和定义的法律和习俗都源于他们,从而保证在混乱的小小代价的理智之间这奇怪的联系。通过讨论庞加莱是厌倦了严谨的因袭主义,下坡幻灯片和检查,从而打破它他抓住到康德的著名宣言的批判——开幕 "可以有毫无疑问,我们所有的知识与经验开始…,但虽然我们所有的知识与经验开始它不遵循它所有源自经验" (B1)。这种特殊链接到 "开始" 或什么庞加莱(以下马勒伯朗士) 被称为 "场合",使他能保持清晰的致命的结论,整个物理学是完全任意。妥协是一点点,但不是完全任意:

但是,本公约不是绝对任意;那不是任性的我们的孩子。我们承认它,因为某些实验表明我们,它会方便,因而解释如何实验建立了力学原理和为什么,此外,它不能扭转他们。(SH: 136)

康德会同意并赞扬他经过仔细的制定。尽管他更换感性先天的先验的理解,庞加莱回到康德自然主义为理由和解释非任意选择任意原则:

原则是公约和变相的定义。他们不过推断实验规律和原则,我们的头脑属性绝对值已竖立了这些法律。…常规和一般原则是实验和特定原则自然和直接的概括 (同上: 138——137)

❧ 三种哥白尼革命 ❧

很难知道，因为庞加莱避免解释，如何解释信息的实验规律转化原则和假设是什么，但公约和定义，因此信息空的方式。我怀疑的解释是一些雾的混合物，心理学，社会学，和实用程序。庞加莱只太好知道的陌生感这一进程，但这并没有困扰他。相反，他去用他的另一个困难——的解决方案如果原则是空的信息如何可以他们发挥作用物理处理客观世界中？

> 如果我们研究力学，它是以适用；我们可以仅适用于它的目标仍是。现在，我们已经看到，当原则获得的共性和确定性他们失去客观性。（同上：138）

为了解决这一难题庞加莱用于信息源的公约，因为他们的"春"出翔实的法律，他们保持信息的某些方面，甚至当他们完全失去其篇章信息性。这似乎是因为它们的起源的信息度保持回荡在我们的集体记忆：

> 它是因此特别是客观方面的原则就是我们一定要早熟悉，这一点只能通过从特殊到一般而不是从一般到特殊。（同上）

"失去其客观性"的传统定义的信息来源，因此，是什么强化反对绝对的信息空虚的完整的科学理论。这一招，哪个庞加莱非常谨慎从不分析、投入密集型应用程序作为回答其他传统主义者人"在他们的概括夸张"，和"有思想的原则是科学的全部，因此整个科学传统"。（同上）

在庞加莱之后将不得不正面挑战的爱德华 • 勒罗伊，最大的"起"的"新唯"，即新严格的传统主义者。这次相遇将执行庞加莱以取代他多雾的解释更清楚的东西。因此它将涌现到他，没有任何借口可以救他从残忍和"夸张"的结论，如果原则是公约，那么整个物理学是常规。没有意识到他将制定作为指称的勒罗伊的"夸张"概括的最极端、最成熟的版本，新的因袭主义的驳斥。这将成为一些 20 年后逻辑实证主义的概念基础。实质上，它将成为这：因为实证的事实和原则之间没有逻辑联系，它遵循原则只任意来自事实，因此的原则是只定义。他们仅仅是约定和只构成。物理教学，内容及其全部内容,是只有在实证的事实中找到。因此,所有的物理理论都是仅仅是种形式,或作为庞加莱已经暗示,只是一种语言。

3.4.8.内容如何可能?

我们已经看到康德意识到这个威胁的结论,我们观察到他的怀疑,世界确实拥有的形式和内容的自己。但即使概念"内容的世界"意味着什么,是独立于它的形式,可以这样的内容是这样的事实世界包含（或不包含）部队和加速度和万有引力等?

这些和类似的表达式属于物理学,因此如果他们表示单纯形式,然后这部分物理不指明内容。此外,我们试图描述任何内容的所有概念都就是这样的即,概念取自物理理论的公理。因此我们没有办法他汀类药物明显从其形式世界的内容。如果有可不是这样说的也是"世界的内容"的概念没有意义:没有现实主义者甚至会考虑这一概念,世界上有一个明确的内容不同于任何可能形式,没有办法说不只此内容实际上是什么,但是即使什么这类的内容可能是。

这里的困难不是发现的世界,这是标准的感应难度的真实内容的通知。难度是相当能举出一些例子根本什么可以算作这样世界的信息内容有别于其形式。换句话说,如果形式只是物理学,其条款不表示任何内容,和非常的世界概念的有别于其形式失去所有的意义:有是没有办法的谈论这件事,指着它,或它的思维。对于现实主义者可以没有清晰的证据,表明没有这种概念。换句话说,他不会甚至能够表达理智怀疑的世界和其可能的适应,给我们一种先验的真实内容形式。只要物理是认为单纯形式,因此,只要有是没有语言能够表达这种怀疑,这种情况将会继续进行。但由于这种怀疑不再是逻辑上可能的谁认为物理学的一般规律是纯粹的形式(如康德和庞加莱）将被迫还说世界单独从哪个物理理论描述内容的形式,没有内容。正如我们所看到的这就是立场的康德"世界本身"的本质。这样一个物理的理论是语言和形式只，故此其被指控的内容是它的形式。世界和物理的理论描述它的内容是一回事。这是事实的内容和形式是概念上或逻辑上离不开彼此的硬核感觉。

和使它变得突然明确指出哪些庞加莱表明他契约的世界论点，实在是相反到他真正的意思，即，到据称选择形式的说明需要的自由。他表明，实际上自由选择世界的内容。因此，他的论文是所有物理理论是完全足以说明契约的世界看上去从外面（向我们）以及它看起来从内（其居民）。和这充分性的根源是什么？这里是传达的主要信息和创新隐含在庞加莱参数：它是必须由我们自由地确定世界的物理内容。此外，我们将会看到在下面，他的论点也暗示这种自由是不受限制。换句话说——物理世界中有没有内容，所以我们称之为的"内容"的整体由我们，没有剩下的人，当我们选择它的形式，即，它的物理理论。

此外，直接造成的身份的物理形式和内容，因此，并不不是能选择任何客观限制。唯一可能的目标限制是内容的世界，但由于没有这样的内容之前和明显的选择的形式，没有这种限制是可能。

很好的一个例子是如下的问题：并契约世界真正的合同吗？唯一可能的答案为庞加莱是这种收缩赋予世界，只有通过我们定义建筑它时刻我们选择了它的形式(几何和物理)。因为世界有没有自己的形式，它遵循任何这种形式，因此任何内容，将是同样真实。这种内容然后将理想对象和属性，即生物的我们只有理解的那种。请注意，即使在收缩故事真正的是只有比率或不同材料之间的关系的概念，不能生存庞加莱现实主义。甚至在我们的世界将可能举行没有收缩发生在承包世界而是，所有这一切发生的事情是他们到我们的眼睛（或我们测量的仪器），路由曲线方式，他们向我们展示了一张照片上的光线在相对收缩的发生。因此，即使我们小学的看法缺乏任何明确的内容。老是有自由，在他们身上赋予某种其他形式并修复他们根据我们的决定的内容。

❧ 3. 第三次哥白尼式革命:陷入空无 ❧

一直以来为一致的传统主义者世界没有单独从理论的内容，仍然是恒定在这个故事中，唯一的事情是我们主观的看法：如果我看见这些两个杆都是不同的在他们的长度，然后见过（不，事实上他们是不同长度的）是不可撤销的事实。于是它跟随，唯一的事件在我们的世界与内容分开的物理都是我们的主观感知，而世界的客观内容是任何内容，则我们选择归因于它：世界合同如果我们希望如此，且不断和固定如果我们始料未及的。

3.4.9.面团本体

什么隐含在这里却更令人担忧。如果世界上没有自我形式和没有自我内容之后，正如我们所看到的那里是没有意义的一种物理理论可能是虚假的可能性。每个理论未必完全符合世界，因为它只确定一次的内容和形式的世界，因此，这种适合必须自动和完美。但理论逻辑上不能被误会可以是这样只的原因之一，因为它不包含关于世界的信息。所以即使庞加莱认为物理理论作为拥有的内容，这必须是一个形式相关的内容，因此根本不是信息。

一个好的隐喻，说明这是金属形式与你切割出面团的饼干。如今，虽然此金属形式包含面团没有信息，那些饼干的形状将适合金属形式用完美的精确度。这适合由金属形式创建原因很简单，面团没有它自己的任何形状。这就是为什么这种适合不是金属形式中包含的任何信息。为了得到一个更全面的类比，我们必须只记得金属形式的形状也是它的内容。

但是存在一个重要的信息关于为谁规划和建造金属形状，即面团，面团是不定形和其唯一的内容是其特殊的柔韧性——即，其本身融入任何金属形式强制执行时它的形状并留在此形状的能力。如果你愿意，就可以说金属形式"包含"这个面团有关的信息。但少误导说明会只有假设它是可能雇用任何金属形式与取得圆满成功表示此信息，而不是金属形式本身。

因此，庞加莱的论文，它其实是可以聘请任何理论和关于取得圆满成功，与世界任何物理假设预料的世界本身，即其面团状性质明确本体论。于是会称之为"面团本体论"。当然，它是一个明确的物理理论，一种大胆的本体。没有此本体，庞加莱的争论我们自由选择任何理论将非起动器。以什么为我们保证物理确实是一种语言或仅形式，即，契约的世界可以对面理论描述同样成功地通过了?只有双假设有没有力量，并且，世界（或空间）有没有几何的绝对形式，即，那既不是平的欧几里得，也不"曲"非欧几里德。这是世界的本质，它是无法对这一现象提出任何不合适（驳斥，矛盾）的概念。这是世界本身和本身是无内容和无形的假设。

3.4.10.那么，等效理论呢?

这种解释的庞加莱解释了为什么它是不可能说，传统主义者，存在等效理论的解释是他们表示在不同的模式"事务相同实际状态"，因此，是有没有真正的差别。它是不可能这样说，如果这意味着它们的内容是相同的尽管其形式是不同的即，他们的区别是"只是口头"。为它是可能的因而争辩说只有在条件下可能是内容与形式分开。那就是，只有条件是被分开的内容，可以节约他们的身份，在所有他们通过不同的理论或不同形式的变革。但既然这不是个案，分别从庞加莱的因袭主义形式没有内容，这样一种解释是不可能的。

对于什么可以在契约的世界理论，内容举个例子吗?很明显的内容既不能，世界合同也不是，它并不的合同，因为这些并不保守下形态的变化，即，根据变化的理论（正如我们看到 3.4.6）。一个自然的转义，自从庞加莱，这固定内容是物种的康德的"感觉"或"印象"的休谟。有时候他们被称为"现象"（例如，昂和奎因），不过因为"现象"一词是指已经举办和命令(例如，在空间和时间和按类别和原则)的东西很清楚，什么意思是那些感觉和说谎的现象基础上的感情。力克和爱因斯坦选择调用这些基本数据"事件"或"十字路

✿ 3. 第三次哥白尼式革命:陷入空无 ✿

口"的世界线在空间和时间, 罗素叫他们"感数据"原子事实,"维特根斯坦的"基本事实。

但显然这些都适合他们预期的作用: 如果有可能表明, 一串串给定的感觉印象守恒的然后就可以描述它, 和因此归因于它命令在空间和时间, 因此他们不只是原始的感情但已经举办了——他们已经进行形式并不因此守恒的理论变迁下的纯含量。结论是, 他们可以玩什么守恒的等效理论之间的作用, 只有条件是它是不可能来形容它们, 即, 只有在条件下, 他们在自己缺乏任何形式, 因此也没有任何的品质和内容。然后还有没有意义, 但无论他们保守的索赔。东西可以被保守, 唯一条件是一些它的质量守恒的。

很明显, 因此, 传统主义者不是允许的一句话, 他们即"实际上是相同的"解释等效理论, 争辩说, 它们之间的差别仅仅是口头, 他们也"只是不同语言""形容非常相同的事实"。因为每一个理论是我们形状面团, 世界本身的内容与形式, 它遵循不同的理论一定确定不同的内容。因为他们所有的命题都是定义 (或其后果) 没有它们所包含的概念可能可以具有相同的意义, 因此他们的概念必须不同。因此, 他们是绝对不同的理论, 无论是在形式和内容方面。因此, 有"相同的信息"表示在不同的理论是不可能的。但然后"等效理论"的可能性消失, 即, 体现"相同的信息"在不同的语言的理论。

一种理论说, 世界是平的但因为一些力量扭曲了他们, 和一种理论说, 世界弯曲的但光线在它是直的因为没有力曲线, 弯曲光线在它是绝对不同的内容。这握着即使弯曲, 直是相对属性表示该对象与测量系统之间的关系。所以, 即使它是可能的"直"、"弯"会不互相矛盾, 含量差异及其说明是明确的。一个声明 (即定义——构造) 还有一个力和其他否认它。总之, 由于两个声明的存在和其拒绝不翔实的索赔, 这两个描述是信息的无效, 即使它们的内容是信息的完全不同的 (因为其形式是信息的绝对不同的)。

3.4.11.逃进混乱: 原始事实

很明显, 然后, 无论构成的等价性不同的理论, 它不可能是内容的身份或信息的标识。然后, 是我们能理解这种理论不同的语言描述 "同样的事情" 只不过是庞加莱的词汇。相对于他们是等价的 "一回事" 是什么?

此外, 如果物理理论是真理的什么形状的世界, 因此, 创造了其内容, 什么可能是真理的它的含义?如果这个真理是必要的因此非信息, 那就是, 如果它描述的内容是没有关于世界的信息是什么真理意义的此类内容?例如, 如果一种理论说, 地球在一个椭圆轨道绕着太阳转, 因为太阳令人印象深刻之力, 在它的方向, 什么可能是引力的这种说法是引力的真实的如果世界包含既不是引力的椭圆, 也不是引力的部队的感觉?到底, 什么是真的?

庞加莱不准备根本就把这类命题的理论作为 "事实" 的描述。正如我们所看到的——是否光线沿着一条直线, 没有力的作用, 或沿着曲线移动, 因为部队扭曲其路径, 两者都是不可能单独从理论上讲, 现有的事务, 因此都不可能在所有。

当他不得不应对论文的乐华, 曾经是庞加莱的作品作为他索赔的证据, 庞加莱声称 "原始事实" 和 "科学事实" 之间的区别在避难所里。勒罗伊认为 "科学创造事实"(VS: 115) 或至少它创建 "科学事实", 作为, 例如, 日食和作为其解释地球的公转。示例为一个科学事实带来的庞加莱是电流的流动。而这些, "原始事实" 是前概念的直接感觉感情之类的东西和科学理论应用于测量和解释它。是什么塑造一个原始的事实是, 这是 "个别事实完全有别于其他可能的事实"(同上: 117)。后一个科学事实的理论机制适用的原始的事实, 因为我们然后得到 "将西装的其他事实无限"(同上)。科学事实是, 然后, 一个抽象的实体、理想的对象, 和因此单纯的公约。

因此, 我们可以期待, 庞加莱现在将会认定这个科学事实, 作为一项公约或 "变相的定义" 只, 和, 他现在会辩称再这一理论我们既不真实, 也不是假

⁓ 3. 第三次哥白尼式革命:陷入空无 ⁓

的就象从前他早些时候与几何和物理的结合。但由于他面临真正的传统主义者,他认为在现在勒鲁瓦的单词他自己的倒影,就怕了,并发出显式拒绝这一科学事实是"公约",即他现在断然否认他原先的立场。混乱是总是更可取,但不用担心,真理也将终于出现。

庞加莱试图辩称现在,甚至是科学事实,可归结为理论,所以"适合其他事实无限"是"真或假",因此不是"公约"。而《公约》"不能真实的除了我,是真的,只是因为想的那样"(同上: 118),科学的事实,即使它制定通过公约(概念和理论法则) 是真或假因为它由原始的事实。即使任何分类是任意和常规,然而一旦固定、原始事实唯一确定的科学事实真相:

> 无疑这种分类是充足地任意让很大一部分人的自由或反复无常的。
> 总之,这种分类是一项公约。此公约被给出,如果有人问我是这样一
> 个真正的事实吗?我总是应知道该怎么回答,和我的回答会对我施加
> 见证我的感官。(同上: 118)

我们将会看到(3.10.8),此参数将赖欣巴哈将推出针对庞加莱在他的努力,以削减松散的因袭主义,吓的结论完全一样庞加莱在这里他对勒鲁瓦的攻击在攻击的主要手段。赖欣巴哈并没有意识到这件事,并因此在他看来,他解决他的问题这种方式。但争论说什么?

尽管理论机制是完全任意的科学的事实 (日蚀,地球的公转,电流的流动)由确定性与没有任意性感官的证据: 是或不是电流流过这未尔由公约和关于这一文书的指标移到右边的原始事实。和为什么这原始的事实可以确定这种程度的唯一性的科学事实吗?庞加莱解释说,原因是,(电流流) 的科学事实只不过是口头翻译的原始事实 (移动的指标) 从一种语言 (日常观念语言) 到另一种语言 (科学理论):

> 又有什么区别然后之间是陈述事实的粗糙和科学事实的发言?同样
> 的区别之间同一原油事实的声明在法国和德国。科学声明是人的粗

语句分成高于一切的常见德语或法语因为它讲了话以区别很少得多的一种语言的翻译。(同上: 119)

科学事实永远不会只翻译成另一种语言的残酷的事实。(同上: 120)

科学事实是只有粗译成一种方便的语言。(同上)总之所有科学家都创建的一个事实是,他咬字吐字的它的语言。(同上: 121)

勒罗伊就不能更快乐了,就会感觉到了什么在这里,庞加莱受人诱骗把勒鲁瓦设计的角落。科学理论有其原始的事实,除了没有内容,因此其余的都是只是公约的想法正是勒罗伊指出: 科学生产它自己"人工"的"科学的"事实。使用此语言论文庞加莱到达一个完美的和由这一天的传统主义者的论文最极端的制订。

3.4.12 科学作为单纯的语言:现实主义者的天堂

因此,高山族的海市蜃楼,或是天堂,新因袭主义的来划定: 理论包含事实——原始的种类只有一种。所有其余的事情它使用作出的解释,都是纯语言转换的原始事实。这些转换或翻译不是描述的其他事实或另一种 ("科学") 的事实,但非常相同的原始事实在另一种语言或礼服,仅此而已。这就是为什么那里永远不应该因为那里永远不会,何时才能出现怀疑真理的理论其原始事实属实。

一方面,这种理念保持它的理智,说科学不会创建其事实,但只收到世界。但另一边,所有其余的事情出现在物理理论中没有给都出事实,但仅仅是什么康德 (后中世纪唯) 被称为"的理解是造物而已",即具有单独从理解上不存在的事物。像对康德论文勒鲁瓦是康德设法忽视的自由的元素由庞加莱和传统主义者添加新元素。而"单纯的生物的理解"康德的事情(比如因果关系, 做个例子),哪些理解必须创建,即使他们不给出的看法——新生物的理解是事情的心灵选择创建和可能创建了其他相反。这是意志的世界的原

🎕 3. 第三次哥白尼式革命:陷入空无 🎕

因勒鲁瓦称之为"人工事实",以及为什么他视为一个人工我们创建并按照我们的任意性抹去描述的物理理论。庞加莱同意了,但是理智的名义强调人工事实根本是没有的事实。

3.4.13.拯救: 原始真相

"是科学人工"？ 是庞加莱进行捍卫科学反对勒罗伊,一章的标题,这种防御是从中哲学尚未恢复的打击。类似于"引种的胜利",他现在成立"庞加莱防御",划定峰值将所谓最终"语言学转向"第三次哥白尼式革命。现在"仅仅是生物的语言",而且这种以表明,以理智、科学不是人工,就成为了"的理解是造物而已"。它的要点是,科学的"人工事实"(和在这里疯狂清楚地表明) 根本没有事实。因此反应勒鲁瓦的论点,原子是一个典型的例子,一个人工的事实,只是创造出来的理论,例如庞加莱回答说:

M.勒鲁瓦的例子极大地使我惊异。第一是采取从原子的概念。原子事实的例子作为选择!我承认,这种选择搞糊涂了,我更愿意做的事告诉我。我显然误解了作者的思想,我不能卓有成效地讨论它。(VS:)116

他这里提到的"困惑"和瘫痪的理解之后,看起来真实的描述。他的反应是,原子不是人工的事实,因为它根本没有事实。它是仅仅是语言的生物。因此科学被免除负责制造人工的事实。在科学中,有没有这种事实和科学不会创建任何事实;科学包含唯一的真正事实 (原始的事实),其余的都是这些事实的语言转换。

会发生什么现在的科学证据?这里是位于(后 "不是事实而原始事实"和"科学理论是仅仅是语言")新道歉第三个轴:而在较早阶段,庞加莱认为理论是公约,因此是真的假的可是只是更多的不方便——既不原来这现在是只阴沟里的站在舞台上救赎之路:因为所有的生物理论的是语言的动物,和这些为服务只需要翻译的原始事实从原始到理论的语言,因此是相同的原始语句;真理的理论如果这些是真实的然后那些会是真实的和在具有同样意义。因此即使科学公约是既不真实也不假,他们是绝对真实,,即使他们不表示科学事实他们表示原始事实。

现在的新哲学的四轴出现作为简单的解决方案的等效理论的现象。康德——没有显示任何迹象他也熟悉之前伽利略和牛顿——豁免计算等效理论根本,积极科学的存在因为他努力表明,科学是"必要的",入场的等效理论会成为这种必要性明确驳斥。但在 19 世纪期间的等效理论太多例子被堆在了忽略,和他们宁愿成为中央现象科学思想的发展。"科学革命"的概念开始在思想关于本质的科学,提请注意,主要是因为它暗示了科学进步的意义的威胁。在每次科学革命期间创建几种等效理论和他们为科学共同体的恩典而奋斗。庞加莱写道:

> 今天出生的理论,明天他们是时尚,明后两天他们是经典,他们都退休了,第四天和第五天他们被遗忘。(同上: 139)

在 19 世纪结束时,看向感兴趣的决定理论之间是一种时尚,它不可能是一个理性的决定,和捍卫这种选择的合理性是第三次的哥白尼式革命的核心努力的人。

3.4.14.有没有错误的理论 —— 感应没有问题

第一道防线出生内传统主义者的运动,这在本质上就是:所有的等效理论都是相同的他们真值有两个原因。第一个原因是排斥理论事实和它们转化为"仅仅是语言生物"。第二个原因是科学的排斥的古典哲学(培根和牛顿的基本思想) 就总是可以通过面对反驳事实确定一个错误的理论基石。

这两个核心概念,理论事实和错误的理论。拒绝是第三次的哥白尼式革命的基础。因为科学理论包含只有原始事实和他们语言的转换,很明显,只要

✎ 3. 第三次哥白尼式革命:陷入空无 ✎

原始事实是真实的这种科学的理论总是会真实。现在,科学事实 ("地球自转"、"电流流动"等等) 是仅仅是语言的动物,但语言转换的法律是任意的因为无限这种等效,但不同的理论始终是可能的。因此所有这些理论都必须为真,如果是其中之一。等效理论的区别是单纯的语言差异。但这也是为什么它是从逻辑上无法反驳的他们,任何为其中之一是否真实,以及所有其他必须都为真的第一个原因。

它是相当极端的争论,因为它也需要它是逻辑上不可能推翻任何理论无论,(正如我们将看到在下一节)。它立即跟随为现实主义者虚假理论中的概念是完全没有意义。也许这一论点的最令人惊讶的奖金是它最后解决休谟归纳问题——怀疑真理的一种理论是不可能再如果其原始的事实属实。理论不是归纳法从事实但只有他们语言的转换。

这现在需要完成这个高山族天堂是决定的解释这一事实,直到现在我们相信我们相识的几个错误的理论(如托勒密天文学或燃素理论或微粒的光学),和一个反驳之间等效理论的几个案例。有必要现在来显示所有这实际上是什么都不是海市蜃楼,而是这种驳斥从来没有真正,作为是,逻辑上不可能。立即参数创建的庞加莱与 Pierre 昂,平行,所以我应给它命名它们,即使现在我将只处理庞加莱的论点。

3.4.15 庞加莱论文

庞加莱解释任何观测之间的不同的几何尺寸决定是不可能的因为任何明显的区别两个几何图形的观测预言可以抵消进一步的语言转化了。例如,假设一个几何预测,天文三角形内角和是 1800其他预测它会更大,而假设观察决定对第一次。庞加莱解释说,它总是可以保存它的仅仅是语言的变化,即,通过添加适当的物理公约 (例如,关于导致光去沿曲线从观察到的恒星到我们的部队)。他希望,他能应用勒罗伊,他反对和声明那"光线"和"光射线路径"所有链接到这是没有在所有但仅仅是语言生物的事实,仅仅是链接链

❧ 三种哥白尼革命 ❧

中翻译从原始事实的理论的语言，所以它跟随都同样真实即，绝对是这样。

让我们以为例将统治在 1919 年之间牛顿和爱因斯坦的原始事实：两颗星，即，它们在照相底板上之间的距离之间的观察的角度。这一事实是常见的两种理论，但他们每个人都把它转换到一种不同的语言。欧几里德几何，预测距离较小，转化成一种表示，光光线弯曲的临到他们，那部队的行动是为什么星星出来更远从对方比我们预测假设他们沿着线直欧几里得的语言这一事实。第二个几何图形，非欧几里德那个翻译这些原始事实不然，说光线沿直线移动和没有力量扭曲他们但空间本身弯曲的其性质，因此包含在这样一个空间中的三角形亦其角总和大于 1800.

庞加莱认为，因为这两种理论是等效的即，他们原始的事实是它们的共同，它们之间唯一的区别是一种语言，因此两者都是真的。直到 1919 年，他到最后了，他会认为日食观察与不屑之后出现了大费周折了。他生活在 17 世纪他会有解释了"的命题，在地球的自转在其轴上，是毫无意义的"因为要说，"这两个命题，地球旋转，它是更方便，假设地球旋转，有一个相同的含义"(VS: 140)。因此，他拒绝了命题的道理和接受我们方便区分的共同观点：为清楚，说，我很容易接受一个命题并不意味着，在我们理智的语言中，它是一个真正的命题。相反，我们意味着即使是可能是假的它是方便我们忽略这种可能性，并接受它，就好像它是真的。

庞加莱解释在这里，因此，举行这样一个普通视图是承诺自己毫无意义，因为它是我同意它是方便接受一个命题逻辑上无法和它不过是可能错误。这是不可能不是因为心理原因而逻辑的即，为概念"方便接受为真实"，是绝对相同的概念"真"。"是真的"只此属性不包含任何东西会超越"接受为真方便"。这是他的意思，当他写道：要说在地球的自转是说毫无意义的东西。这一命题的唯一的意义是真理的其接受的便利。

当他攻击通过查明真相与方便他抹杀了托勒密和哥白尼天文学的客观差异的事实时，他的回答，因为没有绝对的空间（绝对空间是一个理想的对象，

⚘ 3. 第三次哥白尼式革命:陷入空无 ⚘

缺乏任何现实） 既不是更真实。但由于其中一个链接比其他更多的现象,因此是"物理上更真实,其他"(VS: 141)。发现一个而不是其他,庞加莱的联系称为"真实链接"真实关系(同上: 138、 141)。很明显,因此,当他写道:"真正的"关系他的意思完全相反的理智的真正意义。他很清楚他指的是其他"真理",这已在所有与独立的国家,在世界上的事情没有联系,因为根本就没有此类国家。

3.4.16.等价和真理融贯论

等效理论都同样真实,结论是真理的基本上表达的一致性理论,康德革命的后果。链接现在很简单: 理论只相干隔行扫描的命题,因此,所有理论都是同样协同一致,即,所有都,则在同样的意义和在相同的措施。尽管它已经很明显到康德,当然他现实主义者的追随者,他们已经没有选择,只好找出真相,具有一致性,

从而拒绝哥白尼的和谐这是唯一性标准只有——没有科学家或哲学家喜欢承认它的科学。与此相反,哥白尼和谐被用作包装,新的统一、伪装和冒充哥白尼和谐成为了一个标准的练习。

当他的论文科学价值(VS)的收藏都翻译成英文在1913年庞加莱添加到它的序言真相与实用为目的的科学。托尔斯泰曾认为,科学本身的概念是毫无意义而庞加莱解释说,现在安全实用程序的唯一方法是由的事实我们发现只有当我们寻求它的本身。科学家研究自然并不是因为其预期的效用,但伴随的美的世界,这是发现的快乐

> 那更深层次的美来自于和谐秩序的部分,和纯智力可以把握。这个特殊的知性美,这种宇宙的和谐感的追求使我们选择路径最适合不过,这种和谐作出贡献。(VS:8)

这是仅仅是个开始,这听起来纯净而无辜的: 在科学真理是理论的组成部分中的和谐,和谐描绘为其"智力美"。这,当然,是唯一可能的选择,如果每个理论是先验和必要及某些。但我们也必须记住,这种和谐之间存在着宇宙的部分只是因为它是理论,因为宇宙现在只是理论的说法各部件之间的关系。等效理论描述,因此,所有相同但和声不同和声。因为这种和谐并不表示理论与一个不同的世界之间的关系,所有不同的和弦必须具备平等的地位——他们都是真理。

但接下来是什么开始尖叫,因为庞加莱持此一致性,是理论内部属性,链接到实用性的理论,并为此链接他使用的马赫经济 (3.3.1),即,和谐的概念是对经验事实进行最经济简化:

> 这是因为简单,因为宏伟,是美丽的我们最好是追求简单的事实,升华事实…我们也看到,对美丽的渴望导致我们对有用的渴望和一样的选择。所以正是它的这种经济思想,这种经济的努力,根据马赫,是恒定的趋势的科学,是在同一时间源的美丽和实用的优点。(同上:8、9)

困惑、尴尬、伟大的字,这些是意识的表达式,有是意识的没有办法为他的但也避免内部一致性与真理的身份没有理智的人可以接受它。

3.4.17 孤立的命题就失去意义: 庞加莱

任何理论由于语言因袭主义这种信息的空虚收到特别强烈表达的迪昂彼埃尔期间他对古典哲学的攻击的培根和牛顿。昂认为,不只是理论上的主张是空的信息,但也是任何单一的命题,这种情况是观测或理论。他的理由是每个命题获得其所有内容只能从解释我们归因于它,但是每一个解释,投入使用一个非常复杂的理论机制。本论文不是仅仅是理论上的主张。昂认为,是这种情况的所有内容。因此,

～ 3. 第三次哥白尼式革命:陷入空无 ～

*即使纯粹观测语句也完全由参与他们解释的理论   (迪昂:183——
190)。*

本文由深受黑格尔,理想主义的传统设计被广泛认为在世纪末作为其反康
德发现之一,因为它暗示是合成和解析语句之间没有真正的差别。每个语
句,只要它是有意义的是分析和合成由于其与整个系统的基本连接。

*分别从所有的理论,或在只要本身,就是观测的声明是毫无意义,因
此也没有内容。此外,其内容可能就是只是任何东西,它嵌入到其中
的理论语境。于是,原来的理论,可能不能在任何观测声明驳斥了。(
同上: 215)*

我们现在可能结合庞加莱的语言因袭主义昂的论点:观测的发言反驳一种理
论,它是有必要首先将观测语句分成理论的语言。因此,例如,观测声明"的
两个明星的照相底板上的距离 3 厘米"必须译成理论语句"任何三角形
有 1800"。同样,为了使链接与观察,理论必须翻译它的声明 (例如,"三角
形都有超过 1800") 到观测的预测 (像"在底片的两个点之间的距离将是
4 厘米")。因此,两个译本至少必需及理论要检查通过观察: 一个从观察到
的理论和其他从理论到观察,但现在我们都在我们手上有无穷多的这种可能
的翻译。如果,例如,我们从理论转化为观察通过翻译规则,其中包括"光线
沿直线移动","有没有力量",和"空间弯曲的",我们会在照相底板上点之
间的距离将是 4 厘米的预测。但如果从观察 (这个距离在哪里只有 3 厘
米)我们转化为通过翻译理论规则"光线沿曲线移动"、有扭曲的光的力量
"和"空间是平的,我们得到理论上三角形都有只 1800。显然,我们这里有
观察、预测和理论之间没有刚性的联系。并因此照相底板上点之间的距离
是 3 厘米,但该理论可以预测 4 厘米的事实不能反驳理论,因为我们用不
同的语言来解释"3 厘米"表达式和"4 厘米"。有是理论的在这里, 没有反
驳,因为这两个做不相互矛盾,他们指控内容已确定由不同的法律翻译 (同
样框架)。

☙ 三种哥白尼革命 ☙

但此参数扩展更进一步,因为它说,这些两个观察——3 厘米,4 厘米——可作为反驳,而同时也可以作为一条确认消息,同样的理论,如果我们只提供适当的翻译规则。这就意味着,同一观察本身,说,3 厘米,可以作为确认预测 (下一些翻译规则) 以及也驳斥观察 (根据一些其他翻译规则) 同一种理论本身。

显然,任何给定的语句有任何内容 (由任意翻译公约) 的事实只是后果纯粹语言作用的科学理论。因为它是一种语言只和本身进行没有关于世界的信息,从它和它的翻译公约必须绝对是任意的没有限制的对应现实和打真相。

在一个世界中包含没有单独的结构和内容、语言的公约是什么创建理论事实,和因此它还创建世界的全部内容。因为理论 A 是正确的它遵循其 "部队分别存在" 的声明是真实的所以创建的内容。同样的考虑适用于理论 B,因此,它创建了另一个内容,即,没有力量。同时有没有可能,既存在又不存在部队?难道世界同时有两个不同和相互矛盾的内容吗?但当我们否定回答这个问题,我们的意思是这种情况是不可能的如果世界的内容是一个单独的属性,即,如果其内容烙在它。但根据面团本体,世界上有没有这种自满的肥皂泡,因此那里是不是不可能涉及。

尽管不同语言题不同的内容创建不同的世界,这些世界是只生物的不同的语言。但生物的语言不是真实的东西,现实主义者认为。他们是理想对象或虚构或纯虚拟对象,和他们因此包含不现实。他们的存在就像纯粹的潜力,这是两个明显不相容理论做为什么不互相矛盾的原因: 潜在的实体不遵守法律的矛盾。当一个男人跑他也坐,还站可能,同时,和那里是没有矛盾的亚里士多德用来提醒。世界的理论实体,世界的理论建构时它将原始事实翻译成自己的语言,不是实际的世界,并因此进行不现实。"力" 提到不是真的也不是 "空间曲率"。这些都是 "只是语言",即 "字、词、字"。同样是世界的没有理论之间的矛盾完全是世界的因为它是世界的形式,即语言,创建的内容和结构。

❧ 3. 第三次哥白尼式革命:陷入空无 ❧

而不是"词语,词语,词语"或希尔伯特的"语言游戏",庞加莱首选东西变得更加文明和更多的康德。他的哲学论文的集合发表于 1905 年,其结论与勒罗伊,他回答他签署了辞,这表明他的确接受了面团本体论的全部含义,但表达的方式 (与思考不仅语言) 创建世界的整个内容视为他语言的论文。从这些话辐射的理想发光清晰和明亮:

> *所有不被认为是纯粹的虚无;因为我们可以认为只有思想,和所有我们用的东西说话的言语可以表达只有思想,要说还有一些其他比认为,因此是可以没有任何意义的肯定。…思想是只有一线在一个漫长的夜晚。但它是这一线,就是一切。(VS:) 142*

最后的伟大的话。庞加莱现在陷入了黑暗的心脏伟大,他的语言革命创造,但他选择了感觉,他带了大光。这本书年爱因斯坦发表他的狭义相对论,我们将会看到,这是首次执行的第三次革命在物理学中,即,庞加莱的程序,即科学是单纯的语言。

尽管庞加莱制定使用身份的等效理论原理和解释语言原则的第三次革命的宣言,在爱因斯坦之前这个方向的最大推动力是自由的大卫•希尔伯特的工作。这两个原则的含义,因此任何理论的翔实空虚,他的数学工作为例详细第一次。

3.5.公理化的论文: 大卫•希尔伯特

什么将是: 我们应看到现在如何在数学的确定性的高山族激情带来不只丢弃的康德的直觉,但也发现了空的语言,缺乏解释,先天综合现代替补的演算。内容有直觉随之消失,什么现在仍然只是种形式,,所以我们又回到康德论文关于数学的流于形式。然而现在重点将是其实这纯净的形式是不只是随意,如康德已经争论,但缺乏也是任何确定的内容。由于这种空虚,希尔伯特解释说,公理定义自己,因此他们是一定是真的。也是十分明显,这一真理是仅仅是他们内在的一致性，所以它跟随为希尔伯特一致性是真理和存在的标准，是唯一一家在数学。希尔伯特提出了基于直接感知算法，以及如何他跟着这个康德的模型中，我们也就看到现在。他的斗争将现在与算术，他希望通过"理想结构"缺乏外延、含义和信息，这一计划，构建逻辑和算术来消除无穷大的概念和与它完整的高山族论文，如康德所建立的受到驳斥，哥德尔发现他的不完备性定理。

3.5.1.对直觉的需要

数次建议，康德是可能正确的当他认为欧几里德几何是真正和非欧几里德几何的出现不仅没有反驳这，而是为我们加强欧几里德几何的特殊地位。我可以把这个建议只是因为我知道我说，在欧氏平面上只有一条直线链接任意两点的意思。只是因为我知道这些话 （"欧氏平面上"，"点"、"直"，"之间"等等） 的每个可以和我调查这个公理同意它是事实。

但即使我知道我的意思，我不能澄清这给你。没有物质对象的我可以点，告诉你，这是我的意思"欧氏平面上"。有只对象类似于他们，并与每个这种指向我要补充更正和资格（"但没有驼峰航线"，"但没有宽度，"但没有区域"）。如果你坚持要误解这些资格是什么意思，我不会甚至能暗示了我的意图。但是然后，如果你坚持，我不会能够暗示即使我所指的"这把椅子"。例如，你可以坚持住，你不明白我指的手势，用我的手指的含义。调用"直觉"的理解，明白我的意思我说些什么的时候，它似乎对我是没有避免接纳我们已了解自己这个特殊系。尽管多次的直觉是"想象"和"想象中的图片"，它是必要也假定是既不是想象，也不是图片了解我们是如何理解自己的直觉。但这种假设也是入场是一个明显的可能性，这些公理是假的没有意识到这一点，尽管我们相信我们的直觉。并承认这意味着要彻底摆脱的确定性数学，因为它是然后可能完全基于虚假的基础。

我们已经看到，康德旁通这威胁由他的论文，每个数学公理实际上是定义定义和施工,任意确定它的对象,所以他们肯定起源于这一事实甚至认为他们伪装成翔实的命题。康德由此确定的方向在 19 世纪的数学思想。从黎曼开始,直觉消失,因为想象力在其中创建了数学,任意构造及其对象的定义的想法的接管,和与它从数学消失的篇章信息性整体剩下的人。现在相反,因为每一个康德可以预见到,诞生于其纯粹的形式。逻辑的形式。这是内容的 "形式" ——纯化数学,任何剩余的程序将其转变为一个单纯的形式,与没有解释手势语言。

3.5.2.奥古斯丁柯西的新语言

19 世纪,特别是在逻辑的基础上的微积分上半年已经取得的第一步。其中心思想是摆脱实际无限的牛顿构造的演算,其中存在着明确的速度 (在通常的意义上) 在一个时间点和 (在通常的意义上) 为一系列无限成员的总和。自从致命批判的伯克利数学,很明显,它缺乏基础而且没有真正的无穷小与实无穷,是充满了矛盾。1923 年法国数学家奥古斯丁柯西制定什么是通过定义 "极限" 概念证明突破对这一数字系列往往:

当一个固定的值,通过不同于它所需,只要结束接近无限期先后归因于对变量的值相同时,后者将被命名为所有其他人的极限。(格拉比内:114)

这一定义似乎指的 "结束"("结束" 越来越近,等等一系列的数字),但这是现在不消失的区别。柯西的 "终结" 不是真正结束,因为这不是不同于之前的 "末端" 差异不断下降,如我们所愿的但是它降低内包含限制的段之前的所有时间是什么样子。因此, "终结" 是什么最后,没有什么不同的系列内的所有时间的都事情。

什么转这一定义的柯西进入一个新的时代,吐字的是它提供了一个纯粹的定义。在它的关键词是 "将被命名为",满足所述条件的常数将要求从现在

起的"限制"。柯西没有甚至假装在这里描述有关系列和他们的行为的客观
事实。他只是说这,如果还有一系列,满足这个条件——然后是让我们说,
"它有努力的目标,它往往限制"。柯西不可能在这里错误因为他不想要描
述的事实。牛顿,相反地,处理系列,世上的事实,因此他建议的是一种假
设,一个命题可能是真的,也可能是假。因此,一天一系列可能会发现,临近
数根据牛顿的条件,但并没有触及过。或许不会。

正是这种转变从牛顿翔实说话推出由定义,建设时期新时期数学,信息的空
话和对象的组织因此定义的新的语言。例如,根据这一定义的"极限",柯西
着手进一步生成定义,这样的"总和"的无穷级数。总和的标准概念假定所
有成员都包含在求和,但一个人如何可以指没有有限数量的班级的"全部"
成员?柯西发现讲话关于该笔款项的方式。他定义了所需的概念,而且这是
他的定义:

*让 Sn = u0+ u1+ u2...+ un的第 n 个数字,总和陪一些整数 n。然
后如果增加的 n 值总和 Sn无限接近某一极限 S,被调用的序列收
敛和极限称为系列的总和。(同上: 99)*

再次,我们有相同的噱头: 柯西不说话的史实和如何是无穷级数有一大笔,
在什么条件下的可以发生这种事有可能不在这里问。他相反,处理定义——
他定义两个新单词:"收敛"和"总和"。因此他也没有答案的芝诺根本。而
不是回答翔实的问题他打发的问题通过引入一种新语言。很容易看到定义的
新"总和"根本不是出现在芝诺问题的总和。虽然柯西的"总和"即使用的
标准总和,概念,数字,他的定义有限数目的总和是另一个概念,新的和不
同,假装无穷多的谈论。定义因此包含明确的误导:词"总和"出现在它的开
头,但并不表示相同的概念,指的是在结束了。

换句话说,新的语言现在创建这样在它成了难以逾越的唯一问题是正是那
些在它可解。例如,新的语言不能做到,是芝诺的答案:阿喀琉斯是如何成功

地超车乌龟?为在新的语言是不可能开始阐述这个问题,和因此从后柯西分析的角度来看,这样的问题没有根本不存在。

3.5.3.如何定义一切

现在接管新数学的概念是,为了确保它绝对反对错误的可能性,是有必要见到它的唯一的东西,它会谈论将是那些通过其定义建造了它。弗雷格和罗素开始定义数学从零开始——自然数的概念。但是,弗雷格定义自然数的概念的类,因为他认为 (如 potentialist) 的定义是一个信息的的命题,真的或假的其中描述了怎么一回事建立了其他事情,其性质已知。弗雷格和罗素认为一类是一些明确的东西和知名的并且很快得到了纠缠在矛盾和悖论,为了克服它们有必要假设不确定的假设。——哪些弗雷格和罗素视为减少数学逻辑——企业似乎更多的和更多的是一个不稳定的事情。结论似乎是,因此的定义必须的另一种——他们必须不包含表示事情已经知道词语。而是必须定义所有。但怎么可以这样做吗?

答案是大约在同一时间在勾画。1899年出版了一小本书显示定义一切没有假设任何众所周知的方法。它的标题是几何基础和它的作者是大卫•希尔伯特,在哥廷根大学在哪里高斯,然后黎曼教授早在 50 年前同一所大学的年轻数学家。几何基础打开与一个"定义",我们注意到现在必然"让我们叫":

定义考虑三个集合的对象。让第一组被称为点和由 A、 B、 C.表示的对象......;让第二组的对象,被称为行和来表示 a、 b、 c。......;让第三组的对象,被称为飞机和用来表示 。点和线也称为几何元素的线;点和线称为平面几何元素;和行空间几何元素的或空间的元素。(FG:3)

这是,当然,在旧的柯西噱头现在应用到几何学中。希尔伯特也不在这里争辩,他谈论的对象,你和我的意思是当我们谈到点、线和面。他也没有说在这里，他知道自己在说什么。他在这里所做的一切是介绍单词作为我们关于没有概念的对象的名称。又要清除任何怀疑，他的目的不是描述已知的事物亦来定义新的单词，甚至他的解释：

> *点线和面被视为有一定的互动关系，这些关系都由这样的词表示"说谎、之间，一致的"。这些关系的精确和完全的数学描述遵循从几何公理。(同上)*

很明显，因此，"定义"无意甚至提供确切或数学上完成它定义的单词描述。什么将是准确、完整的描述是公理。但公理做没有帮助，因为他们只修复新的单词。因此，例如，在处理"的顺序公理"的章伯特引入"之间"的关系定义：

> *这一组公理定义概念的"之间"和应用这一概念的"订购"的点在一条线和空间使成为可能。定义：线的点站在一定的关系，对它的描述词"之间"将专门使用。(同上：5)*

公理，据说现在定义这种关系看起来像这样：

> *如果 B 点在于点 A 和点 C 然后之间分 ABC 三个不同的点，线的 B 也介于 A 和 C.(同上)*

因为我们不知道还什么"点"，什么"之间"表示，只是这是一个对象，这是此类的对象之间的关系，这一公理不打算描述已知的事实，真正通过这种描述。与此相反，公理本身就是主要的词出现在它的"点"和"之间"的定义。但如何任何命题可以同时公理和定义？

弗雷格攻击一次，这本书声称它打破了所有规则的定义，并不明白公理的概念。弗雷格，他是极端的潜在主义者，定义和公理视为两种类型的信息的的命题，必须是真正意义上的信件要分开我们凭直觉知道的事实。希尔伯特的一封信，回答，然后停下来对应。很明显他，他们属于相反的概念和本体世界，是毫无意义的讨论。但他解释说他革命的态度明确，具有充分意识到他

的方法的新颖性。第一,他解释说,"我不想以什么为前提,被称为",这是
"我们误解了内核"(FG:11)。希尔伯特试图构建出来的整个没说什么,或至
少"外什么都不知道",因此没有资料是几何的由定义和公理。真正定义,
"之间,希尔伯特解释说,只是"之间的关系在一条直线上的点"多一点,但
并不是至关重要的这一补充"和增加的关键是,它是具有它满足所有以下公
理性质的关系"。因此

> 我认为,我的解释§1 我给概念点、直线、平面的定义,如果一个再向
> 其添加公理组 i——V的所有公理为特征。(同上)

定义这种逻辑实证主义者将调用"牵连定义",并将构建在他们身上他们主
要希望"理性重建"的整个科学的精神。什么是它的特点是它不枚举定义的
对象满足的任何属性,相反它会枚举命题 (公理) 中的概念出现的。这些命
题的类构成概念的定义。

3.5.4. "没什么": 希尔伯特的本体

但是注意到最主要的是没有概念,看起来似乎在那些命题 (公理) 已知的
所以没有这种概念能用来解释新引进的概念。出现在公理的概念其余各项
也是由它们定义的。"我不想以什么为前提,被称为"。希尔伯特澄清说,注
定了任何企图建立信息定义系统:

> 如果有人正在寻找其他定义的点, 等等,也许通过芯片喜欢无扩展
> 名,那么当然我最果断地要反对这样的企业。一然后寻找永远不会
> 找到的因为那里是什么都没有的东西。(FG: 12)

这是一个令人惊异的声明,没什么看看,以便查找定义,因为点并没有在所有
定义属性,"没什么"。因此问题根本不是发现或怀疑的困难是否我们犯了错
误,但完全不同的东西。几何实体"线","点"、"飞机"、做根本不存在作为
独立的实体,即作为具有自己的属性的实体。因此,不只他们没有任何定义

的属性之前我们构造的公理系统，但宁愿他们不存在分别从它。因此如果有人试图建构一个公理作为携带它们的信息

> *一切会迷路，变得混乱和模糊，沦为一个捉迷藏的游戏和寻求。(同上)*

几何实体的存在密不可分，因此，从公理系统，实际上是与它相同。希尔伯特是准备好了，因此，把公理作为属性：

> *如果你喜欢叫我公理特性的假设"解释"的概念，因此存在，也许我应该对这除外，没有反对意见，这矛盾的数学家和物理学家自定义。当然还要能够做为我请在定位的特点；只要有假设的公理会存在，是真的。(同上)*

属性和几何对象存在的假设，即，通过获得公理的写作。一旦公理写下来的它是"真实的"，其实体是真实。因此，罗素说"假设"我们想要的方法具有许多优点；他们是盗窃超过诚实辛劳的优势一样。让我们留给别人，着手我们诚实的辛劳。(罗素　1919年：　71)。原因很简单，正如柯西已定义不是无穷级数的和但不仅其"总结"，只是这样假设的公理是不真实的但只是"真实"——　所有这些看起来那样的报酬但实际上什么都不付薪。

3.5.5.真理标准与存在——一致性

因为从这跟新的和令人惊讶"真理标准与存在"，即，一致性：

> *如果他们的后果的任意断定的公理不相互矛盾，那么他们是真实和由这些公理定义的东西存在。对我来说，这是真理和存在的标准。(FG：12)*

概念的一致性，并因此所有的逻辑后果与矛盾，奠定了在这里作为基础，并在他们最少，因此，必须预料作为之前知道的东西。卡尔纳普，领先的逻辑实

❧ 3. 第三次哥白尼式革命:陷入空无 ❧

证主义,希尔伯特为精神的教师,最终作出努力来克服不知何故这其余的什么都要"已知之前",通过尝试执行本身的逻辑形式。不管怎么说,希尔伯特和他的追随者假定逻辑不执行任何内容,并且因此,假定它被称为"前"并不等于承担任何信息。

它是必要的因此要小心和沿着这里的发现令人兴奋的感觉,尽管要看到真相与被刚才定义的标准的一致性的存在是不标准的信息化概念我们使用——原因很简单,公理系统为空:我们不理解甚至之一这些公理,因为它的概念由其其他的概念,有没有考虑或从中我们可以开始破译和理解他们的假设的地面。它是重要的是写在熟悉的文字出现在他们的"线","点"之间,"开",完全是中性的其他标志位置 (拉丁语和希腊语字母,比如说)以提醒自己的公理是无效的内容。他们有没有内容,因此他们并不是命题不能真实或虚假的通常意义。弗雷格说,在为了理解我们必须替换"之间的"字样的希尔伯特的意思,连接性词语的无意义的声音,使它变得清楚,这句话:"b 之间 a 和 c"说实际上只有那"b pt nm c",从中得出"pt b nm c"。但很显然这些句子是毫无意义和因此做不表达思想,即,不是信息的的命题。(帖子:248)。弗雷格是正确的当然,但是错了当他把这视为一种批评,因为他不能相信,这种是现实主义。

这是到底什么希尔伯特时他写的对象和属性不存在分别从我们和我们的公理——没什么的意思。此外,还有没有其他办法说什么是出现在它,否则比再次写公理一整套概念的含义:

> *我估计是不可能在三条线,给点的定义,因为它是只整个的公理结构,给出了完整的定义。(FG:13)*

这是定义的当然,唯一的发现一个"完整",如不能引起任何怀疑它的真实性。每个公理是"一定是任意的"因为这是没有意义的因此它是不可能为它为假。他们的角色是别的东西,他们构建和定义自己的对象及其属性和这种结构不能犯错误,因为它不是关于一些现有的资料,但宁愿它从无到有创造一个报告。因此，创建的系统是纯结构——任何部分链接到每个其他部件，因此，由这些链接的所有属性都是至关重要的构造的对象的实体。公理任何变化意味着构造对象完全和绝对的变化。只有"公理化结构"，完成和在它作为一个整体是一个定义的每个概念，但它从而也是一个"完整的定义"还有没有冗余或丢失的细节：

> 毕竟，每个公理定义，有所贡献，因此每个新的公理会改变这一概念。"点"始终是在不同的东西欧几里得，非欧几里德，阿基米德，非阿基米德、几何分别。(同上)

任何两个这种几何图形的区别碰巧是只是一个公理，但因此对象，每个其中"完全定义"是不同的一种重要的方式，因为每个他们的"属性"是"必要的"意义上，这是我们选择如何构造它们。

潜在主义者 （如弗雷格，举个例子） 认为，对于这，同样的这些几何，每年的"点"是自我点，和因此是线等;其几何性质上的差异，只是他们存在的空间的意外后果。并因此，每次更改至关重要的论文表示高山族本体，即对象缺乏单独存在和属性。这些都是相对只，即，他们彼此依赖和没有这些实体是独立于其他。结构定义和构造及其组件完全，即使他们撰写和构建它。

3.5.6 科学新的理论: 所有的理论命题是一定是真的

因而被创造了一种特殊的方式克服困难的定义，指向这一章的开始的: 我不能定义点 （和线、面） 的概念，所以，你将能够理解它毫无疑问，因此你可能总是声称，概念是完全含糊不清的 （即使我明白我的意思）。希尔伯特在这里表明它不过可以在一举中定义所有理论的概念。因此，每一个公理化结构的概念将定义为好。欧几里得的点，例如，是满足的欧几里得几何公理的对象。这是其完整的定义，无疑其真相可以甚至提高。力克和卡尔纳普将集约利用的这一发现在努力实现"的世界的逻辑结构"，即，从信息的所有物理

学的虚化 (见 3.11.6),它将作为其他虚化,像,被称为"衍生物"是在 1929 年由维特根斯坦的亲密的朋友弗兰克 · 拉姆齐的基础。

但如果由公理化结构定义的对象的所有属性都是十分必要和重要,和如果所有结构都是"真"和存在,如果它都是一致的然后每个公理都是一个必要的真理——它链接 (所有的一切都是必要的正如我们所看到的) 的属性的对象所必要的连接 (这都是明确由相同的参数)。所以希尔伯特的几何出现在所有其康德辉煌——它是必要的和先验的真理,不是只是重言式,一个系统,因为他们是我们任意合成的产物。很明显,因此,没有再为康德直觉的作用但它似乎对我康德高兴地已接纳这种权衡——为在这所有的必要性和必然性的基础在于公理化结构是"单纯形式"的内容,是我们决定的人的事实:

> *当然是不言而喻的每一个理论,只不过是一种框架或架构的概念以及其必要的关系到另一个,和可以理解的基本要素,随心。(FG 13)*

已经在书的开头希尔伯特宣布毫不含糊地他关系到康德,因为这是他选择的名言:

> *人类所有知识因此与直觉,那里进入概念以开始和结束的想法 (康德:纯粹理性批判》、"超验主义元素"第二第二部分)。(同上: 2)*

但谁读了希尔伯特的故事,当它被出版了,能不猜这句格言,意图和它必须看然后作为一个笑话或康德的蔑视。这本书似乎证明了完全相反的事物,几何不需要任何的"直觉",既不明智也不"纯"构建其基础,而链接到"点子"是含糊不清。这本书看起来像作为整个康德哲学明确驳斥,被视为很多读者。

但希尔伯特有另一个用意,他有一个巨大的计划:几何基础在其中只有第一阶段,甚至不是最重要的一个。它是只是一个临时的阶段,但它的主要和关键部分不得不等四分之一世纪之前他已经准备承担它。

在目前这个阶段他执行两个任务。第一次是转化几何"仅仅是框架或架构的概念",即,把它变成单纯的形式,缺乏任何内容,因此组成只的"必要的关系"。因此,出现的是计划正式和必要的命题和这个计划后,将成为命题内容只给出了一些解释,因此,因此,这些将是必然命题。(关于第二个任务见3.5.9)。

但这是到目前为止比几何理论。这是科学的相当一个整个理论。"很明显现在,每个理论"就是这样:即使"概念框架"大幅"通过隐式定义"定义及其对象、理论是只是示意性和它的内容,因此,不能唯一确定由这些定义。许多不同的物理对象可能会满足这个公理系统,和我们也有权选择任何一类的对象作为解释"或内容"的形式。这不是即不能有任何信息在任何理论的任何科学、理论是纯粹的形式和解释是理论的任何部分的关键原因:

> *如果我认为我的观点是一些系统或其他东西,例如,系统的爱的法律,或扫烟囱工人...,然后怀孕的我的所有公理作为这些事情,然后我定理之间的关系例如,那些将会举行这些事情。换句话说每理论始终可以被应用到无限多个系统的基本要素。(同上:14)。*

3.5.7 公理化的论文和新的语言哲学

这最后的声明是指每一个一致的理论可以得到无限许多不同的解释,都同样好。本宣言可能被命名为"公理化理论",和它似乎是不夸张地说,这篇论文改变 20 世纪数学的和在其之后的整个哲学的科学的整体面貌。它的重要性是,事实上,它集中的第三次革命的所有高山族敦促并表示他们前所未有的清晰度。其最重要的作用是含义的消除所有的潜在主义者概念,如那些由柏拉图或牛顿或弗雷格举行。这经典的概念词的意思是东西——概念、想法或对象存在独立于人的思想,从词和人,和只是指他们用我们发出的词句。建立了一种客观和固定的关系,一旦一个字是发明和固定的语言,它驻留

3. 第三次哥白尼式革命:陷入空无

参考语言与意义和单独的实体之间关系。任何语言的议长知道和理解这种关系,因为只有这样他就能理解他自己的意思,当他说什么。

在潜在主义者的传统,从锁到弗雷格,理解此系被评为"直觉"(在非感性的感觉),并假定我们拥有这种直觉和它指引我们走向理解我们自己所说的话的含义。只是因为我们理解得很好 (有时,至少) 我们的意思,当我们说"多么美好的一天",我们也理解我们回答我们的邻居"也许吧,但我讨厌这个夏天"。通信的可能性可以只能用潜在主义者假设来解释,关于存在的不同的意思和直觉能力的扫描他们和他们与语言之间的联系。

希尔伯特的公理化论文丢弃这潜在主义者ic理论的含义,从而建立现实主义理论的语言和沟通的基础。作为这一理论会逐步发展在 20 世纪的标题下的"语言哲学"的逻辑实证主义者,后期维特根斯坦和一些美国的实用主义者(杜威、蒯因、古德曼,普特南、罗蒂),其中心论点是有没有意义,没有引用,还有没有直觉的意义和参考,沟通的过程是完全非可辩明。这是论文的只是论文的最新和最成熟的水果,希尔伯特的公理化,20 世纪语言哲学的最高成就。因为我不能在这本书的框架内处理这一奇怪现象在任何深度,我应解决指出中央的一个细节。

希尔伯特的公理化论文暗示理解语言一定依赖一些"翻译"或解释。因此立刻跟了上来第一悖论的现实主义理论的意义,因为所有的翻译是从一种语言到另一个,那么如果我们有没有一种语言的解释已经给出,并不知道,可以通过翻译解释此过程没有结束。但如果没有结束此过程,它是不可能的要给 (或"修复") 指任何一种语言中的任何表达式。理解和口头沟通人与人之间存在的事实现在成为令人费解,和最后它不再是一个事实声明的错觉。蒯因这种错觉,因此,被称为"参考的胡言乱语"(1969:48)

尝试通过"用模型解释"克服这种蠢话失败也分两个步骤。像这暗示的那样,就在这一章的开头"这是一把椅子"可以作为确定"椅子"一词的意思通过将它链接到模型的椅子上,只有在条件下,我们已经知道这个词的含义是什么"这"，或指向手指的标志。所以，我们马上顺着坡滑下去滑无限的解释等等。

它对我来说，唯一的方法来克服的悖论，删因所称为的"荒谬"摆脱希尔伯特的公理化论文这份预算案，要谴责它并将其替换论文的"直接把握的意义"，说。根据这个新的论文，就没有必要在所有翻译，并将映射从一种语言到另一种以"修复"的意思。在某些情况下，这些都是重要的我们有没有任何调解和无需任何解释单词的意思直接了解。换句话说——每个翻译可以结束快速和成功，并只直接了解对意义的存在可以解释这一事实。如果直觉是这种能力的直接把握或理解的名称，那么它有必要担当这种直觉的存在，使解释这一事实明白自己在说什么。

充分准备，让这位科学家和哲学家告诉我关于各种各样的令人震惊的新闻世界有关的例如，即有没有空间和时间，这那里是没有问题，那有是没有因果关系，是没有任何意义，就没有人，甚至，之间的通讯都不。一件事，我不愿意听到从他们，我不明白我的意思，当我说或者认为东西，总是和在原则和逻辑上的原因。对我来说这种说法是哲学的哲学家的失败，他的明确的证据。

3.5.8 所有理论都是真的

希尔伯特是错误的因此，在大和精彩的方式，当他假定它是可以克服难以认定通过固定的解释或模型的含义的单词。他想要克服的困难存在只是因为他的本体论辩称，"并没有什么"，但这是不可能有这个高山族框架解决方案的一个难点。希尔伯特从来没有意识到这一点，和这种盲目性，被如此传染，确定公理化论文现代思想中的巨大成功。无视这种失败，一些后果出现，新的哲学家们高兴地一饮而尽。出现的主要是作为真理的标准的一致性的含义和意义： 只有当公理系统包含的矛盾，无法满足它，任何物理对象但相反，如果它是不可能的任何此类对象来满足它(如果它有没有"解释"

模型"的必要性的) 然后它还包含一个矛盾。但它然后跟随,如果它是一致一定具有解释和模型,然后由必要性是真正在通常的描述性意义上,即,相对一些类的对象。这是新现实主义解决困扰 19 世纪的问题的方法的新的和不同的几何图形是真的,哪个是假?答案是现在严格 (减去自然人类直觉)——康德以来没有公理 (在任何这些几何) 是解析,它的否定不是互相矛盾的;和因为公理是合成及其对象,每个公理系统的几何是一个先天长综合命题——如果它不包含矛盾然后任何这种几何是真正相同的"措施"和在同样的确切意义。

原来,现在,广泛接受的观点,相互矛盾的理论不能真正在一起,是限于潜在主义者ic本体只有一个概念。因此,例如,弗雷格辩称"因为公理必须真实,它不可能为公理与彼此不一致"(弗雷格,帖子:247)。但在高山族本体,这是一个毫无意义的概念,和它是立即(由庞加莱和昂)翻译成物理领域和与相对论——不同的物理理论相互矛盾的确可以均匀化理论真正顺利合并,甚至关于对象相同的领域。

由于公理化结构确定意义先验及其模型的选择,这些都是可能的对象而言他们由公理化的整体描述。"只要",一个中央的技术概念,亚里斯多德铸造,现在到达了其新的现代衣服作为"希尔伯特"(即"满足对象这个公理集")。现实主义遗产由另一个其特征性征象——搜索和最后捕获的确定性现在表示。

3.5.9. 一致性和无限

几何基础的第二个团被减少到算术几何一致性证明。大约是可能来描述这种减少,希尔伯特提出了一种在第二章中的这本书,作为证明实数构成模型的几何形状,公理,因为对于每个几何对象定义在这里 ("点"、"线"、"飞机") 和它们之间的关系 ("之间"、"平行","外",等等) 的每个有存在可以构造出数字和通常的算术运算的新对象满足所有的"对象"公理。总之，数字和算术关系构成的几何公理"模型"。这意味着任何这种公理　（因此，"点"是数字有序的对，"直"是数序的高音）　转化为算术的史实的真命题。也因此，如果算法包含没有矛盾必须这样以及几何。

因此，这是一个证明的相对一致性，即，几何是一致，如果算术，但这是没有证据证明该算法是确实一致。希尔伯特着手解决这一问题在　1905　年，直到　1925　年继续在他的努力。弗雷格和罗素的发现的悖论的表明，正如我提到的集理论的基础上，集的概念是太复杂了，作为算法的基础。希尔伯特在1925　年提出了新的依据，将它防疫悖论，将保证所有的数学，包括算术的确定性。

主题围绕的他现在建造他的理论，在山脚的现实主义，无限的传统刺。虽然实际无限被淘汰了基金会的微分和积分，它由柯西(然后提炼并改进了由魏尔斯特拉斯大约　1870　年)和功能　（"分析"）　的理论因此只限现在潜力无限，但也有麻烦。或因此，希尔伯特的感觉，因为"不阻止　［关于无限］　纠纷"然而，阻止他们现在是他新的目标：

> *这些纠纷有因为无限的意义在数学中，作为这一概念从未被完全澄清不终止。(1925:183)*

> *……我的目标是理论的建立一劳永逸的确定性的数学方法。这是一项任务，不成功甚至在微积分学的关键时期。(1925:184)*

于是，最终目标是克服了由于隐性就业的分析繁荣期结束后甚至无穷大的概念由柯西、博尔扎诺和魏尔斯特拉斯的不确定性。

危险的混乱和矛盾仍潜藏着的纠缠，他认为，为概念，如"所有的实数"或"存在实数的属性"其实雇用人数实际无穷大的危险概念：

> *因此无限可以重新出现在魏尔斯特拉斯的理论的另一种形式，并因此逃避征收他批判的精度。因此，是无限的问题在意义上只是表示，我们需要一次解决。(同上：184)*

🪶 3. 第三次哥白尼式革命:陷入空无 🪶

3.5.10. "为人类智力本身的尊严"

希尔伯特在这里表达不只他没有最终解决方案尚未找到问题的无穷的焦虑。他认为这是更多只是数学的局部问题。解决问题的无限和其危险的所有人权的重要性,在他看来,在一个令人震惊的声明,他解释说,

彻底澄清的大自然,而不是无限的只无限的属于专门科学感兴趣的领域,是无限的需要人类智力本身的尊严。(1925年: 184 185)

"人类的理由",被激怒了,直到现在由于无限很简单,是亚里士多德的逻辑推演,法律以及我们即将看到的因此以"人类智慧的尊严"的名义希尔伯特着手显示实际无限的整个概念是一个单纯的幻想:

正如微积分学的限制的进程,在无限感的无限大和无限小被证明是只是一种修辞格,所以太我们必须意识到在无限意义上的无限的总体性,在这里我们仍然找到它使用演绎的方法,是一种错觉。(同上: 184)

为什么是概念实际无限 (就是指一整套完整定义的对象的概念)是"一种幻觉"呢?因为演绎逻辑的法律不适用于它。例如,那里是没有意义的存在性命题,如指实际的无限,反驳"存在一个实数的属性",因为为了驳斥它所需要的是枚举的无限的数字。换句话说,它是不可能解释这一命题"存在实数等"话说"要么它是,它是 b,或它是 c,等等",其中 a、 b、 c 等,都是数字。它是实数的无法枚举所有无穷。但这也是关于算法如,任何全称命题案例为例,"1 + = a + 1 是真的有很多"。这种一般性命题"不能否定"(同上: 194) 所以

从我们有限的观点,因此,我们不能辩称方程像那只是给出任意数值符号出现的位置,对每个符号,或由一个反例反驳。这种说法,正在

✎ 三种哥白尼革命 ✎

申请的排中律的取决于这类方程的普遍有效性声明是能够否定的前提。(同上: 194)

所以，法律被排除在外的中间，它说，如果一个命题是不真实，那么它是虚假的在这里是无效:即使是这样一些命题不是真实的是没有可能的证据表明它因此虚假。

于是它出现的他，因为它是无法列举实际上，事实上成为一整套具体的建议，通过 "或" 连接的全称命题或 "和"，数学不服从传统逻辑的法律。但正如整个高山族传统成圣的都是实际的正常是思想中心——石头的传统逻辑的所以也变化规律似乎到希尔伯特不可能迈出的一步:

总之，逻辑法，亚里斯多德教和男人有使用自从他们已经开始想，不要。当然，我们能够办的域的有限语句的逻辑规律。但是这样做我们不好，开发这种逻辑，因为我们不想要放弃的亚里士多德逻辑的简单法律使用。此外，没有人，虽然他说方言的天使，能让人从否定一般性发言，或形成部分的判决，或使用第三物非给予。什么，然后，如何办呢?(同上: 194)

然而，希尔伯特拒绝放弃超限数——康托尔的理论令人震惊的发现大于前一个关于对无限每个物种的生存(从而实数无限数目大于无限的有理数，有理数的无限则在其范围或 "权力" 等于自然数的无穷大)。希尔伯特宣布成为现实主义的口号的东西:

没有人不得驾驶我们从康托尔曾为我们创造的天堂。我们必须建立整个数学同样确信我们扣除作为存在于普通初等数论，没有人会怀疑和矛盾和悖论出现只有通过我们自己的粗心大意。显然可以达到这些目标，我们充分阐明了无限的性质后，才可以达到 (同上: 191)

该程序要求，因此，各式各样的无限，即是而不仅仅是一个微分中值定理，但在康托尔集理论——算术只，也是减少，"没有人会怀疑" 和 "地方矛盾和悖论"不能出现。因此,这种完整的确定性要求回归到被忽视中几何基础,算法不能包含矛盾的保险的目标。一个希尔伯特发现现在是几何直觉的康德原则他 1899年建立的独特组合。

3.5.11. "数学可以从来没有靠逻辑接地"

它是明确到希尔伯特,弗雷格和罗素的程序以减少算术逻辑,集理论,即失败完全是因为忽略了无限集的概念和其与演绎逻辑规律的联系。他的结论是,算法必须基于一些更基本的是给予我们直接,就是这样,康德指出:

在认识到必须考虑到这种先决条件,我们发现自己与哲学家,特别是与康德。康德教——和它是他的学说——数学对待题材,给出了逻辑独立的组成部分。因此,数学,永远不会靠逻辑接地。因此,弗雷格和戴德金的所以地面它的企图被注定要失败。(1925:192)

对象的数学,康德认为,都在直接的纯直觉中给予我们的东西和希尔伯特解释这现在为"具体"的东西,(正如一些现代的口译员一样,例如,提卡)。"直觉"他们之前所有的逻辑,希尔伯特解释说,是因为只有当这种直觉使我们能了解这些"具体"的事情,在所有方面,将它满足也"前提条件"这使我们能够对它们应用逻辑。因此,

作为进一步的前提条件使用逻辑演绎和进行逻辑运算,东西必须在观念,即某些额外的逻辑具体物体直觉一样直接经历了之前所有的思维给出。为逻辑演绎,以是肯定的我们必须能够看到这些对象的每个方面,必须给予他们的属性、差异、序列和贴近,与对象本身,是一件,不能减少到别的东西而且这需要没有减少。这是我发现必要的不只是数学,而所有的科学思考,理解和沟通的基本哲学。(同上:192)

他认同康德在这件事是清晰的和哥德尔说是"希尔伯特在'感知'的意欲的康德时空直觉，本质的东西即使局限于有限数目的不同对象"。(帕森斯：97)。

当我第一次读这康德宣言我迷惑不解的希尔伯特为什么必须坚持康德作为大多数联合国康德元素在康德——他直观的经验主义的理由吗?这种处理具体对象给出了在直接观察认为数学是经验主义的经验主义是经验主义的前关键，骆家辉的、加州大学伯克利分校的和甚至休谟等典型论文。为什么康德吗?我能做的最好的建议是，这里是什么重要的希尔伯特的不是本身的直觉而伴随它，结果从这一事实不只是在直接感知，给出这些对象的确定性，而是因为这种看法使我们结识这些对象全部:他们拥有没有可以隐藏的这种看法的方面，只为这个惊人的事实，不能有任何惊喜等待着我们，在未来。但这样一种完整的熟人和确定性矛盾的经验知识的标准对象本质通过标准的感性相识。因此，数学能直接感受的对象必须是一种不同的和它是提供他们在现代的时代，正如亚里斯多德提供他们在古代哲学中的康德:这些都是我们在此直接的感知，构建自己的对象，只是因为我们构造它们(亚里斯多德说:抽象他们)有比他们的任何方面可能可以为我们隐藏起来。什么，然后，是这些对象的算术吗?

3.5.12. "标的物是数学的具体的符号本身"

希尔伯特澄清说到，这些都是我们写下来，并通过我们表达的迹象算术的事实。这些迹象直接感知的物体和他们都是数学的标的物。这一结论是在他的眼中不只是数学，整个的基础，但本身的科学思想的必要基础:

这是我发现必要的不只是为数学，但对于所有的科学思维，理解、沟通的基本哲学。数学标的物是，根据这一理论，混凝土符号本身的结构是立即明确和辨认。(1925:192)

❧ 3. 第三次哥白尼式革命:陷入空无 ❧

现在,开始第二步: 希尔伯特链接此康德确定性的钥匙,他发现在几何基础——公理的空虚的确定性。我们看见他提出作为某些唯一的几何公理,因为"那里是没有什么"这是事先和明确,并对它们的引用和哪些他们可能犯错。这种缺乏参考了坚实的基础,他建造了他所有的论点,对确定性的几何。现在,在 25 年后,,他又重复了有关算法相同的工作:

让我们更紧密地考虑数理论。在数论中我们有数值的符号

1, 11, 111 11111

其中每个数值的符号是直观地辨认,这是它包含只有 1。这些数值的符号,这本身就是我们的主题本身没有任何意义。(同上: 192)

在最后一行,我强调,是运动的中心: 算法迹象线和群体的线条,和这些都是毫无意义的因为它们不表示或特别是指什么。实际上他们是指只有自己因为他们是唯一的主题事项的算术。这只处理的命题的事实是很明显的只是通过看这些线的演示文稿。例如, + = 是说我们看到的只有一个算术命题: 一侧上的线是在他们的数字等于第二侧线。这一事实是关于这些线和只有他们因为他们不表示什么。算术的迹象开始有参考,只有当我们按的数字替换行和缩短到 5 前面的方程 = 2 + 3。现在每个数字,如 2,3,5,表示别的事 —— 它是指那些线条,因为 2 表示,等等:

但我们需要这些符号,甚至在初等数论,除了其他符号具有意义,这有助于促进沟通: 例如符号 2 用作数值符号的缩写,和数值符号的缩写符号 3。此外,我们使用符号喜欢 + =,和〉交流发言。2 + 3 = 3 + 2 为了传达事实 2 + 3 和 3 + 2 时缩写都考虑在内,是自我同一数值符号,即。同样 3 > 2 的服务进行通信这一事实,符号 3 ,即,即是长于符号 2,; 或者,换句话说,后者象征是前者的适当部分。(同上: 193)

接受的数字有意义,因为他们有参考,即是每个数字指向一组行。行,但是,有没有意义,因为他们没有提到别的。命题,用数字,表示有意义这是行,有关的命题和命题有关行是事实感性命题有关身份的两组 (方程) 或包含在另一个 (不平等) 的一组没有其他的东西,这些感性的事实表示。因此,如果它们包含的信息,这必须是关于身份或部分的对象的标识与本身。

这基本的数论,到的一切都将会兴建将引用,只要它将是重要的或者有意义的希尔伯特称为"直观、材料编号理论"(同上: 195)。我们看到,它是确定将建在其上,整个数学建设的基础,因为它典型地满足两个康德条件: 直接感知和缺乏参考。如我们所见,对于康德来说这种缺乏参考是独断论的数学对象,建设后果,但这种缺乏参考也是最高保证构造的对象没有可能方面不会知道我们肯定。

3.5.13 的认知和确定性的最后接地

希尔伯特将以类似的方式构建的算术的参考——较少,这是我们如何构建他们的基本对象,可没有他们的方面,即不明确和公开我们的观察。因此他们是基础 (和唯一可能) 对确定性的数学,正如他宣布的目标。

正是这种最后确实实现希尔伯特推时他现在开始地面的算法确实通过构建它作为感性和无效的信息。在下一阶段,他建议为代数相同的方案: 其公式是不是指什么,即"对象"(一般信件) 之间的联系,他们不携带任何信息:

因此,我们认为 a、 b、 =、 +,以及整个公式 a + b = b + 无意义本身,不会超过的数值的符号意味着什么。(同上: 196)

代数符号是一种独立的物质对象,和完全作为算法中的线,它们是完全可观测。这两个属性使代数完全确定以及。

因此,这也是采用字母在初等数论和代数中一个重要的区别。例如,算术命题 a + 1 = 1 + 信息量大,希尔伯特解释说,是因为信在这里表示一组行,并将其宣称的那样,因此,这组线已放置一条线到其权利或到其左时,你很会再同一集团的线的特殊属性。希尔伯特称这种命题"真命题"。但这同一个命题代数中的是一件完全不同的因为

> *即使公式 1 + = a + 1 为例,在这是一个真正的数论变量,代数中不再仅仅是传授信息关于语篇语境中异域的东西但一定是正式的对象,可证明的公式,这本身就意味着什么也不和其证明不能基于内容需要向感应公理提出上诉。(1927:470)*

"基于内容"是指基于"语篇语境中异域直觉"或"感性直觉"(同上: 469),那就是,在物体出现在之类的线组的感知。因此,命题都基于这种语篇语境中异域的直觉的算法,包括两种主张。第一,最基本的如 + = 。这些缺乏参考,因此也"缺乏本身的意义"。第二,命题具有参考和因此,也就是说,如 2 + 3 = 5,a + 1 = 1 +。这些引用的行组和因此他们携带的信息和内容直接"直觉",意思因为这些,只是总结关于线的命题符号。

3.5.14. "理想命题" 和虚化的含义

如反对这,代数的命题具有相同的地位作为初等算术命题构造的线只有——"本身他们意味着什么"(同上:470),并不能"传递信息"(同上: 469,470) 些别的,因为他们不表示任何东西。这一命题 a + 1 = 1 + 代数的命题是绝对不同的因此,从命题 a + 1 = 1 + 的算法。,想带出这种区别希尔伯特称算术命题具有参考和意义 (如 1 + = a + 1,但没有如 + =)"真命题"(同上: 470)。另一方面,代数命题 (如 1 + = a + 1),缺乏参考和意义,因此构成独立的对象 (类似于算术命题只包括行) 他被称为"理想命题"。这些

三种哥白尼革命

并不意味着，我们的理论的理想结构。(1925:196)

[这是] 公式的——就像数词的语篇语境中异域数理论——在自己毫无意义，但都只是受我们的规则，必须视为理想对象的我们的理论。(1927:470)

和代数是造好了，正如算术和几何，从无意义的命题因为其基本的对象，即字母，不是指什么和其计算公式，因此，做不携带信息。他们不仅是提出自己："来作为理想的命题公式的概念"，他解释说，"我们需要只追求自然和一致的方式发展数学实践已经沿袭到现在这条主线"，它将除了代数的所有迹象也包含的逻辑，迹象

并考虑他们，太，迹象，在自己毫无意义，却是理想的命题只是构造块。(同上)

"理想"的对象是通常康德的概念，它表示一个对象，原因构造为它自己的目的，所以，它并不表示任何超出它但只有实际作用组织的现象。因此，空间和时间是理想对象。但词即不止此，康德哲学中所指的"想法"，哪个纯粹理性创建作为典型的小说，如"灵魂"，"自由意志"，"上帝"的概念。这种强有力的联系到康德希尔伯特强调明确的话语：

仍然是原因的无限发挥的作用只是原因的那一种想法，如果是原因的指在康德的术语的想法，超越了所有的经验和完成混凝土作为一个整体的概念。(1925:201)

希尔伯特认为理想的代数和逻辑作为中央在他的节目，我认为这是为他的程序，他已经计划在 1899 年的高峰期。我们看到，作为基础的几何的座右铭他选择了康德的程序，哪些"知识与观察，继续与概念，以开始和结束的想法"（p.以上）。这个理想为希尔伯特的中心地位，将他视为最后会战胜的无限和其隐含的不确定性威胁的文书。

3. 第三次哥白尼式革命:陷入空无

3.5.15.理想和驱逐无限

我们已经看到无限的主要威胁是希尔伯特的铭记,演绎亚里士多德逻辑的法律失去其有效性在关于实际无限的命题。因此,一个典型的代数命题如

+ 1 = 1 + 哪里立场为 "任意给定的数目",不能否定自命题存在大量的 a + 1 1 + 认为没有任何有限的意义; 一个人不能在所有尝试了所有的数字后。因此如果我们采取全集的态度,我们不能根据该方程中的未指定数字发生的析取使用满意为每个数字,或者可以驳斥了一个反例。为,作为原理中的应用 "的排中律",这种选择根本上取决于假设可能否定方程问题一贯主张的说法。……现在我们面临的基本困难可以避免利用理想命题。(1927:470——471)

应注意的是 "基本困难" 只引起极其高山族解释法律的逻辑: "排中律原则" 在这种解释不是简单地说,任一给定的命题是真的或假的但也必须通过一个实际的例子明显。"基本难" 作为有意义的命题的存在只是因为希尔伯特不是是愿意把生存命题 "有是一个数字,驳斥了这一公式" 除非已实际上制作这种多——或至少可以所示是一个有限的做法,为其生产。因此,他同意极端现实主义运动关于数学,直觉主义,通过康德哲学的直觉感受更热忱比其余的现实主义者,关于法律解释的逻辑的基础。这个解决方法很简单: 一旦代数和逻辑命题的解释不是 "真实" 的命题,即不是丰富,但作为 "理想命题",即为空的信息,参考,"本身的意义",我们不能可能解释他们为是指 "任何一定数量" 的迹象。如果他们没有提到的东西,然后在 acutalistic (实际学说)解释 a + 1 = 1 + 是一个 "理想的命题" 并不是指什么号码等。但然后排除中间原则不能说,如果 a + 1 = 1 + 是假的我们必须与一定的数量,这表明这提出了一种:

自这些理想的语句,即,公式,并不意味着任何事情只要他们不表达有限的语句,逻辑操作不能实质应用于他们因为他们可以到有限的语句。(1925:196)

理想中的对象数理论（例如，负数）目标是能够进行算术运算的完整应用程序（例如，要启用操作只是 9 7 7——9）。同样，引进的代数中毫无意义的理想对象拟启用完整应用程序（即，没有例外）的逻辑规律对数学作为一个整体（正如康德哲学中的理想对象的适当作用是使对整个世界的引用）：

> *对，如果真正命题我们邻接最理想的我们获得的命题的亚里士多德逻辑的所有简单规则举行举行，并通常的数学推导的所有方法都是有效的系统。只是作为，例如，负数都不可或缺初等数论中…科学数学变得可能只通过引进理想命题。(1927:471)*

3.5.16.理想与形式

因为现在很难推论出一个代数公式从另一个通过检查其内容和它的意思，（因为它没有）有必要建立这一推导由特殊推导规则——这是的形式化数学的全部意义的希尔伯特是如此担心。换句话说，因为逻辑运算并不适用于无限的命题，根据他们的内容（件可以做的事只能在有限的命题上），

> *故有必要为了正式确认的逻辑操作和数学证明自己。这个形式，就必须翻译成公式的逻辑关系。……仍然是符合我们有限的观点，否定任何意义逻辑符号，就像我们否认数学符号的意义，声明的逻辑演算公式都是理想的语句，它们本身没有任何意义。*

> *(1925:197)*

希尔伯特变换导致，因此，形式（即，虚化的内容）的代数和稍后的数学和最后的逻辑本身，努力节约用粮的纯粹的感受与确信在算术和代数的基础。为了保存他们确信，清空所有意义这些谷物的必要性是什么导致了希尔伯特的理想化的数学和逻辑。这是康德程序——从（构造）概念的想法，通过观察与数学的最后介绍，作为一种纯粹的形式，缺乏意义和内容一致执行。

✎ 3. 第三次哥白尼式革命:陷入空无 ✎

它有必要记得希尔伯特认为这总正式制定数学和逻辑, 数学繁荣的关键阶段完成通过丢弃实际无限。如我们所见, 他介绍了正式制定避免归咎任何命题被设想直到现在一样普遍, 即为提述无穷多的意义: 通过把他们说成仅仅是理想的命题, 他们失去的所有内容, 都转变为"只是理想结构", 从而亚里士多德逻辑对他们的规则的适用性失去所有意义。这是他如何设法避免诱发无穷的不确定性。

3.5.17. "在目前的情况下，一致性的问题很容易处理"

但是作为理想的代数命题允许引进, 希尔伯特澄清, 只有当它是可能证明结构的一致性。与希尔伯特已经毫无疑问, 这是一个简单的问题:

一致性问题很容易解决, 在目前的情况下。它明显降低到证明, 从我们的公理和根据我们订下的规则, 我们不能"1 1" 作为最后的公式的证明或者, 换句话说, 那 1 1 不是可证明的公式。(1925:199)

原因为此兴奋是演示文稿的后果他迄今——发展数学作为具体的感性形式结构:

A 正式证明, 像一个数值的符号, 是一个具体和可见的对象。我们可以完全地描述它。进一步, 所需性能的最后的公式, 即, 它读取 1 1, 是一个完全可确定属性的证明。因为我们可以事实上, 证明它是不可能得到一个具有作为其最后的公式, 该公式的证明是我们介绍的理想声明。

它也是一个惊喜地发现, 同时, 我们已经解决了问题, 已经困扰了数学家很长的时间, 即, 证明算术的公理的一致性的问题。(1925年: 199——200 和也 1927:471)

著名的遗言。在四年内——正在希尔伯特和他的同事 Paul 伯奈斯在数学基础将刊登在 1934 年和 1939 年之间两个卷的大系统工作的工作时库尔特·哥德尔发现的证据无法证明算法的一致性。它出现了，现在，在所有的希尔伯特的现实主义思想很基本的东西是烂。所有他的假设，那就是，观测现状算术，它是一个具体的对象，可以通过直接观察，即从四面八方和的所有方面，详尽地吞没了事实和事实此对象包含什么隐藏的我们。甚至是所有的这些还不足以确保防止内部矛盾。所以这个实际的对象，算术，新和奇怪的属性出现——根据算术演算的规则制定不是每个问题可以迎刃而解。这是希尔伯特的项目，他们认为的确定性和一致性证明，肯定可以解决每一个单一的数学精心拟订的问题所引起的直接给予致命一击：

在一种意义上的数学已成为法院仲裁，最高法庭决定基本问题 —— 在每一个人可以商定，混凝土基础上的，在那里可以控制每个语句。...

可以如此处理的基本问题的一个例子是每一个数学问题是可解的论文。我们都确信，它真的是如此。其实解决数学问题的主要景点之一就是我们总是听到这声呼喊在我们内： 有问题，找出答案；你可以找到它只是由思维，因为在数学上并没有ignorabimus（可以忽视性）。现在我证明的理论不能提供一种求解每个数学问题的一般方法。有只是没有这种方法。还证明 （每一个数学问题是可解的假设是一致的假设） 完全落在我们的理论的范围内。(1925年: 200)

承诺的承诺。希尔伯特从来没有生产过甚至试图证明一致性或根据其具体性的所有数学问题的可解性论文。哥德尔表明，它根本就不重要如何具体和感性和缺乏隐藏的含义和定义良好的是调用了初等算术的对象，总是会有在它真正的命题不能在有限数量的步骤证明谁的真理。

但如果一个数学命题的真相不是对其可导从公理在有限数量的步骤完全相同的然后是必要假定步骤实无穷的存在 （如格哈德将显示于 1938 年） 或

❧ 3. 第三次哥白尼式革命:陷入空无 ❧

无法避免的结论,总是会有没有更具体的迹象,尽管已定义和理解每个系统中隐含的意义通过直接观察。无论哪种方式,哥德尔的证明成为了不仅仅是希尔伯特的现实主义,而是现实主义本身的反驳。看来,加上布劳威尔的直觉主义和罗素的逻辑——以及高山族程序——失败的高山族数学想法被杀了,现在。

哥德尔表明没有信息,没有"理想化",没有正式制定,从虚化可以竭小学数学实体的内容。这意味着这些实体有总是一些进一步的内容或属性以外建成他们用公理。变得似是而非的结论现在是这些基本实体拥有内容和现实独立于人的心灵和他构造的公理。这种分离内容和现实没有任意性的定义与康德的版本建设可以克服。任何这种任意性原来是只伪任意性,建设根本没有建设,和公理,因此,信息的的命题,关于数学的实体,这可能会假,这无疑不是其本质属性的全部故事的故事告诉我们的事实。这个篇章信息性解释了为什么它是不可能证明公理的一致性。它是可能,因此,该算法是一个自相矛盾的命题,即,这是必然是错误。因此,作为一致性以及反驳对真实的想法。据我们所知,数学是连贯的但据我们所知,它可能是假的而且这原因很简单,有丰富的信息量。我似乎很难想象更残忍的驳斥,康德的哲学和跟随它比这致命的一击到理想的完整性的所有革命。

哥德尔的宿命纸的标题是"关于数学原理及相关的系统的正式不可判定命题"(1931 年)。数学原理是伯特兰 · 罗素 (与他以前的老师白石) 大逻辑工作发表 1910 年至 1913年年间。它是有史以来以减少所有数学逻辑的最雄心勃勃的尝试。我们应当看到现在如何罗素驱动,由于这次尝试,到极端高山族位置失败并没有停止直到他获得了他最后的失败.

3.6.从康德到康德: 伯特兰·罗素

什么将是: 罗素打开与康德和黑格尔派英语, 侧重于他的攻击, 康德哲学中的数学, 和特别是对感知是必要的数学论文的理想主义的反抗。在他伟大的工作, 他试图证明如何它是可能从单独的逻辑的原则中得到所有的数学定理的详细数学原理。发现中集造成罗素建构理论, 所有的小说, 不矛盾的给我们在直接敏锐的知觉的概念是矛盾的逻辑的建设并不是矛盾的一个真正的对象。这一理论的小说建设带他回到康德, 主要后他对物理学也延伸。在这里, 他希望以解决本体的概念结构, 但事实证明, 可悲的是对他来说那高山族公理化论文结构是一个过于琐碎的概念进行任何翔实的马车。

3.6.1 反抗康德和组件的问题

罗素是经过训练和教育作为康德黑格尔的理想主义者, 和他的第一本书几何基础(1927年)旨在发现空间体验的合成先验原则。而康德认为这些都是欧几里德几何的公理, 罗素表明开发以来, 全新的几何构型表示其他原则。他孤立他们表明他们是共同所有的现有几何图形, 和可以辩称, 他们是必要每个几何可能, 即, 对每一个可能的空间概念。因此, 他的立场是经验的, 有先验原则的每个可能, 完全按照康德认为, 即使他们不完全是经验的那些康德孤立。这个职位他是永远不会改变, 所以他仍然忠于康德论文。但一年后他经历了一场革命, 他被称为 "理想主义反抗":

> 这是 1898年的我和摩尔反抗康德和黑格尔年底。摩尔带路, 但我紧随在他的脚步声。(MPD:42)

这种反叛第一个表达式是数学原理(1903年), 其完全成熟的表达原则数学(1910)。这一 "反叛" 到底是什么?数学原理, 的导言中罗素告诉他写这本书来解决一个问题, 但它根本不是一个数学问题。奇怪, 看来, 这是一个典型的物理:

❧ 3. 第三次哥白尼式革命:陷入空无 ❧

六年前,我开始入哲学动力学的研究。我遭到了困难,当一个粒子是受到几个力,没有组件加速度实际上发生之一,但仅由此产生的加速度不的任何部件。这一事实呈现虚幻的详情细节这种因果关系肯定的了万有引力定律。(POM:xvii)

这一困难,带来"本作品的来源"(同上: 十六),是关于本体的基础牛顿物理学和事实上关于其最重要的本体论基础,潜在主义。我们已经看到,从笛卡尔和伽利略开始和结束与牛顿,本体论的组件及力量的运动是潜在主义者科学哲学中最重要的因素。我们看到的只是如果组件具有充分的现实分开从合力或其实际的分解,可以有了因果,因此信息的解释,对牛顿定律的议案。但只能在信息的的解释上不构成因果解释的现象。我们也看到,如何以保持现实的组件——绝对空间和时间,内部介绍了所有其余的伴随着牛顿原理的本体论结构 (惯性) 和外部 (加速) 部队,两者分开物质,因此绝对运动,因此绝对结构和太阳能系统和整个世界。在天然科学的形而上学基础康德承诺重建的牛顿的物理学基础及他成功地系统地摧毁每个这些元素。他被毁的第一件事是现实的运动的成分,然后他就消除部队 (内部的和外部的)。

组件不是它的零件,因此并不是真实的论点,罗素见面时他读康德的书。该参数是零件必须算术总结,以使整个,但算术不添加组件。他们添加的平行四边形 (矢量加法) 依法。因此他们部分,并不那么不是真实的。罗素的结论是,物理不描述一件事,在另一个之上的因果作用例如,太阳在地球上。只有当太阳的引力力的作用是在地球的运动的一个组成部分,它可以导致地球的加速度朝着太阳,或创建加速度分量在这个引力的力的方向。但如果这样的组件并没有现实意义,是在地球上太阳没有因果的作用。所有的牛顿解释,根据这一模型 (例如,现代电磁理论) 创建的所有新物理正要失去其翔实的含义以及因此因果解释的状况,成为一个伟大的小说,什么罗素称为"幻觉"。

一个明确的意义上说，这是不超过重复康德革命所隐含的结论：显然部队、因果关系、因果作用的另一件事最后——绝对的空间，只不过是和一个巨大的幻觉 （尽管康德的抗议这一结论，该书其他地方有提到）。如果没有这种力量在世界中，我们假定那里完全知道他们不我们自欺欺人。

现在，从这一困难，罗素被导致"几何、那里的连续性和无限，哲学和那里以便发现这个词的含义'任何' 到符号逻辑"（同上） 的原则重新审查。和他在组件的结论是什么？是什么从数学基础和理论的连续性方面，把"详情的因果关系"现实这巨大调查出来？

3.6.2 "回到牛顿"

以及在此基础上，数学原则的确不随着"第七部分"，题为"物质与运动"，而结束，在这里我们希望阅读如何反抗康德和理想主义会产生关于组件的本体论地位，所以物理因果关系及其后果。在前面的章节中关于"康德的空间理论"罗素解释说，康德评论员之间罕见的洞察力，自从"康德是不愿意承认，可获得外部世界的知识否则比由经验，他总结数学命题的所有处理主观的东西，被他称作直觉的一种形式"（POM: 456）。康德认为因此图或"图（这当然可能只是想象） 对所有的几何证明至关重要"（同上：457）。

这是只有哪些罗素声称他反驳康德的第一点：被证明，所以他声称的书，没有必要为任何知识产权的程序，除了逻辑的数学证明。此外，康德表明在二律背反，如果空间和时间"是任何更多形式的经验，他们必须绝对自相矛盾"（同上），因此，通过证明一致性的空间和时间的概念，证明纯逻辑性的所有数学证明，"康德大厦可以推倒这两大支柱"（同上）。后此罗素提供几种驳斥关于无限的空间、时间和同样表明，整本书，所以他认为，康德二律背反

所有几何结果按照逻辑的仅仅是规则，从定义的各个空间……所有的数学，我们可以说——和在证明我们断言，我们有的主题 —— 发

✑ 3. 第三次哥白尼式革命:陷入空无 ✑

展实际是推断出从形式逻辑的原始命题: 这些被录取, 没有进一步的假设都是需要。(POM: 458)

对康德的说法, 即使不同空间的定义是从逻辑上讲是可能的但是, 真的有可能唯一是欧几里得空间 (见上文), 罗素回答, *"建议的校正下降这一意见, 并于维护仅仅是一个新的原始的命题, 到欧几里得空间是在现实世界中的影响。"(同上)。*

罗素在这里宣告分离人类认知的空间。康德的先验的自然主义理论, 罗素解释说, "似乎会导致奇怪的结果, 无论我们不禁相信必须"(ibid:454)。因此康德必要先验命题的性质的空间 (就是几何的公理) 是假的因为根据康德的观点, "就没有空间以外我们的头脑, 它是从那里来推断, 我们对空间的不可避免的信念都错了"(同上)。由于罗素表明所有康德的论据反对绝对的空间都是无效的而其绝对性的牛顿的理由仍然不反驳, 他的结论是没有理由拒绝的常识判断: 空间是分开的也可能是欧几里得(同上: 461)。关于叛乱反对康德的这一部分, 罗素这样写道:

在这件事的口号是改革的"回到牛顿"。牛顿的训诂学的定义包含是无可辩驳的论据, 而且, 只要我知道, 无可辩驳: 他们已经两百多年来, 在世界面前, 它是的时间他们被否定或接受。不相等于前者, 我就采取了后一种。(同上: 469)

牛顿的水桶和球体参数, 因而有, 关键作用, 对康德、罗素的反叛罗素确定空间的绝对性与心灵, 是分开就像康德倾向识别非分离的空间 (其主体性)与空间的相对性。空间从人类认知的独立性的确是一场灾难, 康德不能屹立不倒, 所以接受的空间分离需要放弃康德全文。正如康德解释, 如果空间是分开的然后在几何中, 还有没有更多的确定性, 另一方面, 只要它是一定的它是调查都只是逻辑上可能的空间。

3.6.3.回到流于形式

而在这一点上开始嗡嗡噪音在罗素的位置。我们看见他数学企业旨在证明所有几何都是从"原始的形式逻辑原则"可引出唯一,即,没有任何的"直觉"或感知或"想象力",或在短,没有任何关于世界,除了那些逻辑包含的实际数据。唯一的"事实",它的允许构造几何是一些空间的任意定义。因此,几何,根据罗素,可以是"合成"只有在这个意义上说,所有这些假设是任意定义或只是逻辑原则。我们已经看到,康德选择第一种选择的数学定义是任意的而数学的综合性用尽经验合成中发挥其作用。我们也看到其先验性受到这合成的作用。但如果空间是分开的情感和理解才有没有作用,其综合就是,数学不能再合成在这个意义上说。但这是唯一的综合性有别于篇章信息性。因此如果数学不是丰富的 (因为它是任意的) 并不是合成的经验原则 (因为空间是分开的) 是在其中可以查看没有意义的一样合成。

在下一阶段,如果数学,正如罗素所说,是逻辑加任意定义,它可以合成只有逻辑是人工合成的这些感官之一。但如果所有的数学就是逻辑,而空间和时间具有完全不同的现实,然后所有我们说关于数学的地位现在适用于逻辑。逻辑不能人工合成的任何一种可能两个感官,因此其先验性不能投资几何与确定性作为一门科学的空间。更多详细,如果逻辑不会构造空间 (因为它是独立的),如果它不包含空间 (不能是人工合成的这种意义上) 的信息先验逻辑失去其作用,它将创建科学: 逻辑是现在关于世界见闻不广因此只不过是和形式。如果数学完全还原成逻辑,然后数学也只不过是和单纯形式。因此数学可能现在,获取后有已经转化为逻辑,只有确信将正式的确信。那就是,确信,每句话都有效 (即,按逻辑规律) 来自定义。拉塞尔描述了这一结论时他解释说,现在数学已成为集合条件命题与形式——"如果这些定义然后这个定理"。

现在这流于形式的数学,即其空虚从实际的世界中,信息取消中一扫而不仅仅是对康德,反叛,但是它开始在罗素的位置带来巨大的破坏。首先因为他

❧ 3. 第三次哥白尼式革命:陷入空无 ❧

哲学的企业宗旨是相同到康德的确定性的数学和科学。第二都旨在实现它以相同的方式——由变成仅仅是形式的数学和科学。可是虽然康德意识到这个企业要求的科学的所有对象的主体性,罗素没有准备好,为此,正如我们所看到的。反抗这种主体性的具体表现不是实际上排斥直觉作为一个必要的条件,为数学,但是在空间的主体性和接受其分离和绝对性的排斥反应。

尴尬和困惑在罗素哲学现在由这两个组合: 确定性和减少了到逻辑和分离的空间和时间的数学形式 (信息空虚)。只有放弃分离空间或流于形式的逻辑可以节省罗素哲学企业。但分离的空间是为它辩护康德抗洪的征税,因此罗素不会放弃它。第一个裂缝表明当罗素抵达数学原则来处理空间,年底和今后几年的洪水将溢出的一切这项征款。

这是空间的什么原因是空间的简单的事实,即使牛顿的参数需要分离,所有的概念,这个物理描述发生在这个空间里,如运动、速度和加速度,是空间的严格的数学概念。当减少到逻辑数学结束它原来这些都是纯粹的逻辑构造,因此他们不表示任何属性或状态的空间。这种麻烦始于老麻烦制造者——无限。

3.6.4.速度—— "还有没有这种事"

我们已经看到的翻修了微积分的基础的数学家重新定义此微积分的核心概念,导数和积分没有使用无限。在不知不觉中,他们事实上复活亚里士多德的程序采用一个中央表达式代替无穷大的概念 ——"对于任何事情我们选择"。

罗素构造他整个减少周围这神奇的表达"任何",分析和逻辑他归完他建立的柯西和魏尔斯特拉斯的导数和积分的概念分析。它从未想到罗素,试图克服此高山族传统或超越它的步骤。但他的勇气,意识到的"速度"和"加速"这分析的结论是世界上有没有这样的生物。罗素澄清这一切疑点:

❧ 三种哥白尼革命 ❧

它是被注意到，由于剥夺了无穷小，和由于函数的导数的盟军纯粹的
技术特点，我们必须完全拒绝的运动状态的概念。运动只是在不同
的地方连续性不同时刻，占领包括所述，在第 5 部分：有没有从地
方到的地方；没有连续的时刻或连续的位置，没有这种东西作为速度
除了意义上的一个实数的一整套的商数限额的。(POM: 473)

有是没有这种事情意味着在物理世界中，并且因此在牛顿的独立空间，不
存在速度或运动状态。如果有是"没有这种东西"作为"转型从一个地方到
另一个地方"还有没有空间中发生的变化。但是，如果是这样，什么物理处
理呢？由于其所有的法律处理速度和加速度，这导致他们的部队，必然的结
论，现在是物理学是一个巨大的小说。罗素，来到这一结论：

排斥反应的速度和加速度作为物理事实 （即，作为属性在每个瞬间
属于动点，并表示一定比率限制的不只是实数） 涉及，我们将会看
到，在法律的议案；声明中的一些困难但魏尔斯特拉斯在微积分中
提出的改革已呈现此拒绝势在必行。(同上：473)

"运动的规律语句中的困难"，因为很快就会清楚，是关于意义的物理因果
关系；如果没有这样的事情，速度和加速度以及运动状态和他们的更改，然
后没有力，因此"力的概念是一个应该不是引入动力学的原则"：

这种说法的理由是很确凿。力是加速度的假定的原因： 许多部队应
该发生在生产由此产生的加速度。现在的加速度，正如在前一章，年
底是仅仅是做数学的小说，很多，不是一个物理的事实；和组件加速
度为双重小说，像任何其他矢量和的组件，它不是结果，独自理应存
在的一部分。因此一支部队，如果它是一个原因，是永远不会发生作
用的原因。(同上：474)

不犯错误。这是原始的困难导致罗素对他的数学研究和数学减少逻辑——
物理解释关于现实的组件和因果关系的作用难以解决。此解决方案是加速

❧ 3. 第三次哥白尼式革命:陷入空无 ❧

度分量是"双重的小说",因为第一,有没有加速度和第二有没有真正的组件在加速度即使这是真的。但只虚构加速度本身是数学的逻辑减少的结果。非现实及其组件喂养一个更基本的考虑,罗素在康德相遇,而这也是: 当两个组件在一段时间期间共同采取行动,由此产生的有别于如果一个组件是采取行动,会出现什么东西在那期间时间和其他人采取行动后它在相等的时间期间。康德从它结束为组分的加入我们必须雇用一个绝对的空间 (康德MFS:32) 的小说。罗素重复这样的说法,完全同意其结论。假如两个粒子, m2和 m3是根据同时 m1期间一些时间 t,然后

M1期间的位置的总变化 t 是它没有了什么时候被如果 m2了首先操作单独时间 t,然后 m3单等等。因此,我们不能说任何总效应和 m2和 m3;而且由于短暂的影响,小说真的有单独粒子对 m1无独立。(同上:484)

罗素,然而,这只是第一次的一部分他最后的结论,虽然本身就足以摧毁牛顿的法律,这样的因果关系解释语篇的其解释信息解读:

通过加速度的语句被视为数学的设备,不是虽然有了真正的加速度,由另一个粒子引起。并因此我们逃避的非常严重的困难,原本我们应该要满足,即,即使我们允许加速度是一个实际的事实不会实际组件加速度 (一般) 不属于产生加速度。(同上)

最后的结论是虚构的物理因果关系: 如果有无影响 (即加速度) 和没有的组件,那么它是毫无意义的谈论一个物质粒子在另一个之上的因果作用。

牛顿运动定律的没有制定部队和没有因果谈的是高山族传统的特定企业自伯克利。我们在这里观察这一时刻的罗素加入努力竭诚 (即使虽然没有产生任何新的参数),所以我们观察他减少数学逻辑如何与高山族哲学完全统一。他对康德的反抗只是一个幻像,几乎从第一时刻。他接受的空间分异为牛顿的论点没有不帮助,因为所有其他的动作,以及主要数学对逻辑的减

少, 什么创建刺耳智力失调, 如果不是单纯的混乱: 即使空间是分开, 绝对的客观的然而, 所有其余的因果关系、力量, 速度, 加速度, 变化本身, 都是纯粹的逻辑小说即, 只是主观的幻象。此外, 牛顿的论据, 致使罗素接受绝对的空间, 都建在单独的速度和加速度和变化和部队和大多数现实肯定在因果关系上。它是无法反驳的论点的假设, 但然后下去, 接受其所称的结论(空间的独立性)。

3.6.5. "从不快乐自信的早晨再次开始"

"回牛顿"已经死了之前甚至开始呼吸, 但这并不是唯一的麻烦。更大和更加绝望的烦恼之翼, 等待罗素真的在意这个小的失调。绕着这罗素构造数学逻辑到他减少硬核心被他发现 (后弗雷格首次发现它的一些十五年) 的自然数的定义。该计划是要证明所有数学可以都沦为这定义——加形式逻辑。所以, 为此要完全复位, 定义必须使用只是纯粹的逻辑的概念。的确, 它仅使用概念 "类" 和 "一对一的对应关系类", 终于说了出来 "一类的数目是类似于给定类的所有类的类" (POM: 115)。这意味着所有这些类在一起 (例如, 所有数十类) (十) 这个数字。罗素表明如何在数字上的所有算术运算符合这一定义, 如果类的概念是纯粹的逻辑, 可以减少到逻辑只——如何的各种数字 (消极、理性、非理性和最后无限), 其知名的属性是通过这一定义, 因此, 所有的数学都可定义。

但这整个减少程序的目的是什么?罗素为什么做这种努力证明不需要康德直觉和形式逻辑是足够?我们必须小心不要再犯错误, 罗素的反驳康德的主要目的不是——信息化的数学, 但相反的却是康德搜寻的成就。罗素的铭记康德的失败是康德直觉的结果。这引入数学心理方面和实证元素——因此产生不确定性。因此, 即使罗素反抗康德的唯心主义, 只要它是数学的心理化, 他继承了充分的康德理想本身, 关于数学的真理完全确信的成就。也正是在这一点上在程序将很快成为其解体的胚芽中出现了一些新的裂缝。因为

⤫ 3. 第三次哥白尼式革命:陷入空无 ⤫

尽管罗素视为必要和某些 (1912:43) 的逻辑规律他也认为他们是一个丰富 (同上:40,51) 与动物学 (1919:169),他确定了与康德综合性篇章信息性的法律。于是它跟随,确定性和语篇的逻辑信息解读它变成为他先天综合。但是再一次,完全像康德,他还举行了经验主义的原理,可以只通过经验(见报价在 3.6.2 上面,从 POM: 456,和也 1912:41) 收集关于世界的信息。他也知道康德得出这主体性的先天综合,但因为罗素的企业的整个目的是反驳这主观性 (1944:13) 程序一次在上陷入了其第一步,没有希望的救助。

要治愈他的绝望他回到右后卫柏拉图 (1912:52) 通过动员直觉,"直接观察逻辑信息"(同上: 65)。而柏拉图、康德很清楚,这种解决方案要求放弃确信,罗素托管,我不知道,但如何,无视它到最后一刻。于是,他建造了一个无法执行他主要的需求一篇章信息性与确定性逻辑和数学相结合的基础上。也不是次地震毁坏了整个程序足以使他看到其愚蠢。确信的激情制服了所有。程序开始他新的定义的整数,所以哪个罗素摆脱数字作为形而上的实体:

他们成为了,事实上,只是语言便利与没有更多的实体,不是属于"等"或"即"。....这是知识的我第一次经历有用性的奥卡姆剃刀在减少未定义的术语和未经证实的命题中某一机构所需的数量。(MPD:55)

所以,而罗素的想象,他证明违反康德的事物,他确切地做做什么康德,只有通过逻辑的手段,他作为独立的实体,这些数字说明失效的数学。然后,这是数学的教条,罗素正忙着破坏。当他把话说完它出现了数学并不描述事实上任何通常的对象,这既不是数字,也不是三角形,点线等。果然没有它的概念是指什么都,但相反,它们是"只是语言便利"(他学会了从庞加莱也解释这种语言方便表达是公约)。

教条的数字是第一个问题,罗素被丢弃他定义的整数。但定义假定有"类"概念所指的东西。春天1901年罗素它发现的第一个矛盾这类的概念需要。这就是地震的开始和它的引力被立即确定。当他发现告诉怀特黑德,是他的老师和同事,怀特黑德回答与勃朗宁的名言:"永远不会快乐自信的早晨再次"。拉塞尔保持上写数学原则及稍后的白石,减少,数学原理的确切正式和抛光版本 (1910年——13)。弗雷格另一方面,当他听说矛盾,停止了他工作的数学,指他毕生直到现在,和永远不会再次返回到它减少。(MPD: 58)。

3.6.6现在 —— "我们永远不会知道我们在谈论"

没有潜在主义者会把这件事的发现矛盾这类概念意味着,作为一个特别重要的问题。罗素,其结果却极端的措施,他为了即保存从其彻底的毁灭,他减少了他被收养的高山族本体。这通过初可以见于他转化类有名无实,和传统主义者的论文,关于人类的知识,在它的全部逻辑制定的成立,其高点。因此,罗素的解决方案是可预期:很明显他矛盾被假设"形而上学实体"和"未经证实的假设"的基础结构的影响。他出去后,他现在走投无路的形而上学的罪魁祸首是类的概念。他接着告诉这个概念并不表示实际的事情,世界上任何事物和非现实的类的第一迹象是下面的参数: 假定的真实世界的东西数是 n,然后,由康托尔著名定理,可以从它创建的子班级数目是 2n 但 2n 是更多比 n因此,

> 因此,类不是东西。......我导致的结论是类是只是在语篇中的便利 (MPD: 61——2)

所以原来这数的著名定义是流于形式的话语——"数"字——由另一个便利的话语,"阶级"一词的定义。因为这里涉及的是仅仅关于言论和话语的问题,它可能从现在起,避免矛盾的外观由新规则的语法根据需要,规则将防止,例如,表达"的所有类的类"建设仅仅是加法。

这些规则的语法罗素称为"逻辑类型论",他的意图是足以使他们看起来会那么武断。但是,到了现在不需要说明理由,因为数学已成为现在话语,不是指"任何东西",因此可以排除任意规则的语法根据需要或突发奇想发明

3. 第三次哥白尼式革命:陷入空无

没有合乎逻辑的理由。这些都是供这并不表示任何真实的东西和所有的东西,它是指为人类的头脑创造的仅仅是小说话语的唯一规则。

在这一进程的结束,当尘埃云的技术逻辑烟花安定下来,出现的是,奇迹中的奇迹,由康德的大画的复制品:数学,只要它是肯定的是空的信息,并有丰富的信息量,据它缺乏确定性。此外,它藉由康德测试手法获得其确定性。它表示的实体有没有独立的现实,从法律的数学,因为这些法律和只有他们创建它们。这样一种创作是一定是任意的因为没有世界来限制它,它必须符合本身的因素。于是得到的确信是数学,康德描绘为其原则合成先验结果的必要空虚的疗效。罗素重新发现后多辛劳,,这同样的合成先验,但是现在——因为它未有接地的直觉,但只是在逻辑——其信息的空虚是清澈见底。罗素总结出这令人尴尬的成就由一句俏皮话,可视为一丝幽默不是一个巨大的哲学失败难过综述:

> *数学可以定义为主题,我们永远不会知道我们在说什么也不是我们所说的是否属实。(ML:75)*

请注意这个好奇的矛盾这一索赔——因为第二部分暗示着有数学真理 (和虚假) 关于某些实体,但第一部分意味着,有没有这种实体的两个部分。这种矛盾的表达,是对梦的罗素不准备承认被毁。即使在数学原理后他接着谈数学作为"永久责备的怀疑",因为"这幢大厦的真理站立不可动摇和攻不破的的怀疑犬儒主义的一切武器",并申明,"在数学中,更比其他的地方,对真理的热爱将找到鼓励为减弱的信仰"(ML:72——3)。他接着宣布"整个独立"的数学从我们添加数学需要我们"从什么是一个人,到该地区的绝对必要性,不仅是实际的世界,但是每一个可能的世界必须符合"(同上:70)。但在相同的呼吸中他还反复地解释,在数学中"我们建立我们自己的理想,从片段将被发现在世界和在结束它很难说结果是否创造或发现"(ML:70)。这是悲剧的知识分子的东西。

3.6.7.说明和直接相识

然而,年后出版的数学原理课的发现不能视为真实的东西从来没有停止过困扰罗素,和需要其有系统的说明理由"来被认为是对逻辑我最重要的贡献"(MPD:63)。这是知识的他,他于 1905 年,出版,成为小说罗素将在随后的几年中开发的一般理论基础的两种理论。

我不能在它的技术细节,呈现它在这里,因此应当做粗略的草图,其主要思想和其最终的结果。最主要的就是它的目标,被遗忘在多数演示文稿,但分别从这它失去理智。因此,其目标是要表明,类只是一个例子的一种实体,尽管他们看起来对我们必须是真实的事实上是没有明确的证据证明这一点,和因此有是无需承担这。在课堂上,所有的真是撰写它和属性正是因此他们属于它的东西。罗素继续表明,只有这些是真实的原因有两个:第一,技术的原因,它永远是可能放弃"类"的概念,它代替真实的东西,构成它通过双方的共同财产。第二,哲学的理由: 为了作出声明,或相信它,或假设,拉塞尔宣布现在,我们的头脑必须有直接和立即认知的命题的所有组件,否则我们不能知道我们在谈论什么。

这一命题的组件 (或信仰,或怀疑,和最后的组件的"事实",他的决定,制订在 PM:66),因此,正是这些东西可直接认定。但像术语"阶层",或"现任总理"或"以色列国"或"苏格拉底"都无法直接认定,罗素认为,因此他们无法组件的命题或事实有关,我们说话。他被称为"说明"和表达式表示组件的命题的一种表达,他被称为"名称"和理论被称为"描述的理论"。通过这些条款它可以这样总结:只有名称表示真正组成部分的命题或事实,而所有出现在他们的描述总是会沦为名称。知识或理解的命题可以因此,总是减至知识及其实际的组件,而这才是知识直接和立即,他称之为"知识的熟人":

❧ 3. 第三次哥白尼式革命:陷入空无 ❧

这对命题包含描述的分析的基本原则是:每个命题,我们可以了解必须完全组成的成分我们熟悉。(1912:32)

从现在开始,他的整个世界 (数学、自然科学和经验) 的照片成为了稳定的两个真正的组件和工具: 我们真的知道的事情只是我们的检测数据和普遍的概念。从中,我们构建了整个世界,和我们建设的文书是逻辑的原则。

康德原则清楚地出现在这里:感知我们提供原料,意义上的数据,而理解为我们提供的一般概念和我们直接知道这两个。然后有关系和概念,我们知道通过熟人之间的联系,这些都是法律的逻辑。在这里,因此,我们有先天元素。罗素也认为,正如康德,数学定律分析,并不能从法律逻辑 (在这里他不同意从康德),以便逻辑本身不能被解析。于是,我们有直接的认识的熟人的先天综合命题。从这两个——感数据和给定的普遍概念和仪器的逻辑——我们构建不仅数学 (各种数字、功能等) 的所有对象,还我们身体经验的对象。

3.6.8.减少物理到逻辑

第三个 (和最后,违反计划) 卷的数学原理出版于 1913 年,和一年后罗素发布第一他的作品对减少物理到逻辑,*我们所知的外部世界作为字段的哲学中的科学方法*(1914 年)。"科学方法" 在这里的意思是施工的只是施工的理论的描述,即,所有物理物体放在元素给我们的熟人方法。从意义上的数据、概念和逻辑,先天综合法律经验的对象的逻辑结构是减少物理作为减少数学刚刚完成的第二部分的程序。我们已经看到,在结束了数学原理罗素宣布即使部队和其组件、速度和加速度和一般物理状态及其变化,到最后,仅仅是逻辑小说和概念的建筑,他不过举行本身的物理空间是绝对的和这由于牛顿的水桶和球体参数。发生什么了之后的理论描述,到绝对的对象和填充它虚构事物之间的区别?

❧ 三种哥白尼革命 ❧

如果理智的事情（如表），所以作为类清除实体，是否只是描述因为我们有他们没有直接知识，因此它是可能的和必要的净化他们的科学理论，什么关于绝对空间？显然我们的熟人，有没有直接的知识，它的因此这也必须是仅仅描述或逻辑的小说。与罗素的语言，绝对空间必须永远的物理命题的一个组成部分。

所以，从结束了战争，在 1917 年，和接下来的十年中，他继续发布每年的研究，详细和建立他的物理还原的程序。最后结果和程序摘要的他发表的问题分析(1927年)。然后事情发生了，罗素应该期望从一开始，但出于某种原因没有正式开始。

他的目标始终是确定性和方法是驱逐从理论的所有假设实体和所有其任期至感觉（意见）和逻辑（数学）的减少。拉塞尔解释说，"什么并没有超越我们自己明智的个人交往必须是对我们来说最某些"和"一般性的真理的逻辑(Ex: 57,60)。并因此减少物理获得确定性程序，罗素解释，不再是比奥卡姆剃刀严格就业：

奥卡姆剃刀原则，如果类的出场将履行的宗旨，事情由史前的形而上学常识是适当的谁发明的经济要求我们应该与它的出现的类标识的事情。它是不必要拒绝一种物质或其外表下卧层的。它是只是权宜之计弃权断言这不必要的实体。(ML:148)

奥卡姆剃刀原则一直守望传统的现实主义者，自从中世纪。罗素在这里宣布重新他的承诺，以及考虑现在，对这一传统，并建议其现代的配方：

这是最高科学哲理格言：

无论哪里可能的逻辑结构是用来替换推断实体。(同上)

因此，罗素解释，而不是假设存在的非理性数字"作为系列的有理数，没有理性的限制应该限制"和事物的存在是可能的但不是一定，在数学原理因而他定义无理数"作为某些类别的比率，从而构建它逻辑上通过比率，而不是

❦ 3. 第三次哥白尼式革命:陷入空无 ❦

到达它的令人怀疑的推理从他们"(同上)。以类似的方式在此程序必须颁布的数学物理,例如,例如,它处理的物质的粒子的所有对象:

> *数学物理的持久性粒子我认为作为逻辑结构,具有象征意义的小说,使我们能够表达事实扼要非常复杂的组合。(同上: 123)*

因此,而不是假设空间的存在,例如,它构建,必须从法律逻辑和数据给出了在"直接明智熟人"。这些感觉数据罗素称为"方面"或"角度"的对象,从而意味着从特定的视角观察的方式。每个这种一方面是三维立体的主观空间,以及物理空间本身是完全相同的类 (按相似性关系进行排序) 的此对象的所有的实际和可能的方面。这是的唯一的地方,哪些是可能得到完整的理解,谈到罗素认为,因为虽然它是六维,它构建严格的元素给出了在相识,因此它实际上是物理的绝对空间:

> *事实似乎是…夸张地说,一个包罗万象的立体空间是一个逻辑的建筑,通过从一个原油的空间六个维度的相关性。(同上: 137)*

即使它看起来是有需要为此承担的无限性方面和从没有在所有被占领的观点的观点存在,罗素说,他认为他们作为严格的临时手段为建设,在它的末端有可能放弃他们 (ML:151)。理想的状态会唯我论的物理——即其所有的对象都是从只有我自己私人的检测数据的逻辑结构:

> *它会给我最大的满足,要能够免除 [所有其他方面],并因此建立物理唯我论的基础上。(同上: 150)*

> *"我渴望呈现唯我论科学地令人满意"喂,因此,他"渴望逻辑经济"(同上)。*

因而确信和最大的逻辑经济激情带领他的物理完整和最后的主观化的程序。

3.6.9.回到康德

在这罗素是更加极端和一致比康德。而不是假设单独世界包含事物本身，以致我们不能认为所有，他要求所有实体不符合逻辑构造，但不可避免地假定，"必须类似于那些给出了它们的存在"。换句话说，物理必须严格使用这类实体在一个给定的体验中出现，它应主观和主义和丢弃不给出的经验，只要它可以或必须承担他们作为类似于那些给出的所有实体。罗素抽出这种构造物理周围这些阶段的蓝图：

1. *建造一个单一的空间*

2. *建造一个单一的时间*

3. *建造永久的东西或事情。(ML:161)*

然后他继续执行每个这些建筑。我们已经看到他如何构造物理学作为相同类的所有方面，这将创建一个六维空间的空间。他完全相同的方式构造的物理问题： 而不是假设问题唯一真实的物理世界和那感觉是仅仅是一时的传球视野。罗素的结论是什么，应视为"物质的最终成分"是我们的感情。什么接受教条的形而上学的常识，他说感觉和知觉，不引起问题，但问题是我们从感觉的逻辑结构：

> *我们必须将问题视为逻辑的结构，其中的成分将五月，只是这种倏逝详情当观察员碰巧在场，成为数据的意义，观察员。(同上： 131)*

因此，确切地作为康德 和马赫，问题不是我们感觉的原因，而我们感觉是产生问题的原则。

接受的属性的问题，作为其持续时间时，它是在一个地方，或在其运动的空间，在不能构造出意义上的数据。因此，罗素建议，向他们介绍定义，并同样，介绍由定义的所谓的物理对象：

❧ 3. 第三次哥白尼式革命:陷入空无 ❧

可以我想象，由定义保护持续存在的所有问题在整个所有的时间。…因此我们可以放下了以下定义：物质的东西是那些系列出场的事项服从物理定律。(同上：164)

物理世界中,两个实体的数学物理和对象的日常生活中,原来是一个巨大的逻辑构造和象征性小说从原材料的检测数据根据逻辑的先天综合法律构造。什么区别罗素从康德是主要地位这种结构。康德将它视为自然产品的理解和情感,一种智力的分泌,而因此作为必需的人类认知,东西罗素被作为一种完全人工的程序,只有数学家和物理学家感兴趣和处理施工。

因此,他当时没有谜底答案简单但致命的日常思想:"*的逻辑结构和你争论其实是我们日常生活中,对象的象征性小说的每个人都是我永远不会做的事情,不知道如何做,并不需要进行。因此,这些小说本身你发明了以满足你的绝对确定性一些奇怪激情小说。我,我有没有这样的激情,和因此在你逻辑的结构——谢谢你,但是没有谢谢你*"。这是一个难题,不能放到康德,因为他认为这种结构是一种无意识的过程,但它是一个明显的游戏为罗素和它阐明了他建设了自己的现实主义,奥卡姆剃刀和所有的概念的人工和传统主义者状态。正是因为它不执行,所以重要的是对康德的必要性,罗素哲学只是康德的现代体现。适当,其因袭主义成为新的哲学家——与那些据称后来反抗他们的逻辑实证主义者的中央灵感来源。

3.6.10 结构和事物本身的本质

罗素认为他克服了这一阶段也主要断于康德的自在之物。我们看到,他克服了起初的本体放弃它,完全地,通过构建从感觉只有物理所有逻辑和象征的小说。但很明显这是没有真正的解决办法,不管多么激烈之一可能宣布他唯我论,因为很清楚给所有人听他的感觉引起一个是分开,因为他对此尚无证据根本和外部的世界,它是相同的感觉。即使减少到小说的感觉从构造物理

❧ 三种哥白尼革命 ❧

学作为一个正式的解决方案可以将传递到本体的问题，它不是一个合理的解决方案，也没有任何证据为其真相。

虽然在监狱里他被关了作为复仇为煽动人民不争取到了杀戮之第一次世界大战的时间，罗素写了数学哲学导论(1919年)。在这本书中他提出了一种，第一次，一篇论文来指导他在下一年期间：现象必须精确的复制品的自在之物的情况下，我们认为只有他们正式或逻辑的结构。现在新大希望保存科学的不确定性，就成为了结构。拉塞尔解释说，传统争议最多，是否人已经认识到结构的重要性会避免。接受的立场说，现象都是主观的但是引起自己的东西，我们不能刻不容缓。不过一旦接受了结构的重要性，这广泛传播的态度可以视为简单的错误是：

> 在实际的事实，然而，如果所述的假设是正确的客观的同行会形成一个世界作为现象世界，也有相同的结构，使我们可以从现象中推断出所有的命题，可以抽象地说，被公认为真正的现象的真相。如果现象世界有三个维度，所以必须现象背后的世界。如果现象世界是欧几里得的所以其他必须；等等。总之，每一个命题具有传染性的意义必须为真的两全其美或者不。(IMP: 61)

罗素在此参数中为例，是什么让康德警告他的读者的猜测自在之物。这样的言论必须使用类别的理解和形式的感性，但这些都是形成因素只的感觉，因为只有这些可以我们知道直接。只是由于直接知识和形成可确定性的数学和科学本质，康德认为，保存。就业的种类和形式在谈论事物本身的本质将立刻返回我们到休谟的怀疑论。总之，它是无法承担的现象和事物本身之间的一对一映射（例如批判：358）。

但是罗素认为他在这里发现了康德的答案：即使本体是复制的惊人的东西，什么将它保存从怀疑是这惊人的物体的性质：它并不仅仅是结构，并不满足，因此它可以适用于任何内容，例如，对本体。因此，尽管我们不知道任何财产或物质的本体，我们可以知道肯定地对所有的对象构成的本体，即适用于它们的结构是共同的东西。但从那来的结构现象的确不适用于本体的确定性?

3.6.11 祥和的结构

罗素在他的骨头, 感到答案, 但可以不制订它之前他出版*问题分析*　(1927年), 他描述了世界现象感数据的逻辑结构的细节。答案出现时剑桥数学家, 马克斯纽曼, (后来要艾伦图灵的一位同事) 反应在审查文件。纽曼说, 罗素是非常正确的逻辑结构, 适用于现象最当然也适用于本体, 他假设, 但这原因很简单:　结构是一个非信息的概念。因为它是够两个类有相同数量的对象具有相同的结构。和也恰恰相反——如果两个类具有相同的结构, 它然后如下他们有相同数量的对象。因此, 结构只不过对象的数目。于是, 说现象的结构是自在之物的结构, 只是意味着现象与自在之物包含相同数量的对象。

因此大家都在谈论结构失去了它的重要性和价值, 这是小事一件。我们认为, 当有人认为本体具有欧几里得的三维结构他宣布从而耸人听闻的消息。现在事实证明, 即使他并携带信息, 它是微不足道的无非是一些——对象构成的现象 (和因此本体) 的数目。纽曼的论点是高山族哲学要翔实任何尝试的最后反驳。因为在其根的参数表示一个简单的事实:　它不能安排一个给定的类的对象　(并从而赋予它结构)　在许多不同的方式。每一类将创建订单和一些特定的关系结构。这些关系的数量是安排和结构数目。因此, 在谈到给定类的结构分别创建这种结构的关系从没有意义:

> *要强调的一点是集合的毫无意义的说话而已的东西, 不提供关系——例如, 一套一套的点没有被任何线所连接的结构。(纽曼: 140)*

因此，比如说，它是毫无意义的说话关于结构的一类自然数，除非下一组给定的关系 （例如"大于"、"的后继者"，等等）。用相似的方式，它是高度琐碎地说，这组对象有一些关系，还不知道下的一个结构。关系必须已知的给出了，和之前这种谈话获得意义明确，纽曼说 （同上）。但如何能关系成为给定、已知和明确吗？

在这方面有只有两个职位。第一派认为，关系，与任何其它财产的对象，可以知道，并给出了只后给出的对象，只有通过他们的只是对象可以定义的关系，和这原因很简单，关系不是独立存在的对象从。这是高山族位置和它说，我们不拥有的认识直接分别从实际对象到关系学院。这些对象因此从逻辑上看之前的关系，而且只有他们可以创建和定义它们。相反的位置，潜在主义者，说，关系，像所有其他的属性，可以有存在单独的对象，有时我们成功在猜测其性质，甚至在他们成为体现在之前的对象。

现实主义者必须因此，定义创建结构在给定组中的这一组的对象本身的关系。因此他将通过枚举的对象 （例如数字） （指出） 对定义"大于"关系，并将声明——所有这些对对象的类是"大于"关系。这个高山族定义后才将他能到状态：在这类结构"大于"获得任何两个数字之间的数字。

3.6.12 空虚的结构和含义的相对性

显而易见的是，为什么这个声明关于结构是信息空——它成为身份声明以其现实主义定义取代词"结构"的那一刻。例如，语句之间存在"大于"关系任何两个自然数会因此:的数字 1、 2、 3……包括以下组对 （构成"大于"关系） 1, 2;1, 3;2, 3……"。同样清楚为什么每两组具有相同数量的对象也具有相同的"结构"的是： 因为有相同数量的物体意味着，对于每个对象在一组它是可能要映射的对象，在第二组，反之亦然。但然后每对一组中那里将对应正是一对另一组。而由于这些成对的关系，很明显，每一组中的关系体现在另一组，从而也在它构成的结构。纽曼这样总结了琐碎的结构语句：

3. 第三次哥白尼式革命:陷入空无

不重要信息的聚合一,除了其基数是声明所载,存在系统与 A 的关系作为领域,其结构是一种分配。(纽曼: 140)

基本上这现实主义者参数是论文的应用希尔伯特或甚至庞加莱,理论不能确定其条款 (希尔伯特) 或被其模型 (庞加莱) 的对象的含义。现实主义者结论是理论的条款没有任何预定的意义或者参考或者,换句话说,所有的含义都是相对的。纽曼只明确本一般的论文——惊人后果任何"聚合"与足够数量的对象将满足任何给定的理论。这是最终的结果是对相对论的含义和概念的现实主义者必须承诺。我会在一个简单的例子来说明这。

它可以是问——是不是可能即使有相同数量的第二组中的对象,这体现在第一组的关系不体现在第二个呢?一个简单的例子就是即将到来:内首先10自然数是一种结构,由关系"大于"定义的组对 1, 2;2, 3;1, 3;1, 4;2, 4;3, 4;…等。让我们现在的前十个房子在我的街道,将分配给每个一些介于 1 和 10,并问: 大于房子 1 房子2 吗?和大于房子2 房子3?等。很显然,这是一个经验问题,不能确定的先验结构和关系被定义在十个数字,即使组数和房子有相同数量的对象。但现实主义者不是容易受惊。考虑过这个问题后,他回答说:我们不知道"大于"关系在本质上是什么。我们有没有直接洞察精华。每个概念是一个问题的定义,并定义始终是相对于我们的需求。我们定义所有所需的概念每次重新根据新形势的要求,如果我们在这里需要定义"大于"说那房子2 大于房子 1 等等——让它如此。这不是一个虚构的故事,因为这令人惊异的论文由另一位数学家证明纽曼事几年前。

他的名字是石坦梧•斯科和他的证明制定于 1920 年,表明新,希尔伯特的公理化论文,集理论不能作为数学的坚实基础。当时的想法是表明,认真对待公理化论文导致这样荒谬: 可以然后显示实数具有相同的结构,作为自然数与康托尔的著名论证。斯科伦定理有时被称为"斯科的悖论"和它的重要性是,它说明了对于现实主义者不承认独立,因此绝对存在的概念和含义,没有悖论出现在所有的事实。这个定理的强度罢工再从时间到时间 (主要哲学家), 为了这一天。因此, 例如, 1977　年问题的重要性恍然大悟, 美国哲学家普特南, 和悖论缺席与确定性的即时外观迷住了他这么多, 他被转换了成成熟的现实主义。我不知道是否罗素熟悉斯科的定理在　1927　年, 但毋庸置疑, 纽曼是我的。

纽曼的结果表明, 因此, 自现实主义者对于没有直接知识或熟人的结构或关系　(因为这些都只是通过一个类的对象定义, 然后绝对任意定义它们)　然后关于结构的一类对象满足每个语句是平凡的, 两个类具有相同的结构每个语句什么也没说比都有相同数量的物体:

> [罗素] 　语句只能意味着, 我认为, 我们的外在世界的知识以这种形
> 式: 世界是由组成的对象, 形成的聚合的结构在某些关系 R 已知的
> 说是 W, 但什么已知的关系 R (或什么也不需要被假设已知), 但它的
> 存在;……现在已经指出这种说法表示只有 trivial 属性的世界。
> 任何的事物的集合可以举办, 具有 W 的结构, 只要有正确的数目。(
> 同上: 144)

纽曼在这里澄清, 因为对于现实主义者有没有知识是通过熟人关系为东西分开, 每个语句结构的集料的事情是真实的如果它包含足够数量的对象。因为任何这种骨料总是满足每个可能的结构 (如果它只包含足够多的东西) 结构声明是真实的必要性, 并因此不包含信息　(重要的是, 纽曼补充说, 因为还有一些信息, 即中对象的数目总数)。总之, 如果所有可以了解世界是其结构, 作为现实主义者如庞加莱和黎曼认为, 这种知识则几乎　(即最多数目) 空的信息。而是相反:　我们世界的知识可以是结构性的但唯一条件是我们有的属性和关系作为独立于世界的实际对象的直接认识, 这将是信息的。但然后它不会再仅仅是结构化知识, 如罗素争论, 但将是典型的知识的内容:

> 如果任何人直接所知其 [关系] 性质我们应该知道的东西不结构了
> 解外部世界。(同上: 145)

∾ 3. 第三次哥白尼式革命:陷入空无 ∾

3.6.13. "我原本不真的打算说什么其实我没有说"

罗素读"有一些失望",批评他与纽曼和感到"有点羞愧在未注意到这一点为自己"有关,即"我的声明到什么已知的物质世界,除了其结构的影响是虚假或微不足道"。他同意在一次"关于物理世界参与说容易受到这种,这种结构是关于其基数"(1967:413) 断言唯一有效的断言。与此完全达成协议后的平凡性的结构语句,罗素解释说,当他宣布这一切的时候他并不意味着它在所有:"我原本不真的打算说什么其实我没有说"(同上)。

但还有一些事,罗素说和打算说,但,他不应该说他本来打算呆在他的高山族程序的边界内。他解释说,即使它是确实有可能安排给定的聚合中任何一种方式,每个这样的对象定义的关系,仍有关于他们的"重要性"这些关系之间的一个区别,有的确微不足道和毫无意义的关系,以及有严重最重要的。罗素说不出不同的是,因为他被铁链拴在他内的"重要性"和"严重性"是无意义除了实用意义上说,那就是,主观上的高山族程序。纽曼,指出这条出路,也表明小的逻辑运动,这种区别 (重要琐细的) 不能定义或描绘在逻辑术语中,阻止这种方式离开了琐碎。

因此,在这些悲伤的词——我没有不真的打算说什么我其实我已说过——罗素宣布他从任何知识本身世界伟大索赔的撤退。他是左与建设练习对世界的现象从检测数据和唯我论物理的老激情和主观的确信,陷入他 Berkeleian 康德遗产,反对,他挣扎着要反抗他成熟的人生。即使在他 3 月初他背叛真理融贯论,然后解释说,"虽然真理与谬误的信仰的属性,它们是属性依赖关系的信仰给了其他的东西,不是对信仰的任何内部质量"(1912:70) 然而,现在,在路的尽头,真理作为一致性回到了统治。

纽曼的批判是什么,也许,引起中断的罗素哲学工作在未来的十年。今天有可能查看的了罗素的哲学是时代的镜子。在那一年,1927年,海森堡作为本质的新的量子理论,发表了他的不确定性原理和这象征彻底克服胜利的其反信息专家解释。一切的一切它标志着科学的发展与罗素的程序之间的和谐，因为即使罗素并不熟悉的新的物理，他和这个新的物理学的创作者的动机是什么是共同的愿景，饲喂确信的高山族激情。并且因此，即使纽曼罗素——所澄清，谈论的结构是琐碎的现实主义者——大概知名向每个严重的哲学家，但结构成为了其作为相反的内容，未来发展哲学中的科学，即逻辑实证主义的激励中心思想的作用。卡尔纳普发表他第一次，一年内工作世界的逻辑结构(1928　年)，他解释说："不管不属于结构但材料……，在最终分析中，主观。一个很容易可以看到物理几乎完全是反主观的，因为几乎所有的物理概念已变成纯粹的结构概念"(卡尔纳普　1928年：　§　16)。对科学知识最后虚化种族现在正值鼎盛时期，但卡尔纳普和他那一代的主要动机是　20　世纪的科学——爱因斯坦的相对论的两种理论的发现史的创伤性事件。罗素是从来没有能够看到为理念，相对论理论的全部含义，他有点脱离力克和赖欣巴哈和卡尔纳普等实证主义者开发的相对论的新康德主义解释。我认为他因此作为前爱因斯坦思想家。但尽管如此，他的逻辑和意义数据减少数学和科学的程序模型，最佳的科学哲学家将工作从现在开始。

还有一些古怪强度影响的罗素减少程序了。最后，他的工作实际上表明为过集中了最大努力减少数学逻辑是彻底的失败。他的数学原理表明，有必要介绍一下几种假说，这不能由纯粹的逻辑概念制定或定律推导出来的逻辑。即是说，这些假说进行有关物理世界和各种数学实体，这可能是真的，可能是假的但我们不知道如何证明或驳斥并没有它是不可能从数学逻辑信息。因此，我怀疑，罗素的企业的影响主要是为了证明克服数学的不确定性的唯一办法是把这些假设变成定义和语法只是任意规则。只有虚化的非逻辑的术语　(如"班"为例)，可以保存逻辑数学变成毫无意义和不可参考的语言。逻辑实证主义者将沿着这条路，这与各种善意铺成的希尔伯特变换和罗素。但在之前这我们必须回头，到　1905　年，在物理学中，爱因斯坦的相对论理论的最大的创伤。

3.7.保持形式: 阿尔伯特·爱因斯坦

什么将是: 我们应看到现在如何爱因斯坦构建他的狭义相对论的现实主义原则、定义和构造新的对象,如速度、法律性质、时间、空间的假设。这将作为一场新的革命——语言革命的产物。康德论文我们相遇在经验的本质是人类理解的合成的产品成为了与爱因斯坦论文的性质在我们的经验在我们定义它们的是相对于科学的概念。爱因斯坦的现实主义也被表达在就任电磁力缺乏现实分开参考系统。同样,非分离的引力,说及,广义相对论的理论的中心假设。说自然法则保存在每个参考系统,其形式的广义相对论的原理是爱因斯坦解释的非分离的万有引力和参考系统从时间和空间的几何。当它显然是广义相对论原理是无非是一种数学把戏并不反映根本连空间和时间的相对论时,爱因斯坦放弃其先前的配方,,完成了一种更极端。这最后的版本,单独的物理现实包括只有"交点"(物质粒子彼此的会议点) 可以归因于他们 (如几何和力场) 任何结构则是虚构和公约。

3.7.1.过去他不读休谟吗

爱因斯坦在 1915 年 11 月的四个连续星期四讲授他的广义相对论理论在柏林的最后版本。在 12 月初莫里兹力克发表一篇关于理论的哲学论文,冲到爱因斯坦的关闭打印。一天后他接受了它,爱因斯坦因此打开信件中回复:

> *昨天收到了你的文章,我已经通读全文。它是最好之一,直到现在已经写了有关相对论。从哲学的一面,没有什么根本似乎有写关于这几乎是如此清晰。同时,真是你主题的完整的命令。我没发现什么会阻碍你的博览会。(Howard 1983:618)*

于是成立爱因斯坦与力克,直至 1920 年左右期间,爱因斯坦关系确认一次,他再次同意力克的解释他的相对论理论。在这封特别的信我们也找到别的人震惊的证据——爱因斯坦看待他的理论和休谟和撼力克的高山族传统之间的联系的方式分析了他的文章中的相对论与两种哲学——康德的后果和他所谓的 "实证主义" 由马赫。他一般的结论是，即使相对性理论不是从马赫的哲学可推导的那里是他们之间这种密切的关系，

> *它将不得不说，的确，爱因斯坦几乎不能到达他的理论，如果他已经不是他自己已玩弄这些想法。因此，我们可以把它建立一次，我们的原则在实证主义的知识学找到一个舒适的卧铺。（力克 1979年：179）*

力克还提到关于 "观念的物质" 伯克利分校、休谟和康德，作为为爱因斯坦的 "以太" 的拒绝所预备的地面的批判 （同上：186） 和最后他总结出：

> *总之我们必须因此发音如下关于实证主义对相对论的态度： 实证主义的知识学的总体思路毫无疑问为相对性原理，空间和时间从它派生的后果提供了有利的土壤。新视图可以被同化实证主义没有任何困难。这是不正确的说，然而，实证主义已演变和预测这些意见从内本身，作为唯一正确的——别人会有同样适合。（同上：184）*

他答复信中爱因斯坦同意所有这一切，并证实猜想 "实证主义" 对他来说的确是关键准备他的发现

> *很正确也是你的如何实证主义认为相对论理论的解释没有，但是，需要它。你已经看到正确，这种想法我所作的努力，特别是 E.马赫和休谟甚至更多，其伤寒论的理解我渴望和钦佩不久前发现的相对论理论研究了影响比较大。它是很有可能，我不会有了没有这些哲学研究解决的办法。（霍华德：618）*

于是，在一个难得的时刻和关键的交接，他在生活中，与演变的事件记忆犹新，他的记忆，爱因斯坦向他的相对论的发现解释事实的历史连接的休谟和马赫。"马赫和更多的休谟"，在他的头脑的哲学家，他从他教条式的 （潜在主义者） 沉睡中醒来，发现理论的关键条件 （如最后一句说）。两个数字贴在他们的缺席从爱因斯坦的词——康德和庞加莱。但即使力克失败在他的

⌘ 3. 第三次哥白尼式革命:陷入空无 ⌘

论文中提到庞加莱,大部分是处理康德哲学与相对性理论之间的关系。也没有爱因斯坦拒绝力克的结论,以便我们可以假设他认为这太像真的。

力克这样总结他的分析: 首先,"历史性"康德并不"预测"相对论,它也是不可能将它放轻松和"无间隙"进入康德。关于改进的康德,提出一些他现代的口译员的情况却不同。首先,这些改进不害"康德学说之心"了,因此,即使有需要更改一些"基本部分"(同上: 178),从而可以找到一个似是而非的地方内它为相对性理论。但这些"基本部件",必须走变触及论文科学是可能的只有基于先天综合判断。爱因斯坦的安静和积极反应 ("没什么我发现故障你博览会") 指示作为科学的可能性的必要理由先天综合被爱因斯坦作为一个真实的想法。正如我们所看到的这个想法就已经削减了松散及其遗传链接到康德,成为小说的现实主义哲学马赫和庞加莱的一个核心概念。这些可以因此,作为爱因斯坦的概念的起源。这可能是什么,不能有任何怀疑,他的相对论的理论基于合成先验,它出现在作为公约的版本的现代版本的方式。

3.7.2.不对称和桶: 第一个答案

在爱因斯坦 1905 年狭义相对论的论文的开篇章节是概念的逻辑分析的同时性。但它前面一篇序,这也解释了某些故障在电磁场理论的接受解释结果从忽略了一个重要的事实:

> *关于这一理论,不管任何电磁理论说最终是的东西有关刚体 (坐标系统)、钟表和电磁过程之间的关系。充分考虑这种情况是电动力学的移动机构目前遇到的困难的根源。(爱因斯坦 1905年: 38)*

这些话在爱因斯坦制订哲学本质的他的发现,和这种做法,并且还将他将来的发现,十年后,本质的广义相对论的理论。在其基础在于,因为很容易看到,科学高山族概念: 物理处理严格材料参考系统,如刚性杆和"刚性"的钟表，一方面与有关的物理过程（电磁、机械等）之间的关系在另一方面。无论不能归结为两者之间的关系不是一部分的理论实际上说些什么。

"困难"爱因斯坦所指这里是理论问题的一种特殊的逻辑和形式的理论，不它的内容，其实只是一个单点故障，故障即缺乏对称性。接受的理论包含两种不同解释为两种现象即使在本质上这些现象不是彼此不同。一个是移动的磁铁附近导体在休息。第二个现象是一块磁铁在附近运动导体的休息。在两种情况下，电流在导体中创建和所有其属性（其方向和强度）只取决于磁铁和导体之间的相对速度，这是观察到的事实。但理论产生了两种不同的物理解释为这两种情况。所以理论"似乎不是现象中固有的不对称会导致"（同上：37）。

于是，什么是关键在这里从一开始，"什么看起来所固有的现象"是严格的相对运动因为电流仅仅依靠它只要这种现象表明。其他的一切，即各个领域创建根据这两种解释，都不是现象，因此，不能"所固有的现象".

> *在下面这篇序文中爱因斯坦挂钩"不成功的尝试，发现相对于光介质地球任何议案"，这些"不对称"和它们之间的连接是电动力学以及如力学现象具有相对应的绝对静止的想法没有属性。(同上：37)。*

爱因斯坦得出这，作为一个"猜想"现在，"一样的电动力学和光学定律将对所有参考系为其力学方程保持良好有效"，即，在所有所谓的"惯性"参考系统。但推测地位迅速取代：

> *我们将提高（其中主旨将以下简称"相对性原理"）这个猜想到的状态的假设，并还介绍另一个假设……即，那光在空的空间，以明确的速度 c 是独立的发光物体的运动状态总是会传播。(同上：38)*

显而易见，训练有素的眼睛，爱因斯坦的电动回复牛顿桶参数是不对称的磁铁和指挥。爱因斯坦在这里按照马赫的词，尝试修复放心斗，然后旋转星星，然后检查是否水太扭曲（该书其他地方有提到）。磁铁论点清楚地证明了什

❧ 3. 第三次哥白尼式革命:陷入空无 ❧

么是水失真电动力学中的对应。导体中的电流是这两种情况相同。显而易见的结论现在在之后的马赫的参数是——电动的世界是没有所谓的绝对运动或绝对静止,和因此在电动力学中就没有绝对的空间。爱因斯坦接着因此得出结论:

> 引进**"发光乙醚"**将证明是多余的因为一样认为拟要求**"绝对静止的空间"**,提供具有特殊的性能,不会分配给空的空间,在其中一个点的速度矢量电磁过程发生。(同上: 38)

虽然力学的桶参数的有效性从而不被否定了,因此需要绝对的空间,来解释机械现象不尚未反驳,这将仍然只直至 1915 年的情况。反正对电动绝对空间的主要攻击进行现在由**宽侧翼战术**——绝对时间的高山族拒绝。绝对时间只有被淘汰出局后,爱因斯坦着手发展理论的议案从中绝对空间也会被消除。

3.7.3.现实主义和任意的时间定义

当我们描述其空间坐标和时间之间的连接点的运动时,我们必须仔细地记住

> 这种数学描述有没有物理意义,除非我们都很清楚我们所理解的时间。(爱因斯坦 1905:39)

"时间"一词的物理意义的澄清入手索赔,这其实是简称别的东西——"同时",因为"我们所有的判断时间作用总是同时事件的判决"。要说,事件发生在上午9点的意思是事件和 9 上的时钟的手"同时"发生的两个事件。和我们做由那意味着什么吗?在下面的分析爱因斯坦分为可能事件两种类型:当这些事件发生在同一个地方,和他们发生在两个遥远的地方时。第一种情况的物理意义已经很明显,因为那里是没有困难,如在关于这两个事件作为一个简单的事件,在我们的感官直接收到:

如果, 例如, 说"火车在这里到达   7   上午", 我的意思是这样的事
情: "指向   7   和火车的到来我的手表的小手是同时的事件". (同上
39)

这直接因果关系缺乏第二类, 因为由于这两个事件之间的距离, 我们需要计
算和特殊假设以发现是否他们发生在同一时间, 和"实用的方式"来做到这
一点就是希望在 A 和 B 的两个地方将以前互相保持同步的两个时钟。它会
可能属性明确的物理意义这一命题的事件, 例如, "我的手表的小手点   7"
和 B, 例如, "火车到达", 发生在同一时间只当时钟 B 地点以前与时钟同步
于 a。

这种分析的"物理意义"的时间决定是关于空间和时间的牛顿的训诂学隐性
答案。爱因斯坦强调, "物理意义"可以只归咎于牛顿所谓"相对时间"——
时钟测量的而"绝对时间"是缺乏"物理意义", 并因此根本没有提及在这里
表达的时间。绝对时间消失从讨论, 明确的原因——由于爱因斯坦的高山族
解释的"物理意义"概念的他现在照顾强调:

它可能出现可能克服出席"时间"的定义由"时间"而代以"我的手
表的小手的位置"。事实上这样一个定义是令人满意的当我们是界定
时间专用手表所在的地方。(同上: 39)

但这个现实主义原来是令人惊讶的创新之源, 当爱因斯坦接着定义了"时
间"在两个遥远的地方, 即, 当他着手解释如何同步遥远手表。因为这里是
现实主义者发现了一个困难:

但它是不可能没有进一步假设要比较, 所用的时间, 事件在 A 与 b
的事件到目前为止, 我们已经定义只有"时间 "和"B 时间"。我们没
有定义一个共同的"时间"为 A 和 B, 后者的时间现在可以定义, 建
立由定义所需由光旅行从 A 到 B 的"时间"等于"时间", 它将从 B
到 A. (同上:40) 旅行

❧ 3. 第三次哥白尼式革命:陷入空无 ❧

困难是要知道什么是链接这两个时钟信号的速度。这种信号（光线,一张照片,一个电报信号,电话铃声）说什么是时钟 A 时刻信号离开它 B.途中的时间因此与 B 在这个信息的时候,在 B 观察员必须计算多少"时间"这种信号在途中 (一年吗?一光年?七秒?)并将其添加到"时间"在有关时钟 A.它带来的信息只有到那时可以同步时钟,和"时间"在 A 和 B 的"时间"将相称,这样它将有可能"比较"。可是,怎么可能找出光的速度,如果遥远的时钟尚未同步吗?找出它的速度不同步遥远手表的方法是将光信号从时钟 A 发送到 B 点,从中它立即被反射回A.(TA) 其离别的时刻,它返回的时间之间的时差 (t'A),即 t'A——tA,说光的路程花了多长时间 (2AB,说),因此光的平均速度然后将 2AB / (t'A——tA)。但由于这是只平均到从速度,我们仍然不知道什么是它的速度,并且还什么其速度从,B.和这个速度我们无法衡量前两个时钟同步。

爱因斯坦指出这里,因此,高山族需求限制。它可以向前移动到这一点,并没有更多,因此,这两个遥远的时钟的"时间"的定义不能充分减少到实际的事实。"在一个方向的速度"仍然是光的一个概念,是光的指没有实际的事实。物理学家不能做出一套测量和计算从他们在一个方向上,光的速度,因此现实主义者必须说,"还有没有这种事"。光在一个方向上,有没有明确的速度和情况下,它可以获得这种速度的唯一途径是通过构建这种规模,即,根据定义,这是"建立由定义"爱因斯坦宣布: 只有结果"的定义建立"可我们归于一个定向速度光。在流行的博览会,他出版了 12 年后,爱因斯坦作为其中的唯一途径通过一个"决定"由"我的自由意志"的"逻辑循环"描述这种状态:

> 它会因此好像这里朝着逻辑的圈子。……光需要相同的时间来遍历路径 A 到 B,B 到 A 的路径是在现实生活中都不假设也假设不但是一项规定使可以的我为了到达速度定义的自由意志……我们因此导致了物理学中的"时间"的定义。(1917:23)

即使最简单的定义将是在两个方向速度相等,它不强加给我们的实际情况。因此,这一定义我们"订定",那就是,它是完全免费的因此逻辑上任意。因为这一定义的速度也将确定时间点 tB在哪光到达 B,可能因此看到这任意性: 我们可以选择 tB,这两个方向的光的速度将是平等的然后 tB= ½ (t'A——tA)。但是,因为选择是任意的我们可以也可以选择任何其他比例。这一比例称之为和光的速度的定义状态然后反映在的一般表达式 tB= (t'A——tA)。

即使"任意"一词并不出现在爱因斯坦的字,其中心地位显然不够,我们看到在流行的1917年演示文稿,以及它将很快成为解释的逻辑经验主义者,为此相对论和各地他们会为自己构建的新的科学革命图片创建的数据透视。但现在已经在爱因斯坦的讨论是清楚的"定义"及其现代意义上说,感觉到希尔伯特从柯西形成中心地位。而狭义相对论是明确法中的应用新的数学家来解决旧的概念难题——从"总和"无穷级数的和的方向的一条曲线在点在柯西博尔扎诺和魏尔斯特拉斯希尔伯特的宣言关于整个公理系统作为"定义"的每一条款的意义的问题。

3.7.4.作为一种新语言相对论理论

爱因斯坦是小心,每个疑问的词汇用双引号——"时间","A"(即,tA) 环绕,"时间 B"(即,tB),"同时",并强调"顾名思义"字和"规定"。他希望留下的印象是翻译的,这些迹象只是翻译的在一种未知的语言,它有必要对他们意义的翻译,与关键的区别是翻译的有真实没有问题。爱因斯坦照顾更不用提这个问题的根本翻译不根本没有达到真正的"时间"、"同时"、"速度"的原始含义。爱因斯坦在这里提到的那个唯一的问题是一致性:

我们假定这一定义的同步是免费从矛盾和可能为任意数量的点。(爱因斯坦 1905年: 40)

❧ 3. 第三次哥白尼式革命:陷入空无 ❧

唯一的假设,因此,是当添加新的时钟和它们之间的新同步执行根据定义,它不会发生,例如,B 同步与 A 和 C,但是 A 和 C 将不会同步,以及。现在仍然缺乏任何感兴趣的问题是,"所有这些时钟就会显示同一时间真正,或事实上吗?"这变成了一个毫无意义的问题,因为不只是有没有意义的"的同时,真正或事实上"分别从定义中的"固定"的相对性而有是没有任何意义也到 '光的速度真正和事实上' 分别从这一定义。选取不同的将修复不同的"光真实而实际的速度"。

爱因斯坦在这里实际上是建设的一种新语言通过从头定义的某些规定,然后他继续构建世界 (惯性运动中的图景现象) 其手段部分。

语言与世界的施工过程将先验在其关键和决定性的部分,因为没有实际的事实可以从其中派生的基本定义。我们看到这在"时间"、"同时"和"光的一种方式速度"。建设和遵循现在的定义基于两个新的"假设"。爱因斯坦已经暗示这些实验的源,因此他们在第一次假设或把他们叫做"猜想",但他们很快在地位上升,成为"假设",即,他们通过定义构造对象,因此他们不能再怀疑。他们创建的对象是两个——"自然法则"和"光的速度"。"假设"和"公理"爱因斯坦现在称为"原则",建造他的整个理论在他们身上。他们的工作是,完全与希尔伯特,构建对象及其属性的隐式定义的一样。爱因斯坦写道:

这两个原则,我们定义,如下所示:

1. *法律的物理系统的状态发生变化不受影响,是否此状态的变化指一个或其他的坐标在匀速平移运动的两个系统。*

2. *每一缕光移动坐标与速度 c"固定"系统由一个固定或移动物体是否发出光线。因此速度 = 光路/时间间隔的时间间隔在哪里所采取的意义上定义在§1。(同上: 41)*

第一项原则爱因斯坦称为"相对性原理"和第二"相适的光的速度恒定的原则",简称为我会打电话给它在这里"光原理"。相对性原理是必要条件的制定任何事实必须满足才能成为法律性质。光的原理说的光的速度恒定是这样一个事实。在一起这些"原则"体现不仅在物理学中的爱因斯坦的革命但也哲学的性质,都是虚假根据古典潜在主义。

3.7.5.如何光和相对论的原则是可能的?

物体可以拥有速度是相同的所有参考系统的想法是愚蠢的想法,在每一个物理创建直到这一天。但光的原则似乎说相似,差异就是限于"惯性"的参考系统——的这样,在或关于他们的牛顿定律是真实的事情。这些都是参考系统的移动与以恒定的速度在不断的方向,每个关于任何其他 (和任何其他的绝对空间吗?爱因斯坦将离开这个有问题的概念在他的理论没有任何进一步的治疗)。但奇异性仍然是: 它怎可能要到两个参考系统彼此之间的相对移动与一些速度 v 的相对移动速度相同的对象?如果"光速"说,相对于一个参照系,一秒内涵盖了多少公里光则似乎向我们明确表示它将覆盖在此第二更多或更少的公里,相对于其他参考系统,即,c±v 公里。这是的速度,经典概念和光的爱因斯坦的原则意味着它必须被取代,使地方的"速度"的新概念。和这个新的概念是什么?答案是很简单——"速度"的新概念都不带来的新的原则。他们定义,因此,"速度"的概念以使它适合他们,完全如希尔伯特的公理定义他们的概念。

和同样地,"法律",是主体的相对性原理的概念。潜在主义假定相反: 它是可以帮助我们观察,是否一些给定的连接是一条自然法则,那么它将不一定真正相对于所有的参考系统。并解释说这一个简单的论点:一条自然法则链接两个单独的对象,例如在空间和时间,而造成它的力路径。因此,例如,重力导致的法律在椭圆或抛物线,运动或圈等 (根据情况)。如果这种力量是东西分开它引起的运动,其大小和方向 (即,其强度) 则独立于参考系统 (

⁂ 3. 第三次哥白尼式革命:陷入空无 ⁂

他们只依赖于质量的来源,总和,例如)。但路径的形状是,正如众所周知,依赖于相对于其测量参考系统 (和因此只有火星的路径相对测量到太阳后没有开普勒意识到它是一个椭圆并不是一些疯狂的圈子暨本轮)。所以会有很多参考系统相同的力会导致不同的路径。它是意料之中的因此,性质如 (万有引力定律) 或例如开普勒定律信息的法律一般不会保存其有效性相对于每个参考系统和甚至不到子类的他们。

另一方面,如果原来是有这样的法律性质,变的是,所有的惯性参考系统,潜在主义者将由此得出结论,它是只幸运的意外。因此,例如,牛顿三大运动定律是这样的即,他们保持真实,正是因为他们链接只部队到群众和加速度:部队和群众保持不变的任何变化的参考系统因为它们是独立的实体,而是加速度保护它们的值相对于所有惯性参考系,数学事实,所以这三个实体之间的联系中保留了相同的这种参考系统的所有更改。引力定律和它的后果——开普勒定律——另一方面,不是这样,因为他们链接部队到路径而不只是加速度,和路径 (几何形状) 上并不因此保守。篇章信息性法则是期望的自然的什么立场,因此,根本,相对于一些类参考系养护是期望的自然的纯属偶然。或者,正如哲学家所说,特遣队。

爱因斯坦改变这个特遣队保护纳入法律的本质的性质,因为相对性原理是隐式的 (部分) 定义的一个新的概念 ——"自然法则"。

像往常一样,在新语言下隐藏新的本体论的对象、部队和自然规律,因为两个新的原则需要所有其余的老潜在主义者语言的概念完全改变: 新速度概念意味着新概念的法律性质,并从这些一起它跟随还有没有更多的需要和意义在不同的空间和时间。但由于在独立的空间和时间没有任何意义,有没有任何意义了还在单独的部队和群众,和自然法则将因此失去其篇章信息性。对于只有这样是可能的两个原则是真的。

3.7.6 你看到的是有什么: 新的高山族本体

在下一阶段爱因斯坦接着告诉什么必须的法律翻译的空间与时间的测量, 从一个惯性参考系统到另一个, 为了使光的原则成为自然的法则。这是一个 非常简单的计算, 但由于它原来牛顿的运动定律不是自然法则。这些翻译规则 (称为"洛伦兹变换"后的荷兰物理学家发现他们有些早了十年) 并不 一定保持牛顿物理定律, 除非它假定大众不是常数的大小, 但取决于参考系 统。原因很简单: 加速度是现在不再震级是保守下翻译从一个参考系统到另 一个, 因为距离和时间间隔不守恒: 从它跟随, 一盒一米长在它自己的参考 系统的两个原则, 将测量短于一米在一个移动的参考系统。那就是, 在休息 的盒子是一米长, 缩短了当它是在移动。同样也是为时间间隔, 这些只是延 长: 如果我心跳的节拍速度参考系统中, 我在休息, 然后在一个参考系中, 我移动它会变成, 我的心在第二次跳动一次只有两秒钟, 说, 和放慢速度取 决于系统的措施我的相对速度。这两个长度缩短和时间的延长, 导致加速度 并不一定保持现在他们在两个不同惯性参考系统, 测量时的数值, 因此牛顿 定律变得虚假现象测量所有惯性参考系统。它是必要的因此, 改正。并通过 假定, 质量和力是不再单独的大小, 而是从现在起相对于参考系统中测量作 出更正。

然而事实证明, 也不做电磁领域的法律满足这些转换, 除非电场力也是依赖 参考系统, 所以不是一个单独的对象。爱因斯坦因此评论说:

> *我们看到, 电动式力戏剧在发达国家的理论只是一个辅助的概念, 欠 其介绍的情况, 该电场和磁场力的部分并不存在独立的坐标系统的 运动状态。(爱因斯坦 1905年: 55)*

是靠此消除独立地位的力量, 把它们变成纯粹的"辅助概念", 那就是, 依 赖参考系统, 可以解决不对称问题, 爱因斯坦在开放的本文中提及, 思想的 生物。并提醒我们这后, 他补充说:

～ 3. 第三次哥白尼式革命:陷入空无 ～

此外,关于电动力的 "座位" 的问题……现在有没有点。(同上: 55)

电动式力和磁场力不存在在任何地方,他们只出现和消失的参考系统进行了测量,和群众是同样出现和消失的实体。群众和部队现在成为了东西非常类似于次要的质量,由于他们不是单独从参考系统和与之相关的测量。

所有机会的篇章信息性都消失了,所有的解释将从现在起成为单纯的语言的问题。爱因斯坦在这里创建所有语法和句法由翻译 (洛伦兹变换) 的测量从一个参考系统到另一个规则确定,其物理概念重新定义了这些原则和定义,一种新语言。因此,唯一的解释可能现在是语法 (即数学) 证明显示根据语言的新规则,从一个参考系统到另一个的翻译结果中观测到的值。

所有这一切都可能看起来像只是语言的锻炼,如果不是真的奇妙的事实,在这种奇怪的革命中,新的语言不提供一切,没有了以前的物理学,和在此之上,它有新的特殊现象,在高新预测速度。到目前为止它的全部预测被充分验证了。但还有一个问题,没有人知道为什么,这从第一时刻,从那一刻起,爱因斯坦宣称光原理。我们有没有解释,没有理解何以可能的东西将会在相同的速度相对于所有参考系统的给定的一种。由于这一事实可能不在相对论的理论能解释,(因为它根本不是事实但原则、公理、公设) 那里是没有解释它的成功,即使对此毫不怀疑。

3.7.7.新的客观性

我们看到直到现在三这些东西在狭义相对论并突出作为革命的象征。第一,爱因斯坦的决定建造一个定义和两个假设,等新出现的康德的合成,先天的 (或庞加莱的公约或希尔伯特的隐式定义)。第二,其典型的语言字符和第三,高山族本体论的基本假设构造方面的关键作用。

自然法则是真正在所有惯性参考系统,这种想法可能会变得有意义,只有通过消除主观和客观之间的区别。及后此消除,只是什么时候成为可能这真理保护是必要的逻辑。因为自从所有旧物理属性（长度、时间、质量）成为第二位和依赖参考系，消失了，而与他们的主要品质的客观的东西，好像它是独立于任何参考系统，是其外观老观念不总是改变与参考系统。从而差异以及消失之间什么是真实，什么出现，只是因为，框中是一种事实米长在一个参考系统和它也是两米长在另一个参考——系统——都同样目的。从现在起那里是没有区别的概念"真正客观衡量"和"测量和出现的严重程度"，或在新的语言中，那里是没有首选的参考系统。但正是由于这个原因，部队的出现和消失与参考系统的变化是实际的对象，因此完全真实。只是因为，可以自然法则的养护不仅是他们的形式，也是他们下翻译参考系统——之间的内容他们出现原样（例如"光与同一速度 c 在所有参考系统"有相同的内容在所有参考系统中，即，速度 c 是非常相同的速度）。

新的客观性概念是矛盾的因此，新旧。在牛顿物理学，自然规律，客观事物隐藏其客观属性，那就是，只是它的外观取决于参考系统。潜在主义者只是自然，麦克斯韦电磁场方程，因为他们明确地包含速度 c，可以不保存之间参考系统，正是因为他们的真理是客观的这是为什么能通过电磁实验，进行搜索后地球的绝对速度的原因，因为麦克斯韦电磁场方程是客观规律，对他们应该是真的只是相对于真实空间那就是，绝对空间，因此，他们预测了地球参考系中给出不同的结果。

例如，光的速度必须是不同于 c 和预计的差别是以反映地球的绝对速度。

因此，反映在相对性原理的新概念是客观性的爱因斯坦的高山族本体的表达式。只有根据它是可能养护上交的外观（测量）在不同参考系中成为必要条件的客观性，并以清晰的含义投资这项议案。

∽ 3. 第三次哥白尼式革命:陷入空无 ∽

3.7.8.作为议事规则的经验合成原则

它是重要的是在这一点上比较爱因斯坦与康德在他回答"休谟问的问题"的总体战略这第一步。因为就像康德,爱因斯坦也解决科学怀疑由总的主观化,他称之为"相对论"。只是因为在高山族框架消除了主体性的潜在主义者概念,是它可能采取下一步,确定这个总的主体性 (或至少是什么一般和共享所有主题都测量情况下,例如) 与客观性。因为此标识只能后休谟的答案被提出作为一个完整的解决方案。(p.121 以上)

但此鉴定要求我们的语言中一些中央单词含义的极端变化。并作为爱因斯坦看待这,什么要求建设的一种全新的语言,因此,新的物理定律不是自然法则,不表示世界上的事实却宁愿"假设",从零开始定义一些词语和构建从划伤的概念以及其相应的对象。因此他们定义——构造"时间"、"同时"、"速度"、"自然法则",然后新的概念和对象推导"长度"、"时间间隔"、"力","大众"和"客观"短时间内。

但是,即使新理论的严格语言字符是很清楚从其文本 (正如我们看到在体育 246 以上) 这不是只是一个语言的事情,当然。为此原因是假设构造新的对象,和这个原因他们也是"客观"在康德曾铸造的感觉。因为相对论,通过固定法的性质,一个必要条件的原则构建"自然法则"本身作为世界中的对象。光的原理同样构造具体法律的性质变成了著名的观测和既定的事实,到必要的事实。到目前为止,它被认为仅仅是偶然的事实,即,各种隐藏成分的过程,互相补偿和因此其它隐藏成分自然定律的一个主义只是结果的结果。光的原理消除所有这些小修补与翔实解释现象好像是观察到的事实是隐患成分的合力。它把它从这样一个事实变成另一个事实是独立于任何原因,一个独立的事实。光的原理构造,因此,在世界的一个新的事实。

原则的建设性这边是什么将它们转化从单纯的语言定义,并因此显然分析语句,在康德意义上的合成语句。原则是法律的现象和经验合成和因此,先验身分牵涉在这个确切的感觉, 真理的这些原则是必要的条件, 建设的新经验。只有在这个原则的基础上将它可能现在找出自然的客观规律。

然而, 爱因斯坦用于强调原则的实证基础。于是, 我们看到, 在他的论文开始, 他提到我们不仅矛盾之间的电磁理论中的不对称和对称的现象, 但也对实验的失败到现在才发现地球的绝对速度那长线。在许多其他场合他甚至曾经说, 光原理试验证明了这些 (例如, 1917:15)。但重要的是要记住这两件事情: 第一, 有没有必要原则的来源是我们的经验, 事实和经验, 而是完全不同的东西, 不能基于其真实性或有效性的事实之间矛盾。我们看到, 康德强调这个问题在他的书的开幕词 (批判:B1)。第二, 它是完全清除这些原则的有效性不基于经验, 而作的因为整个潜在主义者传统非常熟悉这所有的经验, 但不过举行, 他们是假的。

3.7.9.确定和影响

什么, 然后, 理由这些原则的有效性?唯一可能的答案是——他们即是原则合成的经验, 他们也能重建作为相干结构的经验。他们确信首先接地, 即, 他们不报告的事实, 但"确定"他们在构建或创建它们的感觉。爱因斯坦被这个"决心"有时称为"解释"和解释说, 哪一位议员对刚性物体的几何形状的影响是他的高山族"解释"的空间和时间的简单的后果:

(相对于坐标系) 运动影响的机构形式和运动的时钟, 也等价的能量和惰性物质, 遵循从坐标和时间的测量产品作为解释。(爱因斯坦 1921:247)

只是因为建造或定义在相对论的结果的测量, 空间和时间和因此要有从测量没有单独存在, 所以从参考系统的事情, 独特的影响带来的运动后的形状和时间, 因此也跟随能源与 (惯性) 质量的等价性。因此, 只有这高山族建筑的空间和时间的解释的这种"影响", 外观和还有没有其他可能的解释,

3. 第三次哥白尼式革命:陷入空无

在此框架内。由于这些变化和形状的不涉及任何真正的力量，它是长度的只高山族本体，使这种非因果的影响。

这个特殊的"影响力"是水的马赫的"决心"，借以星星"确定"失真的水桶里特别影响爱因斯坦后裔。我建议，这是逻辑的"决心"，转化为物理因果关系，我们看到马赫的理由很简单：　既然有没有部队作为独立的实体，物理因果关系不能在原则上不同于逻辑或只是概念上的连接。马赫在这里应用他教训休谟和康德关于因果关系，只是主观的存在只是因为他能回答牛顿。看来对几何形状的对象　（和的时钟频率）　运动的参考系统"影响"是现代轮回的马赫数的测定，因此那里是没有意义的问如何可以对象更改其尺寸没有部队，只是由一个坐标系统及其关系的行动。这里的"影响"是严格逻辑的联系，变得没有力的因果关系的物理链接。

如果有关的参考系统的逻辑操作是足够的"确定"过程中的物理对象和其几何形状的率，它是只是一小步地走了和观念应用于几何作为一个整体，表明，空间本身的形状"决定"以类似的方式由物理对象。爱因斯坦就是要做他的相对论从中得出的数量和质量的大规模集中"决定"的空间几何形状，因此在它的每个对象的惯性的一般理论。稍后我会再这一点但现在重要的是已经看到真正意义上的这种想法。因为只是在狭义相对论的它不是"决定"的刚性材料的身体，但只有和严格的原则，被选为规则建设的现象的几何形状的参考系统的运动。这些原则是什么影响所有这些"决定"，这将是也局势的一般理论。物质在空间上不采取行动和不变形出一些以前的平整状态，它在其中。有没有扭曲力空间的问题，和曾经被发现没有这种力量。

这是光的相对论的我的意图，当认为没有可能的解释框架内原理。第一，和更加确切地也许尚没有可能的答案，因为从现在起，问题是毫无意义。假定，问题是原则的有可能是原则的犯了一个错误有关逻辑状态。第二，确定性原则的遵循只有条件下，建设的经验，按照他们的说法就是连贯的或者正如爱因斯坦强调，它将"摆脱矛盾"。但是，一旦建立了这种一致性的确定性原则是绝对的这就是为什么没有实验信息确认的作用。让我们看看爱因斯坦现在如何表达这种看法。

3.7.10 "原则理论" 和 "的思想的生物"

不久广义相对论的理论赢得在1919年通过的关于光线在引力场中的失真及其预测确认其戏剧性胜利后，爱因斯坦应邀伦敦时报写一篇论文，题为 "相对论的理论是什么?"。并在这激动人心的时刻爱因斯坦解释他的理论对所有以前的理论逻辑的唯一性。他用之间的区别，庞加莱已经建立，两种理论：一种是古典理论属于"建设性"的类，因为他们构建的现象从构成它和法律所赋予这些元素的物质因素。这就是原子理论。因为他们构成的理解问题的答案，是发明了这种理论：

> 当我们说，我们已经成功地理解组自然过程时，我们总是意味着被发现范围包括这些程序的建构主义理论。(爱因斯坦 1919:228)

而这，还有哪些爱因斯坦 (以下庞加莱) 称为"原则理论"的理论，第二种：

> 元素的构造的形式的他们的依据和出发点不是假设但实证发现的一般的自然过程的特点，给上升到数学的原则制定标准由单独的进程或他们的理论表征...满足相对论属于后一类。(同上: 228)

"实证发现" 的 "元素" 都只是概括的坎坷经历。但这些 "引起" 的 数学上制定标准"，当然，没有发现实证。爱因斯坦的话点在他的来源——康德的纯粹理性批判的开幕词："所有我们认知入手经验。毫无疑问，这是 "在下一段"但是，即使我们的认知的起点是这并不是说这一切源于经验的经验。因此原则决定我们是什么物质和变化的空间和时间和因果关系的行动，肯定 "起源与经验"但这种第一次的经历只是导致 "认知我们系的觉醒"，和这种 "能力"原则，因为他们都是构建这个初级体验进入有组织的经验，即变成一门科学的性质的标准。

❧ 3. 第三次哥白尼式革命:陷入空无 ❧

因此,原则是"数学标准"过程必须满足。但让人不禁问道,为什么必须他们吗?这种必要性的来源是什么?答案是,这个问题基于一个错误的假设有关的标准和流程之间的关系。错误是假设,有是在这些进程中一些属性或特征的存在之前,分别从这些标准,而标准尝试捕获。只对单独存在的这种假设可以它被问到——是什么原因导致它的存在?总之这个问题是错误的因为它假定这些标准都是信息化的主张。

但此错误是澄清后,我们也理解什么是正确的问题来这里问: 这些都是必要的条件,但所以那会怎么样?答案是,正如我们看到在"原则"——爱因斯坦的两个例子中,事实会原则说。例如,对于一个事实或命题,是一条自然法则,它必须保护其相对于所有惯性参考系统 (这是数学判据) 的形式。原则是,然后,确定一些正式的定义 (即,数学) 存在的对象的必要条件。即使他们"实证发现",我们将很快看到爱因斯坦决不是天真在这件事上的,他写到这里。不管怎么说,重要的是,实证的基础是严格现象和原则因此引用只向他们。这是与另一组,这些理论的第一个区别和它的意义是明确——只有理论的另一组产生翔实的解释,因为他们通过其他事情 (原子,基因,部队),都不是现象解释的现象。"理论的原则",另一方面,不能产生这样的解释: 首先,因为他们的原则是只标准; 第二,因为他们是严格主义对象的标准。这种解释一定会无效的关于世界的信息和康德源在这里是很清楚。但还有另一件事在这里——确定性。

爱因斯坦意味着它时他写道,为了理解的过程,总是要提供一个解释的理论的第一种,即理解意味着总是来获取信息的说明。因此,它遵循,他其实不认为相对论作为一种信息的解释。这一理论的目的是别的东西。爱因斯坦解释说,"的优势……原则理论是逻辑的完善和安全的基础"(同上: 228)。信息的的理论,因此拥有,不确定性因为它的基础是假设。而这,因为原则,即"基础和出发点,不假设构造",正如我们所看到的还有什么他们不明朗。

3.7.11. "生物的思想"，"心理建设"，和 "想象力的产品"

这完整的确定性原则的指示，以前谈论他们正在 "自然过程的实证研究发现，一般特征" 是指什么但归纳发现。15年后爱因斯坦解释他对科学理论的实证和理性成分与出现当时呢东西之间的关系的看法，应该已经清楚向他的听众从第一时刻 —— 他的看法是，休谟、康德、马赫和庞加莱，配制成一个明确和最终的结论。在一次演讲他读牛津大学 1933 年，打开成为历史陈辞：

> 如果你想要找出任何有关方法的理论物理学家从他们使用，我建议你紧守一个原则： 不听他们的话,把你的注意力集中他们的事迹。(爱因斯坦 1934:270)

但这些著名的话只有前言和少得多的名校，其意义仍然难以下咽因为它们是辐射的极端现实主义的准备：

> 是发现在这一领域的人，他的想象力的产品出现如此必要和自然，他问候他们，想要他们被别人，不作为创作的思想，但作为鉴于现实。(同上)

因此，清晰头脑试验及行为 （不是的话） 的理论物理学家将展示的真相和它是，这是理论的发现，因此理论本身不是报告鉴于现实但仅仅是 "创作思想"。但爱因斯坦，就像康德，并不只是像休谟和马赫和庞加莱，举行说纯粹的思想可以永远不会是关于世界的信息源的经验主义原则：

> 纯粹的逻辑思维不能给我们带来任何知识经验的世界;现实的所有知识从经验出发，并在它结束。命题到达是纯粹的逻辑手段是完全空的关于现实。(同上: 271)

✎ 3. 第三次哥白尼式革命:陷入空无 ✎

一个老熟人因此他出现了: 纯净的思想严格创建形式 (或结构) 的理论, 因此一切都起源于纯粹的思想是纯粹的形式而已, 即, 它是"完全空":

> 我们因此有分配给纯粹理性和经验他们的地方在物理学中的理论体系。系统的结构是原因的工作;实证的内容和它们的相互关系必须找到他们的表示法中的理论结论。(同上: 272)

所以理论在这里分为两个单独的和独立的部分, 我们将很快看到: 结构或正式的部分是思想 ("纯粹理性"), 仅仅是生物而实证经验是目前严格的理论只的最后结论。因此, 不是结论的所有结构, 生物的纯洁的念头。于是他得出结论, 这种"结构"就等于整个理论及其实证结论减去。爱因斯坦读过当代物理学中的时间和空间, 力克在 1917 年出版的手稿记录他对传统主义者哲学的反应, 它是划定在书的最后一章。爱因斯坦的反应不会很大的疑问他立场关于这种理论的成分的分离:

> 如果两个不同的人追求物理彼此独立, 他们将创建系统, 当然认同方面的经验 (在马赫的意义上的元素)。其中两个用于连接这些"元素"设计的心理建构可能有天壤之别。这两个构造需要不同意关于"事件", 因为这些肯定是属于概念建筑。(霍华德 619, 写于 1917 年 5 月)

整个理论是仅仅是思想的产物, 因此单纯的形式, 即, 一个空的对现实的信息的结构。这就是为什么整个理论的价值取决于严格的实证结论的原因:

> 在这种表示法 [即, Z.B.理论的结论] 的可能性谎言的唯一值和整个系统的和特别的概念和构成它的基本原则的理由。(爱因斯坦 1934年: 272)

这一结论意味着一个重要的假设, 关于我刚才叫"理论的组分的分离"。因为只因为不, 逻辑上受到实证数据的结构和形式, 是它可以断定他们是内容空洞，他们唯一的价值在于事实上，实证数据推导出它们的手段；只是这种单向的分离允许结论的结构和形式是逻辑上是任意的因此是无效的信息。

3.7.12. "自由发明了人类智力的"和"的理论纯属虚构的人物"

它是爱因斯坦所述他从他以前的审议得出的结论这逻辑任意性。结论而出名，但他导致了它的考虑都不众所周知：

> 此外，［即实证结论］，这些后者 ［即，概念和理论的基本原则］ 都是自由发明了人类智力，要么那智力或在任何其他时尚先验的性质不能有正当理由。(1934:272)

"自由发明了人类智力的"的手段，确切地说，因此，理论本身有没有可能先验理由和它所有的辩解都源于严格的实证数据，推导其帮助的事实。这种发明的自由表明什么都不是在对应于其概念和原则的现实和短的结构和形式提出了理论： 所有这些都是智力的小说，"生物思想"只。爱因斯坦现在强调的是经典视图，此位置的现代性，在这里他也宣布的理论只是虚构的现状：

> 认为我刚才纯属虚构性的科学理论的基本原理决不是最普遍的 18、19 世纪，但它稳步正在地面……(同上：272)

但尽管这一观点不被接受，但毫无疑问，牛顿的物理学，例如，完全基于原则和概念，什么都不是小说，但：

> 牛顿学说的巨大实际成功很可能防止他和 18 世纪和 19 世纪从认识这个虚构的人物，他的系统的基础的物理学家。(同上：273)

是什么导致了这种历史巨变本质的理解是理论的理论的，爱因斯坦暗示，出现的广义相对论。这是首次表明"假说讹传"这个"概念"的原则的理论"可

以推断经验由 '抽象',就是以逻辑方式",因为它表明,它是"便可以考虑的更广泛的经验事实相当不同于牛顿的基础上……":

但除了一个或其他优势的问题,这个虚构的人物的基本原则是十分明显的事实我们可以指向两个本质上是不同的原则,这两个国家的对应经验很大程度上; 从这证明在同一时间,逻辑推理的基本概念和假设的力学小学经验的各种企图注定要失败。(同上:274)

3.7.13 教条从最近.新唤醒沉睡

我们可以去现在有点退步,爱因斯坦所描述的原则,尽管被"数学原理"作为自然过程 (p.254 以上) 的一般特征实证研究发现的方式。这些一般特征的过程,即使它们由我们的相识过程,发现成为"数学标准",原因很简单,他们是分开这些过程,即,不能从它们的逻辑派生。因此,由于这种逻辑分离的"实证发现"只不过是"理智的自由发明"。而且清楚的证明,为此,正如他刚才解释,这种可能性 (和现在也现状) 的等效理论。广义相对论的理论的伟大革命,爱因斯坦解释说正如我们看到,叫醒从其教条沉睡在科学哲学的现代性,因为它的出现证明了等效理论的实际可能性,因此虚构的现状*所有*科学理论。只是采取意味着理论是单纯形式,其原则是仅仅正式发言,因此它们是空的信息世界,只是因为,他们是先验——"自由创作的纯高智商"。

我们现在可以理解爱因斯坦如何可以辩称,原则,即使它们是实证发现,不过假设并不具备完整的确信。这是空虚的他们信息即其流于形式,简单的效果。

因此康德和爱因斯坦的"原则"的密切关系变得相当清楚。纯粹从逻辑上讲他们的地位是相同的: 他们是综合先验在康德和爱因斯坦是随时准备作出妥协其刚性的经验主义,唯一的感觉,这是正式的感觉而已。因此,爱因斯坦在这里争论对命题的确定性反映其流于形式，构造了"原则物理学"等理论的相关性，因此他们可以肯定只有对它们是空的信息的措施。此外，它遵循这种手续是先天不只是因为原则是分开的实证的事实，但也因为他们不是被动的即是说，他们不要复制的一种存在形式分别在实证现象。相反，一个原则就是主动： 因为现在必然随之，这种手续被强加于现象，此外，它强制实施的原则和"数学标准"。

但这明显和特征的表达，庞加莱和马赫的因袭主义和康德的批判唯心主义，关于相对论的哲学后果事迹后并非纯属只是沉思。等效理论的想法是物理学的参数的中心石头最后拱，演示文稿中的广义相对论，爱因斯坦提出了它作为反驳的唯一性（而不是物理学的参数的事实!）的牛顿从庞加莱昂对的存在只不过因为。

3.7.14答案终于斗

爱因斯坦提出实验相结合的桶和牛顿两个领域实验打开他总结本文关于相对论的一般理论的基础(1916)：两个水领域都处于空空间，其中之一保持其球形等成为椭球。牛顿会辩称，它是可以通过严格内部测量检测运动 （和因此绝对运动），因为几何形状的变化表明，离心力和因此绕轴的旋转运动的外观。其他领域的存在根本没有考虑到在这里和其相对运动并不以任何方式有助于识别真正旋转的球体。爱因斯坦这一结论遭到高山族强而令人惊讶的观点：

这种差异在这两个机构的原因是什么?没有答案可以接受在认识论上令人满意，除非给定的原因是明显的事实的经验。因果律的经验除了当观察到的事实最终出现的原因以及影响世界具有不语句的意义。（爱因斯坦 1916:112——13)

❧ 3. 第三次哥白尼式革命:陷入空无 ❧

在这里我们有严格的高山族解释"因果律",休谟和康德哲学的底线。这是一个原则,握着严格的现象,除了他们已没有"真正意义"。爱因斯坦在这里使用这种限制,在哪个康德的世界的事情在自己的世界的不可观测事物所替换一般和,在牛顿的情况下,绝对的东西,比如力量、空间和时间世界的马希安版本。这高山族的爱因斯坦的因果关系原则已推出现在他对牛顿的解释的攻击:

> 牛顿力学不令人满意的回答这个问题……伽利略,因而介绍,特权的空间是只是人为造作原因,并不能观察到的东西。因此,显而易见,牛顿力学真的不满足要求审议情况下,案件中的因果关系,但只有显然如此,因为它使人为造作的事业负责机构中可观察到的差异。(同上:113)

的真正原因,因为只有实际原因,即,那些出现在这种现象,通过部队等所有牛顿的解释是由有没有因果的事情解释意义。因为在这个实验中实际的东西,在他们 (他们只有实际的运动是相对的) 的运动方面完全对称接了,爱因斯坦则认为,"事业必须因此在于外面这个系统"。那就是,它必须是"遥远群众" **因为只与他们打破了这种对称性**。并因此以下马赫他得出结论:

> 然后,这些遥远的群众和他们相对于这两个机构的运动必须视为成因 (它必须易于观察) 遥远的行为**我们两个机构的**所在地。他们接管人为造作的原因 (即,牛顿的绝对时空) 的作用。(同上)

牛顿的需要绝对空间的动机,根据爱因斯坦的分析,通过一个简单的错误,他认为是首选的参考系统,即真实参考系统,这样的运动描述成为真正只与它: 只相对于绝对空间是它真实的领域是在休息,而椭球打开其轴和相对于任何其他参考系统虚假说明会出现 (例如领域是一种打开其轴椭球则在休息)。这种假设,存在一个首选的参照系统,推牛顿,因此,以便结束的原因是不存在的野生方式聘请因果律实际,而行为上实际的对象。因此,为了保护合法的即，现实主义者应用程序法的因果关系，我们必须拒绝，还有一个首选的参考系统，因此我们得到广义相对性原理的假设：

> *所有的想象空间，在任何一种运动相对于另一个人，答案是没有，我们可能会把看作是特权先验没有恢复上面提到的认识论反对。物理定律必须是这样一种性质，它们适用于任何类运动中的参考系统。沿着这条路，我们抵达了相对论的假设的延伸。(同上)*

目前的争论是更加简单和脆比复杂参数的马赫数，而是因为，它的结构是更为清晰。它说，只有一项一般原则的相对性，并要求　　(所以现在是"假设")物理定律的有效期在每个参考系统，可以保证因果律将应用只到实际对象。广义相对性原理是必要条件的现实主义者保护意义的因果律。到底怎么了？因为它允许我们，在此示例中的桶参数，自由世界的所有实际对象间选择只有那些都将作为一个参考系统和同时构成失真现象实际原因。马赫划定——只有实际对象可以作为参考系统，"确定"的运动在描述性和因果感官性质。

3.7.15.作为等效理论的理论相对论理论

所以即使反对牛顿的论点是从等效理论的可能性，它表示说，只有马赫和爱因斯坦的理论也不要得罪现实主义，因此他们是"认识论"(和事实上本体论)　更可取。并从这爱因斯坦指出了两种等效理论，现在作为展示带来的相对论，自由创造等效的解释的一般原则的现实主义的伟大理论自由行使第二次和更重要的插图。仔细的阅读是令人困惑的问题。

假设　K　是惯性参考系。这意味着——K　是物质对象相对于其牛顿定律是真实的。此外假设我搭个便车参考系统　　K'，在恒定的加速度沿直线相对K.Relative　于移动到　K'　牛顿定律是不真实的因为由于其加速度我应观察对象上，没有强迫行为和尚未被加速相对于我。就是此类的示例中，对象

๏ 3. 第三次哥白尼式革命:陷入空无 ๏

静止 （或匀速） 相对于 k。现在, 牛顿这种情况是清晰观测证明系统 K'
我骑的真正加快, 而 K 是真正惯性。

这是斗, 只为在一条直线运动修改相同的局面。两侧的旋转水斗的生物观
察, 第一阶段说, 水已经开始旋转与他们即使没有力作 　　　 （水面上仍然是平
面）。因为这是违反牛顿定律, 他们得出结论, 它是旋转而处于静息状态的水
斗。但还有一个有趣的属性对此无力的加速度, 我观察到的所有对象都具有
完全相同的加速度相对于我, 独立于它们的质量。观测的属性是要在下图中
的关键。假设我观察到的所有对象进行移动与一个共同的方向, 那我们就
叫"下", 即在相同的加速度, 所有的相同的恒定加速度, 不论它们的质量下
降。这是该属性的允许下一步, 和爱因斯坦问:

> *这是否允许观察员在休息相对于 K' 来推断他是"真的"加速系*
> *统的参考?答案是否定的:上述提到的自由移动群众与 K 的关系*
> *' 可能解释同样有以下方式: 系统的参考 K' 是时空**领土问题***
> ***是影响下**的引力场,产生加速的运动的机构相对于 K 但未加速 '*
> *。(1916:114)*

这是对牛顿争端的下一个阶段: 　对牛顿的解释的现象, 加速水, 然而没有外
力作用于它, 爱因斯坦在这里建议由于它移动与恒定的加速度, 是独立于它
的质量, 它是允许缔结一个引力场作用于它, 和, 因此这种现象不打破牛顿
定律, 因此它是允许争辩说这参考系统 K' 不是在所有加速。即是说, 每次
我们观察加速度, 似乎是只是相对的因为那里是造成它, 没有任何力量是允
许反对这, 它是一个真正的加速度和因此是导致它, 一个"场"的东西。

该参数是有些令人费解因为**角色有突然尖掉**。牛顿认为物体的加速度的是
只是表象或相对而相对主义回答他, 它是真的。这个突然变化是作用的目的
变化的结果。爱因斯坦的目标现在是不是显示了所有的运动都是相对的而是
显示所有的部队都是相对: 　我想保持给定的运动是真正和加速, 每次允许
做如此自由, 因为我总是可以然后辩称, "场"的行为, 这会使它。作为马赫

宣布,"所有的部队 (不只是所有的运动和所有群众) 是相对实体",和爱因斯坦宣称,部队都只是"辅助概念"以及"虚构的生物",因此它允许来发明他们,因为我们需要和意愿。有时结果将是复杂和有时简单,但总是合理的。因此爱因斯坦创建没有重力,万有引力理论和现实的引力此消除是广义相对论的理论的本质。

3.7.16.如何产生一个引力场,甚至没有尝试

上图中使用一个简单的案例,因为实验到今天证明没有疑问的自由落体加速度是事实上独立的质量下降。它是因此允许解释下降的对象相对于 K' 作为自由落体引力场中,所以认为,K' 是在休息,而 K 是一个在加速:

因此,从物理的角度,假定容易表明本身的系统 K 和 K' 可能看上去都与平等权利是一经作为"固定",即是说,他们有一个平等的标题作为现象的物理描述的参考系统。

从这些思考,将看到的是,从事广义相对论的理论我们应会导致引力理论的因为我们能够仅仅通过改变坐标系统的"产生"一个引力场。(爱因斯坦 1916年: 114)

语言大意是再一次在工作中,作为双引号括关键词"固定"和"生产"指示。要"固定"无关与人类休息时,正如"产生"现在有与生产无关。通过这些手段,爱因斯坦向明确他的读者哪些本体是启用收效相对性原理的关键的一步: 因为一个引力场是参考系统的相关实体,即,这是只是相对缺乏独立的现实,场源只能是**我们**,并没有任何的质量: 我们"生产"字段只需通过选择参考系统的正式或语言的行为。因此,任何解释的引力场加速必须被视为语言小说声明应用,这是爱因斯坦向他的读者的澄清时,他用来强调那"引力场"是一个"独立的概念"。这指的是两件事: 第一,它是仅仅是智力的实体,和它的存在取决于严格我们,和第二,这一领域是独立的群众为其"生

产"。即是说，我们可以在所有（爱因斯坦 1952年：153）假定它"没有群众产生这一领域被提出存在的问题"的存在。当他描述了两种等效理论（牛顿和爱因斯坦） 的论点时，他写道，"那里是没有理由排除"他相当的解释，"作为一个真正的引力场 （等价原则） 的效应"的可能性。但他接着解释为什么牛顿不本来准备接受这样的解释：

有必要为独立引力场的引入认为合理即使生成字段没有群众定义此参数。因此到牛顿这样的论点将不会出现令人信服。(爱因斯坦 1950年：347)

总之，"场"是一个"独立"的概念，因为我们允许"生产"以任意的方式，而无需证明其存在价值，指出其原因。很明显，然后，根据爱因斯坦的现实主义这些字段没有分开的现实，因此说，原产于恒星的引力场是什么原因导致这里的加速度 （失真的桶里的水说） 是等同于选择作为休息的参考系统，并没有更多的星星。只有这样一个选择休息的参考系统，和没有任何的群众，是什么引力场的自动生成，并因此这两个选择及生产完全相同。

因此，将为加速现在创建的解释将无效的信息。"水扭曲时它相对旋转对天上的星"、"水扭曲原产于恒星的引力场"和都是同义的主张，他们现在说同样的事情在不同的单词，跟第一个相比，第二个命题不包含任何不同的信息。但要解释失真由这种万有引力是带来第二个命题作为一种解释，第一，即通过这个词链接，因为"水获取扭曲它相对旋转对天上的星，因为它获取由于恒星的引力场扭曲时"。由于这些两个命题是在他们的内容相同的解释是"同义反复"(如马赫解释在牛顿定律)：它通过本身说明的东西。

3.7.17.什么是一个 "场" ？

这个虚构的地位的引力爱因斯坦记作词"场"。这是一个重要的部分，新的语言，他创建，并且即使他不总是懒得重复这一点由他封闭的双引号，他有时做，并且他总是绝对清楚，作为证人下面的示例：

❧ 三种哥白尼革命 ❧

惯导系统是运动的系统中状态，这样"无力"材料点内它运动的不加速方面的坐标系统。然而这一定义是空的如果没有独立的意味着认识到缺乏力量。但这种手段的识别不存在如果引力被认为是一个"场"。（爱因斯坦 1950年：346）

因此，说那万有引力是字段的手段，在新的语言中，它认同其观测的影响，因为这是唯一的原因为什么有是不可能的方式，确定其存在和分别缺席的影响，即"独立"的他们。这才是原因为什么有是没有办法的惯性和加速的参考系之间的区别："惯性系统"的经典定义是"空"的定义，因为相同的参考系统可以被视为惯性或加速，根据需要，和这因为部队相同加速度而加速度只是相对。这是本质的相对论的一般原则的提法，因此其意义取决于虚构的万有引力。这是相对性的爱因斯坦给一般原则，即，在惯性参考系的选择逻辑任意性的解释。从现在开始，每个参考系统是惯性，如果只有我们决定选择它。但这种广义相对论或绝对任意性，取决于其有效性相对论和因此任意性的将军，在部队和引力尤其是。这些相对论和任意性爱因斯坦标记的"领域"一词为他澄清。在另一个地方他解释如下：

所以，如果你看待作为可能引力的任意扩展最初不受空间的限制，"惯性系统"的概念变得空空如也。概念"加速相对于空间"，然后就失去每一个意义和与它的惯性以及整个悖论撼 （爱因斯坦 1949:67）的概念

"马赫的悖论"他的意思是马赫的问题："如何是它可能，其实是参考系统是身体好吗？"爱因斯坦在这里解释，这个**悖论就消失了**，因为那里是没有这种区分再一旦我们接受了引力场的任意性。

他以前的论点为牛顿的水桶的反驳现在获得一个新的和有趣的意思。我们看到爱因斯坦争辩说牛顿引入一个绝对的空间，只是因为他允许自己使用"人为原因"，即，虚拟性、不可观测的原因，为了解释水的失真。但是爱因斯坦做了什么只是现在吗？它不完全是同一件事吗？所以，为了不会过于尴尬，

෨ 3. 第三次哥白尼式革命:陷入空无 ෨

它足以看到关键的区别是在这些原因中都扮演的不同角色。牛顿用他们构建丰富的解释,水的失真由部队反过来以加速度 (旋转),和他们的影响出现原因引起新加速度 (失真),和因为这些力量是单独的实体,它们引起的加速度是绝对的即,它是相对于单独和绝对的空间的加速度。建立这种解释,因此,通过假设一些进一步的信息,即有关实体和进程的存在和发生不可观测,超越现象。部队假设,所以所有的解释是假设通过和通过。这意味着信息可能是假的和解释然后会以及虚假。

但因为这一切都是逻辑上不可能,一旦这些部队不视为假设性而宁愿为虚构,爱因斯坦的目的不能是翔实的解释。"惯性系统"是"空"的概念,在爱因斯坦的世界中,因为广义相对论的理论并不打算解释加速度作为部队的因果后果。它意味着去做,因此,只有一件事: 要说这项议案相对加速到那参考系统,但相对于此参考系统均匀。因此,这也是没有逻辑可能产生信息解释解释了什么是单独原因加速或匀速直线运动的议案。

牛顿的水桶参数爱因斯坦的结论是,因此,只有这: 牛顿是错的当他想到他的结论必然从现象。还有另一种理论,其中这一结论并不遵循根本。和这两种理论之间的决定吗?嗯,他们两个,都是智力的虚拟性、自由发明、心灵和想象力只的生物,是绝对清楚,任何此类决定是生死攸关放弃 ——"没有任何意义"庞加莱的字。

3.7.18 和怎么样的空间几何?

但如果万有引力是个虚构的东西,而作为结果是同样允许选择任何参考咨询系统作为惯性,在如下是没有单独存在的"路径"的任何质量时空中。例如,一束光移动相对于第一惯性系统 K,"直线"时,相关的加速系统 K'将有炫耀其路径 (例如,如果它在任何角度相对于 K 的加速度方向移动它与它的路径将是一条抛物线)。再一次,我们能解释一下这个通过**登记**"引力场",扭曲了的所有对象的路径。但这不是必要的因为事实上没有任

三种哥白尼革命

何力量有因果关系对光束的代理，因此那里是另一种方式来解释它的路径，说它是自由的惯性运动，沿着一条路径，即"直线"，即使不按照欧几里德几何： 还有一些非欧几里德几何，这条道路是一条直线。任何几何中，直线定义的条件的任何两点之间最短的距离，它被称为"测地线"。因此，所有所需进一步争辩说，K' 是惯性系统，是以声明 （"假设"），时空，这 K' 定义是这些自由移动的对象路径中测地线的那种非欧几里德。所以光束的路径将被转化从抛物线在欧几里德时空中，对一些非欧几里德时空中的测地线（"直线"）。从那以后的路径将成为一种"直线"，沿着它的运动将被视作"惯性"，即未经任何部队。

一个自然的问题这里——上升为什么是这个空间，相对于系统 K' 非欧几里德吗?什么原因导致它要这样?但它很容易看到，现在爱因斯坦变换从一开始到毫无意义的东西的这样一个问题。因为一个简单的事实现在是这个空间既不是欧几里得，也不是本身非欧几里德。它只有在此刻，我们到一个明确的参照系统 （这通常是一些实际的物质身体） 属性的对象的路径获取一个明确的几何结构和的顶部它需求，首先，这个参考系统现在是"惯性"，和第二次，这些对象的路径已被视为"惯性"的运动，即，没有部队，因此与"直行"的影响下。为了使引发身体上的抛物线地球的表面是这样认为的测地线，我们必须找到什么是参考系统的适当的非欧几里德几何存在，然后可以说相对于它这种机构沿着"弯曲"的时空中的测地线。但相对于另一个参考系 （地球、太阳、星星） 引发的身体沿着抛物线"平"欧几里德时空中，因此一支"部队"一定作用于它。而且因此——还有没有弯曲或扭曲时空，除了我们的参考系统的选择的原因。物理空间的几何形状完全一样的"引力场"是虚构的物质，智力的自由发明，思想，仅仅是生物。

时空的几何结构的这种解释爱因斯坦表示在他自己特殊的方式，当他用来解释，只有在一个惯性系做测量具有**直接的意义**。因此，只有在这种简单参考——系统中，当刚性测量杆告诉我们两个点之间的距离是一米，将它可能简单地解释一下，并说它们之间的距离是一米。但这种直接性或即刻在加速

✂ 3. 第三次哥白尼式革命:陷入空无 ✂

参考系中消失了, 他认为。为了保留在他们测量的物理量的含义, 它是必要纠正这些测量, 以便获得所需的物理。在字段中力的行为, 例如, 在契约的庞加莱世界或在一个旋转的参考系

我们不再在定义笛卡儿坐标直接借助测量杆的位置……这个原因是不可能获得时间时钟被安排于静止参考身体借助合理定义。(爱因斯坦 1917年: 85, 81)

因此, 它也发生在加速参考系中所有中央的几何条件失去它们 "直接" 和标准的意义。因此, 例如, 有没有任何意义了 "直线" 概念了, 因为在加速的参考系

一条直线的想法也就失去了意义。我们, 因此, 不是在一个位置定义精确的坐标 x, y, z 相对于旋转系统……我们不能向这些发生的自然法则分配一个确切的含义。(同上: 82)

*意义的损失以及缺乏确切的意思相连, 因此, 事实上, 它是由现在无法采取面值仪器测量空间和时间的迹象, 而这些必须首先 "纠正"。爱因斯坦坚持这一立场他所有的生活, 并在他后期的思想传记出版于 1949 年他写道: "从这个特殊例子之一已经能够识别**立即度量意义**的坐标是丢失的如果在所有承认非线性变换的坐标", 即, 当我们转向加速参考系 (爱因斯坦 1949:67)。*

"直接度量意义" 是指坐标自己给我们距离的真正衡量标准。这是因为在平坦的空间和笛卡儿坐标系的标准情况下, 说, **我们分配数字**坐标轴数字很确切思考的原点的距离的一种, 在 x = 6, 说, 到原点的距离是不是 x = 3 的两倍。但当这个空间获取扭曲任何任意的方式, 这没有长的搁置 (还记得亥姆霍兹镜子世界和庞加莱的契约世界)。爱因斯坦解释伟大他发现的 "引力场" 作为一个 "独立的概念" 概念之间的延迟和他成功的时间终于在制订广义相对论 (大约七年的斗争和差错之间 1908 年和 1915年) 的理论被困

⁓ 三种哥白尼革命 ⁓

难所引起的真正吸收和内化一般 （"曲线"） 坐标系统不能想法视为直接测量距离：

> *这发生在 1908 年。为什么被另一个七年所需的广义相对论理论建设?最主要的原因在于,它是不那么容易对免费自己从坐标必须有直接的测量意义的想法。(爱因斯坦 1949:67)*

"直接度量意义"然后被替换,因此,由"后纠正坐标 （或测量） 度量意义"类似,这种修正是什么现在确定时空的几何结构加速的系统中。并且由于等效原理是说,它是允许替换的引力场,加速和加速系统中几何形状由适当的更正中的测量 （或坐标）,它跟随了,这两个——万有引力和新确定的几何——是同样虚构的东西。它是这个虚构的动机,爱因斯坦,他们相互认同的。

在这里考虑的关键问题是这:万有引力和几何这两个"字段",而且他们很"两个创建"作为虚拟结构用同样的手术本身,作为惯性参考系统的选择。爱因斯坦调用,因此,几何"度量字段",并且发现万有引力与距离元素 ds 黎曼的表达式中的系数 g_{ij} 集团。我们看到 （3.12 以上）,黎曼辩称,所有不同的几何形状由测量偏差的他们距离元素从欧几里得距离的元素,即从 $ds^2 = dx^2 + dy^2 + dz^2$ 和偏差由系数 g_{ij} 中的一般表达式表示: $ds^2 = g_{11}dx^2 + g_{22}dy^2 + g_{33}dz^2 + g_{12}\int + g_{13}dxdz + \ldots$ 这些系数告诉我们多少我们必须纠正每一个小距离 dx 等新的参考系统中,以便在它距离 ds 之间这一些两个欧几里得的参考系统中测量的距离相同点 （见上文第 144 页）。我们看到,黎曼表明类 g_{ij} （空间"度量"）,表示这个空间,即偏离度的度量其平欧氏空间中的 g_{ij}"曲率"总是 = 1。而且,由于几何和万有引力是相同的爱因斯坦认为,度量或曲率也是在某种程度上,引力场的组成部分即,它们是"引力势"。此爱因斯坦标识清楚地表明为什么这个问题 —— 什么导致失真的空间吗?是没有意义的爱因斯坦: 曲率和引力势只,这个原因是完全相同的甚至和连接到他们平等的虚构,没有一个不能可能互为因果。

3.7.19 回亚里斯多德

现在出现的物理理论万有引力是只是一个法律的议案,是有关万有引力而言所有物体都移动总是沿着测地线,即,它们的运动是自由。这是一种一般的惯性定律,在其亚里士多德的版本,所有对象都移动没有执法,沿着"自然"的路径(哪些现在总是和一定"直线",即,适当的时空中的测地线)的由其本身。什么行为在他们身上,没有使它们移动这种方式,只有两个可能可以身分行事原因,万有引力和空间的东西合并成一件事,"度量字段"。但这是一个虚构的实体,以及新出现和消失根据参考系统的选择,因此不能作为原因。

这是一次退化(因为它是现代、数学和复杂)17 世纪的科学革命造反的物理程序。我们看到(请参见 1.3.2 以上)如何亚里士多德的物理学解释所有的自然运动,在地球上和在天空中,严格通过自然的道路,没有任何内部或外部部队在所有参与。石头落直,星星沿着圈子,因为这些都是他们自然的**轨道**。这种自然性,它构成了这些对象的"现状"的一个单一意义了亚里斯多德。所有休息、趋势、性质、本质,目的,并不是真实的事情因此有任何不现实。在语言中的新的现实主义者——所有这些都是纯粹的小说。"自然的地方",例如,对其中每个在地球上的四个要素移动由于其性质,不施加任何行动,不行使任何武力和,因此,不能作为有效的原因来解释这项议案。唯一的功能,因此,自然的地方是在严格正规意义上的自然轨道测定——这是轨道的一端,可以作为目的论的解释,即,作为一种解释倒退。由于石头掉向其天然的地方作为地球的中心,所以它运行的轨迹必须一直到地球中心的直线。这是多么自然放置"决定"导致它,和这个"决心"的轨道是严格倒退测定,哪个亚里斯多德称为目的论的解释,即严格"年底"。没有任何部队都在这里,和因为未来不能影响的过去(它是永远不会实际)结束了不能影响轨道。

由于万有引力和几何是仅仅是"场"(即，度量字段) 他们应运而生和存在根据我们决定关于他们的参考系统，因此参照主体选择服务于爱因斯坦的引力也作为自然的地方，在意义上它"确定"所有的人民群众的"自然"轨道。而且，由于这个选择是完全免费一般根据相对性原理，(任何物质的身体可能同样作为参照主体) 有是没有办法的参考系统中植入任何物理影响形成或曲目。影响也许是只是正式的或逻辑或概念。爱因斯坦物理学和亚里士多德，伟大的区别是这个任意性和平等权利的任何参考系统。这里进入充分表达批评康德强制执行和对科学的思想，并在亚里斯多德的缺席表示在他的每个元素有一个自然的地方，是通过观察发现出直接的理论。这绝对性消失后康德的批判，但取代它的相对性仅证实和建立现实主义亚里斯多德已经创造作为科学建设唯一正确的程序。

3.7.20.我们的声明 "本身并没有客观意义"：几何的相对性

爱因斯坦表示几何在示例中成为聚合形成的逻辑实证主义的相对性。它是变化对霍尔木兹的曲面镜图 (见 3.2.2 以上)，旨在表明，非欧几里德几何形状上也可体现在一种直觉，即，它有可能为他们建构起观察的模型。弯曲的镜子世界表明如何选择合适的度量标准 gij镜子人成功地保护他们的世界，即使任何人观察他们从外面可以清楚地看到，它是一个扭曲的世界。镜像人利用缺乏任何刚性的棒测量但他们选择 gij= 1。即是说，距离 ds 这些棒显示由它们定义作为两者之间的真实距离点的杆链接。我们，站在外面和观察"真相"，知道杆"失真"并更改其长度，当它移动，我们还可以计算这种"扭曲"的措施，因此，也"真正的"度量 gij 1。如果镜子的人只会听我们的尝试新的衡量标准，他们会发现他们的空间弯曲的他们将能够方便地计算出他们 gij 其曲率。但然后为什么应该他们同意，这是"真理"吗？我们看到，霍尔木兹是十分清楚的完整相关性的情况，即，他们会观察我们时，他们会向我们解释着同样的事情在背面——扭曲了我们的世界和我们应

❧ 3. 第三次哥白尼式革命:陷入空无 ❧

该改变我们的指标 (这就是现在 gij= 1) 找出"真实"的曲率和我们的空间几何 。

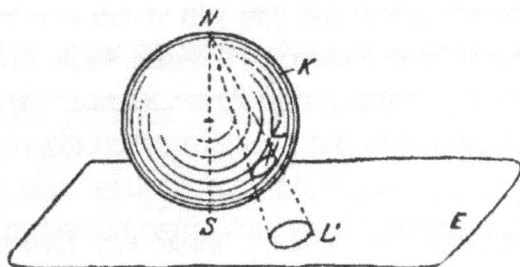

爱因斯坦采用类似的例证，在相同的上下文。他希望表明，非欧几里德空间观测或直觉可以理解。而不是凹面镜，他使用的阴影投影的几何形式: 一个透明的球体在于无限平面的空间和领域谎言小圆形盘 (的不透明材料) 可以移动它滑动而不失真(因为他们是足够小，相对于球)。让我们叫球面与平面相切点其南极，它对面的点——它的北极。所有这一切，说一个光源位于它的北极和照亮所有的方向，所以 it 项目上飞机光盘的阴影。显然几乎没有这种阴影是圆的且在失真或偏离圆形增加从南极点的距离。它很容易看到阴影的行为是类似于镜子的世界，和因此生物上了飞机，他会衡量的影子，他们一起对他们显示出一次，他们的飞机是欧几里得"刚性"杆移动，将立即发现光盘的奇怪行为，找引起这种扭曲的特种部队中的对象的行为。但如果他们采取测量并不是因这些控制棒，但在球体的表面的刚性杆的影子，一切将改变: 它将成为明确一次那光盘保存他们循环的形式，完全在他们的运动精度，因而无需搜索扭曲的力量。显然，采用测量杆的阴影是刚刚决定更改度量并采取新的非欧几里德度量在哪个 gij1 等"度量字段"(和因此也"引力场")替换以前的部队，使他们冗余。爱因斯坦澄清是毫无意义的外部的争用这些阴影棒不是"真正"僵化。如果飞机人作为刚性，通过

*然后可能显示阴影增加的大小随着他们离开 S;然后, 这种说法将不再有任何意义。其实, 只是客观的说法, 可以对光盘阴影, 仍然只是这, 都是**有关在完全相同的方式**正如刚性圆盘在意义上的欧几里德几何球面。我们必须仔细地牢记我们陈述的光盘增长阴影, 随着他们离开 S 向无限, 本身没有任何客观的意义, 只要我们很难聘请欧几里得的刚体的平面电子光盘阴影的大小进行比较可以随意移动的。(爱因斯坦 1921:53)*

3.7.21. "子硬币要道, 庞加莱是正确的"

但是爱因斯坦却从来没有准备甚至向一些刚性杆作为度量单位, 而是他 (和亥姆霍兹) 图清楚地显示的选择申报他接受传统主义者的结论清楚地暗示这里, 即是"不客观的意义"。在同一篇论文中他解释说, 在他看来, 一旦刚性的测量杆已被选中, 几何"显然是一门自然科学, 我们事实上可能会把它作为最古老的物理学分支(爱因斯坦 1921:32), 这个问题是否 (在这个意义上说)几何"的宇宙是欧几里得或不具有明确的意义和其答案只可以提交经验"(同上 32) 和不是基于实际的理由选择仅仅公约问题"(同上: 39)。所以, 在大约在这个时候 (开始 1920 年左右) 爱因斯坦试图摆脱他的读者们给了他的理论的传统主义者图像时, 他甚至在那种场合宣布一些重要的事情:

我特别重视我刚才提出的几何的观点, 因为没有它我应该一直无法制定相对论。(爱因斯坦 1921:33)

庞加莱的立场是, 正如我们看到的 (见 3.4.2), 刚性测量杆的选择, 因此测定的空间几何形状是"公约", 只是, 因为它是可能利用适当的物理来调整每个这样的选择, 对这一现象。几何和物理都是公约的"原始"或"粗糙"的感性数据翻译成一种特殊的人工语言。爱因斯坦制定这一立场在他自己语言中使用的"直接意义"的测量, 损失的概念, 正如我们已经看到:

❧ 3. 第三次哥白尼式革命:陷入空无 ❧

因此几何和物理现实的原始的、立即的关系似乎被毁,和我们觉得对以下较为普遍的看法,每家庞加莱的立场。几何 (G) 谓词的真实的东西关系一无所知但只有几何与物理定律的主旨 (P) 可以这样做。使用的符号,我们可以说的 G + P 仅总和是受控制的经验。因此可以任意,选择 G 和也部分 P;所有这些定律是公约。所有有必要避免矛盾是选择 P 的其余部分,这样就全 P 和 G 在一起与经验相一致。设想在这种方式公理化的几何形状和自然法则已被给定一个常规的状态出现在认识论上是等效的一部分。(同上: 35)

所以,法则和几何是物理的逻辑上任意的因为他们同样是物理的公约。现在,有关这个极端的因袭主义爱因斯坦的立场是什么?正如我们看到到现在为止,整个争论的广义相对论是理论的版本的庞加莱昂参数从理论就等同于牛顿的实际可能性。爱因斯坦的版本霍尔木兹的镜像世界只有几何与经验之间加强这个方向,即“立即和原始连接摧毁”。狭义相对论的传统主义者意思隐含的严格语言的方向,和所有已经准备和准备好因袭主义的全面验收。目前的 P + G 提法无疑,现在就走,事实上爱因斯坦这这样总结:

予用庞加莱,在我看来,是正确的。(同上: 35)

“用”是的“实际”,相反,因此如果任何资格仍未遵循,它只能是实践。哲学的协定已被宣布在一个清晰的声音和一种国际语言: 爱因斯坦接受关于任何 P + G 双逻辑任意性和信息等价性适合经验的所有这些对庞加莱的论文。因此,可以有“没有客观意义”到几何分别从物理学,即,声称我们的物理空间是欧几里得,说是“没有客观的意义”。当爱因斯坦听起来说事情相反只是三页早些时候和四页以后,因此,很难理解在这两者之间,发生了什么事,但无疑相当不愉快的事情嗡嗡的表面下和我们正在观察其微弱的回声。

因为它怎可能,关于“对宇宙到底是欧几里得有明确的含义和其答案只可以提交经验”的问题(同上:32),它“不是问题的仅仅是公约在实际理由选择”

(同上：39) 如果庞加莱是右子用?什么是特殊的概念,而我应该一直无法制订相对论(同上：33) 如果不是此皮尔卡 P ＋ G 参数吗?为了增加混乱,右后宣布因袭主义,永恒的真理爱因斯坦进行解释自己的立场,和庞加莱的传统主义者的说法,如果在一个地方,两个材料部分是一致的然后在其他地方,然后他们将被视为平等的无处不在只是他提出的第一件事。这个 "假设"(在爱因斯坦的词) 这显然是一种习俗而已"休息不仅是欧几里得,实际几何,也是其最近的概括实际几何黎曼,和与其有关广义相对论的理论"。(同上：37)

3.7.22.瑞奇曼打击和相对论的新原则

实际上,下面这样的困惑和尴尬,没有艰难和痛苦的识别,爱因斯坦开始要和平,那这一概念的相对论的时空,即广义相对性原理和自然法则制定的所有参考系统的平等权利,是一个错误的理念,从一开始。

爱因斯坦开始他努力为这一发现使他目前作为有效或真正在每一个可以想象的参考系统性质的法律已经于 1907 年,两年后发现的特殊理论的理论。他的研究朋友,是由现在一名数学教授,他讲了一种特殊的数学技术,名叫张量演算,它一只十年早些时候发现的和他们两个现在着手建立广义相对论的理论,用其手段。**爱因斯坦的希望**是自然的,它将可能显示,是否由张量微积分而制订法则,他们会保护他们的形式,参考系统发生更改时,这些变化和参考系统**那样的他们可能**。此版本的爱因斯坦相对论原理叫做"协方差矩阵原理"。许多知识分子陷入困境在一番冒险之后,他成功地在 1916年提出他的理论,最终版本与作为其核心,协方差的一般原则和这一原则视为版本的广义相对性原理与数学思考。

中央的这一理论新法律是万有引力,说那 T ＝ GG 在哪里一个复杂的数学表达式构造出 gij 和他们的组合和描述,因此,几何,而 T 是数学的大小表示空间中的物质的数量。G 称为"几何张量",T 所谓的"物质能量张量"。T ＝

✑ 3. 第三次哥白尼式革命:陷入空无 ✑

G 方程是一个张量方程,和其定义的质量是,它守恒下所有类型的转换,即是说,对所指任何任何参考系统。

所以世界提出了一个新的迷你奇迹: 假装自然规律,但一项法律,是一份声明保存真实的所有参考系统。但我们已经看到的这一奇迹,即失踪万有引力作为一个单独的力量和它转变成一个"场"由一些参考系统的选择自动创建的几何与相同背景因素是什么。第一次哭过"国王是裸体!"的人是德国数学家 Erik 瑞奇曼,一年晚些时候发表了一份在同一本杂志上出版广义相对论的理论了。在本文中瑞奇曼指出的广义协变原理数学花招。瑞奇曼解释说,有可能制定每个法律性质,包括牛顿定律,在张量微积分内,,使其变得普遍协变。所有的这种配方创建,是通用性的是**足够大,以使法律提出从同一形式的任何"角"**(参考系)中,它将被观察。有是没有内容牛顿定律,例如,这样可以防止他们提出作为张量方程,以及因此,也同样适用于所有参考系统的方程。但牛顿定律假定是一个绝对的空间和时间。因此,一般协方差是只是数学的形式特征,并不能防止矛盾 (例如,绝对空间和时间和力量) 的相对性原理的内容。换句话说,相对于所有参考系统法的形式保护并不意味着任何关于绝对性或空间与时间的相关性。

这是一个致命的打击,对爱因斯坦的生命企业类似于打击奠定了纽曼罗素的概念,结构,或哥德尔在 1931 年后希尔伯特的高山族程序将奠定。爱因斯坦回答在下一年 (1918),并宣布他完整的协议。但鉴于这致命的一击,他着手抢救一切所能因此改变了优先顺序和他的原则的逻辑地位。他解释,他回答,他的理论成立了三个原则——相对论、加速度和万有引力,等价和马赫原理。但即使所有现在似乎若无其事,突然改变"相对性原理"的新提法:

> *相对性原理: 自然法则是语句有关严格与**时空巧合**;他们因此找到*
> *他们唯一的天然表达一般协变方程。(爱因斯坦 1918年: 241)*

相对性原理这里成为了本体论、非正规原则上没有任何形式的保护方面或任何提及参考系统。相对论的概念根本没有提及在这里 (标题除外),因此它宣布什么关于相对论或绝对性的空间和时间。一般的协方差原理在现在没有更多独立的需求，而是只是这个新的相对性原理的后果。所有这一切都源于新的加固播放器"时空巧合"的特殊重要性。这些家伙是谁？

3.7.23.本体论的巧合

当我们画出一个时空中的粒子的轨迹时，一些曲线出现。这条曲线具有一定几何形状，但是显然这种形式取决于坐标系统。假设我们在同一坐标系绘制另一个粒子的轨道。如果两条曲线满足，这意味着这两个粒子都在同一时间在同一个地方，即，它们相撞。假设我们绘制这些相同的轨道，在另一个坐标系，即，从另一个参考系统。这两个轨道的几何形式将现在一般不同，并不会有什么共同之处，以前的表单，除了一个细节：　相同的重合点将出现在两个绘图中。爱因斯坦从这结束后难的尴尬，他的理论在 1914 年，关于这我在本书不便扩展。因为形式的轨道变化参考系统，这些形式不属于"物理现实"的发展。但由于重新"相同"的重合点一定出现在所有的描述与所有可能的参考系统中，所以它是唯一真正的对象在整个故事中关于这项议案。有人相信他确实是这样，它是只重合点是什么可以观察世界上的另一个考虑。所以出现新的和改进的现实主义原则：　现实仅包括观察物体和这些严格是重合点的轨迹的颗粒，这就意味着，他在 1916 年 1 月，开始给他的朋友贝索相关，

> *不过时空重合点的全部是物理现实。例如对构造出运动的材料的物理现象点，然后点的会议，那是，他们的世界线的交叉点，我们将是唯一的现实；只有真正可观察到。(爱因斯坦 1972:64)*

那么，这就是爱因斯坦的配方的现实主义原则：　现实包括严格的原则，可以观察到这反过来，只有巧合的世界线。如果现在我们要求的理论内容将严格处理物理现实，这也将限制这种内容严格适合这些巧合的需求量。这种需求，爱因斯坦现在解释说，是相对性原理。此外，协方差的原则遵循现在作

❧ 3. 第三次哥白尼式革命:陷入空无 ❧

为一个派生和自我理解的后果, 但这只是因为它现在说的是什么有趣的事情: 只要理论进行的信息是什么可是班上的巧合, 这些巧合被保存在每个参考系统之间的转换, 只是他们的名字 (坐标) 更改, 也会如此在每个参考系统。不守恒的这些转换中的一切不能被视为物理现实, 并因此是理论真的说的任何部分。

因此从这个新的现实主义原则, 理论并不能告诉我们什么是时空的几何, 因为这种几何是一个数学的结构, 它不是严格意义的这些巧合组。我们已经看到这在亥姆霍兹镜子和爱因斯坦透明球体: 看在他们的物理和几何形状, 完全不同的两个世界是相同组的他们的巧合, 因为这些必然反映在镜子和一定预计在飞机上没有任何连接与转换带来的扭曲。因此, 每一个理论的唯一信息是在一个世界里, 这些巧合集团将真实也在其他, 反射或可预测的世界。但在另一个世界将虚假理论会说超出清单这些巧合, 例如, 关于几何或在任何世界、运动定律的每一件事。因此它原来现在, 爱因斯坦继续解释贝, 在其新制订的相对性原理要求理论包含什么关于几何或物理的世界:

> *这些交点保持自然保守的所有转换　　　(并且没有新的出现), 当只有一些唯一性条件服从。于是, 它是最自然的对法律的需求, 以确定这些时空的巧合而已。按照我所说的这是什么已经取得了广义协变方程。(同上)*

换句话说, 根据服从这个新的相对性原理的物理定律, "那里是镜中的世界和外部世界之间没有区别", 它是同一个世界本身。这些法律将从现在起说什么关于区别这样的世界, 因为这种差异也无法表达的巧合, 即使这种之间的差异包括几何和物理的世界, 他们不是"物理现实"的一部分。新的现实原则将表达现在的同一性——莱布尼兹原则后, 莱布尼兹和伯克利现实主义的最高原则建立关于空间和时间的相对论阵地。

在这里, 我们可以查看康德的中央论文关于流于形式的性质的一般规律的最新成果。我们看到了这篇论文如何变成传统主义者的位置关于物理理论作为一种纯粹的语言,并在稍后添加到其自身"单纯形式"和"仅仅用语言"是我们项目在世界的"结构"的新认识。最后,这一概念就在爱因斯坦的新物理学的中心原则:所有此类结构是智力,纯粹概念性的小说不仅仅是生物。我们已经提到斯科会证明这一点在 1920 年作为反证法的希尔伯特的形式主义和罗素将吸收并同意它在 1928 年纽曼事件后。爱因斯坦导致这一结论后长时间的踌躇,虽然它只是预期,这将结束了他的思想: 我们归因于世界的每个结构是纯粹的虚构和必须不作为物理现实,因为现实是完全肽、绝对混乱的因此每个结构的出现对我们只不过是和我们心灵的一种生物。

3.7.24.奇怪的脚步声和空壳——爱丁顿的相对论理论

这个康德结论是由英国物理学家亚瑟•爱丁顿,主办 1919 年确认的相对论理论的意见后,成为然后一受欢迎的翻译和相对论最伟大后卫在未来二十年。相对论,他写道在同一年,他第一本书的结论与一个著名的隐喻:

> *我们有未知的海岸上发现一个奇怪的脚印。我们已制订了那些深奥的理论,一个接一个,到它的起源的帐户。最后,我们已成功地重建了足迹的生物。瞧!它是我们自己。(爱丁顿 1920年: 201)*

这个宣言反映了单独的世界,我们称为面团本体的性质的了解。单独的世界是完全无形和塑料,因此我们归因于世界的整个结构"在自然界中存在同样的意义上作为上开放的摩尔有无限的数量的散步"(1920:197),或在那行**星的星座**上星图 (1928年: 235) 存在的感觉。看来,他是由方向,相对论表明,结论是:

> *结论是性质的这些自然定律的被编织成统一的计划、力学、万有引力、电动力学和光学——全有他们的起源,不在任何特殊机制,但在**心灵的运作**。(1920:198)*

❧ 3. 第三次哥白尼式革命:陷入空无 ❧

这"心灵的工作"是简单合成的先验的定义和构建科学的理论。物理量

> *服从着伟大的定律的场物理借助他们已建造的方式。这就是特别的*
> *功能:场的定律——养护的能量、质量、动量和电荷,万有引力定律的*
> *麦克斯韦方程组——不控制法律。他们是一些自明之理。...这些定*
> *律是数学恒等式。侵犯的他们是不可想象的。(1928:231)*

与控制的法律,以某种方式执行物质沿着一定的轨迹的运动,"能量守恒定
律的著名定律"(同上) 是纯粹的逻辑身份,必要的真理,"违反这些是不可
想象的",空的真理。爱丁顿解释这些法律的空虚从事实他们链接不同方面
的一件事,因此他们属于跟随

> *连接到"法律"同义反复类型相同测量与米规则和脚规则。(1928年:*
> *233)*

> 本论文的技术数学细节他解释在他的书,关于数学相对论(1923
> 年)和争辩说,爱因斯坦的基本法的引力可以构造根本不用等价
> 的重力和惯性质量,但只是以定义和身份的假设。数学的方程,
> *它描述爱因斯坦的法律是一种身份,不需要任何假设假设"除了定*
> *义"(1923:119)。*

这一结论爱丁顿的康德意义解释前面的脚步隐喻的句子中。它开始与相对论
的成就美化为具有"统一着伟大的定律,由他们制定的精度和准确性的其应
用程序中,赢得了哪些物理科学认为今天的人类知识中值得骄傲的地方"。
一旦支付了这笔债务,爱丁顿接着澄清的空虚中毫无疑问的方式的理论:

> *然而,对事物的本质,这种知识是唯一的空壳——符号的一种形式。*
> *它是内容的知识的结构形式,而不是内容的知识……此外,我们没有*
> *发现在科学进展最远的距离,思想但已经恢复从自然的心灵已投入*
> *自然。(1920:201)*

对这种明显的康德释义爱丁顿坚持他的余生，他出版了关于相对论的最后一本书包含了以下的摘要，重复康德的话（批判 A125 见临 138 以上），（可能是在不知不觉中）：

最后我们对宇宙的理解正是如此，我们将放入宇宙，使它易于了解。(1936年：328)

3.7.25.广义相对论的想法结束

这个故事本来可以在这里与巧合本体所导致的空和谐。对爱因斯坦的快乐扑克脸他提出当面临这驳斥，尽管他很清楚，这是他作为相对论理论的终结。瑞奇曼澄清的事实是，当爱因斯坦在 1916 年制定的理论，它说多超过时空巧合的仅仅是全部。它说什么将在给定物质：能量密度； 几何它显示如何时空结构的曲率联系在一起 （莫名其妙地） 对这个世界的密度，从而决定它什么物质粒子 （测地线） 在这种密度的物质的具体运行轨迹：它确定一个独特和典型的几何和物理。瑞奇曼爱因斯坦的引力定律中指出这些特殊的结构，并宣布他的判决：

爱因斯坦的相对论是足够物理一般没有任何相对性原理： 根据它的内容，它是显然是完全绝对的理论(克莱切曼 1917:610)

瑞奇曼在这里发现一个棘手的问题：即，广义相对论关于世界的信息度的可能性之间存在着的广义相对论概念和物理内容的概念之间的矛盾。但由于爱因斯坦的理论是确实信息的，它不能是真的相对，反而它是一种绝对的理论，就是那样的牛顿。

这是第一幕。第二个发生在未来的 3 年内，它成为明确马赫原理需要时空有绝对的结构，因为他的方程需要，在一个无限的距离从物质时空成为欧几里得的爱因斯坦。其意义是没有物质时空具有几何结构的特定于它，即，一种结构，并不取决于物质和不依赖于任何东西，和因此是绝对。进退两难的马赫原理,在我们的记忆是广义相对性原理的体现,变得清晰,爱因斯坦以其所有的问题: 采用原则意味着同时接受单独和绝对地位的时空结构;而拒绝它,就意味着拒绝也一般的相对性原则,并从而承认的绝对性的时空结构。很难对爱因斯坦忽视了这种困境是整个物理学的现象学主体单纯的相对化,这是对他工作给予致命一击。

这是智力上的闹剧发生于 1917 年至 1920 年,并且它表示在爱因斯坦的混乱有关几何,正如我前面所描述。但它需要另一个 40 多年他一般现象学主体单纯的相对化程序最终未能成为公认的物理学家之间的一个事实,在那些年里成功形象的广义相对论将设法开车疯了两代人的哲学家和科学家,正如我们将看到现在。

3.9.维特根斯坦之早、晚和过晚

什么是 : 即使看起来相对论没有留下给维特根斯坦留下任何印象,他的书《哲学论》给逻辑实证主义者留下了相当深刻的印象。但书中包含的只不过是休谟、康德和庞加莱的最后自己拟定的结论。维特根斯坦强调这些是极端主观主义。在他后期的作品中这个方向得到加强,并且成为了社会、社区或部落的主观主义。即使数学是严格的因袭主义,即采取任何步骤都是一种全新的公约模型。这是现实主义最无助和绝望的版本之一。

3.9.1.那么,维特根斯坦呢?

在卡尔纳普以席尔普卷之名准备其自传中, 他写道:

> *对于我个人而言,维特根斯坦也许是除了哲学家罗素与弗雷格外, 对我的思想影响最大的哲学家。(卡尔纳普 1963:25)*

❧ 三种哥白尼革命 ❧

在本文中卡尔纳普表述了维特根斯坦在 1921 年发表的《哲学论》是如何"对我们的圈子产生巨大的影响"，以及"路德维希·维特根斯坦本书的很大一部分被逐字逐句阅读并讨论"(同上:24) 讨论句子。创建圈子的会议开始 1925 年左右，两年后力克认识了维特根斯坦并介绍他来参加这些会议以及解释并澄清他的书中一些有问题的部分 (对那些"我们没有发现任何清楚的解释的"，同上)。虽然维特根斯坦拒绝参加任何这种有大量观众的会议，他同意参加只有力克、威丝曼、费格尔和卡尔纳普会参与的会议，不久后也拒绝参加费格尔和卡尔纳普出现的场所。他从未解释《哲学论》，维也纳圈子里的人也从未有机会和维特根斯坦平等地见面和交谈，以通过他们的分析解决争端。维特根斯坦从来没有准备好和任何人讨论或任何逻辑的分析。他在他个人和哲学的接触中，总是以先知的角色，或预言者，世界之光的使者——他比标准分析哲学家如力克，卡尔纳普，亨佩尔，或由或赖欣巴哈的标准更接近神秘。"他给我们留下的印象"，卡尔纳普写道，"仿佛是他得到了神的启示，我们不禁感到任何清醒的理性评论或分析都是亵渎"(同上:26)。维特根斯坦在他的读者中制造了恐惧和颤栗，并且毫无怜悯地为所欲为，这是他的影响力的方法——神秘主义和智力恐吓：

> *之前第一次会议上，力克迫切告诫我们不要开始我们都习惯在圈子讨论的事物，因为维特根斯坦不希望这样的事在任何情况下加以讨论。我们甚至应该谨慎问问题，因为维特根斯坦非常敏感，容易受到一个直接的问题困扰。(同上：25)*

但因为每个人都说他有很大的影响力，可能澄清它到底由什么组成非常有用。而这里我们有一个惊喜。卡尔纳普写道：

> *我从他的工作中获得的最重要见解是，逻辑语句的真相之基于其逻辑结构和术语的含义的概念。在所有可以想像的情况下逻辑的陈述为真；因此他们的真相与世界的偶然因素独立。另一方面这些语句没有说明任何关于这个世界的事实，因此有没有事实的内容。(同上)*

✑ 3. 第三次哥白尼式革命:陷入空无 ✑

以及关于任何逻辑真理 （必要） 的信息空虚论文第二有影响力为好。信息空虚的所有形而上的命题。这些不是真正的命题，但只是"伪句子，缺乏认知的内容"。

但卡尔纳普在这里补充说:"在这一点上的维特根斯坦的看法是接近我曾开发出反形而上学的科学家和哲学家的影响下"（同上: 25）。

因此，我不相信，甚至空虚的逻辑是维也纳圈子的人，尽管卡尔纳普明确的语言对维特根斯坦的主要影响。我的原因很简单，自从休谟和肯定自康德以来，接受的立场是必然命题不可能是内容丰富。休谟，辩称他们的必要性是只是心理，向明确他的读者，数学命题的必要真理只有在逻辑意义上，即"这种命题是发现仅仅是操作的思想，没有对什么是世界上任何地方存在的依赖"（第四，我:25），即，它们是缺乏信息，当它们被视为作为信息他们是既不真实也不准确 （论文: 三、 1:71）。康德知道查询，但不是论述，认为几次甚至休谟从来没有敢为难他的经验主义与数学，虽然他认为它是只是分析（实践理性批判: 147），

和他曾试图将他持怀疑态度的经验主义应用于数学 （"一事这他是太急性做"绪论§ 4 临 22)

他就会看到这种程序的愚蠢。康德提出他的理论的形式——所有必要的命题，并不是分析是单纯形式，因此请勿携带任何认知的内容关于这个世界。关于反形而上学，我不相信，休谟和康德对形而上学的攻击后，任何需要在另一个驱动器上对这一立场，如果有的话，马赫的教义和后他庞加莱和昂和赫兹就绰绰有余。如果有任何需要这样一个推力，它只不过需要回忆这一传统。当卡尔纳普在这里暗示，似乎维特根斯坦只是提醒他的读者的反形而上学的精神，他们从大气吸收的知识渗透，并没有更多。因此，例如，极端因袭主义的他在晚年于1953 年出版，是卡尔纳普和纽赖特未经明确已经在 1935年，读过关于它在维特根斯坦根本的原则。因此我对他的兴趣不是作为一个创新者和先知和预言家中深刻的真理。我不认为他有什么，和我的演示文稿

不会令人愉快，因此，对他的追随者。这些将会认为我的演示文稿作为单位以及未能深入到他的听筒的巨大深度。随它去吧，

我对他的兴趣是仅仅作为新康德，近代邮政广义相对论现实主义者。我靠近他这样，即使在他的著作涉及巨大的科学革命，通过它他住尚无迹象： 相对论和量子力学理论从来没有他感兴趣的根本。我似乎理解这非常奇怪的事实的最佳方式是将其视为隐性的论文，说这个科学的革命哲学改变了什么。而且我认为，关键的影响，他在维也纳圈子成员植根于这个隐性的论文。因为维特根斯坦总结他的《哲学论》在物理极传统的结论，冲走一拳把所有种类的含糊其词的结论力克曾拼命的相对论理论研究》一书。它只是自然，它将会引入逻辑实证主义思潮维特根斯坦的力克和它将他在企图将圆转化为有福拉比哈西德派法院建立直接的联系。

3.9.2. 第 1 部分 "书面部分"

在《哲学论》中有是简单而明确的部分，还有黑暗和晦涩的部分和，正如他向他的听众之一解释，晦涩的部分是最重要的它也是从未写过的部分：

> *我的工作由两部分组成：　　一个再加上我所有的给出了在这里没有写。也正是这是其中最重要的第二部分。（原《哲学论》：16）*

我将在这里只处理的清晰、明亮的部分。这是建造的已编号的段落，写成一本书的指示和武术的规则。甚至一种假说，也没有人怀疑，并不包含任何参数。它只包含声明，或如果你愿意，原则，和它被控通过不耐烦和不能容忍。就像我从来不理解维特根斯坦的重要性的人，只是想让我永远不会渗透的秘密如何这种排斥的书成功地成为了个人崇拜的焦点。但似乎对我的解释（两个）　　的重要组成部分是其强加的强制性，其非的宽容和其神话般的人物。这本书照射的情感，谁不了解它，必须是一个十足的白痴，还有没有必要反正构造解释和参数。

❧ 3. 第三次哥白尼式革命:陷入空无 ❧

但也许有是其惊人的成功,另一个原因,这是它所说的一般结构: 它始于简单的事情,这常识的事——世界构造的事实,和命题都是图片的事实。有很简单的事实,这些都是成分复杂的事实,因此有简单命题 (这是简单的事实的图片) 和这些去上撰写复杂的命题 (这是在复杂的世界的图片)。这是有希望的,一种返璞归真的第一次的哥白尼式革命和 17 世纪的哲学: 还有一个独立的世界,它的描述,这是它的图片。这意味着一个真理、理性的讨论、内容丰富的科学,是世界的一张画,以防它是真和假,如果它不是世界的照片的地方。事实是每个句子的属性分别,即,它属于它的而只是分别从其余的可能的命题,它和这一事实反映了这一命题与世界之间的关系。在 17 世纪的语言中,真相似乎是句子,主要属性,并不取决于我们或任何其他句子,但只有对目标之间的关系 (这是与我们分开) 这句话和世界 (这也是我们分开的)。那么清晰,那么纯洁,那么简单,干净。这里有一些例子:

4.021 命题是现实的一张图片: 一个命题的知道,我知道它代表的情况。我理解这一命题没有向我解释其意义。

4.022A 命题显示它的感觉。

A 命题显示如何事情站如果这是真的。它说,他们所以站。

4.023 一个命题必须限制现实对两种选择: 是或否。

为了做到这一点,它必须完全地描述现实……

4.024 对理解命题意味着想知道是什么情况,如果这是真的。

一个能理解它,因此,不知道是否如此)。

它是理解的人了解其成分。

4.026 简单的标志 (字) 的含义必须向我们解释,如果我们要理解他们。

与命题，但是，我们让自己被理解

4.027 它属于命题，它应该能够向我们传达一种新感觉的本质。

4.03 命题必须使用旧表达式来传达一种新感觉。

一个命题传达给我们，情况，所以它必须实质上连接的情况。

而连接正是它是其逻辑的图片。

命题的国家东西只要只有一张图片。

4.0311 一个全称为一件事，另一种为另一件事，和他们与另一个相结合。以这种方式整个集团-像画面活马-提出了一个国家的事务。（《哲学论》）

什么能更清楚、更纯洁，更简单，干净呢？什么能更有希望和辐射与信仰作为客观属性描述即的命题的真假呢？

3.9.3.空虚和网-第 2 部分的 "书面部分"

但在几页内这整个的光消失，黑暗中设置。希望被取而代之的是彻底的绝望和信念——与主观的确定性。第一，原来最极端的理想主义者-solipsist，辩称，他拥有关于世界的唯一证据说，没有证据显示一个单独的世界：讲话的确合理的事情：

5.62 这句话提供问题，唯我论中还有多少真相的关键。

唯我论者，意味着是相当正确的；只有它不能说，但使本身显现。

世界是我的世界：这是事实，语言（我所唯一理解该语言）的限制意味着我的世界的限制清单。

5.621 对世界和人生是其中一个。

3. 第三次哥白尼式革命:陷入空无

5.63 我的世界。(微观世界)。

5.631 主题,认为或招待的想法是没有有的。...

5.632 主体不属于世界: 相反,它是世界极限……

5.64 在这里可以看到,唯我论,当其贯彻严格,与纯现实主义相吻合。唯我论的自我收缩到一点不带扩展名,并仍那里现实与它协调。(《哲学论》)

这最后的宣言标志着宿命回到康德,因为它当时,赫尔曼 • 科恩在他于 1902 年出版的一本书中声明 "理想主义就是真正的现实主义" 相呼应的新康德主义运动的领袖 (赫尔曼 • 科恩,纯逻辑的权 (柏林 1902年: 33, 68ff,引在大卫·林登费尔德变换的实证主义,加利福尼亚大学出版社,1980年: 109)

我们留下了哥白尼式的革命和 17 世纪,纯现实主义和现在走了出来,真理是不存在,但与第二哥白尼式的革命,与柏克莱和休谟和康德和极端的主观主义的说,世界是前年从我和我使用的语言: 世界是我的世界,在谈到超越它的东西没有意义关于世界分开我和我的语言。回到伯克利和休谟和康德是完整,此外,因为是我的世界,它包含没有客观的必然性。维特根斯坦制定休谟的参数在其纯粹的逻辑版本:

5.133 所有扣除先验。

5.134 一个基本命题不能推断另一个。

5.135 那里是情况的绝不可能的推论从存在的一种情况到另一个,完全不同的存在。

5.136 那里是没有因果关系,来证明这种推断。

5.1361我们无法推断从那些现在的未来的事件。

✎ 三种哥白尼革命 ✎

在因果关系的信念是迷信。

当然，这是纯休谟与路标在它头指向康德:所有在我们的思想和我们的世界是必要的是先验。但由于我说话和理解的语言包含必要的表达式，所以是在我的世界的必要性，因此，语言（或逻辑）的必要性是在我的世界的唯一的必要性。但这是必要性运载没有信息，因为它只确定我的世界的一般形式和一般形式是内容空洞的东西。在这里我们继续从第二次革命，其口号是"世界是我的世界，因此在它所有的必要性是只是主观的空的内容"，到第三次革命，它的口号"世界是我的语言和所有的必要性，在我的世界是语言的必要性空的内容"，这是这本书的最后一章的消息。第一，逻辑的必要性:

6.1　逻辑命题是重言式。

6.11　因此逻辑命题说什么。(它们是分析命题)。

6.12　事实的逻辑命题是重言式显示语言和世界的形式化逻辑-属性。(同上)

与之交的数学逻辑提出了为空的所有内容后，到达:

6.13　逻辑不是世界的教义的身体，而镜像。

6.2　数学是逻辑的方法。

数学命题的是等式，因此是伪命题。

6.21　数学命题并不表达一种思想。

6.22　的世界，所示重言式的命题的逻辑，逻辑是数学方程中显示出来。(同上)

这样的逻辑和其步骤中数学空的所有内容和从现在作为伪命题提出了个人的主张。但仍有一门科学的性质:怎么样语篇的物理信息解读吗?物理学在制订他们的地位自然法则是什么?

❧ 3. 第三次哥白尼式革命:陷入空无 ❧

嗯,它原来自然的一般规律,如因果律、最低限度的行动的法律、充足理由律和连续性的法律不是法律,并因此不主张对大自然和世界。唯一的必要性是合乎逻辑的因此,每一个它应用于命题——即,包含必要性的命题:只能是一个逻辑的命题,和因此是一个伪命题或同义反复:

6.3 勘探逻辑是指探索一切都是受法律管辖。逻辑外,一切都是意外。

6.32 因果律不是法律,但法律的形式。

6.34 所有这类命题,包括充足的理由,自然界的连续性和最小的努力,在自然、等等等等-所有这些都是可以被科学的命题形式的先验见解法律原则.(同上)

当然,这是维特根斯坦的明显康德休谟的解决问题的办法: 所有性质的一般法律信息都空和,都是“先验见解关于形式”,我来综合“我的世界”。这并不只是法律因果关系的“不是法律而是形式只有”,这也是最高的物理规律,例如法律的保护和连续性。以下的示例中,无疑他在这里给康德解决方案的强传统的解释,演示文稿维特根斯坦与任何可能的出路这因袭主义有趣拒绝缔结。为此,他使用新旧版本的康德概念: 我们所有的概念和物理理论,都是一张网,我们抛弃世界为目的的语言描述的经验,但纯净,像一个坐标系统,不包含关于世界的信息。因此,我们的科学理论,我们不同的网络,没有关于世界的信息:

6.341牛顿力学,例如,规定统一的形式,世界的描述。让我们想象一下它白色表面有不规则的黑色斑点。我们然后说,不管什么样的图片这些使,我可以总是近似尽可能希望对它的描述,与足够细的正方形网格,表面覆盖,然后说的每个方块是否它黑色或白色。以这种方式我应实行统一的形式描述的表面。形式是可选的因为我可以达到同样的效果,用三角或六角形的网状网……不同的网对应于不同的系统来描述世界。力学所说，在世界的描述中使用的所有命题必须都获得在一个给定的方式从一组给定的命题-力学公理确定描述世界的一种形式。

6.432 描述一张照片，像上述与给定形式网告诉我们任何有关图片的可能性。(的结果为真的所有这类图片。)同样的，用牛顿力学描述这个世界的可能性给我们讲述什么世界。(同上)

而不是净，或坐标网格，他还雇用语法的概念以状态的几何性质一致的意见：

的欧几里得几何公理是变相的语法规律。(菲尔评论§178)

可以毫不怀疑，因此，即使最后的节约秸秆留给因袭主义持有无实质内容：有没有信息化的意义，其实是那个概念网络成功地创建物理这是比其他网络，简单的因为是在没有信息意义的非常适合这种网络到"世界"。网络是先验，因为这是描述的可能性的必要条件，因此，它是"一种世界的状态"或"先验"康德意义上（《哲学论》：6.421，NB 24.7.16)。物理理论可以世界图像（这样"快乐的人的世界是一个不同于那不快乐的人"《哲学论》6.43)只有在康德意义上的任何描述世界的必要前提。原因很简单——维特根斯坦使它清楚，如果没有必要，这也是内容丰富的世界，这是一个面团世界，一个没有任何客观的合法性：

6.371 整个现代世界的构想被建立在所谓的自然律是自然现象的解释的错觉。(同上)

于是有没有翔实的解释，在物理学中的法律的性质，因为没有客观的法律性质。在到目前为止这样一项法律描述必要的连接，它是先验的必然性，一个逻辑或语言因此它是空的内容："存在的唯一必要性是逻辑必然性"(同上6.375)。如果它有可能来解释物理学中只有只要自然法则表示客观必然性和只在远，因为它们是信息，即，只有那么远，他们告诉我们会发生什么事的必要性,那么有没有在自然科学中的解释:它所有的解释都只是一个"幻觉",他们是伪的解释,从根本上不做告诉我们世间的万事万物。他们不是超过精心伪装灿烂重言式。

它是重要的是记住这本书术后发表广义相对论的理论,它出来后该理论被证实在爱丁顿 1919年日食观察其最后重写。维特根斯坦在物理学中有良好的背景,很难相信在他的眼前,他不知道这个消息和展现了科学革命。我倾向于,因此,把他系统忽略这戏剧的明确的宣言,所有这一切都是没有消息,因为那里是没有根本区别牛顿和爱因斯坦从哲学的角度来看: 两者都是先验,只处理形式,在其中我们选择构建的世界,并因此成功的新物理已没有更多的意义,比旧的排斥反应 (或失败)。揭示了当一个"净"取而代之的是另一个没有什么戏剧性有关我们与世界的连接。

力克的整体观念,其最大的纯从任意组件增加客观性的理论被隐式拒绝这里作为另一种"迷信"。因为每一个理论是一种先验形式只不过会有关于客观性,他们之间没有区别的区别 (简单,小任意性等)。因此,当他补充说,即使这一事实,世界可以描述由牛顿物理"告诉我们什么都不了解世界"

> *不过我们都告诉了一些关于世界的事实,它可以被描述更加简单地*
> *与一个系统的力学比与另一个 (6.432)*

读者是混淆的。什么将它"告诉我们什么"抑或是"告诉我们的东西"?但是,除了自相矛盾,什么能成功的任何理论告诉我们关于世界如果没有因果关系,所以自然没有法律吗?

3.9.4. "一切都是它是什么"

因为没有和不能翔实解释发生了什么事在世界上,它遵循一次,世界上并无意义。正如逻辑、数学和科学性质的是,每个,非信息网络,所以也是世界空的含义:

6.41 世界感必须存在于世界之外。世界上一切都是因为它是，一切都发生在它发生，在它没有价值的存在——以及如果它确实存在就没有价值。(《哲学论》)

这是必然的结论，从命运的开始——那里是世界上没有必要性，除了逻辑的必然性，即，除了同义反复。因此，必要性和精华，我们用来解释世界，从而赋予它意义，是我们发明的实体，纯粹逻辑和正式的生物和因此我们的解释是重言式，就像所有的本质与定义是重言式。世界，它的这些精华在创建它的自然分类清理时是一个巨大的同义反复，无形的因此毫无意义。唯一的主张是合法的作为一个真正的解释是盛大的同义反复："一切都是因为它是，一切都发生在它发生"。

这是现实主义者的最深切和最基本的直觉，因为巴门尼德发现它（"是"）通过"自然只是存在"和"世界给我们只有一次"的马赫（见临 160 以上）惠勒将获得它从量子力学 （见下面第 366)，和起米诺作为制订出它在猎鹿人》，美国现实主义的经典："你看见这个吗?这是这并不是别的东西，这是这!"。所以，《哲学论》年底，维特根斯坦位于他毫不犹豫，如下从它将增长的反信息专家现实主义和开花现在在充分的辉煌，他的下一个作品中的思想。但维特根斯坦认为从这开始可怕的绝望，是隐含在这现实主义——这个世界一定毫无意义。

亚里斯多德认为这一结论，太过了，和其威胁性的绝望迫使他引入他的自然哲学作为外界的意义完全相同维特根斯坦说，在这里。因此即使所有的亚里士多德的自然哲学的暗示是世界上有没有形式 （那里是没有外部的观点），亚里斯多德介绍了这样一种形式，即使他位于它外面的世界。这是他无动于衷的动机，是的最终实现的世界往往和藉以世界移动从外面，但没有一丝"为爱感动他的情人"。

这也是神话中的维特根斯坦的徽标两头，一个典型的另外： 由于大家都在谈论的价值和意义世界是讨论什么是外面的世界，它不能根本连说。这个神话的唯一的表达是沉默,沉默,就像可以说关于这个世界的唯一事情是重言式-命题的逻辑和数学和物理学。他们可以说正是因为他们没有做说什么世界。所有其余的,非同义反复的演讲都必须保持都沉默。所以,维特根斯坦在书末尾解释道 "任何最终能理解我的人认出他们是荒谬的当他已经用他们的步骤,来超越他们往上爬。......他必须超越这些命题,然后他会看到世界不愁"。和他然后做什么?嗯他最后会到达深沉默

7. 什么我们不能谈论我们必须在寂静中过去。(《哲学论》)

3.9.5.第 3 部分: 都是语言

但这意味着图案是真理,打开这本书的整个理论是误导性的行动。如果我们描述的必要性和依赖联系是什么,但幻想和小说,然后没有命题,是它可能,可以想象一个单独的事实,就像小学,因为没有这种事实。广义相对论的理论教育这个本体论的课的唯一的对象,可以说是单独从我们及我们的描述是世界线过境点,但是所有链接的这类过路处和他们安排成一个命题所表达的结构是完全任意的。这就是我的观点和我的语言确定对这些元素的结构和创造出来的世界。因此,只有他无视第六《哲学论》,智慧的七柱可以被误导到这里是一个位置不同于新现实主义的印象。

大约与维也纳学派,他开会时间的维特根斯坦开始的全面发展的是隐性的《哲学论》语言现实主义。这种发展出版于 1953 年 (后维特根斯坦的死亡) 题为哲学调查。

其中心论点是合成的,精华的对象,即,所有的必要性在于他们,先验结果是合成的在世界上的语言项目。必要和非分析性命题,举个例子,这痛苦就是内部和毡,苹果是一个对象,和那种红色是一种颜色,感情是私人的,没有什么可以被涂上两种不同的颜色都超过,同时,所有这些都是见闻不广的命题。隐含在其中的必要性是不足以消除他们对世界,篇章的信息性,所以他

们都是"语法的主张",表示属性的语言,而不是世界。因此,无论一定是,不能以其他方式,世界上的一切事物的本质由严格我们的说话方式:

> *我们断言的东西什么在表示…什么看起来的方法,如果它已经存在是语言的一部分。(PI §104, §50)*

卡尔纳普会叫的"语言的逻辑句法",维特根斯坦被称为"语言游戏",表达式可能取自希尔伯特,谁谈"游戏的公式"在他的回答中对索赔的数学退化与他到游戏(希尔伯特 1927年: 475)。意思是逻辑语法的法例的法律地位是的游戏规则,即,他们典型地合成先验的并有没有理由或起源于事物的本质。这个现实主义也适用于逻辑定律

> *逻辑规则是推理的语言游戏规则。(备注:181)*

由于语言创建它的对象,它不能说再来形容他们。语言现在被视为一项文书的唯一意义是它的功能,的话并不代表对象,句子是现在没有更多的事实图片:"语言是一种手段。其概念是文书"(PI: §569),同样,"我们称之为'说明'是为特定用途的文书"(同上:§291)。并因此描述性的命题的意义只是其作用在某些人的情况,在一定的文化 (同上:§199, §206, §241, §325,以及体育226)。语言是仪器和其含义的概念是使用似乎是从理论真理是《哲学论》打开,一张图片,但图片理论是从一开始,一条红鲱鱼的极端变化,正如我们所看到的。因此并没有真正改变都在这里。现实主义,认为,有没有必要性,或精华或事实作为独立的实体世界,甚至不能建议图片真实理论。

3.9.6. "藏着什么东西是我们不感兴趣"

本书的核心是潜在主义是不能制定准确的明确标准,为其原则中的任何发现。现在,维特根斯坦为例,发现本质也总是值得怀疑,因为潜在主义者从来都不知道肯定老虎,或表,或游戏,或三角形的本质。维特根斯坦现在发现任何概念的真正含义是总是在怀疑,潜在主义者,从柏拉图,从来不知道

3. 第三次哥白尼式革命:陷入空无

是否该形式或发现了他的想法是真的而不是一个错误的话。而维特根斯坦最后发现,现在,一切都在世界的每个解释也总是值得怀疑。潜在主义者视为是有东西在那里向搜索是独立于人的心灵,所以,它的发现,揭示一些事实有关的信息清楚地表明这个永恒的疑问。因此,后期维特根斯坦发现什么每个潜在主义者预料作为他所有的思想,篇章信息性它必然伴随怀疑,并克服它的唯一办法是放弃篇章信息性的基础。这种放弃意味着,有没有意义作为隐藏的实体;没有隐藏的精华,什么是一定共同和共享的对象属于一个家庭;意图、理解、解释等过程或心灵的状态并不短–一切都暴露和开放给我们简单的盯着。

变得声名狼藉,一个例子是关于解释,给定规则的真正意义和解释可能标准是什么?它很容易显示,有没有这样的标准–柏拉图,例如,派生从这结论作为他的回忆,而且由于黎曼和亥姆霍兹和庞加莱和希尔伯特这件事是众所周知的数学家们的理论。斯科后希尔伯特构造它他的完备性定理,和哥德尔斯科后发现在此基础上他不完全性定理和罗宾逊后都建立在这他非标的算术。维特根斯坦问 "我怎么能够遵守规则吗?" (PI:　§217),因为总是有疑问关于时看来,只是遵守规则的真正解释和我的行动的真正解释,他的结论是

> *行动没有课程可根据规则的确定,因为每一门课程的行动可以向符合规律。(同上: 之)*

原则上,伴随着潜在主义怀疑带领维特根斯坦回他开发的《哲学论》先端高山族论文–"在世界中一切都是因为它是,一切都发生在它发生" (p.298　以上)。因此,他的信息困境的办法是在现实中的每一件事　(字、标志、行为)的意思是它的构造,它的作用,其行为,等。鉴于此,所有关于意义的疑虑消失了,因为这些　(角色、行为等) 事情完全清楚和暴露我们的目光。因此,在寻找隐藏的内涵与精神意义作为解释实在毫无道理。事实上,我们不得不放弃整个概念的解释,因为它是一个错误和所有尴尬的根源:

三种哥白尼革命

不，我们必须提升任何一种理论。不能有任何假设在我们的考虑。我们必须要抛弃所有的解释，并说明单必须采取它的地方。(同上：§109)

我们的错误是寻找解释咱们要看看什么会发生作为一种"原现象"。这是我们应该在哪里有说：打这种语言游戏。(同上：§654)

看作是语言游戏的首要事情和感情，等等，看看关于这种语言游戏，作为解释的路上。(同上：§656)

"我们必须破除所有解释"只是原因之一并且没什么根据本宣言。更深的，如果解释是内容丰富它是疑问。结论是"说明单必须采取它的地方"并且遵循仅仅是因为毫无疑问可以适用于现在"描述"(它包含"无假设").，所以"说明"已没有翔实的解释作用。如果有人问："句子怎么表示？"

答案可能是："你不知道吗？你当然也能看到，当你使用它们"。什么是隐蔽。(同上：§435)

哲学可能绝不干预与实际使用的语言；它可以在结束只描述它。...它留下的一切原样 (同上：§124)

哲学只是把所有东西都摆在我们面前，既没有解释也没有推导出任何东西。因为一切都在于打开来看看，那里是没有什么好解释。什么隐藏的例如，对于我们不感兴趣。(同上：§126 和比较 §92)

"一切在于打开来看看"，"没有什么隐蔽的"，因此可以有唯一的描述和没有解释。这或者该课程，口号高山族科学哲学的自伯克利和爱因斯坦，正如我们所看到。因为"只说明"也意味着，原始事实之间的所有链接都是小说和公约，因此，所有的描述而言它是不仅仅是枚举这些事实(的世界线过境点)是一些任意的参考系统的应用。不能有，因此，任何首选描述，真正的真实描述是几乎没有真实的几何形状的世界，是因为所有的几何图形都是仅仅是规则的语法。换句话说，解释含义的建议并不真的感觉行为，或一个句

❧ 3. 第三次哥白尼式革命:陷入空无 ❧

子, 或商量了一下, 因为有根本没有意义。什么谎言背后维特根斯坦的结论是相对论或绝对运动概念的意义和解释。

但 1953 年这已经是一个老问题, 在物理学中, 很累的问题 (当然在美国人的实用主义) 哲学和濒临被科学界所拒绝。一年早些时候伯姆戴维驳斥关于完整性的量子力学的理论, 并在几年之内的冯 • 纽曼定理的相对论解释的广义相对论的理论反驳将开始。在哪里维特根斯坦成功地说一些有趣的和新的即, 在数学的哲学领域, 他说什么听起来更像是他自己的论文驳斥通过减少它对荒诞, 比作为一种辩护的它。我认为他主要的重要性在就这一发现 (也就是说他当然永远不会) ——每个现实主义可以作为一个合理的位置存在, 只要它是半现实主义。不能甚至提出完整和一致的现实主义, 因为它会破坏自己的口语能力。

3.9.7.在他的高峰期-维特根斯坦如何是它可能要遵守规则?

如果有任何给定, 没有单一和真正意义如果任何其可能的解释, 将它它可能的那么疯狂, 是命题的同样真实, 即, 如果有疯狂和正常的解释没有区别, 但一切都很正常, 然后没有合乎逻辑的推论, 这要求我们。不是数学证明中从而证明直到我们决定把它当做一个证明。但这样的决定不通过任何有限集的逻辑或数学的法律执行。决定一个证明是, 因此, 一个自由的决定, 即, 作为一组句子完全任意。例子是以下难题, 如何能知道, 我服从规则吗?因为所有解释都是正常的我所做的一切都是总是可解释如下规则, 因为由现在我们已经需要解释两个东西——规则本身和据此采取行动。空间的任意解释的可能性现在将显著增加, 并且似乎完全不受限制。

假设该规则是——"添加到每个号码 1"和加法开始从编号 1, 和某人添加 1, 直到他获取到 100, 但添加 2 然后他这样做, 直到他来到 200, 然后他补充道 3 等, 和当我们使困惑的谈点他回答——"我做完全规则要求"。他解释规则正是因此, 和很难争辩, 甚至建议他犯的错误, 因为它真的是可以解释"添加 1"为"添加 1 或 2 或 3 等,根据在自然数系列的地方"之意。为什么是这允许吗?因为没有单的真正解释任何东西。因此,也从命题"所有希腊人都是凡人"它不能苏格拉底希腊是凡人,因为它有可能解释说,"所有希腊人除了苏格拉底"的第一个命题。因此,当我们认为,它实际上等于苏格拉底是凡人,我们做这由任意公约关于参与扣除每一个字。

这无限的公约,此外,必须考虑地方重新任何单词发音,甚至同一个词立即,当然每次。这是没有强迫承担时两次连续发音相同的词具有相同的含义。此外,还有没有办法看到它前面通过添加另一个规则的表示,例如,"每次这个词似乎它将具有相同的意义",因为它是必要现在反过来解释这个新的规则。同样的问题重复本身和相乘和加剧与被提供作为解释和回答每个新单词。但是,此外,如果我们认真对待这一论点,它的意思必须是有没有这样的说法。因为它表明的是,有没有必要的含义,因此,当它本身试图提出必要的含义,说是没有必要的意蕴,它成了泡影件。

这是可能性的结束的思想和观点。这是荒谬的驳斥了所有的现实主义: 如果现实主义是一致的和完整,它可能不能想,说,和如果它可以认为和说,它是不完整,因此根本不是现实主义。维特根斯坦表明这一致的高山族拒绝的含义和本质和客观必然性。谁读这篇文章可以很容易的看出,在这里我们有任何总相对性原理,因此,最有力的证据的需要承担的客观性和独立性的结构、意义、必要性和真理的最重要的反驳。维特根斯坦的先端也是他的终结。并在此先端感觉到我说需要说的所有关于维特根斯坦。我现在就可以返回到真正重要的问题,在 20 世纪,维特根斯坦设法忽略,但这迫使本身对他所有的思想,尽管这-相对论的冲击问题的故事。

3.8.哲学的巧合: 莫里茨力克

什么将是: 相对论确定逻辑实证主义,跟着它的形式。莫里茨力克,其领导人发表的相对论,第一种哲学解释和在其上修筑的原则,他的新哲学。我们

3. 第三次哥白尼式革命:陷入空无

应在这里仅处理他的工作这一部分,我们将看到它如何体现现代,邮政爱因斯坦制订的康德哲学。期间这一解释,本体的巧合作为唯一的现实,经通过爱因斯坦瑞奇曼事件后, 得出结论,它醒来了进来关于智力结构的世界万物极端和不可避免的因袭主义。

3.8.1.倒霉的椅子

要绘制到维也纳大学的马赫,一把新椅子的科学哲学思想也建在那里在1895 年。这是对这门新的学科,世界上第一把椅子,那是运气不好。马赫在这里演讲仅三年,并腾空于 1901 年,三年后中风瘫痪整个右半部分的他的身体。第二年它被占领路德维希 · 波耳兹曼,他是时间,统计力学的创造者之间最重要的物理学家之一。波耳兹曼直到 1906 年在这里发表演讲,然后自杀。尽管波耳兹曼是抑郁,这是合理的致命抑郁追上了他关于原子假说的马赫的追随者后严厉的批判。

1922 年的椅子被赠送给人抓住了一些重要的物理学家和数学家大学的眼睛。他的名字叫莫里兹力克。他是一名学生的马克斯 · 普朗克,和他的论文在普朗克的指导下做完后,他被咬了广义相对论的漏洞,而导致他离开物理和承担作为他中央职业科学哲学。力克在 1917 年出版第一吊杆长度哲学广义相对论的解释。这本书捕获爱因斯坦,成为了一个热心的支持者,并当椅子成为空置,爱因斯坦看到它力克想得到那份工作。力克开始在这里开讲在1922 年和三年以后创建在他周围一圈的年轻学者与强大的背景,在数学和科学,其主要的兴趣是科学哲学。这将绰号“维也纳学派”,并从它产生科学最重要的处世哲学在 20 世纪的逻辑实证论 (或逻辑经验主义)。力克是直到 1936 年当他上大学的大楼梯死亡被射杀疯狂的学生运动的领袖。这也是的年维也纳学派散布在这世界。但有停止存在,它只是创造的哲学开始使其影响在英国和美国。我不知道谁拿马赫椅子后力克。

3.8.2.计划和两个图片

新哲学的程序测定计划和两张图画,爱因斯坦的相对论的两种理论所示。计划的核心部分和逻辑的本质发生了什么事,它可能只是一个概念——建设的概念和其相应的对象在用尽。根据相对论的理论,它是清楚,逻辑结构是新时代的象征,它需要只是一个小小的改变,在康德遗产将嵌入到上个世纪最重要的哲学传统的新的哲学。进行必要的改革是直觉的"直觉"游戏,从消除和更换"形式"的概念,知性范畴,作为数学的基本要素。希尔伯特和他的形式主义和罗素和弗雷格和其逻辑主义已经作此更改的所有必要筹备工作。尽管所有的技术问题 (尽管这些根本不是"技术性"的意识) 1920 年左右智力和谐感觉成立和对于这件事。一旦数学的直觉得到了净化,新哲学已经准备好要对整个科学的企业作为一个纯知识建构的客观性的过程。

我们看到如何的相对论理论说明了这一点令人惊叹的方式。从 1905 年到 1916 年加冕努力其第一步,它处理概念的定义和建设的"对象",直到现在被认为是在某种程度上所说的"给予"。例如,同时、时间、空间、速度、字段、大规模、度量字段,但现在成为了范式构造的客观性。这一切说明是很美妙的康德中心思想,人类理解综合客观现实的定义和结构。这些定义结构的先验地位变得太清楚。综合先验的概念从来没有的说明更真实和令人信服的方式,主要是,其综合性这里是合成、建设和任何单独的结构的世界没有任何信息。于是,开辟新的途径是既拒绝先天综合和要接受它并将它嵌入到新哲学的核心。沿着以它来了,当然,不可避免的信息空虚,穿着类似于康德的声明关于仅仅是"正式"功能的这种先验合成。因袭主义现在成为标准设备,即使它通常藏在地下室里。

随着建设这一中心的概念,有固定的逻辑实证主义者,开始解释理论哲学的想像力的两个图片的相对性,在二十年代形成科学在维也纳和柏林的新哲学。一张图片作为唯一的现实,是世界线的巧合,第二张图片是眼镜或亥姆霍兹在爱因斯坦通过-透明球体的凸面镜。新康德斗争了,但变得越来越荒谬

❧ 3. 第三次哥白尼式革命:陷入空无 ❧

的因为很明显,反驳康德直觉一直不重要很长一段时间了,每个人 (和主要新康德) 同意关于这。通过这场大战的雾,最后结果慢慢出现先天综合是这里保持着固定的中央任何的组件严重理解新的科学。原因很简单: 两个形成图片彼此矛盾,却不可能放弃任何的他们,主要是因为爱因斯坦 1916年后的巨大阴影。我们已经看到这种矛盾在工作——正是这造成爱因斯坦的混乱和他绝望的声明,即庞加莱因袭主义绝对是真实的 (分硬币动脉) 但也有假 (暂时性)。让我们回顾一下它。

如果唯一的现实是巧合,那么所有其余的万有引力理论告诉我们,一定不是现实的故事,它是只是一项公约,即先天综合: 不同的世界 (反映在镜子和眼镜,凸、凹和扭曲在无数种方式无限数目) 显然只是不同,但实际上是所有相同的单一世界和因此,他们 (包括原始) 都不是真的。不同的几何和物理的这些世界都只是主观原则的形成和组织相同的巧合;他们是不同的语言翻译的相同的“原始事实”,因此,它们之间的任何选择不能再由任何事实 (没有事实现在离开了),即先验。但由于这是什么决定了世界和经验的形式,也是合成。

唯一的现实是巧合,也意味着所有其余部分,即科学理论,是先验。因此本体论的巧合和先验逻辑是一个一揽子交易,以便接受一个人,但拒绝其他的生活意味着在矛盾中。

通过调用本身“实证主义”,新的运动宣布效忠与第一个组件 (现实 = 巧合),和通过调用本身也“逻辑”,看来,它宣布,它也承认了这笔交易的第二部分 (所有其他的建筑)。但通过斗争的存在和甚至可能先天综合运动定罪本身对生活的困惑和矛盾。认为所有反射的世界其实只是一个世界,同所有等效的科学理论其实只是一种理论,高于其能力,其神经被枪杀,和它灭亡的持续的焦虑。其精神智力继承人、美国实用主义和欧洲的后现代主义,决定勇敢地活着,咬咬牙,只有成功地展示给不管是谁仍有兴趣,灭亡的确是更好的交易。

3.8.3.有点孕育的

力克出版他的书论的相对论之前克斯的攻击和被出版了爱因斯坦的答复。即使在三年之内三次已重新打印这本书,力克从来没有它相应地获得矫正。瑞奇曼事情被压抑在潜意识里的哲学意识,直到 20 世纪 60 年代。力克的演示文稿以身份的莱布尼兹原则,即接受为主有关身份的所有的等效理论,庞加莱昂论文。这导致一个重要的结果-如果"所有的加速度是相对的和歧视的手段基本上想要"与"真实"只是"相对"加速度的现实主义,结果是: 这是可能的解释任何观察到的加速度"待惯性或倾向效应",这意味着,"这两种解释都是同样有道理的"。这一原则"被称为,继爱因斯坦,等同原则"(力克 1917年: 42)。

显然这里所说的"等值"是理论的和的原因,和"等效原则"是物理和哲学的原则,因为它体现了现实主义的原则。力克设法忽略爱因斯坦拨给万有引力的虚构状态,他的词"场",象征地位,所以"等效原则"成为了,非常令人惊讶的是,标准的物理因果关系:

身份的惯性和引力质量因而是真正的地面的经验,使我们有权假定或断言的惯性的影响,我们在机构中观察总是可以追溯到在他们身上施加其他机构的影响。当然,这种影响是根据现代的意见,要将它作为传输通过字段而不是超距作用。(同上: 44)

方寸之间作为物理和真正的力量,引力和重力作为一种方式的演讲或仅仅是小说,一次显示的客观状态的空间并行发生混乱。力克觉得他有两个矛盾在说的话一口气,因为如果所有运动都是相对无一例外,然后所有的参考系统都的等效和

空间失去其客观性,至于它是不可能来定义任何议案或对它的加速度。但它仍然保留一定的客观性,所以只要我们心照不宣地想象它须有以绝对明确的计量属性。(同上: 46)

❧ 3. 第三次哥白尼式革命:陷入空无 ❧

我们必须想象它是缺乏"客观性"而且也是具有"一定的客观性",即"绝对"。但党才开始。因为它出来不久,我们必须属性空间绝对的 (非欧几里德) 几何。力克雇用示例爱因斯坦在一个旋转的参考系统必须显示那几何非欧几里德——因为围绕旋转中心圆的周长缩短 (根据狭义相对论),而半径保持不变,它们之间比例不是¶了。

这是这种奇怪的例子,很难联系其细节,口译员是很难去理解它为了这一天。因为它从它,可以发现旋转运动仅通过测量物质扭曲的几何形式 (如那些在牛顿的水桶) 跟随。但这意味着,这种运动是绝对的标准含义的话,即使缩短的周长是仅仅是相对论性的现象,所以根据必须相对仅与外部的参考系统。此外,根据狭义相对论,它是绝对不可能通过内部测量,确定运动,因为在这一理论的影响是完全相对的和对称的。因此,只有一个外部的观察者会观察作为缩短,周长一样骑旋转系统内部观察员将观察的圆周和外部观察员参考系的缩短。但如果它是"必要的"得出结论,非欧几里德几何旋转系统上的,所以案件也必须在外部参考系统,直到这一刻被认为是惯性。然后必须结束每个参考系统是一定非欧几里德,而不考虑其运动状态,这显然是荒谬的后果。

但力克,作为热心的弟子,写了该示例不对接的眼睛,和结束与另一个惊险翻跟头: 既然旋转系统上有离心力的作用,而这些可以认同的引力场,它是可以解释其非欧几里德几何作为后果的重力的作用:

> *从这是可以看到的是一个引力场的存在要求使用非欧几里德措施决*
> *定。(同上 48)*

绝对性出现与它的辉煌——引力场的存在,于是这些行为因果关系扭曲空间。雾降临现在想想,但这是爱因斯坦是热衷,因为它的质量和深度的书。思想是一件好事对爱因斯坦来说现在,瑞奇曼的打击后,他鼓励其增厚,现在是下列的雾。果然,右这绝对的空间,到达节约的原则,一切说直到后现在只不过是"好像",因为:

三种哥白尼革命

空间和时间是永远不会在自己; 测量对象只有共同构成一个四维的计划,在其中我们安排物理对象和通过我们的观察和测量过程。我们在这种物理由此产生系统作为简单假定的形式尽可能选择这项计划。我们可以自由选择,因为我们正在处理的抽象的产物。(同上: 49)

所以时空是只是相对,但也是绝对的但也"计划"和"抽象",因此我们可以自由地选择它无论如何我们希望。这种混乱的传统的部分现在深受其理由,巧合,只是只是客观现实的论点。我们的观察和测量都是没有什么但是巧合的世界线 (的测量仪器和被测的物体),因此,

这种巧合,只是,严格地说,一个人能够观察到的现象;而整个物理学可能视为国粹的法律,即这些时空巧合的情况发生。一切都在我们世界图片可不会沦为这种巧合无物理客观性,也可能被别的东西取代。所有的世界图片导致相同的法律对于这些点巧合,只是,从物理学,在每一个等效的方法。[...]渴望在物理定律的表达式只能包含我们身体上观察,导致假设物理方程做不改变它们的形式在上述任意变换中,即,它们是有效的任何时空坐标系统无论。......在空间和时间被剥夺的"最后的物理客观性痕迹"这种方式用爱因斯坦的词。(同上: 50、 53)

通过"上述任意变换"力克提到亥姆霍兹的插图,我会达到这个目标在一个时刻。力克的因袭主义在物理空间的几何形状,无论它可能、庞加莱,但混乱直接和声明影响是永远不会远甚至然后,和力克的因袭主义始终是合格的和有限的东西。

例如,即使"我们因此看到没有智慧的经验迫使我们要使用的绝对的几何,例如,欧几里得,为自然的物理描述",所以"紧跟是没有谈到空间,绝对几何意义"或者"它是无意义的试图将一个独特的位置分配给任何一个几何";然而,所有这一切都通过增加一次逆转,"只要我们离开物质的身体出

3. 第三次哥白尼式革命:陷入空无

了帐户"或"忽略所有提及物理学和物理身体的行为"(同上: 32)。因此我们所是因袭主义和它在一个矛盾的所有。考虑到帐户的物质身体,所有自由都消失,以选择任何几何和全部意义出现在发现空间的绝对几何。力克在这一点上又引述"庞加莱有这简洁的词语表达:空间本身是无定形;只有在它的东西给它一种形式"(同上: 32-3)。并在此之后,一段长的亥姆霍兹(该书其他地方有提到)的权利。再玩相同的游戏——结构的空间中它的对象是相对,也不是任意,但是是绝对的即使我们必须假设空间有任何'现实',在这个意义上我们提防"(同上: 34),正因为它的总是可更换为另一种结构,正如我们刚才在引文。

这种混乱的背景在于爱因斯坦的配方,现在成为了规范。P (物理) 本身或 G (几何) 本身是任意的而不是 P + G。我们观察到的陌生感在这件事——因为有无限的成对 G我+ P我满足相同的"巧合",因此,每个这种双是任意的相同的措施 (即,它是由另一对可替换和因此是没有任何"物理现实"为每个组件 P 和 G)。但力克知道这只为好,和陌生感涉及只增加。为此"协方差",从"决定在我们的表达式中包含的物理法则只什么我们身体的观察"跟随的性质才能解释 (同上: 53),即,仅世界线,力克描述的巧合-点什么"任意转型"是通过对亥姆霍兹镜子,引用他长篇引述前:

> *我们早些时候看到这个根本,意味着没有可见的物理上是真实的改变如果我们想象整个世界变形在任何任意的方式提供,变形后的每个物理的点的坐标是连续的、单值,但是是否则为很随意、功能及其在变形前的坐标。(同上 50)。新世界是,在以前的情况下,不在丝毫不同于旧物理,和整个变化是只到其他坐标变换。为此,我们即可以单独利用我们的仪器,观察,空间-时间-巧合,仍然不变。(同上: 52)*

相对论和协方差原则的本体论基础力克解释说在这里,因此是现实主义在莱布尼兹是这一原则的身份,即在各种镜子 (即,通过任意转换) 创建的世界都是自同一个世界,和各种的结构,他们就有了,"罔顾客观现实"的幌子。整个物理现实，没有任何的加法，是严格相同与时空的巧合，即，唯一有一点就是可测的。但这个现实主义仅可作为因袭主义的基础，从这实在没有办法出任何更多，

除非是蛮力。没有人希望这纯净的因袭主义和一如既往在困难时期，每个人都首选力。

3.8.4.通过巧合的拯救

我看来，整个新哲学的科学这无休止混乱的根源是那个臭名昭著的怪物，康德的先天综合集体恐惧。新数学发展的看待（丢弃直觉）作为的康德，驳斥，从现在起每个人都非常小心，以免被抓到持有任何太康德项目.但由于纯因袭主义是先天综合的现代转型，它也有必要远离纯因袭主义。所以唯一的选择，留给新的哲学家是因袭主义不那么纯洁，但也不是太腐败。创建某种介于两者之间，东西不夸张，东西理智是至关重要的。创建的版本是如此舒适，所以人类，总之它使成为可能，我们都总是想——生活在甜蜜，小心地保持混乱.

正如康德抗议那些人把他看作是一个"理想主义者"和作为关键的证词招募自在之物，所以力克开始打造新的"实证"的形象在这本书的最后一章是一个标准的现实主义者。因为他是一名学生的马克斯·普朗克，袭击了马赫的哲学中著名的争端,它们（在 1910 年）之间，力克照顾现在使自己远离那"严谨的实证主义"(1917:84)的马赫也宣布他从牛顿的异议"教条主义"。但它们之间中间是康德理论，被现在的"直觉"，使空间和时间的生物的理解消除翻修了。因此，对严格的实证主义，他解释说，"物理对象是因此感的数据:物理的空间不以任何方式与我们的看法，但是却是观念的产物即是说，"我们称之为客观空间"只是一个概念安排"我们感数据的(同上:78)。但是，"在认识到这一点，我们要把康德的时间和空间的主体性学说的精髓"，这"意见相反的许多追随者康德"(同上: 79)。这亲近的血缘关系

⌘ 3. 第三次哥白尼式革命:陷入空无 ⌘

到"髓心的康德主义"(尽管被丢弃的"直觉") 力克用于反复暗示了他的 "建设"一词的用法。即使我们开始与感性直观,我们进入

建设的客观时空流形。这种结构确实不是一个产品的自然科学,但 是是我们日常生活的必需品。(同上: 80)

康德将已同意,如果他能警告那时空决不等同于空间和时间。当他读这个音 高,爱因斯坦当然笑了笑。但什么这个"流形"构成的构造的时空,很难知 道。使自己远离安全马赫的严格实证主义,力克了它一点要声明,即使时空构 造出爱因斯坦重合点,这些"点"也是产品的定义,因此"它是只对帐户的这 '点' 定义这是客观的即,独立个人的经验和对所有有效"(同上: 82)。这 个"定义"他被称为"法的巧合",和物理空间"建成"由它:

密切的调查,我们发现我们到达在物理空间和时间的建设,只是此法 的巧合,没有其它进程。时空流形是既不多也不少的客观要素作为定 义此法精髓……我们看到,我们遇到刚刚的意义,爱因斯坦已认识 到是非常基本和独特的物理,他已在其充分的权利规定它的时间和 空间。(同上: 82)

但这不是很足够使自己远离马赫的实证主义,于是他去解释,"有是没有任 何的参数,迫使我们" 不能假定元素并不能直接经历的素质也存在。这些可 以同样称为'真正的' 在这种情况下他们"可以测量"(同上: 83)。所以," 电子或原子的概念然后不一定会工作假设而已,凝聚的小说,但同样也可以 指定一名真正连接或复杂等客观因素"(同上: 84)。简单地说,它"是当然允 许,每个概念的使用有关的物理本质说明实际上是同样可以视为标志的一 些真实的东西"(同上: 85)。

3.8.5.诞生了新的口号——"唯一对应关系"的

在这里我们观察逻辑实证主义的哲学程序的开头不马赫的主观主义,不是野生的牛顿现实主义,而是一种改进和圆润的康德,(即,康德只与任何形式的直觉类别)。力克划定中精整本书的章他权——"与哲学的关系",关于哪些爱因斯坦的新程序的一般形状写信给他,读过它在力克手稿送他后,"最后一节 '哲学' 似乎对我很好"(霍华德: 619)。这一章的中心思想,是物理学的所有概念都用元素是可衡量的构造(而且不只是看得见或者明智),这些概念编织的物理理论和表示其"对象"。以来,这是"客观的"现实的构成的方式,它的理论和概念并非只是单纯的"辅助概念"而"更多的东西":

图片的世界,提出物理,然后将系统的符号排列成一个四维的计划,通过这种方式我们了解我们的现实;那就是,更多比仅仅是辅助的概念,使我们能够找到我们的方式通过给出直观的元素。(力克 1917:84)

为什么"更多"吗?新哲学的未来取决于这个问题的好答案。这是实际上的等效理论-问题为何以及何时是它可能认为无非是一包小说和辅助概念作为一种理论是仅为了船舶航行世界,但是,另一个为"计划",通过它我们知识"的现实"(既然都适合经验)?为什么是现实的广义相对论的理论"更好"的引力理论"知识"方面比牛顿力学 (假设两个同样适合经验)? 因此,一个致命的问题和力克开发整理本章中的两个而不是一个答案。一是给出金额的"任意性"在理论上,并通过它"简单"的程度。这个想法是主体性的,这清楚地表明,大量理论,并因此减少任意性,意味着增加其客观性。越小的任意性,越大的"简易性"理论中。因此"最简单"的理论也是最大的目标:

最简单的理论包含任意因素的最小数目。更复杂的意见一定包含多余的构想,我能够处理随意, 和,因此不受事实正在审议;有关,因此,我正确的断言没有什么真正对应他们……(同上: 86)

3. 第三次哥白尼式革命:陷入空无

牛顿的空间或时间, 例如, 是这种任意的组件, 因此是多余的和不对应于任何真正在世界之用。只有他们组合的概念, 时空, 表示"实物", 这不仅在迄今, 因为涉及的"巧合", 因为它是那么"武断"和更多的"简单"。(同上)

这种任意性、简单和现实的结合当然是和谐的哥白尼的判据的现代服饰。与最重要的区别, 明确以后康德的哥白尼式的革命, 成为了不能有任何任意性和必要性之间的客观差异, 与简单性和复杂性, 因此, 这些不能作为标准的客观现实但只有人类, 主观的自然度。维特根斯坦将明确这给他的读者在四年内, 和维也纳学派将被迫面对因袭主义, 纯粹而简单的猛烈的震荡。在现阶段, 我们必须明白这种特殊的逻辑人才的力克和他的追随者, 同时说一给定的结构, 如时空, 是比其替代方法, 例如, 牛顿的空间和时间, 那么武断, 但那不过每一个可以相互替代 (作为扭曲世界插画力克从亥姆霍兹借来显示), 因此都是同样任意。一般-如果只是客观的现实是巧合, 然后清楚每一个和任何构建的他们, 即智力强加给他们, 每个结构是一定同样是任意的只是因为它是"没有任何客观的现实"。

宣言: 任何理论都是同样任意却还少所以不得不招募, 从极端的因袭主义拯救巧合本体的强力它实际上需要。众所周知, 蛮力总是赢, 特别是在哲学.从现在起它将只是在练习, 如何说毫不脸红的唯一的现实是巧合, 但也理解他们; 项目的结构所有这些结构是任意的因此只是主观的而且那之一不是任意的因此是目的。就像刘易斯 · 卡罗尔的女王/王后, 如果你说这一次 (早餐) 的前一天你能认为不可能的事, 作为没那么可怕。

力克精心研究, 不可能支持他提出的解决方案的第二侧面和描述替代的答案, 这也成为了新哲学的核心。它侧重于作为"唯一对应关系"的真理概念:

每一个理论组成的一个网络的概念和判断, 和是正确或真实, 如果判决系统指示的事实的独特世界。对于, 如果构想与现实之间存在的这种独特的对应关系有可能, 网络的理论, 例如派生的自然现象中

的连续步骤的判决的协助来预测未来的事件。这种预言，计算和观
察，达成协议的履行是证明理论正确的唯一手段。(同上：86)

在头两个的最后几页的书，找到这个惊人的声明：即使哥白尼在对他的热情
他新发现的标准高度并不敢说出。所以它密封加固的一种新的真理和核查。
请仔细注意： 第一，那里是没有现在"正确性"和"真理"之间的区别。谁是
口头语言的根本意识到可能被意识一次重要的事情在这里正在上演。"正
确"或"有效性"被使用 （因为他们仍然是） 的特殊术语，每当真理谈话是
要避免的并且他们表示一种合法性或理论的成功实践。例如，我们看到，马
赫做这个练习时他解释说，托勒密、哥白尼的理论是这两个"正确的"等。力
克结束在这里这种分离："正确性"和"真理"是相同的。其次，"独特"的表
示或引用意味着，像暗示的那样在这里，一个值映象： 理论的每个概念对应
一个实体 （一国或对象或属性） 在世界。因此，它似乎，好像这就是我们通
常的真理观的描述： 概念的"网络"的理论是，当每一个它的概念表示世界
上的一件事和每一个其命题表示一国在世界事务。更无辜和传统比这是什
么?关于预测反映由于这种独特性，步骤的故事也是性质的相当合理的传统
观点。随后的最后一句来，一切都绕： 因为核查的预测是检验理论的唯一方
法，这也是不足以证明它的真实性。

3.8.6 终端解决方案的归纳，问题都是金子

但这是没有错误或失误。力克在这里宣告不亚于传统的归纳问题的解决方
案。这意味着，问题本身是一个错误，当它假定了验证-其预测的理论可能仍
然是不过假。原因很简单： 如果其预测进行验证，然后它的概念和命题表明
世界的对象以独特的方式，即，每个对应只是其中之一。而理论则是真实的
因为没什么进一步的需求。所以，核查的预测是理论的最终检验-这是一个
证明它的真实性。所以，不能留下任何的疑问，这的确是他的意图，力克接着
说：

❧ 3. 第三次哥白尼式革命:陷入空无 ❧

然而, 有可能通过各种系统的判决;   表明相同的组相同的事实因此
可以是检验真理的标准是同样满意, 各种理论和, 然后做平等正义对
观察到的事实, 并导致得出同样的结论。(1917年: 86)

所以归纳问题即被淘汰的问题, 因为理论不能逻辑上所得的现象, 它的确
认, 是它强大, 因为它可能是与该消息是虚假, 兼容, 因此, 它始终是可能有
许多种等效理论。力克很认真地解释——这是真理, 没有问题, 因为所有等
效理论真实并不只是"正确的"。原因——它们都满足新的"真理标准", 因
为所有表明事情"独特"。但这有可能吗?"地球绕着太阳转"和"太阳绕着
地球"表明事实唯一的两个命题和因此是真实的但它们相互矛盾——怎么
可以这样一个矛盾是真实世界的吗?这个明显的问题力克的答案是到那时积
累的所有传统的意识的隐式应用:

理论都只是不同系统的符号, 被分配到同一客观现实: 不同的表达
模式再现同一组事实。(同上: 86)

象征性的概念已经出现前, 根据"符号排列成一个四维的计划系统"只不过
是其中的理论的全部含义 (同上: 84, 该书其他地方有提到) 现在澄清。这
是在它的华丽的语言转型庞加莱和希尔伯特: 科学是一种语言, 只不过和一
种语言是既不真实也不假但仅仅是公约。力克现在-添加, 因为它是一种习
俗而已 (只是"符号系统") 这是真的如果它验证了其预测。错误的可能性
消失, 感应的问题解决了, 和确定性现在被重新恢复价格很便宜, 因为现代
人的思想习惯这个价格很久以前——科学理论不是信息, 但只是形式。以免
有这个实证的信息, 在康德的精神, 确实是邮政爱因斯坦解决休谟问题的疑
问, 力克密封中这些单词的书:

我们看看如何惊人是这些新观点的理论范围。爱因斯坦的概念分析
的空间和时间的属于大卫•休谟批评思想的实质和因果关系的哲学演
变相同的类别。(同上: 87)

爱因斯坦是现代的康德，至少现在解释他的相对论理论。爱因斯坦，正如我们看到在信里力克认同该店。他令人尴尬的失败，这作为暴露在瑞奇曼事件和马赫原理，仍然在体面的社会中，没有提到的东西，没有任何逻辑实证主义者提到过。逻辑实证主义踏上其路深知相对论程序 （大家都读过这件事是的杂志） 的失败，但相当确定在决定压制这种意识在私人生活和无视它在公共场合。这种复杂的意识状态的表达式是真理的信件("唯一性"!) 作为理论关于宣言》而意图是一致性和信息的空虚。唯一的现实是"巧合"，而以它们为基础的所有结构都都只是小说的智力构造-正如所有的理论都只是"体制的符号"，都是"真实"，如果他们"获得证实的预言"。所以被划定的复杂的关系、爱恨交加、依赖和异化，旧的前爱因斯坦现实主义，与新的爱因斯坦一方略。执行此程序和嵌入到新现实主义，是相对论的几乎唯一企业汉斯赖欣巴哈的 1920年和 1930 年之间。但必须讲在这两者之间，即使不确信我知道为什么。因此，我答应的简短、温柔。

3.10.因袭的相对论的康德主义: 汉斯·赖欣巴哈

什么将是: 随着爱丁顿是汉斯 · 赖欣巴哈创建的相对论理论的最强大和最有影响力的高山族解释。它开始作为努力采取康德到爱因斯坦，并继续在相对论根据康德的"先验演绎"模型的逻辑分析。结论是由公约先天的更换。但赖欣巴哈受到惊吓这因袭主义的 （完全正如庞加莱），这种组合的公约与因袭主义的排斥反应产生长期混乱的局面。我们将会看到爱因斯坦如何看待他所面临的困惑和解释这一点，赖欣巴哈，然后停止写作，关于这个问题的人。

3.10.1.如何反驳先验经验

需要的解决方案后相对论是如何设置的记录与康德哲学的第一个问题： 做康德真的命中目标时他认为空间和时间是我们赋予世界正式先验结构吗?时

❧ 3. 第三次哥白尼式革命:陷入空无 ❧

候康德真的错了他辩称,他们是先验,不仅在他们的感觉重要条件而且他们是唯一的我们的思想可以理解和体现的经验吗?赖欣巴哈的第一本书献给设置此记录直,正如其标题所说-相对论和先验知识(1920 年)。他的中心论点是相对论证明了不是每一集的先验原则适合观察到的物理现实。例如,其中包括欧几里德几何的先验原则集和相对论——"一般协方差"的一般原则"是符合,在地球的引力场,惯性和引力质量相等的观测事实"(1920:31)。八年后的主要著作哲学的空间和时间(1928 年),赖欣巴哈照料,不符合这一概念,它是可以反驳欧几里德几何的经验,并一致认为"先验哲学家不能阻止保留欧几里德几何,遵循从几何的相对论的后果"(1928:67)。

那好吧,那会是什么?(爱因斯坦的相对论理论) 自然规律的相对性原理并矛盾的几何相关性或不是?赖欣巴哈的回答是: 不但是,是的。即使保留了相对论的几何,几何没有自由选择,即是说它不是在这个意义上的先验。虽然它可以自由地选择和举行 (因此它是先验) 它将很难选择和自由地拿着它(和因此它不是先验)。"非常困难" 因为它接下来会要求给了另一个先验原则   (因果关系)。他早期的结论是更加明确和简单:"我们因此发现拒绝欧几里得空间的解释的基础"(1920:32),因为广义相对论的理论"已经断言不亚于欧*几里德几何是不适用于物理*"(同上:3) 因为它说很" 简单明了地,欧几里德几何的定理并不适用于我们的物理空间"(同上: 4).和康德的理论"是无效的这些 [欧几里德] 公理与不兼容故此有只有两种可能性: 相对论是假的或康德的哲学必须经过一些变化在那些违背爱因斯坦及其零件 (同上: 4)。

因为第一种可能性被拒绝了,赖欣巴哈前往在康德的先验概念,并把广义相对论到确认新的先验和康德哲学的理论所需的变化:

我们应修改方式,它将不再违背相对论,但与此相反,会知识理论的概念的基础上证实由它的先验的概念。这次调查的方法叫做逻辑分析的方法。(同上: 5)

当然，这"逻辑分析法"是理论的相对论的只是理论的相对论的康德的先验演绎-推导预设的版本。赖欣巴哈产生两个列表的这种预设-特殊理论，将军，他提出了一种作为先验原则康德意义上的"不言而喻"(同上：6).第一个列表-狭义相对论、因果关系、触摸感应的行动原则是与绝对时间的先验原则不兼容 (同上：15);和第二个列表-这是加上的相对性和一些进一步的连续性的一般原则和同质性原则第一是符合"欧几里得空间特征原则"(同上：31)。于是，它遵循一套先验原则可以实证，测试的经验，并公开驳斥：

> *所有这些原则可以被称为先验的理由，即使尽管康德没有叫他们都先验，因为他们都拥有高度和代表基本假设总是在物理的自我证明的标准。…这些原则也可视为实证的语句。(同上：16)*

有关原则的第二集，他写道：

> *这些原则的总体性与不兼容，在地球的引力场惯性和引力质量相等的观测事实。然而所有这些原则，除第一、是在康德意义上的先验。(同上：31)*

> *赖欣巴哈辩称，这种观测反驳的一套先验原则表明必须拒绝，视为驳斥的欧几里德几何原理。"几何的相对性原理"是虚假的几何是既不是亲戚，也不是先验。因此，它是绝对的。(同上：33)*

3.10.2 癌症的"独特的协调"

还有没有特别的兴趣这一论点至此，因为设想先验的方法在这里只是自己的明显程度高，并因此作为不超过一个合理的假设。它当然是一个完整的康德论证神话并没有将任何链接到康德论文。但当赖欣巴哈着手察觉到在正式制定问题，出现了一个有趣的联系和大胆演示文稿的真正的困难-赖欣巴哈将从现在叫"协调问题"的问题： 怎么会有一个正式的系统真正解释吗？他开始领悟真理的物理学和决定系统的物理原理，希尔伯特的眼睛，真理的

❧ 3. 第三次哥白尼式革命:陷入空无 ❧

可能性的问题,并制定因此出现的困难。这个困难,因此提出了第一次赖欣巴哈,会成为恶性发展的新的现实主义和最终,今天带来其最后和明确的灭亡。

赖欣巴哈因此得出它: 因为物理现实的元素不给我们在直接的感性认识,物理和其法律原则的主要参考,而主要是对他们,如何是我们能够"协调"到每个词的理论的对象或属性的现实吗?这种"协调"必须链接两个侧面,一侧的理论术语和另一方面的物理对象。但一侧只的理论——给我们,而其他的物理现实则是完全非确定:

> *因此我们都面临着奇怪的事实认知领域两套是协调,其中之一不只拿到它的顺序,通过这种协调,但其元素是通过此类协调定义。(1920:40)*

这绝对是康德论文关于认知结构配方,世界获得确定性只有通过形式和人类心灵的概念及其顺序。本身就是无限期:

> *因此它发生,个别事物和它们的顺序将由物理定律。协调会本身会创建一个要创建的元素序列。(同上: 42)*

赖欣巴哈在这里面临的问题是真的很伤心为任何现实主义者作为世界,对应的概念独特的真相所坚持的愿望如何它在所有可能保持这一概念,如果对应关系由一整套理论法律本身是?我们看见希尔伯特放弃从一开始的概念——独特的真相是根本逻辑上不可能,如果这种情况。康德的解决方案没有什么不同。唯一的真理是由人的本性,决定,因此它是独特的只有从人的角度,而不是其他种类的头脑和智力。但一次人性被淘汰了,黎曼、希尔伯特,和罗素的减少努力,例如,对应的唯一性丢失了所有的意思,因此新的真理不是唯一的任何更多。所以:

这里的问题具有什么特点的"正确"的协调?它从一种"不正确"有何不同?答案是: 它是相一致的事实。(同上: 43)

这种"一致性"必须包含，当然，现象以及他们被测量，因此它包含预测成功："[在此建议的一致性] 内矛盾由观察发现"（同上：43）。因此观察句必须一致的系统的一部分。所有这一切，当然，也接受了牛顿。创新，没有理智的潜在主义者可以接受，是，这也是一个"正确"的协调的充分条件，因此为理论的真理。但到目前为止，这变得足够和获取要改名为"独特的协调"。我们看到，这是整个问题的感应力克的解决方案。赖欣巴哈入党：

因此，当他定义了在独特的协调方面的真相时，力克是正确的。在所有的推理链导致同样的现象相同的号码时，我们始终调用一个真正的理论。这是检验真理的唯一标准。（同上：43）

赖欣巴哈现在开始创造重要的烟幕，凭这已被接受的科学和哲学的传统：

[这是] 的标准的自发现确切的实证科学，由伽利略和牛顿和其哲学提出理由，康德，已被视为不可或缺的测试。（同上：43）。

牛顿与康德的平面矛盾因此被隐藏的视线，和一个一致的安装相反的概念。最重要的区别，即，只有康德理论齿面不解决实际的侧翼和因而协调一定会自动创建和他们之间，保持我们的视野当中。康德所赋予的伽利略牛顿体面是现在延伸到康德学说的爱因斯坦的相对论的创新之处。

3.10.3. "只有康德的理论是相当于爱因斯坦的"

但有这浓浓的烟雾的另一个原因-最致命的问题也被推到视线，即"问题等效理论"。如果给定的理论的一致性是它的真理，一个充分条件，因为它是这一理论本身的定义的元素的物理现实，是什么阻止了不同的理论，要同样和相同的确切的感觉一致，即，是什么阻止了大量不同的"独特协调"？和，如果发现没有逻辑的考虑是防止这种情况，如何将它有可能通过不同和不相容的理论可能是同时成立的结论吗？赖欣巴哈从不敢甚至制定这一问题，

❧ 3. 第三次哥白尼式革命:陷入空无 ❧

即使它清楚地困扰着他,相反他制定以下问题和其康德意义:

它可能以一致的方式实现这种协调如何?这个问题属于批判哲学,因为它是相当于康德的问题:"如何是自然科学可能"?(1920年: 46)

原则性质的唯一性问题康德的答案是清楚和简单——人的本性。没有原则,不是植根于人类思维的性质可以是唯一的因为总是会有好的替代品,因此任何这类系统的原则,它可能的一致。但这类自然独特的原则当然首选协调与现实的意义上有没有连接到他们的真相。因此,某些但独特的协调可以一个有意义的概念,只有当此系统的原则也是现实的定义是什么。赖欣巴哈实际上同意康德关于现实的定义的关键问题的原则。他总结了康德的先验作为什么合成和创造了客观世界所说"概念性架构,类别,创建的对象"和"此类结构通过行为的判断。判断是合成构造从流形的感知对象",并为此他明确同意:

我们以前的分析证实了这一理论的基本原则。我们看到感知并不定义现实,但对数学概念的协调确定的现实,真正的对象元素。(同上: 49)

有,然后,必须确定这个独特的协调和这些的原则:

必须的一种,它们决定了如何协调的概念结合纳入结构和进程;他们最终定义真实的物体和真实的事件。我们可以称之为本构原则的经验。(同上: 49)

在时间赖欣巴哈将企图压制的协调原则拥有根据他的观点但这里,在三月初的先验地位毫无疑问关于智力的钦佩,他认为康德理论和在其哲学的霸权的信心:

我相信这种理论站归依的任何其他哲学和那只在其精确构建的系统,是相当于爱因斯坦的理论在富有成果的讨论可以接踵而至的感觉。(同上: 112)

如何是可能接受现实主义,世界的思想,建设这个重大课题,而且也试图寻求在潜在主义者版本中的"牛顿和伽利略"真理的唯一性?赖欣巴哈会打击他的生活,这个问题,他将建议的解决方案将会变得更糟,随着时间的推移。

3.10.4 假设的任意协调

他的解决办法的一般方向现已确定为斗争的先验协调原则　(在原则的定义和构造现实意义上)　系统是逻辑上任意的概念。并且尽管康德的钦佩,他认为这种任意性作为康德理论隐性中心论题,错误:

> *康德的理论包含假设是没有隐式矛盾的协调原则为现实的知识系统。由于这一假说是相当于任何任意明确一致的协调制度的原则可以到达方程唯一协调到现实的发言,我们称之为的协调任意性假说。(1920:60)*

但赖欣巴哈归因于康德的"假说"是不仅清楚地假,但此外他从未接受过康德的其中一个。他清醒的头脑,没有人会接受这奇怪的一种假说-,没有套显然一致的原则其实可以矛盾,并不需要任何特殊的论据,足以驳倒它。康德将只说过,如果此隐式的矛盾是观测的辩驳的原则之一　(例如,欧几里德几何的定理之一)　遵循的唯一是,它是不可能嵌入此观察到"客观意义上的经验":没有先验原则感官会失明。康德的主体性是不仅仅是形式,因此,当然,并不确定数值的测量。但正是由于这种纯粹的形式是关于内容的测量,没有保险和康德的理论不打算,也不假装对未来供应这种确定性。因此,如果"隐式矛盾"赖欣巴哈的意思矛盾在未来将被新的测量发现康德当然需要不认为是确定性这不会发生。因此他和赖欣巴哈之间的没有区别。

但赖欣巴哈也认为先验原则是无可非议的正如相对论理论的一例。换句话说,他认为作为信息而不是仅仅是正式的先验原则:他们的"综合性"被解读他为篇章信息性,可以通过实验和测量检查。这都不会对他的批判的兴趣。但赖欣巴哈添加到这个被广泛接受的错误解释他强烈的兴趣,康德哲学中的另一个组件。该组件是原则的建设性作用。组合的建构性和驳性,然而,是不可能的和它的结果是难免会引起混淆。

3.10.5 临时先验

很难理解赖欣巴哈是如何看待这种组合为特征的任何先验。此外,正因为它的所以佳利琐碎的矛盾,它是一样难以理解,赖欣巴哈和其他实证主义者用来鞍康德与它的易用性。但这个原因本身,它是几乎不可能预测他们将会采取的解决办法: 将现在站在他们的方式是确定性康德归因于原则,因为如果这些信息,他们不能确定的所有。因此一旦此确定性的出路,不会有任何的理由来拒绝先验的科学的东西。只,这种先验将具有知识性和因此临时。一个康德的先验的组件会然而,守恒的即,建构性、功能以及其中康德解决不一致的篇章信息性和确定性。

正如我们所看到的对于康德来说这种不一致是有清楚的证据证明"流于形式"和先验的建设性作用。不一致的问题然后解决了,因为现在任何给定信息先验的肯定就不会它现在是遵循从没有信息在所有参与的先验的事实的确定性。这是仅仅是"正式的必然性",和手续即相当于先验的建设性作用,它是我们赋予现象的形式。

赖欣巴哈没有觉察到他考虑这个关键阶段原则的建设性作用需要只有这个正式的确定性。他没意识到如果原则可以构建客观经验,它是能力做到这一点只是因为它不包含信息,即,只是因为它是只是正式。于是,他认为,在反驳先验原则成为可能的意见,但那不过康德是正确的控股原则构建这一经验科学的进步:

先验的概念从根本上改变了我们的调查。其一种意义,即先验原则是永恒的真理,独立于经验,而不再能够维持。更重要做第二次成为意义:先验原则构成世界的经验。(1920:77)

没有先验原则,"不能超越眼前的知觉状态的单一物理判断",但"它必须不会结束,但是,这些原则的形式是从一开始就固定、独立的经验"。新的先天就是,因此,构造和确定的经验,但也决定由它并不"固定的从一开始":

因此,我们对关键问题的答案是: 有使认知过程的协调是唯一的先验原则,却无法推导出这些原则从内在的架构。我们只会逐渐可以检测到它们的逻辑分析的手段和必须放弃其具体形式的有效期的问题。(同上: 78)

此复杂骑新先验体验-先验确定的理论去体验独特的协调与关系因此之前,如尚不存在这种测定经验,但随着它体验"确定"或选择所有他人可能这个先验——是本质的变化,新实证主义试图注入康德理论,采用它作为一种改进的模型.其新的力是其历史性,由于经验以某种方式确定先验原则的选择,他们可以通过现在变化与积累的经验,即随着新的科学发现。

3.10.6 新的先验

关于选择的模式和经验,固定的这些实证主义者,这些先验原则测定理论已经开始出现由昂在他的科学,历史的研究和由欧内斯特 • 卡西尔在阐发历史作品。他们继续发展的新的哲学史家的三十年代 (海伦,利郎•布洛斯威奇,亚历山大科奇)。高峰的历史的科学逻辑实证主义者的困惑模型康蒂丝的这种历史和哲学的努力我们会见的托马斯•库恩历史哲学于 1962 年。作为"协调原则"力克和赖欣巴哈,先天综合将转化为"范式",并通过该经验选择创建它的先验的机制将抓住后越来越像一些社会的残酷和盲目的社会机制库恩。

✑ 3. 第三次哥白尼式革命:陷入空无 ✑

"上下文"将成为那个神奇的词,据说是理顺逻辑实证主义的初始混乱。其含义将会是这个问题本身-所做贡献的经验和什么的先验,一端和其他开始位置-毫无意义。赖欣巴哈表示这一次他第一次工作中为年轻的哲学关于客观性的新概念的中央洞察力总结:

> 如果系统的协调凭经验确定的原因在其概念的关系,但其最终的施工中,全部可表示原因的性质以及现实的本质。因此,在由原因和现实同样决定物理对象的概念,这个概念的目的是要制订。它因此是不可能的康德认为,在对象的概念中突出了原因认为有必要的一个组成部分。它是决定哪些元素是必要的经验。(同上: 88)

但尽管增厚雾,美国的理念,通过逻辑实证主义,美联储只会加剧对思想的容量的限制,一件事很清楚: 现在终于成立了先验作为科学经验频率合成器的作用。赖欣巴哈出版他的先验和相对论的书于 1920 年,而后期维特根斯坦《哲学论》出版的一年。正如我所指出的奇怪的原因,它将成为思想的逻辑实证主义,清单和在它新康德主义本文将收到其标准的表述: 有没有合成先验原则但所有科学 (康德视为自然的纯科学的原则相同原则) 的一般原则都是科学的语言作经验合成的先验原则:"所有这些都是先验见解,可以强制转换的科学命题的形式"(《哲学论》:6.34)。当然,这是康德论文现在制订关于"的科学命题"(即语言) 而不是科学本身。

3.10.7. "与认知无关"

康德的"先验演绎的概念的理解"变成了现在的"逻辑分析的认知"(即科学)   作为核心的哲学方法揭示的先验原则的科学合成,可以使"独特的协调"的理论去体验的唯一原则。赖欣巴哈承诺相对论这个逻辑分析,在下一年期间和在 1924 年,创建第一个公理化配方相对论这两个理论。这个公理是认知的结论的发现整个系统的哪个相对论要求它的定义是认知的结论的企业的第一次澄清他早期,与康德的方式中产生的先验原则,必须执行"逻辑分析"科学,而不是认知的结论的理解的意义。但由于这正是康德 (与康德的声明,是他做) 做了什么新的操作是康德的工作,然而,现在,定向到爱因斯坦恢复。1928 年赖欣巴哈发表他的结论,被安排在更哲学的风格,在他的哲学的空间和时间,"最佳书籍有史以来在这一领域"(正如卡尔纳普写在1956年介绍)。一个例子就够了。

我们看到爱因斯坦构造狭义相对论对解决问题的同时,通过他所谓的"定义"。需要的定义是什么爱因斯坦的后果称为"概念的循环性"通过距离手表的协调参与同时测定: 它是不可能把他们协调起来除非适当信号的速度进行了测量,但它是不可能衡量这种速度,除非手表已经协调了第一次。后果是定义确定一次这两种光的速度和协调的两只手表。作为所有定义,这一个是任意的并因此它表示选择所有其他可能的值的一个价值的同步先验原则。赖欣巴哈称这是"协调"的定义,表明它是有必要引入这种定义,每当物理现实是不明确,即,当它是无形的在所需的尊重。这种情况下,原来,我们不做处理任何实际的问题,因为这一概念并不表示任何事实在世界上这类的本身和其性质符合定义;和世界没有事实这里涉及一个明显征兆是圆度概念的逻辑分析过程中涌现出的。在科学史上发现了两个这种明确的情况下,赖欣巴哈认为-由爱因斯坦的黎曼和另一个。

黎曼已明确表示,正如我们所见,问题两个独立的空间段是否相等或彼此不同是不事实问题,因为如果空间是连续的没有自然的内部措施,为决定此种问题。因此,赖欣巴哈的结论,只是没什么发现这里。它是必要的为每个度量值和每个实验中发现,第一次来决定我们的物质身体将作为计量单位。这一决定将确定保存它的长度,当它从一个地点转移到另一个的物质身体。并且只有此物质的身体被选中后,是它可能使测量两个单独的空间段是否彼此相等。但这个选择的测量杆是"协调的定义",因为它协调一个物质形体"固定长度而运动"的概念由"独特的协调"。此定义确定,身体保存它的长度,因此它决定也是"刚体"。但这种"决心"并没有任何关系的真假-定义是逻辑上任意的因为空间本身不包含任何"公制"结构 ——它不包含自身的自然尺

～ 3. 第三次哥白尼式革命:陷入空无 ～

度。黎曼曾说过,"这项措施必须从外部决定",和赖欣巴哈现在解释说:

问题并不涉及问题的认知而定义。有是没有办法知道是否测量杆保留它的长度,当它被运输到另一个地方;这种声明只可以由定义介绍了。为此目的协调的定义是使用,因为真实的物理对象相距遥远是定义为相同的长度。它不是概念平等的长度,它是来定义,但是一个对应于它的真正对象是必须指出。(1928:16)

它是重要的是发出通知,必须介绍赖欣巴哈就没有事实的问题,定义的涉及时的重要标准,是什么哪些"有是没有办法了解它"的经验有没有物理现实的现实主义原则。只有什么可以通过实验和测量趣是真实的。换句话说,什么是只属于所牛顿称为"相对"的境界,是赖欣巴哈和逻辑实证主义者会认为身体上的真实。这是相对论的为什么赖欣巴哈现被视为对爱因斯坦有必要引入定义在哪里直到现在它被认为涉及到关于世界的事实的地方发现的"哲学本质"的原因。赖欣巴哈解释说,因为它改变了直到现在无法解决的原则是相对于所选定义的事项的问题,协调定义是相对性原理的本质:

相对论的哲学意义在于,它表明在哪里实证关系原先预想……"相对论"一词为了表达这一事实的测量结果取决于选择的协调定义的几个地方的韵律协调定义的必要性。(同上: 15)

因为赖欣巴哈强调这些定义的逻辑任意性和使它清晰,"他们的介绍构成一项公约"的相对性理论对这种解释是不可避免的。赖欣巴哈表明在他的作品如何运动为爱因斯坦的相对论链接到相对论的时间和空间的几何形式的多更广泛的理论。因此,基本问题关于几何形式的一个给定的对象,即,是矩形或正方形或空中飞人等,不是一个实际的问题,因为它取决于运输过程中的协调定义测量杆和其行为。还有,因此,真理和谬误的几何形式,测定中没有问题,但只有一个定义或"公约"的问题。当我们说地板是平的房间的角度是对的该字符串被绷紧直,

很显然，这些条款只能是定义和无关与认知，作为一个可能起初相信。它从逻辑上是允许定义紧字符串作为曲线。(同上：21)

几何的相对性是这因袭主义，其直接后果和赖欣巴哈雇用图中爱因斯坦介绍 （见上文 3.6.20） 但开发它根据庞加莱和亥姆霍兹隐喻的凸面镜参数（对哪个赖欣巴哈提到他的读者，同上：27）。几何的相对论现在是论文的图解希尔伯特是论文的有无穷远点的不同，但同样合法的解释对于任何给定的公理系统，或没有赖欣巴哈的意识，斯科的论文中的逻辑形式是论文的没有意义。

3.10.8.权利和离开物理

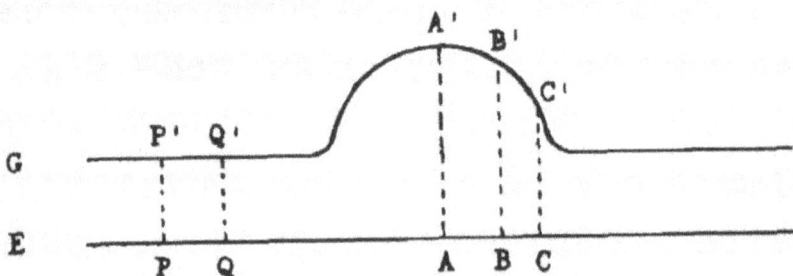

表面平坦，有一半的领域，在其中心位于上方另一个完全平坦的表面。表面上的小生物测量所有需要以决定他们的世界，形状和他们做它通过小刚性测量杆。他们的测量结果告诉他们的表面是平面的半球形，中间。假设现在这个上层的领域是透明的以便测量杆将他们的影子投射较低的表面。这个较低的表面的生物也测量它，但是他们被划分成两个缔约方： 右派，即是说，只是在较低的表面由自己的工厂生产的杆是真的刚性和说，只能从国外进口的阴影是刚性的左派。因此会有较低的表面的几何结构的两种观：权会争辩说，它是平面与平面，和左边会争辩说，它是平面的半球形的中间。

但由于这些差异会出现也两个不同系统的物理，因为左派将不得不解释为什么当他们走向平面的中心并展开，他们离开它的测量杆权合同约定。特种

3. 第三次哥白尼式革命:陷入空无

部队,当局必须招聘照顾这,作用于所有材料中相同的方式,其强度变化从一个点到另一个点。赖欣巴哈打电话给这些部队"普遍性",指出他们对万有引力的相似性: 这也徒事宜而不考虑其化学本质,其强度也取决于地方和对象不能免受其行动,即,它是无法创建"保温墙板"。

于是左派物理学将必须包括的力场,普遍和特殊的两种: 但是在任何方式来证明这些都"真实",那些不是吗?赖欣巴哈的争论,并不存在,因为任何这种证据会要求一个事先定义的长度平等。因此,这是另一种情况,但只是一个定义参与这件事没有事实: 左边介绍特种部队由一个协调的定义,由它通过平等的长度的另一个协调定义所选的几何要求。但因为没有事实上涉及在几何和那里是没有意义的问题什么是真正的平等的长度,因此,在现实的物理力量"还有没有事实的真相",和它是毫无意义的间是否真的有在那里的部队。现实的力量是为定义的事:

力的存在因此都依赖协调的几何定义。如果我们说: 几何 G,实际上也适用,但我们测量几何 G,'我们在同一时间定义一个力 F,G 和 G 的区别会导致'。(1928:27)

而很明显的这我们已经定义的几何形状 G 我们为我们的空间选择。赖欣巴哈现在制订了这一结论,作为一个被证明的定理:

定理 : 给出了一个几何 G′ 到测量仪器相符合的我们可以想象一个普遍的力 F 影响的实际几何是任意几何 G,而从 G 的观测的偏差是由于普遍变形的测量仪器的一种文书。(同上: 33)

这种畸变主要通过"修正系数"的正确测量,以得到所选的几何 (同上: 33)。定理是"几何的相对性原理":

它遵循它是的一个几何作为真实的几何形状,没甚么意思。我们获得一个声明关于物理现实只当除了几何 G 其普遍力场 F 指定的空间。只有结合 G + F 是可测试的语句。(同上)

❧ 三种哥白尼革命 ❧

这场争论，相对论，现在来描述爱因斯坦革命，新哲学解释的核心是几何的部队（由伯克利和马赫已经声明）的相关性。赖欣巴哈认为这是一般相对论的本质和解释说，

> 这里躺着的重量参数。...刚做力的概念分享的相对论比一的运动状态的动态区别消失;然后在任何意义上还有没有绝对的运动。......甚至部队并不是绝对的数量;它们依赖的参考系统。（1927:82）

作为独立的实体力消失后，在描述这个世界的理论的真假之间的区别消失了:

即使哥白尼的世界观似乎这方面的考虑所动摇。它没有意义，因此，发言的哥白尼和托勒密在真理上有区别: 这两个概念也同样是允许描述。...相对性原则不是说托勒密的看法是正确的;它宁可驳斥任一视图的绝对意义。(同上: 82-3)

力的相对性深信赖欣巴哈的这个爱因斯坦构想"的几何问题是本质上的黎曼、亥姆霍兹和庞加莱的工作结果和被称为因袭主义"(同上: 35) 和他制定此因袭主义与爱因斯坦的相对论理论:

> 但我们没有更多可以说爱因斯坦的几何是"较真"比欧几里德几何，不是我们可以说，米是长度比院子里"较真"单位。...属性的现实仅由组合为基础的协调定义与测量结果发现。......的事务相同的状态因此可以以不同的方式描述了。在我们的示例中一样可以说，在附近的一个非常天体的力场中普遍存在的影响到所有的测量杆，欧几里得几何形状时。这两个组合的语句都同样真实，可以从这一事实，其中一个可以转化为其他。(同上: 35)

可以很容易看出，赖欣巴哈的先验和相对论旅行以来他的早期作品很长的路。如果欧几里得的空间"同样是"为非欧几里得，显然是不可能"推翻"任何这些单纯的"演讲礼仪"。我们不能指望再听到关于相对论驳斥欧几里

得的空间,从而驳斥了康德的事实。康德的先验,当它,解除其自然,现在是必要性的协调定义的构造和确定的物理对象,例如,物理的空间。但因袭主义,迫使自己在赖欣巴哈不能征服他早期的实证主义叛乱反对康德。它只能压抑它,结果不是好的。

新的逻辑实证主义现在成为了康德的理论,为科学进步的恋人造成不良后果的无政府主义版本。因此,例如,爱因斯坦没有发现空间弯曲但仅仅是,是否你选择某些协调的定义 (如 F = 0,说) 测量结果将表明,空间弯曲的。所以他表现究竟如何人类的心灵是什么确定结构的世界-世界将非欧几里德,只是因为人类心灵决定这,一般情况下,还有什么能被发现在自然中除了什么人类思想介绍到那里。

3.10.9.是的,但没有

但这一结论不断惊恐赖欣巴哈。因此后他制定的"定理"解释说,这是黎曼、亥姆霍兹和庞加莱作品的结果,他还照顾,说这是一个错误。我直到现在描述了如何他发现关于协调定义方面的重要作用为他导致了完整的因袭主义,其中一个最强大和最基础的配方的配方。康德先天综合这个新理论的起源是清晰的和同样明显的是其完全符合庞加莱及他的等效理论的理论只是不同的语言。赖欣巴哈却不为所有这一切都准备好了。所以现在这回响的"是"之后"但不是":

> *从因袭主义的后果派生,它是不可能做出客观的陈述关于几何的物理空间,和我们正在处理主观任意性只:真实的空间几何的概念,被称为毫无意义。(1928:36-7)*

不犯错误。赖欣巴哈不描述这里得出自己的结论,尽管这听起来像它。我们看到他如何解释协调定义是任意的,他们需要的因为这里牵涉没有"客观"问题。因为如果它是不可能归因于空间一个几何只,且它总是可能归因于它任何几何关系，根据我们的决定，很难认为这否则比任意性有关状态的世界（几何和部队）没有客观的限制。大多数人会称这种任意性和它的后果-主体性。但赖欣巴哈在这里意相反要拒绝这一结论，并把它作为一个错误：

这是一种误解。虽然关于几何语句根据某些任意定义，语句本身不会成为任意：一旦制定了定义，它通过客观的现实仅是实际几何确定。(同上：37)

我们已经目睹了庞加莱制作同样奇怪的论据（临 138 以上）和赖欣巴哈，不是显然意识到这一点，将重复此他所有的生活-这是他作为出路的因袭主义的羞耻的发现：一旦我们挑选任意所需的所有定义，都是没有更多的定义和涌现出的实际现实。经过这平庸的争论，目前尚不清楚的是为什么我们应该说，"客观实在"，而不是主观的定义是什么决定了几何，和，因此它是主观和任何其他东西一样，我们称之为"只是主观的"(味道，偏见，等等)。

3.10.10. 赖欣巴哈，爱因斯坦和巡抚

他制定的1949年纸，爱因斯坦是置评，他哲学发现要点时赖欣巴哈总结最后一次他关于以人为本的相对论因袭主义的论点：

定义是任意的并由于定义的变化与各种主项系统产生的基本概念的定义字符。但……这些系统都是相互等价的因此基本概念的定义字符导致的等价描述多个。…"相对论"一词应解释为"相对于某些定义的系统"的意思。…但是我们看到隐含的多元化不是多个不同的意见，或系统的内容相互矛盾；它是表现的只是表现的多个等效语言，从而并非互相矛盾，但具有相同的内容形式。(1949:295–6)

当然，这是庞加莱的传统的的论文，而这可能为什么相同呼吸赖欣巴哈添加他以前的攻击关于庞加莱和他制造的所谓混乱的原因：

❧ 3. 第三次哥白尼式革命:陷入空无 ❧

另一个混乱必须归于因袭主义,可以追溯到庞加莱的理论。根据这一理论,几何是约定俗成的和没有经验的意义可以被分配到一个声明关于几何的物理空间。(同上: 297)

因此, 这便是"庞加莱的混乱"-是有没有实证意义的命题,物理空间是欧几里得, 说, 因为这不过是"变相的定义"(正如我们看到, 2.3.3 以上) 的结论。赖欣巴哈显然设法扭曲他攻击的庞加莱的论文: 庞加莱仅仅辩的欧几里得的命题有没有经验的内容,这是不同于非欧几里德命题 (并不是说它根本没有经验的内容),这当然是完全赖欣巴哈的地位,以及他被视为哲学发现爱因斯坦的相对论理论的精髓。于是, 有竖立混乱这个稻草人, 他冲它杀了它使用发现, 不管不是一个定义也不是一个定义:

因袭主义忽略了一个事实,只有不完整的陈述的一个几何形状, 其中省略了的同余的定义的引用, 是任意的;如果该语句由完整的同余的定义的引用添加, 它成为实证验证, 因而具有物理内容。(同上: 297)

爱因斯坦读本文有点疑惑不解地评论说:

问题: 你认为真正赖欣巴哈在这里的断言, 我可以用彼拉多的著名问题只回答:什么是真理?(爱因斯坦 1949:676)

"确认或反驳在物理意义上是几何"?,这是爱因斯坦选择现在对待的问题。尽管赖欣巴哈希望出现一样回答"是"作为无辜的客观主义,爱因斯坦使得它清楚在他自己的方式, 他不买任何的其他, 因为这部分是整体的论文遵循从因袭主义"协调定义"。所以爱因斯坦回答赖欣巴哈在庞加莱的名称:

你是不不是需要达到点 [后你基本的原则意味着 = 可核查] 在那里你必须否定意义的几何概念和定理, 承认只在相对论的全面发展理论的意义吗?…你是不不是需要承认, 你说的这个词, 没有"意义"可以归因于个人的概念和物理理论断言根本, 和对整个系统只只要它使"理解"的经验给予了什么?(同上: 678)

❧ 三种哥白尼革命 ❧

爱因斯坦很清楚，因此，双戏剧和赖欣巴哈的演示文稿中的内在矛盾：因为他必须接受昂庞加莱论文他不能再讲经验意义的任何单一的概念 （如"长度"或刚性杆等） 和因此不确认或驳斥任何几何或任何它的原则。短-赖欣巴哈是完全错误的当他认为既那实证意义完全取决于定义，但那相对论也反驳康德的物理欧几里得。尽管康德是错误的 （在小） 当他觉得我们注定要使用欧几里得几何，直到永远，他是正确 （中大） 当他发现先验概念是任何可能的思维的必要条件。爱因斯坦继续和交付，因此，致命一击：

此外，似乎对我来说，你根本不做了康德的哲学真正成就者绳之以法。从休谟康德获悉有 （那样，例如，因果关系） 的概念，发挥着主导的作用在我们的思维，和，不过，无法用一个逻辑的过程从推导实证研究给出了 （哪几个经验主义者认识到，它是真实的但总是又似乎忘记了这一事实）。(同上：678)

括号内的"经验主义"是指赖欣巴哈，他和他的批判康德和他宣言"的先天综合的溶解过程是我们这个时代的哲学的重要特点之一" (1949:308)

令人惊讶也设法得出这样的结论可以在承认只有感官知觉和逻辑的分析原则作为知识来源的经验主义，完全占现代科学的方法。(同上：310)

它是很难理解如何赖欣巴哈可以总结他的位置由断然反驳他所有的论点，关于"协调定义"建设的现实，和甚至没有提及这独特的论文的中心和关键的作用： 他必须简单地"再次被遗忘"。爱因斯坦，不管怎么说，继续和解释说，是否一个人小心，不要再忘记，破蛹而出是再次康德论文 （后一些大修）：

什么理由使用的这种概念?假设他 ［康德］ 已经在这个意义上回答说： 思维是必要的以便了解实证研究给出了，和"的概念和类别"是必需的思维不可或缺的要素。如果他 ［康德］ 一直满足于这种类型

➷ 3. 第三次哥白尼式革命:陷入空无 ➹

的答案,他本来可以避免的怀疑,你不会一直能够挑他的毛病。(爱因斯坦 1949年:678-9)

这是一个听起来打击。一旁的讽刺、爱因斯坦的结论是无法理解的主要点在康德,主要在庞加莱中,点与主要点赖欣巴哈自己,那赖欣巴哈和,甚至当他有时明白这点,他似乎立即忘记它。最糟糕的还是爱因斯坦的擅自离开了相对论内这种混乱的作用.赖欣巴哈写道:

发生了什么事,然后,在爱因斯坦的理论是,知识的康德原则框架内是不可能证明。...爱因斯坦已证明对哲学的方式优于合成的先验哲学。(赖欣巴哈 1949:309)

爱因斯坦现在回避这种评价不只是在他彼拉多回答逃避,但也通过忽略它整个他的意见,并由事实他明确的反应暗示正好相反——康德是十分普遍的权利和庞加莱是更是如此。无意中只有一个是赖欣巴哈在他困惑的尝试,要说他们是正确的但也错了。

赖欣巴哈再也没有回到这个主题在任何他的专业刊物,即使他专门为这一争端与爱因斯坦详细的讨论在他普及书　(他写了他的新妻子针对作为一本畅销书,并达到了这巨大的成功)科学哲学的兴起(1951　年)。在这里,终于,某种形式的屈服于这一判决是明显的——但事实证明这是只是暂时。在描述他的"等价描述理论",他写道:

每个这些描述是真实的和它们之间的明显差异关注,不是他们的内容,但只有制订的语言。乍一看这个结果看起来像康德的空间理论的确认。如果每个几何可以应用于物理世界,它好像几何不表达对物质世界的属性是只是一个主观除了人类观察员,人以这种方式建立秩序之间他感知的物体。新康德有用于国防的他们的哲学;　此参数它用于称为介绍由法国数学家庞加莱 Henri　因袭主义哲学观。(1951:133　)

和我们发现了什么现在后这个非常明确的"是"?以下奇怪"但没有": 庞加莱是正确的如果这是所有他的意思。但他错了,如果他认为这是可以任意选择组合几何 + 协调的所有定义。这也是现在他的回答为爱因斯坦"谁已采取机智防御的因袭主义"在他的评论 (同上: 135)。庞加莱,当然,从来没有,也没有可能会引发这种疯狂的论文,和爱因斯坦从未提出过甚至有人会提高它的可能性。所以做这件事看也对一个人从外面,我们将很快看到卡尔纳普,演示文稿中赖欣巴哈的好朋友:(后一些赔偿) 的等价描述理论与康德的论文的区别是任一非生存或不感兴趣。

3.11 的宽容和专政的语言原则: 鲁道夫・卡尔纳普

什么将是: 卡尔纳普,最重要的哲学家代表的逻辑实证主义,也是哲学和科学从世界任何信息的绝对实证努力的高峰。由于罗素是减少逻辑的一切,成为了与卡尔纳普的一切语言学。哲学的传统问题,都是选择一种语言和其施工的问题而建设的世界是一个问题在"逻辑语法"。我们会观察这努力总的实证,在名称的确定性和消除哲学争议,从他第一次给他最后一本书。在这个程序中的一个中央考虑是真理的最极端的因袭主义参数,说,甚至感觉数据是真理的仅仅公约,因此唯一的意义可能是真理的语言一致性或协调。卡尔纳普认为相对论作为有力的印证,本程序的一般理论解释它在赖欣巴哈,使到所有人都清楚他们庞加莱和昂都在完全同意之后。卡尔纳普最先争辩那总的因袭主义,这世界和其性质都只是根据物质的语言选择,其实是"一种宽容的原则"。这里被创造及恐怖观念,宽容意味着"听之任之",虚无主义 (物理和伦理),因此必需的现实主义者,这里出现了与所有其可怕。

3.11.1 世界逻辑结构

在一个无眠的夜晚发烧引起的某个时候在 1931 年 1 日,卡尔纳普说,在五年的讨论和争议在维也纳学派,过程中出现的几个问题的整体解决方案

❧ 3. 第三次哥白尼式革命:陷入空无 ❧

"来到我身边像视觉"。这是"整个理论的语言结构和在哲学中的可能应用"视觉 (1963:53)。这一理论的主要观点他快速写下第二天早上,还在床上发着烧,在 44 页。道的名称是"尝试元逻辑"。这是卡尔纳普将发布四年晚些时候在逻辑语言的语法,标志着他创作的高点,成为纯粹的新哲学本质的标题之下的那本书的第一个版本。

"结构主义语言理论"或"逻辑元",是相对物,在哲学领域中,爱因斯坦的广义相对论在物理领域中的理论。正如相对论理论来一劳永逸地消除即任何意义概念的真实和绝对引用系统单独物理定律是真实的和相反介绍了广义相对论,即每个参考系统同样是"真"和"有效";原则的概念因此,也"的逻辑句法理论"得很清楚,它是毫无意义的建议,可能是一个真正的哲学,要其名称"现实主义",或"理想主义"或"现象学"。这些哲学区别严格是他们为我们的应用程序提供的语言差异。此外,所有这些哲学同意完全约一件事——卡尔纳普叫"知识论",而他们不同的所有事情都是毫无意义,如果解释为关于世界的信息。此外,这些成为有意义的只有当他们被解释为有关语言的元语言或元逻辑命题命题。

卡尔纳普制定一些四年早些时候在他的第一哲学编程本书《*世界的逻辑结构*》(1928 年)这个程序的开头。这里开始了他革命的程序,适用于哲学本身康德对科学与形而上学的所作所为。我们看到康德的"批判"哲学是由它作为建设从我们的感觉现象的解释科学的去信息主义程序。我们看到它从形而上学一定此施工每次它讲关于世界本身,而不是现象的合法边界关键程序的遵循。换句话说,每当它宣称自己是信息量大,但而不是引用对象,它本身构造作为形而上学失败做科学时他们处理的现象,它指的是从本身,一个世界,但并没有构建一个独立的世界。这种会谈做不只是纠缠在矛盾,康德解释,而他们是没有"真正的意义",即,在一个可以体现在 (想象) 的直觉或经验的意思。唯一的办法,康德解释,避开这个无意义的是感性的来分隔思想只到我们构建形式和知性范畴的事情。

卡尔纳普照着相同的路线。主要的区别是，自庞加莱和希尔伯特变换和爱因斯坦很明显，我们构建的对象，并非首要对象世界和现象。我们首先构造都是语言，即使最后我们构造现象以及。形式和类别凭借我们的天性，现在取而代之的记号系统和语法规则这些都是完全任意的、偶然的事情，但他们的地位成为了他们现在是康德的形式和类别，先验因为他们是独立的经验，但经验取决于他们。规则的语法规则是一样的一场比赛，是先验以及，但他们真正借助法律的逻辑并不因此不能说他们是解析。卡尔纳普很小心地没有说他们因此合成，和使用解决方案备维特根斯坦-他们都是"无意义"，那就是，他们不信息。但主要-他们不强加给我们，但我们的选择。我们可以自由选择任何一种语言提供给我们或我们的荣幸，在构造一个，为什么？因为语言是"单纯形式"的世界我们构造它的手段。

3.11.2 感数据是哲学小说："建筑法"

但它不是构建世界的哲学家。它是创建的语言，并通过他们构造各种世界的科学家。哲学家的角色只是理性的应付的科学语言，现代转型批判的批判。这种批评被表示通过他重建的语言由科学家已经建造的哲学家。使用充分的能力和现代逻辑借给他的权力，哲学家将重新构建，因此，完整、严谨的各种语言。在他的书的世界的逻辑结构，卡尔纳普显示部分虽然相当详细示例如何构建物理的基本对象，然后生物学，心理学和社会学。所有这些对象通过建设性的定义，介绍和左唯一的概念未定义-通过的所有其余的定义构造-是结合心理概念关系的概念：两种感觉之间的相似性的记忆。

在这早期的作品，卡尔纳普仅处理他伟大的程序的第一步中他表明如何有可能构建对象和一个给定的原始概念及其概念。论文就可以通过纯逻辑手段做到这一点，他被称为"建筑法"宪法，它使他争辩说，它是可能的原则，把每一个概念和因此每个命题的每一个学科都成其他命题，包含仅给出的原始概念。所以"建筑法"表现出一个有趣的结果——物理不会在事实指力

∾ 3. 第三次哥白尼式革命:陷入空无 ∾

场, 或原子, 或部队, 或空间和时间, 或桌子、椅子和石头。"建筑法"允许他现在辩称, 因为这些都是通过单独的原始概念设计, 他们只不过是不同合成出这个给定的概念。和同样的对象及数学, 生物学, 心理学等。我们看到如何这是罗素主张自 1914 年以来的程序。

好吧, 开始一些维也纳圈子的人认为, 原始的概念肯定有哪些可以有毫无疑问, 因此它必须是像立即轰动了 (像罗素的感觉-数据)。因此这成为了科学和其确定性的保证的基础-是否可行降低所有科学到最佳经验主义传统文化中体现撼三十年后的感觉, 卡尔纳普解释这方面的著作, 并强调他主要的动机-确定性:

> *一些哲学家, 特别是马赫和罗素, 影响下我视为在逻辑结构主义语言哲学分析的知识最好。我认为哲学的任务在于减少对确定性的基础的所有知识。因为最某些知识是立即给出, 而知识的物质的东西是导数和少一些, 看来这位哲学家必须采用一种语言的使用感数据作为基础。(1963:50)*

邮政库恩代本摘要的逻辑实证主义开始是其哲学的教条主义, 有力地证明, 这是这一运动的现代形象如何创建的。但它完全搞错了因为这本书本身一共提出了另一种态度。还有一点不进去, 这种教条主义, 即使的基本概念是一种感觉-数据 (纪念两种感觉感觉之间的相似性) 卡尔纳普说: 在几个地方他无意, 却声称是必要的或甚至逻辑建构的最佳基础。主要目标是例子的只是例子的一个具体, 是例子的最好的证明 "理性建构" 过程的实证知识的可能性的演示文稿。卡尔纳普强调, 这是一个过程, 在生活中老是昏迷不醒, 只是 "直觉" 和他 "理性建构" 旨在作为其名称暗示, 是要解释它是合理的把它作为一个 "理性" 的过程。但作为每个逻辑的过程, 它必须从逻辑施工过程会展开一些 "基础"。

这里是要点: 此基础不给出任何的观察和分析实际过程的知识, 卡尔纳普认为, 和因此哲学家, 不知道什么是真正的 (知识) 的开端。他必须遵守此整个对象，人类的实证知识的过程，使内它一些"抽象"，将其划分为"开始"和"建设"。那就是，哲学家必须承担"小说"，提出"合理建设"的知识的自然、直观的过程。这些"抽象"和"小说"是"感觉"、"感数据"、"物理对象"。卡尔纳普选择的小说是"两个感觉素质之间的相似性的记忆"，因此

> *它是必要的建设理论，在抽象进行分离之间纯粹给定和合成组件　（即，建筑形式）。在目前情况下这表示时间上的分离的小说中给出了从合成。(1928:159)*

所以"建设理论"雇用"一个虚构的假设"，有可能使"从所有合成方面的抽象"(同上：　159)。这需要抽象和虚拟假设持有当我们通过从"理性建构"日常知识对科学知识的自在科学中，太，合成，形成的对象和认知发生，大多数情况下，凭直觉而不是在理性形式的逻辑推理。(同上：158)

因此，已经在 1928 年，仅仅两年后由力克，创建它是明确向维也纳学派，或者，至少是到一些主要成员，固体和科学，感觉一定依据的概念是有问题。所有直接的数据，如感觉，感觉-数据-是抽象的产品，哲学家的虚构生物。确定性，他们向科学，仅仅是建立对他们提供现在消失了因为它变得清楚这些即时数据本身是除了产品的建设和合成的虚拟对象，哲学家让他"理性重建"的需要。

通过此特性康德术语"建设"、"合成对象"卡尔纳普在这里用矢口，可以说他作他的立场，哲学本身就是合成造成它选择作为基本的对象。这样做是为二阶合成从他们的日常世界的物理对象和理论对象的科学，以便重新合成天然合成和科学的每一天，将其合理的合成，即一种严格的逻辑。从康德的关键的区别是，而不是接受的形式和类别的"给定"(在直觉和理解)　卡尔纳普的实证主义合成着手构建这些基础知识，以及由"抽象"，"小说"为基础，奠定和纯粹的逻辑仪。一切都将构造出这些-开始与数学和通过对象的(空间、时间、因果关系、物理对象等)　的物理学和生物学和心理学等。

3.11.3 还有没有干船坞

卡尔纳普在维也纳圈子里，带领"左翼"，否认经验主义传统确定性的令人惊讶的原因，这些是哲学的虚构动物的感觉。这个方向的关键步骤的时候老感觉经历了转型，成为语言实体，哪个卡尔纳普和他的追随者被称为"协议句子"。协议句本来报告严格意义上数据和感情的演讲者。奥托纽赖特，他是维也纳学派的创始人之一，现在成为了卡尔纳普的合作伙伴在这一问题，开始大约 1930 年这虚构的概念，卡尔纳普表示它。纽赖特辩护，因为协议的句子表达命题，这些必须被"接受"侦听器的论文。每个描述事实的主张是什么，但一种假设，因此它可以接受但也拒绝了很多理由无限。所以即使主观议定书句子，只是报告的一个人，感觉很不超过侦听器的假说。从此它跟随，议定书句子如任何其他假设，接受是生死攸关的选择和如此单纯的公约。因此，科学不能拥有任何固体和一定的基础，那就是一定要接受。

极端的因袭主义隐含在语言论文和概念整体论庞加莱，昂和希尔伯特现在再次出现新的逻辑服装和完全通过了维也纳学派的重要派系 （卡尔纳普、纽赖特，和在两年之内还亨佩尔，新购置的圆）。纽赖特解释说，他"丢弃在这里从哪个卡尔纳普试图从中物理的特殊的现象学语言"，因为只要科学被认为是一个"语句系统"应该指出，

> 语句与语句，进行比较不与"经验"，也不与"世界"，不与别的。所有这些毫无意义的重复属于更多或更少精的形而上学，因此将被拒绝。每个新的语句被面对已经已经被和谐了彼此的现有报表的全部。语句调用正确的如果它可以纳入这一整体。什么不能纳入被拒绝不正确。(纽赖特: 66)

"现象学语言"卡尔通过作为基础的逻辑结构并不确定，因为纽赖特"丢弃了它"。但正如我们已经看到的也没有卡尔纳普采用它作为一定的基础，但仅作为例子，他提出了建设一些基础。但超出这个纽赖特，他明确表明的立

场, 因为会有没有一定的基础建设的科学科学真理不会是别的一些内部一致性 (最后一传的 "和谐") 的系统, 但没有甚至逻辑上的比较与 "世界" 或 "经验" 的可能性。这些只是 "形而上学" 的生物, 即, 他们不属于的语言的科学构建它的世界。

纽赖特和卡尔纳普从基本论文结论是真理的, 只有意义的一致性。当我们比较有 "经验" 的命题时, 我们比较它实际上与 "协议句" 但我们已决定采取的各种原因。因为语句可以只与语句相比, 科学并没有外部基础-东西单独世界也许, 这我的直接转交了我们。在康德的语言-在科学中我们去了解只有什么我们决定以前纳入系统的科学声明。纽赖特制定本文高山族中成为了著名的寓言:

> 有是没有办法建立完全担保、整洁的协议声明作为科学的起点。有是没有白板。我们就像水手们必须重建他们的船在公海, 没有过能够拆除在干船坞和重建从最好的元件 (同上: 92)

"那里是没有白板" 纽赖特实证主义在这里宣布与莱布尼兹对骆家辉, 因为那里是没有办法的 "建立完全符合安全整洁议定书的句子"。协议声明是合成的产物, 因此他们不纯。此外, 合成总是由一定的理论, 并因此他们事实上理论所以不能将 "终于有担保"。康德的精神永远不会离开舞台。

3.11.4 和甚至不是首选的依据: 在哲学相对论的一般原则

卡尔纳普完全同意纽赖特的论文, 并表示这通过强调整个他的著作为另一种 "建设理论" 基地的逻辑结构, 他选择的依据是可能和同样允许之一。因此, 即使他选择了私人心理 ("纪念") 的基础, 展示了如何构建它通过逻辑对象的日常生活, 科学, 和 "文化"(社会等) 他澄清说, 这同样可以在背面-启动, 例如, 从日常的对象, 在他们身上构建对象的科学, 从这些构造的私人的心理世界。顺序的选择是免费的只取决于目标建筑——如果它为了反

3. 第三次哥白尼式革命:陷入空无

映,例如的知识,优先顺序届时会有更好地采用作为基础心理的私人世界,因为我们有一个直接的进入。但如果目的是,说,构建在基础上,其中一些明显的合法性是占主导地位,它会好采取日常对象基础等:

当我开发建设体系时,它实际上做对我不重要,各种形式的哲学语言,我用了,因为给我他们的演讲,只是方式和不配方的职位。……的概念系统建成...主义的基础上,然而我还表示总体系的概念在物理主义的基础上构建的可能性。...传统学说的现象学或唯物主义本体论的论文仍然对我来说完全不考虑。(1963:18)

所以,逻辑结构有一个单一目的,论证"的可能性,在一般情况下,构造系统[和]翻译成语句构造的系统内的所有科学语句"(1928:§122)。为什么是重要的卡尔纳普在原则中显示这种可能性?主要原因之一是-消除的哲学家们用来赋予基地之一的首选地位。卡尔纳普表明所有的基础是相当关键的一个方面,他们每个人都可以作为基础建设的所有其余的对象。因此,这也是建设系统基础方面有不同,但逻辑上是等效的即,有是倾向于其中一方没有合理的理由。这是所有剩下的就是对传统哲学的本体论。关于建设的空房的基础语句现在译本体论的每条语句-唯物主义提供物质对象、现象学-心理体验的基础和理想主义的想法的基础的基础。卡尔纳普的结论,所有这些基地是逻辑上相等,这是唯一合法本体论"地位"可能。因此逻辑建设是发展的哲学相对论的一般原则的第一步。

卡尔纳普认为他自己作为接近爱因斯坦的哲学。他做了他的博士论文上的空间,主题并在未来的五年期间,他发表论文严格论哲学空间与几何。当他见到爱因斯坦是在 1952 年时,爱因斯坦早已成为公开反对者的"实证",(即的马赫)。卡尔纳普甚至然后成功地说服他无显著差异,但不同之间他们的世界现实的立场。当爱因斯坦告诉他他批判的马赫和他唯一的现实是我们感觉的伯克里论点时,卡尔纳普解释说,他和他的朋友们

已经放弃了这些早些时候实证主义的意见，我们不再相信"谷底"
的基础的知识；并提到了我们的任务是重建这艘船，而它浮在海面上
的纽赖特的比喻。他着重同意这个比喻与这种观点，但他接着如果实
证主义现在开放到如此程度，将不再被任何我们的构想和任何其他
哲学的视图之间的差异。我说，的确是我们的理念没有根本区别和他
和其他一些科学家在一般，即使他们经常制订它在语言中的现实主
义；但是，那里仍然是重要的区别，我们认为，那些传统的哲学学校
哪寻找绝对的知识。（1963:38）

但除了定向逻辑建构的哲学相对论原理，卡尔纳普有一个进一步的目标，
也由爱因斯坦的相对论理论的启发。如果基地的差异是不重要的然后一个
空房的建设系统进行的具体内容也不重要。它并没有说现在任何本体论 （
像"一切都由组成的感觉"，或者"一切都组成物质的对象"，等等）。什么，
然后，根本是任何建设制度的意义吗？

3.11.5 对协方差的憧憬

唯一的答案左现在是-任何空房的建设制度的意义是这一事实表明，还有这
种逻辑的结构，并有可能因此来描述一切存在于世界

通过只是结构属性 （即，关系扩展某些正式逻辑属性） 或配合物关
系扩展，因此，所有科学将语句转换成纯粹的结构语句。(1928:11)

但与爱因斯坦，认为结构和形式作为无非是任意的项目，我们赋予世界 （巧
合）根据选择的参考系的客观事实，卡尔纳普进一步了一步——他现在来想
象比形式或逻辑结构的客观性。原因是他心照不宣地假设有是由替代（基于
不同基地） 逻辑结构，共享的东西，这是他们的逻辑形式。这就是以某种方
式保守下从一个建设系统转换到另一个。对协方差爱因斯坦类似原理的渴
望很清楚在这里，它解释了他的结论：

❧ 3. 第三次哥白尼式革命:陷入空无 ❧

因此它变得不必要为每个语句指明对象域和的结果是每个科学的语句可以是如此转换,它结构声明只不过是。但这种转变不仅是可能的势在必行。为科学想要谈论什么是客观的并且无论不属于结构但材料 (例如,任何可以在具体的实指定义指出) 是,在最后分析中,主观。(同上: 29)

因此重新出现康德区分内容与形式的新变化: 即使现在的形式只是目的内容 ("材料","什么可以指出具体的方式") 是只是主观的而虽然甚至现在形式是只是一个很多其他同样有可能的但现在添加新的东西。卡尔纳普给予客观性 (像康德) 结构,并不因为结构逻辑,而可以描述在完整的精密谁会明白它在完全相同的方式 (不符合材料内容) 的内容。在康德,只的逻辑结构是科学的客观部分因为只有它是"主体间性"。然而,任何人会理解逻辑结构完全相同的意义上说,是不,与康德,因为逻辑是常见的形式为所有的人,而是因为逻辑不含任何信息。

在维特根斯坦以后维也纳学派的成员不敢怀疑逻辑是一个大的同义反复。而由于一套定义和定理跟随从它只不过是一种逻辑结构,它也是一定为一个大的同义反复。定义构造逻辑对象和因此他们是真正的先验和定理与逻辑必然性限定,因此同样先验。这就是为什么不同的世界的逻辑结构是同样客观原因: 他们的所有内容,同样空的所以是不可能的不同的人将属性相同的逻辑结构,不同的含意,因为任何这种差异只能是含量差异。卡尔纳普因此要求净化所有剩下的材料的内容,每个逻辑结构,并把它变成一个"纯"的逻辑结构:

> 纯粹的结构的语句必须包含只有逻辑符号;在它必须从任何实证域发生任何未定义的基本概念。因此结构体系进行了形式化到了他们在哪里只是声明关于 (也许只有一个) 的几个基本关系的科学声明后,问题是否可以通过来完成的这种形式*从声明中科学消除这些基本的关系*,作为最后的非逻辑对象。(同上: 235)

基本的关系,如"两个素质之间的相似性为纪念",(或选择为基础的任何其他关系)包含一些不纯粹的逻辑术语("纪念"、"相似性"、"品质"),因此即使科学的所有语句都被都翻译成其他语句包含只有这种关系 (说,减少对主义的基础) 将会出现的逻辑结构仍将包含实证的内容,因此其余部分的内容,因此,主观的其余部分。但是,卡尔纳普认为,这种情况"不是早些时候的论文的科学声明是纯粹的结构语句与和谐。或者,在原则上是可能把它们转化为这样的声明,并在他们应将其转换成科学的进步"(同上)。卡尔纳普现在承担这项任务的消除任何这样最后剩下的人的内容,因此通过并获得完全客观世界的所有信息完整实证。

3.11.6 什么仍然是?再一次的先天综合

其余部分的实证的概念,从逻辑结构消除被处死他的几何-隐式定义的形式化的希尔伯特的噱头。我们已经看到,只因为希尔伯特宣布整个公理系统视为隐式定义的每个非逻辑的职权,他可以认为他获得从而绝对确定性: 公理被巨大的隐式定义的每个条款确定或定义的对象,在他们所指的世界。和这些对象有哪些?嗯,噱头答案是他们都只是这些对象符合公理,并不是任何其他对象。这个答案变成不只是真理,但必要的真理的公理——它是逻辑上不可能在世界中发现任何对象,同时部分指的是但这也反驳公理(见3.5.6 以上)。

卡尔纳普雇用这个噱头以完成任何逻辑结构的形式化,把它变成"纯粹的逻辑": 作为世界的逻辑结构的基础是在世界上满足这种逻辑结构的关系的关系。卡尔纳普假定,作为一个合理的假设,一定会有一个这种关系在世界上,因此,逻辑结构将总是构成了一个独特的隐式定义,即,这表示完全是一种对象满足它。它们是由这种结构建造的那些逻辑对象。这是难以置信的换句话说,那些逻辑对象本身(即,这些配合物的逻辑关系准确)将由任何其他依据。因此

3. 第三次哥白尼式革命:陷入空无

从此在如下可以描绘所说的原始基本关系的对象,从他们建造在某些方式显示某些实证的行为因而它跟随它是可以通过纯粹的逻辑概念,定义为未定义的基本概念介绍了最初的基本关系。(1928:235)

在这种方式是可以这么说,当然,隐含地定义了逻辑的公理的基本关系唯一的确定它——例如一个"点"是在世界上,这些实证对象所定义的关系,满足几何的定理。这是希尔伯特为什么不需要任何显式定义的基本关系("点"、"线"、"之间"等) 的原因。希尔伯特却勇于承认是没有理由假定公理会定义一个对象类的实证。此外,还有没有办法在世界确保这一点,出于同样的原因-几何的职权有没有内在的实证意义,因此它是严格,只有我们自己确定的连接或语句的几何与实证对象之间的关系。这是为什么,只是由我们的决定,,将任何物理组我们选择美国等国家的银行职员生活或社会生活中的蜜蜂,或刚性物体的物理行为的对象所满足的几何结构。几何中自己的语句不能告诉他们"真正意义",因为他们现在是纯粹的逻辑形式。

卡尔纳普明确这话不是纯逻辑结构的物理科学,即使意图是清楚阅读希尔伯特的人。但差异十分热烈——希尔伯特执行最后实证的纯数学的一个分支的内容,因此切割的这个分支从所有实证定义良好的含义并不是太戏剧性。但卡尔纳普宣布为他的企业的目标比纯化,整个物理学,因此整个科学从任何明确的实证内容最后实证,认为这是一个一阶的哲学成就。他想要获得是不亚于对经验与经验世界,科学知识的客观意义明确脱离任何明确的连接。

这个计划的实证从有关世界的信息是什么装甲运兵车卡尔纳普的编程,与针对任何可能的纽曼会评论知识结构是最微不足道的知识,和不能再比数目的成员结构适用的知识。我们看到这句话如何瘫痪罗素因为他仍然不理解绝对减少到逻辑意味着绝对的实证。卡尔纳普,纽曼发表他的罗素的审查,同年出版他的书,会不感到兴奋这一切因为完整实证在他的眼中是一个了不起的成就。

从现在开始，很明显，重新建立这个纯粹的逻辑结构和经验之间的联系是单独从逻辑结构–解释一个纯粹的逻辑系统的一步一步。很明显，分期付款的这种分离从空的逻辑结构，任何解释都是任意的典型地先验一步。这些先验解释规则来被命名为"桥规则"、"函授规则"或"解释规则"，而且它们都有相同的典型结构： 每个这类规则中包含的逻辑结构，一些纯粹的逻辑术语和经验，一些实证术语和它链接到对方的两类。一次问的问题是，这些混合的语句的状态是什么?很明显，他们不是实证(即它们包含纯粹逻辑术语)，也清楚他们不是逻辑。它是也同样清楚，反驳他们的观点是毫无意义的概念。因此它不可能为他们为假。但它也清楚，他们不是真正凭借逻辑，即，他们不是解析(因为实证的谓词，例如，不能说是内容的逻辑主语，一部分)。因此，他们的地位都是先天综合陈述的这也是他们的角色： 在结束时，他们不得不进行了关键性的作用，在施工中物理世界中，因为只有他们能变换一种纯粹的逻辑结构 （即空的所有内容） 到实证的语句。因此执行的独特合成只取决于他们，即，它们是专为先验改装康德意义上的合成声明–它们是客观世界的合成规则。因此，桥梁规则成为了唯一的逻辑域逻辑实证主义者的传统的组件发现家里。有人从这暮光之城区域和其必要性入场无路可逃。

3.11.7 的宽容原则: 哲学没有问题

但纯粹的逻辑结构，此结构解释过相反的方向–现象的逻辑和理论解释。中央课这里是庞加莱、昂和希尔伯特再来自广义相对论的理论和直接的影响。卡尔纳普制定它由于成功他的逻辑结构，结论作为视觉在他无眠的夜晚向他显现，最后在他的逻辑语法语言(1934 年) 制定的阶段。这本书是最热的新理念，代表了它在其充分成熟，其最大透明度和自我意识。

这本书的标题强调通过从"逻辑结构"向"逻辑语法"，以及"世界"到"语言"——那狂热的视觉的本质。世界现在是只是语言，和它的逻辑结构是

❧ 3. 第三次哥白尼式革命:陷入空无 ❧

语言,即,其逻辑结构或逻辑的语法的逻辑结构。例如,世界有对象的事实意味着完全是一种语言,包含名词。反之亦然,那里是一种语言与谓词的名称,这意味着老的论文完全用于表达说世界上有属性。科学的语言是语言包含名词、谓词、关系词,和卡尔纳普称它为"对象语言"。另一方面,哲学不会说在这种语言,但在另一种只是看起来一样的和卡尔纳普称它"真伪-对象-语言",因为它实际上不是世界而是一门科学,即说话,对某些对象的语言。这是唯一合法哲学领域中,伪-对象-那种表达语言是对象的语言,而不是对象本身。有关对象称为"材料模式",卡尔纳普的讲话方式和语音方式关于对象的语言-正式模式",并通过这一机制,他现在又解决了所有问题的古典哲学,和最后的方法,来引导。

每个经典的本体通常是配方中的"材料模式",所以,他们似乎对我们体现了一些关于世界的信息。他们之间的纷争,看起来像纠纷关于什么存在和不存在的东西在世界 (物质、思想、法律、部队、空间、时间等)。这是性质的一个错误,卡尔纳普认为,因为哲学不是性质的一门科学,因此,只要是性质的有任何意义的它是性质的一种科学本质谈。为了解决所有经典的因此,我们必须的所有各种哲学翻译所有其命题,从材料模式 (伪信息关于这个世界)的正规模式 (分析对象语言的形式)。因此,例如,打开维特根斯坦的《哲学论》的声明"世界是事实,不是事物的总和"进入正式的模式因此:"科学是一套陈述,不是一个系统的名称"或者"上帝存在"的主张应转化为正式的模式为"有是一种语言,包含名词'上帝'"。

因此,解决所有问题的哲学——在为止他们实际存在的问题,他们都建议和一些语言的可能性或可行性或真实情况有关命题。据他们并不因此可翻译成以正式的方式,使之成为问题的语言,成了难以逾越他们是"伪问题"——他们的表情和声音作为问题但他们不是。下一步要求现在的阶段是,没什么可说的"正确"或"合法性"的而其他某些语言已经不是哲学吗?

❧ 三种哥白尼革命 ❧

卡尔纳普在这里宣告他因袭主义，这显然现在成为了语言因袭主义的最终版本：它是哲学说的那种东西没有业务，因此，所有语言都是同样合法，所有的逻辑结构都是同样允许　（在这种情况下他们不都是自相矛盾）。相对论的哲学卡尔纳普的这一普遍原则称为"宽容的原则"，并宣布他基本因袭主义：

公差原则：它不是我们的业务设置禁止，但到达么公约。(1934:51)

什么举起哲学的发展，到目前为止，卡尔纳普解释说，是"追求正确"：

现在，然而，这种阻碍已被克服，和我们面前无边的大海的无限的可能性。(同上：xv)

纽赖特的令人难忘的隐喻，船在海洋中，在这里接受变化和加固-它只是不是还有没有"特拉费尔马"，但宁可不甚至还有一个首选的方向航行。旧偏见，任何"必须证实新的语言形式，是正确和构成忠实呈现的真正的逻辑"（同上：十四）是专治主义者（或教条主义）逮捕了发展的概念的逻辑和哲学，直到现在。卡尔纳普收录这维也纳学派本身的第一个期间举行的时候，维特根斯坦的《哲学论》影响下，它唯一的语言中，"语言"，在"绝对"的感觉，是正确的并不适合它的每个其他语言必须被淘汰　（同上：322)：

消除这一观点，以及伪问题和令人厌倦的争论后，产生的是这本书的主要任务之一。(同上：xv)

因此，我们有"完全的自由形式的语言。他们可能完全随意挑选"，并凭借Hilbertian论文-术语的含义，这不以任何方式给出。相反，首先我们构建语言系统绝对任意，

那么，这种选择，无论在可能，将确定要分配给基本逻辑符号是什么意思。此法也，关于问题的数学基础的不同观点之间的冲突就会消失。语言，数学的形式，可以根据喜好的观点为代表；任何一个构造所

3. 第三次哥白尼式革命:陷入空无

以, 没有理由的问题根本, 但只对其中一个或其他的选择的句法后果
的问题导致, 包括非矛盾的问题。(同上: xv)

哲学的目标现在是: "到达公约" 和制订他们的语言, 这些公约产生, 建设和
以然后构建的语言, 是表达的另一个公约等等。"物理体系的构建不影响按
照固定的规则, 但通过公约"(同上:320), 和这些公约占主导地位的语言——
从法律逻辑和数学观察句子的每一部分。

3.11.8 卡尔纳普总因袭主义

卡尔纳普离开毫无疑问, 可不是免疫的性质和反对更换或根据需要和选择
变化的本质, 不只是物理定律 ("P 规则"), 但甚至数学和逻辑构造语言的
一部分 ("L-规则"下列短文中):

没有法治的身体语言是最终的决定;所有规则并都订有一项保留, 他
们可能会改变, 只要它似乎适宜这样做。这不仅对 P 规则适用也适
用于 L 规则, 其中包括数学。在这方面有只差异程度;某些规则是放
弃比其他人更难。(1934:318)

在他接着解释, 即使一些这些规则将分析在语言中, 它是可能的下一句 "下
的新的议定书句子诱导我们改变语言到这样的程度, 他们[不再解析]。"(同
上: 319)。这种解释的意义很清楚: 分析和综合的语句之间的传统区别被现
在完全翻修了从绝对向被区分的决定, 一种纯粹传统的。当然, 这是必然的
后果, 在逻辑的语法中, 因为无词在语言中介绍了其含义, 但正如希尔伯特向
弗雷格解释 (见 3.5.5 以上), 所有的意义由系统内的相对位置决定重新链
接, 因此确定的先验。解析的传统概念取决于单词有自我意义的假设, 据此解
析现在消失了。因为法律的逻辑现在也是一个问题的公约, 逻辑必然性的旧
观念消失了, 取而代之的相对于系统的必要性。然而, 这是由于公约, 这当然
是老的逻辑必然性, 公约的条件是完全相反的必要性。

❧ 三种哥白尼革命 ❧

但公约现在支配而不仅仅是逻辑和数学的结束。它的规则也整个实证谱，从协议的句子的物理定律。即使假设必须选择以适应观察-句子（协议），他们

然而，假设系统永远不会异口同声地由实证材料，不管多么富裕，它可能包含常规元素。（同上：320）

此外，卡尔纳普解释说的身体语言，即，而不仅仅是其法律判决但也其观察句子的所有句子都是假设，因此，有是没有办法证实或反驳科学的句子：

那里是严格意义上没有反驳 （伪造） 的假设;对于甚至当它被证明不符合某些协议句子，总是存在维持假说和放弃确认协议句子的可能性。更是那里严格意义上完成确认 （核查） 的假说。....进一步很难，一般情况下，测试甚至一个简单的假设性句子。在一个简单的句子，这种情况下一般没有合适的后果的句子形式的议定书;因此，句子必须有协议句子形式的扣除必须用剩余的假说:因而测试申请，在底部，不是单个假设，而是整个系统的物理作为一种假设，系统(昂-庞加莱)。（同上：318）

原来的身份与语言世界成为现在比它是维特根斯坦与维也纳学派的早期日子。世界极限并不只是语言的界限。相反，现在还有一个新的意义，在早期的世界形式是只是形式的语言——因为现在是无限多的语言，因此无限的世界形式。我的极限是世界的我语言的限制，因此我的所有可能的句法决定的限制。在这个意义上说现在没有限制我的世界因为有不同的语言和语法的数量没有限制我是可能的。世界是一个无形和无限的面团。

❧ 3. 第三次哥白尼式革命:陷入空无 ❧

3.11.9 作为一种语言习俗而已相对论理论: 存在就是在语言中说

广义相对论的理论是语言的语言的世界的如何形式完全由形式,即,由物理的正如爱因斯坦澄清,是语言的语言的世界的完全免费选择一个完美的例子。1958 年,大约四年之后他讨论与爱因斯坦,卡尔纳普回到他的初恋和教物理,(其中马丁 • 加德纳注意记录,然后发布。) 哲学研讨会他的相对论理论在这里治疗是第一个和最后出现在卡尔纳普的出版书籍,它占据六个章节的标题"空间的结构"下,回声的他的博士学位论文 ("空间") 和他的早期论文和最后一章是关于"康德的先天综合"。这是解释的最透明和极具针对性的逻辑实证主义广义相对论说明。这也是我知道的最有趣表达的语言学转向和卡尔纳普的逻辑语法论文在实际行动中。

有极大的混乱,在论畅销书的相对论,卡尔纳普解释道。它是可能读在同一页,根据相对论,空间的结构是非欧几里德也是一个引力场使测量杆合同和光线沿着弯曲的曲线。这混乱,卡尔纳普解释说,是不是因为一条语句是真实和其他虚假的东西,而是因为这两个语句"属于不同的语言,作者应决定是否他想要谈论相对论理论在一种语言或其他" (1966:153)。如果他选择在欧几里得的语言说话,那么它就可以事实上,说测量杆合同和光射线曲线形状的影响万有引力,但是然后有是没有意义的声明空间的结构是非欧几里德,和同样在另一个方向。"每种语言提供合法的方式谈论引力场,但混合在同一语言章是非常混乱的读者",和一般

如果 T 的1,非欧几里德的语言中,语言的选择,力学和光学的法律仍然前爱因斯坦物理学一样。…关于光,T1的语言说光线在真空中的,也始终是直线。他们不是弯曲或以任何方式由引力场偏转。替代说明 T2,保留欧几里德几何。观测表明,非欧几里德空间占的光学和力学古典法律的修改。(1966:153-4)

❧ 三种哥白尼革命 ❧

为了说明这两种语言的平等合法性（根据公差原则，虽然它没有提到）卡尔纳普与光投影形状从上到下表面，它是作为由赖欣巴哈（p.314 以上）一起使用的两个曲面模型。小的刚性测量杆沿曲面的移动上部弯曲从地方 P1到另一个接近的地方 P1。杆不合同，"因为在语言中的非欧几里德几何描述的事件"。另一方面，如果到 P2P2杆的影子的动作"欧几里得表面上欧几里得语言T2中描述"必须说杆合同在其议案…必须添加新的法律，所有的棒，当他们被带在太阳附近遭受一定的收缩按照一定的规律的运动：

> *要在这里-把握的重要点，它是由庞加莱-强调是棒引力场中的行为可以用两个根本不同的方法来描述。如果我们引入新的物理定律，或如果我们采取非欧几里德几何，可以保留车身刚度，可以保留欧几里德几何。我们可以自由选择任何几何，我们祝愿物理空间提供我们愿意做任何的调整是必要的物理定律。(同上：157)*

因此，由现在的问题不是否引力场存在与否，是否棒被扭曲或不，是否光沿直线或不，空间是否平面或曲面-所有这些问题都现在宣布为错误和混乱中的逻辑句法的选择的语言。如果某些协议句子被接受 （根据一些公约） 然后选取的语言是什么决定了独特回答所有这些问题，和因此语言不同的选择将会带来不同的答案。因此，如果我们选择非欧几里德语言 T1，那么只有经典的惯性行为法律地区凡根据欧几里得 T2一些引力场的行为。由于 T1运动是沿测地线，即，在非欧几里德几何中，一条直线

> *没有"力"的概念需要输入这张照片。为什么一颗行星绕着太阳转而不是扯移动吗？它是不是因为太阳施加"力"，"拉"向它，星球但因为太阳的质量在…从相对性理论的非欧几里德时空的非欧几里德结构中创建负的曲率，还有没有重力力量在弹性或电磁力的感觉。引力的力量，从物理学中消失，取而代之的四维时空系统的几何结构。(同上：167)*

❧ 3. 第三次哥白尼式革命:陷入空无 ❧

最后一句语言编写的材料, 当然, 和其真实的、正式的意思是那语言 T2被取而代之的语言T1: 只有语言的变化是什么创造和毁灭的世界中的对象和理由是康德视图 (而不是范畴)-其语言穿着对象存在, 唯一的意义是由一种语言中的对象的逻辑合成 (建筑)其中的语法规则允许句--"此对象已存在"。存在, 就意味着要说或可说在一种语言。与康德协议是隐式(除了自然主义和直觉, 此事如我上文所述) 和庞加莱同意现在是明确的。此外,卡尔纳普解释说, 当赖欣巴哈抨击庞加莱不曾经发觉那一次的测量方法固定的(任意, 当然) 的几何问题成为实证, 赖欣巴哈是错的因为毫无疑问, 庞加莱是不清楚这:

> 庞加莱说物理学家欧几里德几何与非欧几里德几何任何形式之间可以自由的选择。庞加莱说: 选择是约定俗成的因为他的观点被称为因袭主义视图。……我认为是赖欣巴哈和庞加莱之间在这个问题上的没有区别。……两人都清楚地看到, 一旦通过适当的测量方法, 空间的几何结构的问题成为实证检验的问题, 有待观察。(同上: 160)

所以传统的逻辑经验主义 (赖欣巴哈、卡尔纳普和当然纽赖特) 收集的庞加莱, 翅膀下和他因袭主义强化的新语言因袭主义。这些事是于 1958 年, 口语和 1966 年, 出版成书, 这是卡尔纳普的最后一本书。他的哲学地位保持逻辑句法1934 年以来不变——因袭主义更加极端和系统比之前的任何东西都因为逻辑和数学以及原始的经验事实成为了到他句子, 需要一种语言存在, 从而获得意义。

作为协调一致的真理是由现在的结论更好地强化, 卡尔纳普之前任何神志不清的理想主义。关于世界的信息的概念失去了其独立的含义, 因为逻辑语法-和它是不可能由现在来区分语言本质和意外部分内。因此, 纵使的核心信息, 原始的事实, 这一次语言所共有的所有等效, 消失了。每一种语言重新定义和构造前不可得的虚无其本身的事实, 理论与事实之间的区别存在现在只能在凭任意的语法规则。因此那里是没有可能的答案的问题: 语言 T1

进行的信息；有别于由语言 T2 （在爱因斯坦的例证——相对论和欧几里得理论）是什么?显然这不是空间的自然，或引力，自然或自然法则等有关的任何信息。但这适用于一切 T1和 T2不得不说，所以他们对这个世界的信息是什么?它消失了，现在成为了公约，关于语言的逻辑句法。单词是表示只有在那些语言本身它的句子，通过创建的对象和他们有唯一的意义是内部。即是说，所有的含义都是隐式定义的也是唯一的单词和自己之间的内在联系。但没有参考与意义还有没有可能体现在语言中任何信息关于这个世界的方式。

3.13 法律没有法律和物质没有实质内容，约翰·阿奇博尔德·惠勒和现实主义的结束

什么将是：惠勒是一个迷人的例子，对量子理论的高山族阐释具有最好的我们当代的物理学家。此外，惠勒从未犹豫过得出这种解释极端后果真的关于性质的科学、数学和物理和他们信息的空虚，他制定了最有趣和最坦率的理由空虚过。它似乎也企图逃脱的伯克里的荒诞的不可逆转性概念通过导致中央现实主义的论文，"世界不存在在那里"的最后。

3.13.1 贝尔定理和现实主义的胜利

在 1961 年，年轻的爱尔兰理论家，约翰 · 斯图亚特 · 贝尔，证明实验方式的决定之间爱因斯坦和玻尔的结论。他表明，如果确实量子粒子携带，正如爱因斯坦所说，分隔自我属性，和如果他们的存在是分开的所以，它不"确定"其他遥远的粒子的特性，然后我们可能期望一个观测结果。但如果粒子有没有自我属性，其属性也只在一刻决定他们被测量，这样就某种属性距离的测定，那么我们可能期望另一个观察结果。

✇ 3. 第三次哥白尼式革命:陷入空无 ✇

开始于 1980 年做实验,原来,这种情况是波尔认为: 这里的一个粒子测量"决定"它可能碰巧是一些几千光年的伙伴的相关的属性 (包括其确切的数值)。从哲学上,因此,它原来的爱因斯坦潜在主义者这里是错误的那亚里斯多德和玻尔的现实主义其实适合物理世界。之前他们佳音或者,换句话说,有没有现实任何除后,一些 (甚至没有"他们") 的可能性趣可能性不作为的可能性存在。现实只属于实际,感知对象的现实是固体,位置靠近我们的眼睛。

这是一个即使在这种陈腐的语句,当我坐,我可以站起来,但我也可以躺下来因此,如果我站起来是因为在此之前,我可以做到无意义的世界。在世界里,那里是没有现实的可能性也是没有能力,因此当我坐在我只是不能起床。所以必要的条件,使我的状态的变化有可能为变化的解释完全不相干。即使所有必要的条件在一起不创建的可能性我起床,因为有没有可能性。只有一件事会产生我起床-的可能性,这是事实,我已经站起来了。因此,它不是一套的"造成"这的一切必要的条件和换句话说-疾病不会引起。没有有效性,也没有在这样一个世界,并因此没有解释原因的因果关系。唯一的解释可能现在是高山族同义反复: 我站了起来,因为我站了起来。信息空虚是只是直接和必然的后果,破坏的潜力,这些,事实上,被摧毁时它出现从贝尔定理和实验力学发现为玻尔的现实主义,量子。

还有一个人,共事玻尔,并且成为了最重要的物理学家之一的我们的一天,看到这一切很清楚开始于 1978 年。这是约翰 • 阿奇博尔德 • 惠勒,他的哲学思想,我要把这一章的结束这件事。惠勒扩展和塑造玻尔的现实主义的后果,以及没有其他思想家敢似乎影响他最深的细节是我刚刚制定的结论:尽管有没有可能性之前暑期,然而这个暑期创建它们在时间倒退。如果它是不真实的我站了起来,因为,但相反是真的——我能因为我的站-然后在的那一刻,我站着,可能性从而创造前我站在时间的点上。现在发生的事情所以在过去造成可能性的创作。

三种哥白尼革命

当电子到达双缝时，它可以通过通过一条裂缝，或其他的或通过两个在一起。没有其他可能性。哪一种它会选择是，波尔认为，安排决定了测量。如果我们关闭一条裂缝，我们迫使电子通过第二个缝隙，并从而为它创建一个定义良好的地方。然后他将会作为一个粒子和这些电子将离开在照相底片的模式将对应于这种行为——不会有任何的干扰。但如果我们选择开两个狭缝，粒子将表现为波，通过两个狭缝一次它会干扰本身和由于许多　　（通过一次一个），这种电子底片将创建的图片将类似于一个由波通过这种狭缝。并在总和测量系统确定测量的属性　　（即使不是它们的值）。当然，这正是写照的 EPR 实验，遥远的电子性质由的测量在附近的电子，我们做的选择。

惠勒用双缝干涉实验的一半镜像版本。正如我们看到，当电子击中的镜子，它要么不用通过它沿着一条直线，或者它被它反射和偏离和沿另一路径移动。两个路径终于遇见在底片。于是，每个轨道是通过狭缝，之一的对应，而通过两个狭缝一起对应于两个轨道在一起　　（电子然后是拆分为两个对打半玻璃波）的选择。

任何测量前，当我们还不清楚电子选择去做，它的状态是：　在一些角度反映了连续沿直线的 50%和 50%。它的存在作为薛定谔的猫。它去透过玻璃我们会说它有一个定义良好的轨道和它来反映，我们会说另一种定义良好轨道但因为我们没有检查哪一种选择，我们做什么都不知道，国家对它的量子理论属性是然后同时存在于两个轨道即它有没有明确的轨道。

当电子有没有明确的轨道，它表现为一种波，这是具有什么特点波，他们有没有明确的地方，所以行为没有明确定义的路径的电子波。，如果它有一个明确的路径，它将像粒子一样。但它也明确指出它会还是不会有一个良好定义的路径取决于我们对其未来的决定的问题。例如，如果我们阻止曲目之一，它的路径成为一次明确界定，为如果它最后击中底片在结束了两个轨道，我们须知道，它采取了另一条道路，如果没有击中它，我们须知道它选择了堵塞的道路。

❧ 3. 第三次哥白尼式革命:陷入空无 ❧

惠勒问: 当完全有必要来决定我们的定义和测量的装置,它一定是之前电子击中玻璃吗?它可能似乎是如此,因为它通过它后,它的身份已经确定: 如果它经历了它或者从中反映出来,它有一个明确的路径,并且一些这和一个小的那个 (50%-50%) 然后它有没有明确的路径。但是其中之一显然必须采取的地方,因此,必须先到达玻璃以便收集有关在玻璃发生了什么信息确定测量安排。或它似乎如此。

3.13.2 如何创建由现在过去?

然而, 这惠勒认为, 是想法的非常低级的错误,因为整个的玻尔和高山族解释的是想法的,所以,只要有没有测量安排,身份是想法的电子的其状态尚未定义。但是,如果发生在玻璃确定其身份 (波或颗粒), 然后玻尔和现实主义是错误的因为那电子就会很明确认同之前,所以没有任何实际的测量 (照片、路块)。另一方面,如果玻尔是正确的并且,只要没有测量安排是没有明确的标识,然后它的定义可能发生甚至经过电子玻璃。届时将确定或定义 (例如阻塞),实际测量时刻只有其身份,因此它既不是粒子,也不是波前那一刻,因为它只不过是潜力和不明确的对象。

因此,惠勒认为,它是相当可行的来决定我们的定义测量甚至后电子已通过玻璃。它是可能扩展铁轨,这许多年以后决定。然后, 二十年后如果我们决定到附近的照相底片块的途径之一,它已通过在玻璃上,大约半秒钟前电子击中它,我们从而为它创建一个良好定义的路径,从而确定它是一个粒子。如果我们另有决定,即让它自由地移动到共同结尾处的两个轨道,我们从而定义和创建它像波一样。

但如果是这样的-发生了什么事二十年前在玻璃吗?做电子穿过直,或被它偏离,或两个呢?惠勒回答道,做二十年前被创建,只是现在,因为它现在只是定义和测量。因此,如果玻尔的高山族解释是真的,我们创造我们目前测量法作为明确的东西过去。这里，显然，因果行动从现在到过去，我们决定现在定义，所以在过去创建定义良好状态。

很明显，我们再处理非物理因果影响。显然，这是典型的逻辑因果关系，因为它作用于遥远的过去，正常的因果关系不能做的事情。所以不只是的空间链接缘份由严格的逻辑联系，(就像 EPR 对)，但相当不同地区的时间也由这种连接链接-在所有的方向，而不仅仅是从过去到未来的不同部分。

重要的是，所有，惠勒在 1978 年发现从小知名和隐式接受由高山族物理学家玻尔解释，原因很简单——他们总是根据这些结论办事。例如，据说封锁一条路径会造成粒子的行为，因为它定义了一个路径，什么暗示了在这里的时候只是这： 只在电子一刻摄影制版和不片刻之前定义的路径。因此，这条道路不是一个物理现实之前的任何时刻，我们也知道为什么。以往任何时候，我们可以拔出块 (后电子已过玻璃) 和只是由那定义波行为。地球是一个潜在的亚里士多德争论部队现实主义者接受确切时刻的实际测量，而不是以前创建的路径 (或波)。事实上，它不能被推断甚至测量创建的整个路径，但仅在其中趣测量本地方。但高山族解释没有行事方式，而物理学家用于属性设置物理现实到以前所有的地方一样，即为整个路径。但是，这意味着过去，即，入场的什么是必须是真实的在过去的本测量影响的整个路径的创作。

因此，在这个意义上说，现在与过去的逻辑行动的设想是公认因为波尔创造他高山族解释。并因此惠勒用来引用一段它原来玻尔是清楚地明白，这世俗的整体论的 (即使通过取自报告玻尔关于他争执与爱因斯坦，准备周围1947年和有没有类似的段落在玻尔的著作，在此之前)：

> .... *可以作任何区别，可观察到效果得到明确的实验安排，我们计划构建或处理文书是否事先固定或是否我们更愿意将我们规划直到以后的一刻，当粒子它已完成时间推迟到另一台仪器从方式。(惠勒 1978:40 翻新从玻尔 1949:230)。*

❧ 3. 第三次哥白尼式革命:陷入空无 ❧

"它可以使无差异"意味着, 如果惠勒是正确的玻尔, 只有实际测量的那一刻是什么决定 (创建、定义) 物理的现实, 而不随时在此之前 (作为, 例如, 测量系统和其定位的选择决定的时刻)。这是现实主义的一个迟到的证据, 因此, 玻尔与爱因斯坦1935年纠纷发生后产生和接受自己的逻辑后果的事实。

3.13.3 "宇宙不存在在那里"

惠勒制定本文的原则, 应为服务, 所以他认为, 作为量子理论 (类似于说, 自然的法则必须是相同的法律相对于所有参考系统的相对论的基本原理) 最基本的原则。这一原则, 惠勒写道, 是从量子理论仍然缺席和缺乏这种很大的程度, 导致其怪异的性格。但一旦它被接受为根本, 真的, 这陌生感会消失, 这条路将会开放给量子理论简单的了解。这项原则是:

> 无现象是一种现象, 直到, 通过观察或观测和理论的一些适当的组合, 它是观察到的现象。这个世界却不"存在, 在那里,"独立于观察的所有行为。(惠 1978年: 41)

这一原则被强加给我们的"落后决心"参数, 因为它是唯一的选择, 将防止从现在到过去的物理因果悖论。惠勒问: 是的"当前选择的落后测定参数影响过去的动力学, 违反了每一个配方的因果关系?"结果, 他回答说:

> 这一课提出自己宁愿作为这一点, 过去已不存在, 只是因为它记录在当下。它已毫无美感可言的电磁能量的量子做除了因为它是观察或可计算从它观察。(同上)

"并不存在", "没有意义"是演讲的等价物现实主义者曾经自休谟以来至少, 因此当惠勒说, 是演讲的没有意义的某种形式, 他的意思是演讲的, 对象所述不"存在", 即有没有物理现实。

应该指出的是，惠勒制定的这一基本原则还有一些陌生"无现象是一种现象直到它是观察到的现象"。由于"现象"一词，指只观察到什么原则看成是一个同义反复，但惠勒意新的东西，一些令人吃惊。第二段措辞清除的意图——宇宙不存在在那里分别从观察。于是，新的基本原则的意义不是没有的现象是一种现象，直到它观察到，但相当，不让任何拥有物理现实之前它成为一种现象，即之前它观察。

惠勒这个词"现象"而不是"物理现实"作为一名学生向老师荣誉的象征。他解释说，从玻尔：爱因斯坦争端出现到现在，即概念的现象，大多数的"富有成果"概念引用波尔作为证据。最后他与爱因斯坦的争执，玻尔认为，在这一争端

我主张用词的现象时，专用来指在特定的情况下，包括整个实验安排帐户所获得的观测应用。（惠勒 1978:41 翻新从玻尔 1949年：238）

很显然，玻尔也意味着物理现实。他解释说，一些线，在此之前"现象"一词的严格使用将防止混乱关于量子理论的诠释和一种典型的混乱是的声明 （为此他开车海森堡在 1927 年绝望）"观察导致这一现象的干扰"。他解释说，这是一个简单的语法错误，并理解这一语言事实会防止基于扰动引起的观察的概念的解释。我们看到为什么这件事是重要的玻尔，即，只是如果没有干扰都参与意见，可以举行没有物理现实存在的现象 （这是现实主义的基本原则） 以外，才可以放心的量子理论的完整性。但这意味着，玻尔确实提到"现象"一词由整个物理现实。因此他基本的原则，正如惠勒认为量子理论，是这样： 没有什么是物理真实的直到它是观察到的现象。

3.13.4 如何派生从是不是

但悖论的倒退因果关系，惠勒希望解散这一现实主义原则，拒绝走到那一只。因为现在它出现，目前对电子已经在过去的物理现实确实存在因果影

❧ 3. 第三次哥白尼式革命:陷入空无 ❧

响-现在创建物理现实的过去。因为我们选择了在当下要创建另一个物理现实的电子,我们会从而产生它过去。因此,即使现实主义的原则的确不防止在过去已经存在的现实,目前的因果作用,它不能防止一个因果的操作,该会在过去中创建这个物理现实*从头算和事后不可得的虚无*。

惠勒实际上接受了,虽然只是暗中。他提出,之后他的论点,视为正在不断建造的我们观察世界的身份 (和它的过去)。他称之为 "参与式的宇宙",即世界过去身分我们参与创建。这是一个世界,而不仅仅是不 "存在' 但此外并不 "存在然后在过去",因此,人的决定和行动是什么决定了在过去,每时每刻的世界是什么样。

我们看到如何爱因斯坦认为保持完整性的量子理论,即,它包含在世界上,对所有事实的描述的索赔的唯一途径是通过接受贝克莱哲学-要真正的手段将被观察。在信件到 1935 年薛定谔爱因斯坦解释玻尔解释是伯克利完全接受,它也是在同一时间更换物理的神秘主义。玻尔,另一方面,设法无视这个 Berkeleian 的连接,和跟在他后面的整个现实主义者传统也是如此。唯一的现实主义者敢正视这伯里克的尴尬,承认它的存在并提供驳斥爱因斯坦,是起诉书的惠勒。在1981年纸被认为是对付 "延迟选择实验与爱因斯坦与玻尔对话",惠勒问:

> *我们如何从什么今天不同量子力学主教乔治 • 贝克莱告诉我们两个世纪前,"存在",是能感受到?这棵树中不存在森林除非有人看到它吗?玻尔的结论关于角色的观察员区别那些伯克利?(惠勒 1994:120)*

这是另一个真实的那些时刻。如果没有差异,然后玻尔解释(和一般的高山族本体论),是个狗屁或至少是无稽之谈伯克利论文强度。但这是一派胡言,原因很简单,我们不认为,必须是真实的就是被感知的人,我们认为,无论谁声称,也并不意味着它,或一些螺丝有松动的地方。因此,为了节省高山族解释从其荒谬的末端,它有必要表现出差异 (或保持忽略尴尬的是,像大多数物理学家那样做)。惠勒,最勇敢的那些人知道,所以面临时刻和回答:

是的在一条重要途径。玻尔处理单个量子过程。–像我们所有人都在日常情况下–伯克利处理多个量子过程。(同上)

他的意思，树的现实建立在与我们的感觉和观察的器官，其粒子之间相互作用数十亿只是因为，观察员有没有中央的作用在现实中的树。树的现实依赖与单个粒子的相互作用观察员将基本也在现实中的树，波尔认为的一样。因此，只是因为在树林里的树是很大的物体，宏观，玻尔和加州大学伯克利分校的原则不适用于它。树和宏观物体，

发挥的量程数是行为的观察的如此巨大，几乎可以说看不见的量子个性影响观察到的现象。(同上：122)

这种逃避从 Berkeleian 尴尬的逻辑结构重演现实主义者参数中其他地方，和什么维格纳称为"系统奇迹"(维格纳 1973年：379)。神奇的是，即使每个组件具有给定的属性是共享和共同的所有其他组件，然而一旦他们建立一个"系统"此属性将消失，不继承的"制度"本身。另一个重要情况是现实主义者理论的意义，正如我们看到的 (在庞加莱、昂和希尔伯特)，它说没有命题本身具有的意义，因为它的意思由别的命题，它取决于。但的命题，即这一理论，这整个系统意义本身，突然，没有任何可能的解释虽然它是完全相同的类型，其各个组成部分的生物。尽管每个组件是一个小的命题，而整个系统是一个大家庭，它们是事物的一种-命题。可是，小的缺乏任何本身，而大有-和本身的意义。但没有现实主义者解释过这一命题的长度如何确定其地位作为有意义或本身没有任何意义。这是该系统的奇迹。

3.13.5 "放大不可逆行为"

惠勒为逃避惩罚的伯克利使用这个奇迹。由落后测定 ("延迟选择") 参数，它出现了单量子过程本身已不现实。两个这种过程本身也有不现实。如果一个持续，引发数突然一个符合奇迹——突然没有任何解释比它小的数

3. 第三次哥白尼式革命:陷入空无

组成的过程本身,有没有现实而为大于它的数字过程拥有独立的观察员的现实。我不知道哪一个更糟糕,伯克里的尴尬或其补救办法,系统的奇迹。

伯克里的尴尬是,从根本上说,它不能假装代表常识 (如现实主义假装对玻尔自从亚里士多德通过伯克利做) 入场和尚未被视为极端和系统性的主观主义。常识作为模型的废话,和在极端情况下作为模型的疯狂主观主义。萨缪尔•约翰逊踢的那块石头,伴随着宣言"我要反驳这样的伯克利"是常识的象征。

但赖以建立的落后测定参数的原理说的东西完全伯克里的,"什么都不是一种现象直到它是观察到的现象"。伯克里的尴尬逃离现在推现实主义者来改善这一提法,事实上,惠勒最初发表这个正确的版本,但接着以提高代替"观察"的"注册"一词一词:

> "注册",作为玻尔,手段"提请关闭放大不可逆法"和"传染病用平实的语言"。这个形容词,在很多方面来"观察",一大特色,更为常见词等效。它明确地否认视图,量子理论在于以任何方式任何论"意识"。(惠勒 1994:290)

"不可逆的放大行为",表达铸造的波尔和惠勒为了节省高山族解释从内疚的废话,一把抓住构造不是一个而是两个奇迹系统,"不可逆转性"和"放大效应"。敲打玻璃电子不接受"不可逆"的行为,因为这是一个小的行为,尚未经过"放大效应"。但当它最终将击中的照相底片,它将接受在一次"放大效应",即,它会突然变得可测的并因此也变得"不可逆转"。然而,这些都是量子力学中的概念。在这一理论有没有"不可逆转性",运动的这一理论的基本规律,是完全可逆的薛定谔方程,根据这一切的发生和它有是没有意义的不可逆转性。即使它出现今天有可能为了显示大事情表现比量子东西否则添加不可逆性注意事项和"放大效应",这是不可能得到拯救的高山族解释,正如我们将很快看到。

但波尔希望，"不可逆转性"和"放大效应"，将作为逃避主观主义威胁他的高山族论文：常识知道，大事情不象量子理论说。在大的事情的情况下（例如，在你充电十八惠）需要一个傻瓜，还是个疯子怀疑他们单独的现实。但物理学说大事由小事组成，这些并非真正分别从观察。这里有更多比只是废话或疯狂-这是常识性的量子理论的高山族解释明确驳斥。

3.13.6 量子解围

玻尔的需要因此，两个奇迹，这是在哪里，他介绍了他们的地方。很小的东西，当他们碰到对方不留下明显的痕迹，还没有经过放大法，因此他们并不是不可逆的事件，和因此他们并非明确-因为他们是小。但当他们捆在一起，他们变大，和可逆性翻转到不可逆转-分别从人类的认识，无论观察。

但除了这种逃避从主观主义的神奇状态，发生在这里，是作为一个整体的高山族解释更多的宿命——它被迫放弃其守法和一致性。阿伯拉罕派斯，物理学家和爱因斯坦的传记作者，讲述了著名的晚上走，他们采取了一晚上聊着量子理论。在某一地点爱因斯坦停下来，指着月亮，问，"你想说，不看着月亮的时候它不存在在那里吗？"

加州大学伯克利分校的答案是——当然它不存在在那里(就是没好主来拯救我们通过保存月球的存在，即使没有任何凡人看着它)。玻尔和惠勒的回答类似——它是月亮的好运气要大，因此它需要没有观察必须是真实的。意识不由于其尺寸，确定它的真实性，它因此留下世界不可逆转的痕迹。所以大小和不可逆性取代现代版上帝在现实主义，经典版本中这些都是上帝 （量子）机。但守法和一致性的损失都在这两种情况相同。伯克利从而同意，是不真实，存在就是被感知，因为神是真实的但永远不会察觉。因此他承认他错了，那里是没有概念的适切性，现实与可观测性。因此，声明，必须是真实的是，无法观察或察觉到，不能由现在是一个哲学的声明，并不一定是真的。

❧ 3. 第三次哥白尼式革命:陷入空无 ❧

这同样适用于现象的问题——由玻尔的制定以及惠勒它跟随有现象,但没有观察到的事情或甚至注册任何测量仪-这是足够的他们要足够大。于是它跟随那它就不是薛定谔的猫在50%-活着-50%-死直到我们看看它的一刻才搁置状态存在的情况。它是足够大,能够100%生存或100%死亡,从那一刻起,电子就会发出。但如果真是这样,然后要么发出的电子或并不能现在有电子任何中间状态也。但如果真是这样,坏事情发生到玻尔解释凌波状态的核心概念。从而失去它的意义,但没有它就没有对这一理论的高山族解释。

例如,让我们回到过去测定的礼物。电子走向玻璃和击中它。由于玻璃是一个大的对象,所以,此刻的相互作用,是现在的"注册"的时刻,整个系统(玻璃 + 电子)变得明确是因为这"登记"是"不可逆放大的行为"。但这意味着,电子已经选择在这个时刻其精确的轨道,直接透过玻璃或从它与一定的倾角,反射或劈裂本身入两个方向一次。无论哪种方式,它的状态已经被确定现在和因此哪些我们应最终决定未来测量系统不可能改变这一事实。因此,如果电子选择移动它将不会作为一种波,曲目之一,如果它选择同时移动其中它将不会作为一个粒子,和它不可能不管我们现在决定向一断块的曲目或休假都打开。

因此,这个世界 (即电子 + 玻璃) 却不"存在"之前它成为了一种"现象"高山族论文违反从主观主义的救恩的"不可逆的放大效应"。获得这救恩,就意味着要放弃所有的高山族解释和与它的量子理论的完备性索赔。因此,即使看来波尔和惠勒,就可能要保存完整性由一些"系统奇迹",实际上是不可能的。承认的系统奇迹需要放弃非单独现实,导致崩溃的量子理论的高山族解释的原则并没有停在中间。但所有现实主义者s都爱停在正中间。

康德解释说,没有男人,还有没有空间或时间。他应该补充也有没有对象(月球和太阳)、无属性 (不可逆) 和没有因果关系 (交互等)。但他突然停止了在一分即使没有人是有一个世界。他坚持这一点,虽然他的理论解释的一些细节,这种说法是毫无意义。

惠勒是现代校正到康德，高山族传统发起已经在康德的时间。这种修正努力创建现在所谓后康德唯心主义哲学。修正在本质上是世界的拒绝康德假设本身是世界的有一个世界提供给我们通过我们的感官原料为我们创建结构化。理想主义的更正说：这个世界上本身不存在任何意义上。并因此不只是男人世界起源的但他也是其唯一和绝对的起源。男人绝对创建出自己的世界。延迟选择参数将惠勒导致相同的结论：人类的心灵是整个世界，包括它的过去和它所有的内容和形式的存在的绝对原点。

3.13.7 还有没有龟塔之循环

费希特、谢林的理想主义和惠勒的现实主义之间的区别是对物理链接。理想主义者从康德的论点，派生的世界对人类心灵的依赖但是惠勒派生它从现实主义者的量子理论的解释。但最后都事情的一种，由于康德的论据是简单的现实主义者解释牛顿的物理学和数学它建成。事物本身的本质不是这种解释的一部分，因此他没有哲学的权利去假设它作为如何是物理和数学可能他解释的一部分。他这样做因为他焦虑以免他被视为伯克里的的理想主义者，而无后顾之忧，他的哲学的结论将距离它致命常识。现实主义通常打破这些原因和介绍他们的哲学禁止明确的对象。因此亚里斯多德介绍神作为一种独立的形式，从物质和世界，但尚未将其移动而不被它感动。因此伯克利，陷在面对疯狂的宣言，在院子里的树时没有人注意到它不存在时，介绍了神（基督教的一个，我想）作为普遍的观测仪器。

惠勒也不是从整个世界对人类思想的依赖性量子理论，尽管他看起来这么做。实际上他结束这只从其高山族释义，但康德是没有现代或甚至古典物理学需要为这一结论，与亚里斯多德是根本没有物理需要为它的证据的证明。正好相反——他们都源于现实主义，他们采用严格的哲学上的原因（确定性，完整性，和在它的末端方面取得进展，即时取得的愿景需要）他们各自的物理的详细的解释。

ꆟ 3. 第三次哥白尼式革命:陷入空无 ꆟ

也因此,什么确切的物理是亚里士多德、牛顿,量子-根本无关的人与自然的关系推导。很容易看出为什么:人类思想的首要地位是什么导致和确定的现实主义本质。为当现实主义者辩称只是实际情况真实,他真正的意图是只什么是实际相对于人的心灵(和不向上帝,也不向拱天使)。所以首要的实际 (和非现实的仅仅是可能)其实是在所有人的首要地位。

但首要地位的人或实际非常快速地导致的结论是科学是人的心灵造成的小说。亚里斯多德和伯克利和康德同意但小心不要添加它然后跟随男人是世界上的唯一原产地。也正是这小心的逃税行为,误导和文风几代人的现实主义者,按它的程序来做。

惠勒首要地位是人的中央以声明的方式。当他列出未来的科学的要求时,其中之一是"海龟没有塔",意思科学必须绝对完整:它必须解释不仅通过的法律,但也是法律本身的现象。但它禁止解释现有的部件,由新的其他部分,如古人所持有它在它的背和稳定性的这只龟的另一只乌龟向背对它站立,所以龟解释地球的稳定性:

> *换句话说,没有无限的回归。没有结构、组织没有计划、没有框架的想法,再由另一个结构的层面的想法,再由另一个水平,又一次,无限,到无底的黑暗。(1990:8)*

惠勒在这里写的是什么,简单地说,我们应该拒绝篇章信息性,解释一件事被另一个。为什么呢?因为信息度陷入"无底的黑暗"。于是他宣布这里为完整起见,需求重新——篇章信息性必须被淘汰,因为它需要不完全性,"海龟没有塔"威廉姆詹姆斯声明之后。但是,如果我们不打算建塔,和我们不必须担心无限回归的另一解释一件事,还剩下什么?惠勒回答说:

> *无休止的无奈是明显,但一个循环,如:物理引出了观察员-有序;观察员有序引起信息;和信息引起了物理学。(同上)*

但这声明循环应该有它的开始，事实上，称为"观察员有序"中创造的世界，什么惠勒的人，而不是物理，这也是它应该在哪里结束。正如我们所看到的-物理不会创建任何事情没有解释，并只高山族解释即，占统治地位的人的论文-创建，当它确实在物理学中，所需的创建的物理意义在高山族解释，男人的首要地位。它是相当清楚的物理创建人的首要地位，只是因为它根据人的首要地位解释。我们拿出我们的放。

我猜这种物理，创造出来的人，只是后来创造信息，被称为"自我合成系统"，这，惠勒首要地位，而不仅仅是作为一个生物的类比，但也作为一个明确的提示，在康德的"合成"。即使惠勒强调世界作为创作的物理基础资料的中心地位，他也强调此信息是由人决定的因此，叫他"观察员参与人"，和他所创造的世界他被称为"世界的参与"。世界创造物观察员模式成为了，自从1978年，当他发现这，过去由现在的实际观测测定方法的参数。因此，该模型的逻辑因果关系，其中括号空间和时间，透过人的现状。构造物理信息，因此，确定最强和最尖锐的意义上的逻辑因果关系的人，并因此在其本质上这种信息是人类在同一程度上它是物理。

3.13.8 合成本身远圆

在第一阶段物理的高山族解释导致的核心地位和首要地位的人，而在下一阶段它导致循环这不能以任何方式打破。有是没有办法的观察到的电子和观测电子测量仪器或人之间的区别。或者，就像惠勒呼应他主的玻尔

而且难异常状态急剧和清楚的观察员参与社区的开始位置和它在哪里结束。(1979:398)

那就是，连续性保存在粒子和其观察员之间和这种连续性是绝对的，任何分裂和内它分离成具有不同的标识或本质的东西是错误和误导性。因此，世界上的所有对象都是离不开观察或都是绝对分开的存在于自己。尽管如此，

❧ 3. 第三次哥白尼式革命:陷入空无 ❧

可以是没有逻辑的理由,这种连续的分工。所有参与方的现实取决于每个人
对另一个没有开始。作为拥有没有开始或结束的圈子。惠勒被推,因此,概念
"自我合成的现实",或"自激电路",为的就是无中生有,和以后的建议,这
无中生有,本身就是一无所有的新版本。我们处于一个由现在黑格尔的精神:

> *"基本现象"是不可能没有观测设备和观测的系统;之间的区别但线
> 的区别可以像个迷宫,弄得太复杂,什么出现从一个角度上一侧,
> 被认定为观测仪,从另一个角度来看都要被看作是被观察的系统运
> 行。(惠勒 1980:361)*

因此,任何物理有承担无中生有,创造和消除这一分界线是从,不因为没有
从观察到的电子,分离观察员没有线,都必须同时创建一个其他,无中生有。
要么这或要克服这种循环和荒诞的无中生有,观察员与观察到的通行证,在
一些地方,但这之间的界限是无限期的地方,看上去就像一个无限的迷宫,
从而节省那些传说中的"基本"现象的现实。惠勒在这一点上引述不黑格
尔,但巴门尼德和他的训诫:

> *"有三种方式的研究和只有三种方式。这一断言'并不存在必须不
> 被'。这完全被禁止的: 不什么甚至不能被认为。第二种方式是,凡
> 人而没有智慧,说的什么是'就是'与'不是','是相同的和不一样'
> 。与他们真相开始从命题的方式'它是和不是,但不可能'"。(惠勒
> 1980:375 n.106)*

从惠勒巴门尼德的这篇文章题为"什么都不排除一样毫无意义",并补充:
依照这他他自己黑暗的评论:

> *从"虚无排除一样毫无意义"到一行的区分规则这一点;从这个分界
> 线现象;从一个现象到很多;从统计的许多规律和结构: 这些因素引
> 起我们结尾可以问是否宇宙不应被看作一种自激电路   (图十)。(同
> 上:362)*

❧ 三种哥白尼革命 ❧

图 X 自激电路描述这样的世界。在右上角是作为一个小的三角形象征着世界的开始。从它出现一条细线变稠，最终成为一双大眼睛，从中观察线发送到其开始，小三角形。世界创建时间初构建大爆炸的现实观察创造了世界的眼睛。因此，惠勒说：

> *一个原则，观察员有序，足以建立的一切。参与的宇宙图片会挣扎，和必须被拒绝，如果它不能考虑建设的法律;和时空作为一部分的法律;进出的法律实质内容。(同上：363)*

此循环创造世界的男人和男人的世界惠勒称之为"位"。也就是说，对象（"it"）的世界，制得了比特的信息:在其玻璃与照相底板之间的航程中电子的现实是"它"我们创造出它照相底板-上的痕迹，但哪个底片　（无论是创建一个粒子，或一个，创建波）是一个问题，我们决定，因此由我们决定的信息位:我们选择，从而也创造创造世界和我们的信息。这是惠勒的完整的圆，来取代潜在主义龟塔。

创造出这个"位"的事情的一部分是自然的法则。惠勒宣布，因此，"没有法律"。物理学本身-法律我们中央池-告诉我们有没有法律-因为世界被创造之前和之后它将摧毁了没有，不是法律。物理，因此，必须想到的

> *如基础无作为逻辑环路，闭路电视的自引用的演绎公理系统中的想法。…直接与宇宙作为建立在法律基础上的机器的概念是世界的自我合成的远景。(惠 1990年：9)*

作为自我合成世界的愿景是世界作为构成或构造的信息比特的合成空间、时间和法律，但由于此信息由我们决定的很明显我们有绝对的起源法律和因此-"没有法律"。惠勒称这一原则"没有法律的法律"。自然法则是完全作为空间、时间和其余的鬼魂和恶魔的翔实的古典物理学的虚拟实体。所以他的消息是有没有法律分开我们，正如休谟和康德宣布。但结果是，世界也是完全不确定。因此，任何相近法律的团结世界是严格逻辑，这由它最清楚地证明信息空虚。

3.13.9 爱因斯坦开始它: 好的笑话再骑

惠勒认为它是一种最有趣, 也很有教育意义 "的挑战, 以检查这个新的解释, 通过" 推导结构的量子理论从一切有一种方法来形成的要求是说 "海龟没有塔"。但这意味着创造无中生有的建设性意见。所以, 他提出证明它因而是可行的挑战构建被无中生有, 突显他的建议, 这明显的存在世界其实是没有什么:

我们可以自问, 是否它荒谬绝伦, 把起初的东西放入公式的视觉如此含糊作为法律没有法律和物质没有实质内容。我们如何能期望向前与没有坚实的地面都在我们的脚下?然后我们记得爱因斯坦不得不执行同样的奇迹。他不得不重新表达的所有物理学中一门新语言。...由相对论和量子力学-不至少通过爱因斯坦本人的工作在我们这个时代的革命经历过的人可以怀疑理论物理的力量, 以应对这一更大挑战。(惠勒 1980:363)

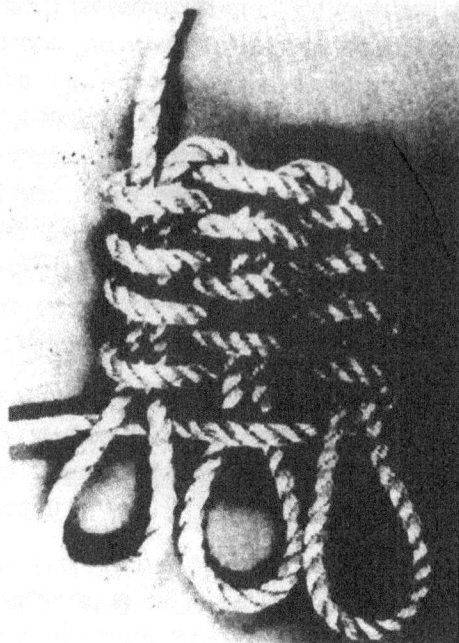

但最大的鼓励为这一挑战的证明物理要什么和世界其实是没有什么语言建构，惠勒导出不从物理学，但从数学：

数学也是不空虚的空虚。熟悉的定理告诉我们，一个普通的三角形的三内角之和是 1800。不过当我们审查所有的定义，假设和进入该定理证明的公理，我们发现该语句简化在身份相当于 0 = 0 结束。没有身份吗？然后没有定理！可能需要 300 页的电脑纸拼出所有基础件的一个定理，证明其中习惯法杂志上要求只有两页。但打包的定理的所有部件，以及有用的定理，它是仍在结束包装标识。像图 Y 中绳的结构，它有只将被拉扯分开陷入虚无。(同上：359-360)

数学定理显露自己的身份，当它分析成其基本成分是科学的模型和现实。都构成复杂的结构，我们构造出什么，所以，他们仍然是没有什么比一个复杂和复杂什么。但科学的客观空虚，尽管它似乎对我们内容丰富和完成一个有用的角色，这由于它存在的方式。"没有龟塔"从而导致循环科学的身份只不过是作为信息"打包"（或伪装）。正如科学是一个伪装的身份，所以是物理现实变相的虚无的和我们构建自然法则，即使自然没有任何法律任何真正意义上——这个世界"没有法律的法律"。

因此，例如，惠勒认为关于"他们转出，每一个人，仔细一看建在很大程度上同义反复，数学身份"的物理定律 (1994:187)，必须是根本是无组织的组织原则(同上)。他挑出的数学原理"极限的极限是零"作为这个统一的原则，

身份、琐碎，同义反复，固然，也是麦克斯韦的统一主题…爱因斯坦……，几乎每个版本的现代场理论。一个人可以得到更多的那么少，几乎一切从几乎一无所有，激发了希望我们总有一天会完成数学化的物理和派生一切从无到有，从没有法律的所有法律。(惠勒 1990:10)

✍ 3. 第三次哥白尼式革命:陷入空无 ✍

它不是问题我们需要什么是这一原则的确切内容　（见1994:187中的说明），以来的重要点在这里是惠勒认为，在他看来是可行的希望转变成一块纯数学这"身份、琐碎、同义反复"详尽地构造物理。因为这种同义反复是基础，"所有的东西，推导和从无到有，从没有法律的所有法律"。在这一点上惠勒引用在 1948 年他的时间-蒯因的领先美国实用主义作为确认他们依赖数学物理的所有对象的本体论地位他索赔的证据写一段文字:

> "只是作为引入无理数...是一个方便的神话，从而简化了算术规律...所以物理对象"蒯告诉我们，"都是假定的实体中，圆及简化我们的存在群群的帐户。物理对象的概念方案是一个方便的神话，是不折不扣的事实比简单和尚未包含作为分散一部分文本事实"(1990年: 9 刷新版本1953:18)

奎因的神话理论是人的康德哲学立法者的现代实用主义者衣服。惠勒指出，因此，这一传统，在其中，他作为玻尔的弟子和现代量子物理学家放自己，认为令人尊敬的现代标志设计被称为"宇宙和它的法律"的产品称为"数学和物理学"，神话只不过是，那这个神话本身没什么但循环和空的概念体系源于将希望"一切从零从没有法律的所有法律"。

3.12 激情的完整性-量子力学

什么将是: 在高山族解释 （如赖欣巴哈的和卡尔纳普） 相对论是海森堡模型为他建造的量子力学，以及尼尔斯 · 玻尔的"哥本哈根诠释"为它。玻尔在这里付诸实行现实主义,需求确定性和完整性、翔实解释拒绝、现实的所有事情只可能观测，和这么排斥的世界毁灭所有的原则分开观察和测量。这种解释玻尔去抵御爱因斯坦和 EPR 参数时达到了顶峰。玻尔，被迫宣布可能性拥有不现实之前他们佳音和,因此存在某种逻辑或概念的力量的物质粒子之间的行为。

❧ 三种哥白尼革命 ❧

3.12.1 1927-创造奇迹的年代

卡尔纳普发表于 1928 年，*世界的逻辑结构和逻辑语法语言*1934 年。一年之前的第一本书，量子力学诞生其接受的解释，和一年后的第二本书，爱因斯坦打这种解释与它最大的打击。我有没有证据，但它是我忽略而可信的可能性，卡尔纳普深受这一理论，为新的诠释，他写了两个他的书，这强的影响下，很难。我也怀疑，他失去了兴趣不久之后 1934 年，这个高山族方向因为爱因斯坦的攻击显示为所有旁观者在高山族量子力学解释的荒谬。但这一解释，由玻尔，简直就是通过一种新的语言-量子力学的语言的逻辑句法世界的逻辑结构惊人锻炼。情况是相似的方式在其中的相对论理论语言语法创建自己的世界，但有很大的差异在被要求在新语言中的变化的强度。而且看来，爱因斯坦对做了什么他对其完整性的攻击量子力学的新语言在 1935 年，是瑞奇曼做什么到以前语言在他对其相对论的攻击在 1917 年，哥德尔的所作所为到希尔伯特的正式制定程序在 1931 年。尽管卡尔纳普却从来没有提到瑞奇曼事理，他快要哥德尔，知道到底发生了什么。是肛门奇异变形杆菌在 1927 年：第一，它后来发现电子做的确像波，德布罗意预测几年前的一样。这是波-粒二象性，即，发现这些都是两个相关的属性，以便每个出现在不同的实验中，另一个没有，但它们之间有紧密联系的发现：爱因斯坦在 1905 年发现光表现像高能粒子 （量子），而不是连续的能量波 （这表示在光、电效果和爱因斯坦获得了诺贝尔奖，为此，而不是相对论的理论）。1924年德布罗意提出了对称的想法-粒子表现得好像他们是波，以便其波长度成正比，他们携带的能量量子。

并于 1927 年两位数学家，维尔纳 • 海森堡和埃尔温 • 薛定谔，提出了两种理论的预测原子域-两种量子理论中的所有已知的现象。他们是完全不同的拥有完全不同数学形式-两种彼此完全外国语言，除了他们协议句 （即观察预测） 都是一样的两个。

3. 第三次哥白尼式革命:陷入空无

它对我来说,这是科学是完全等价的关于每个可能的预测 (薛定谔成功的证明下一年度的事项)的两个理论在历史上的第一个实际例子但完全不同的在其逻辑的语法。(下一个示例将戴维•伯姆 1952 量子理论,但这,然而,是一个版本的薛定谔的理论)。他们之间最重要的区别是他们的词汇量。海森伯介绍,除了所需的数学术语中,只有经验的话。没有"轨道"或原子粒子或波在他的理论,也没有任何视觉模型的"速度"(作为太阳能系统,例如)等。在薛定谔的语言中,另一方面,我们发现所有这些好词-轨道和速度和原子粒子的波长。薛定谔的理论假设,粒子的波动特性是所有现象的解释,薛定谔认为事实上粒子是仅仅是波在电磁场中。

3.12.2 非决定论和"测量问题"

这两种理论介绍了原子现象的概率精确计算的两个(相当)程序。这个概率预测的形式是这样的事情:电子将发现,以概率1, x1,并与2 x2,地点概率和一个3 x3、等概率的地点。两者的主要区别只不过是,海森堡的理论严格计算的过程,而薛定谔的理论建立在德布罗意有关事项,说每个质量粒子随波的长度取决于粒子的速度和质量及这一波的波动特性的物理假说"引导"它在它的轨道。薛定谔用这种方法进一步前进了一步——有没有粒子和波的引导它,但粒子本身就是它自己的波: 所有的物质在本质上是波浪,还有什么比除了波。所有的现象都是不同波之间的干涉产品和这些产品之间是物质本身的现象——其场所和稠度和运动,所有这些是只是现象,而它们,下面本身,世界无非波之间的相互作用。因此薛定谔发现方程,它描述一种波动现象和其解决方案描述组件波一起组成粒子的"状态"。例如,"国家"的粒子,由希腊文字母(读"psy"),由组组件波每个链接到粒子是在一个明确的地方的概率。但这同样也建造的另一波组,每个链接到微粒以一定的速度移动的概率。这再一次本身也组成波,另一组,所以每个可以通过适当的仪器测量的震级。

但理论的谁都不能够提供非概率的预测。因此，如果我们使用哪些措施的粒子，粒子离开一些摄影板等地方签署文书上碰撞，此刻它相撞的板，我们可以测量粒子的地方但是量子理论是无法预测这个地方。它能做的就是计算概率的粒子会打它，这实际上意味着粒子，所有从同一个地方在相同的条件下，会在底片上到达这个地方开始它们的运动的百分比。和所有其余的可衡量大小的粒子(其速度、其能源等)，也是这样。

换句话说，理论看起来不确定现象，因为它指出，即使所有粒子都开始完全相同的初始条件下，它们会到达不同的地方，因此，可以预测都是一些选定的大小，但不能肯定地计算任何规模的概率。另一方面，薛定谔方程是完全确定性关于粒子的"状态"。它随时在任何给定的条件下预测"的确切状态"，并且描述了"国"在时间的变化的确切方式。麻烦的是无法衡量这种"状态"，和所有可以测量是一个组件-波，然后不即使它但是仅仅是其概率。于是，希望出现，世界本身是的确确定性，薛定谔方程说的事发生在过渡到它的踪影，在这种现象，而是只有这些痕迹是不确定性。

有是没有确定性的波动方程和这一波的各种现象的严格统计体现这个矛盾的解释。因为它发生在测量，这个矛盾被称为"测量问题"。这一问题的另一种描述因此指出：每个组件波都称为"自我状态"与以前的"状态"。名称表示一个有趣的事实——当我们衡量某些震级，如速度，比如说，得到良好定义的值，然后立即重新测量这种规模咱们会再一次相同的值-仿佛粒子通过这种状态和呆在它作为它自己或自我状态。"国"组成，因此，一系列潜在的自我状态，其中之一将会成为体现在可能测量的现象。薛定谔方程预测，能源自国家原子，例如，完全是那些出现在其能量光谱照片——这些都是唯一的能量状态，它可以退出。

3.12.3 的双缝和不确定性

只是一些更多的物理事实和我们可以返回到重要事项。当我们发送一束电子通过两个小和非常密切的缝隙,并拍摄他们的地方,他们通过通过狭缝后时,我们得到一张照片相似的允许的能量状态-有的几乎没有电子到达,这样电子有偏好某些地方的照相底板上的地方。这是"双缝实验"最具哲学性实验后的桶。它表明了一些困难的问题,在量子力学中,构成了哲学的讨论和争论的它几乎唯一的主题: 第一,它说明了物质的波动性——电子完全像这样做的波的波长由电子 (其速度和质量的产品) 的势头。这一波现象,发现在 19 世纪初,然后担任波特性的光,确凿的证据,因为它可能在那个时候只能用来解释组成的组件波通过两个狭缝。这篇作文,更普遍地戏称为"叠加"如今,被称为"干扰"和照片显示连续互换的光明和黑暗的地区。其解释是组件光波干涉和湮灭彼此在一些方向,但强化彼此在其他方向,只有波可以做。如前所述,在 1927 年,第一次进行了实验与电子和照片上完全相同的模式。

哪薛定谔的理论的解释是非常清楚和视觉: 每一个电子是波,因此,当发送成千上万的电子 (每个单独) 通过双缝,每一个进入,因为波通常做,通过两个狭缝一次,从而将拆分为两个组件波 (根据古典波浪理论) 当它出现的缝隙。这些两个组件波浪互相干扰,从而确定允许或首选方向一类和一类违禁的方向,以及一项措施,为每个这些偏好和禁止。这些措施是概率的波组件通过计算来确定自我状态。但即使理论告诉每个方向的可能性,它不能解释究竟是如何每个粒子不选择其运动的首选的方向。为什么大多数电子在底片,选择中部地区,而只有少数人选择远离中心-地区这里是理论的不确定部分。

海森堡于 1927 年,当他发现当前最热门的学科,在量子力学中的不确定性或不确定性原则提供A著名解释这种非决定性。这一原则说一些原子大小成双。每一对中的大小 (出于数学),被称为"不可交换性"和有此属性:它是可以测量每个单独到任何程度的准确性需要和技术上可行。但它是不可能用来测量他们两个最大的准确性。当两者同时测量不准确结果每年两次测量，和它们之间的相关性。一种典型的双是速度（事实上，动量）和地点。它是习惯来表示动量由 p 和 q，由地方和测量的误差由希腊三角洲。不确定性（或不确定性）原则说，p q h，产品中的 p 测量不准确和 q 的测量中的误差是永远不会小于震级 h 是一个恒量，称为"普朗克常数"。因此，它是确实有可能用来测量 q 的绝对精度，这就是说它是可能为 q 消失了，但当时 p 将是无限的即，每次我们衡量 p 在完全相同的初始情况下我们会得到另一个速度，和同样的地方测量。

在高山族本体，不确定性原理的含义了因果关系：是有东西在现实对应于"相同的初始条件"概念的概念完全被否定了现在因为"初始条件"现在非正定，如果速度是明确定义的是一个缺乏任何定义，反之亦然。但位置及速度至关重要的初始条件，在古典的意境的因果关系，因为这表示，是否两个粒子最初（在不同的时刻的课程）具有相同的速度和地点，然后将沿着这些在同一轨道力场将相同。因此，如果它是不可能知道这些初始速度和地点是什么，它是不可能计算正是他们未来的踪迹。不过，现在的现实主义者论证，意思很简单-未来的轨道并不是"决定"，即目前的情况并不"决定"未来的情况。

这是加州大学伯克利分校的现实主义原则，最新版本，它说，存在就是可计算的原则。今天还有数学中更多的高山族论文说-在原则上不但是事实上或实际。可以预期的是下，一个版本会说，这"实际"必须现在，或顶多在下次选举前。它从这一原则，目前的状态"决定"的下一个状态，只是如果下一个状态是可计算的未来，那就是，可以由前面计算跟随。于是，之间的因果关系的确定和国家智力测定创建了标识。换句话说，身体的状态是"决定"作为正定的只有当我们的智力是能够"决定"的原则。

3. 第三次哥白尼式革命:陷入空无

3.12.4 的完整性的愿景

但这只是开始的东西变得更加独特,从新创建的语言的性质出现了一个问题: 粒子的"状态"是数学的大小没有任何物理的解释,而"自国家"集团将清晰观测的意义只有在它确信其中一个"自国家"将确实实现在观察时它由感。但因为它是不可能通过计算这些群体中的哪一个确切地会出现 (但只有它会出现的概率) 提前确定它跟随根据同一项原则,没有一个自国家存在它在测量之前。这是一个令人不快的结果-因为很清楚,当我们做测量有是一种清晰和锐利的状态,(定义良好的位置,明确速度等) 的测量记录。

一种选择是现在争论确实是有一个明确的物理状态 (一些明确的速度,或地方或能源等) 因为观察总是显示最后这种定义良好的状态,即使它是不可能通过计算来确定他们了。但这种选择的含义是量子理论无法计算世界上存在的东西,或者,换言之,量子理论并不完整。当然,这是自然的位置潜在主义者 (薛定谔,例如)-世界是分开我们,因此实在没有理由它不能包含我们的智力不能计算和"决定"的东西。所有科学理论的自然的和可信的命运就是不完整的如果它是信息量大,正如我们看到的 (2.3.9 以上)。

因此,这条路被关闭的现实主义,和为它留下打开的唯一道路就是宣布这种"国家"只是潜在的东西,因此拥有通过测量他们暑期之前没有现实。换句话说,测量本身是什么创建精确的位置,它的措施,或确切的速度,它的措施,这些并不真正之前趣的测量。所以,不仅存在就是可计算的而且而现在更多的伯克里的出现的

东西-存在是即是测量或观察的结果,"感知"。

我们看到,在新的语言,"国"代表的一批的可能"自国家",和许多这类国家供理论的: 自国家组的速度,或地方集团自国家等。这些每个人都是相同的"状态",相同或它是那"状态"翻译成语言的速度,或的地方等。如果我们求解薛定谔方程,并找出是什么"国家",它是可能由它与完整的正确性集

团可能的速度，可能的地方等，包括每个速度和她们在群体中的每个地方的概率计算。它跟随如果理论是要完整，有必要采取高山族本体，和争辩说，没有这些数学计算自国的真正前测量。每个组的自我状态描述仅仅是潜力国家并不是真正的国家。但如果所有这些群体不表示真实的物体，它跟随那"状态"本身不是真实的因为每个组是与它相同量子理论的完备性通过现实主义的推土机在其完整的权力，因此，保证哪看见它没有量子"状态"是真实的它在测量之前。这现实主义强化对等待的悖论 —— 新的语言，没有电子是各地可能的地方，实际上是一次前它可能的速度来衡量，缺乏任何物理意义的情况。潜在主义者，另一方面，将开放给所有这些悖论如果他认为归因单独存在的同时，还必须于集团的所有成分的速度或成分的场所等。

3.12.5 当海森堡在哭泣: 从完整性的不确定性

本文描述在1927年年初不确定度原理，海森堡提出解释。这假定，测量会导致干扰测量电子州因为它涉及到它与能量量子测量仪器发送相互作用。例如，它必须被照亮的地方，然后方向和反射光的强度测量必须加以衡量。但光是能量和每个光子的光击中电子引起的一些变化在其位置和速度，其影响和简单的计算表明一个有趣的事实： 如果这个地方测定光子的足够的短波长度，这样的地方分明，这些光子有高能量，这会引起了巨大的变化，在对影响电子束的速度。而另一方面，如果我们使用低能量的光子，这样的速度是不受干扰，然后它的大波长度不会急剧测定电子的地方。

尼尔斯 • 玻尔反对这个故事从那一刻起他听到它，因为它的简单明了的言外之意是不完全性；它暗示电子并拥有锋利的位置及速度，但我们不能同时测量两个。"苦、令人讨厌的纠纷"这两个几天又"它以结束我爆发的眼泪因为我只是无法忍受这种压力从波尔"（干扰机 1974:65）。

❧ 3. 第三次哥白尼式革命:陷入空无 ❧

玻尔的解决方案很大的不同——我们必须不归因于电子具有确定的、独立于参考系统测在其中的任何属性。但一旦我们做归因于它只有这种相对的属性,就需要使用只有定义良好的古典属性,如速度或地方或能源或时间等。玻尔叫这两个条件合并"互补原则"量子物体不是独立存在的性质但只有相对的属性,但每个此类属性,当它不存在,存在只作为定义良好的经典意义属性。相对论和古典的原则在一起成为"哥本哈根诠释"玻尔制定第一次在1927 年,短时间后海森堡不确定性原理的中心。

主要使命和补充性原则通过消除所有的悖论和矛盾是完整性的解释的新理论保护。首先是消除电子是粒子和波的想法同时。这种观念是一种矛盾本身,甚至为它归因于的电子特性,从测量值分别存在的唯一理由。此外,世界上没有什么没有却可粒子和波同时,波尔认为,从而放弃所有的明确和一致的思想。因此电子是粒子还是波-和这一结果将卖自己,如果我们只接受在其高山族严格性的相对性原理: 因为在每一个严格的定义,所有的条件之内被测量的现象我们得到恰好只有一个属性的电子-波或粒子,但永远都在一起。例如,在双缝干涉测量系统只有波字符出现,但是狭缝之一关闭时,该粒子属性的显示。所有这些属性都是单纯的现象,和现实的现象总是是相对的因此也明确的和完全古典。之后补充问题性原则"但什么是电子本身和分别从所有测量"就失去了意义,变成通常潜在主义者的胡说八道。

3.12.6. "在语言中暂停":哥本哈根诠释

它很容易看到,因此,所有的量子性质,必要古典玻尔的论据是软版本的康德论证牛顿形式和类别的必要性。古典的概念是我们拥有的唯一的他们的现状我们概念的世界,而非经典的概念系统是仅仅是潜在的问题,因此具有不现实。海森堡这样总结参数:

我们在科学的实际情况就是这样,我们做的实验,说明使用的经典概念,这是量子理论,在此基础上找到实验的理论解释的问题。在讨

❧ 三种哥白尼革命 ❧

论能做些什么，如果我们比我们其他人也没用。(海森堡 1958:56)

玻尔的科学哲学的新的单一的中心问题是沟通的人与人之间问题。问题是，所以他解释说，我们是依赖于语言：

> *它最终取决于我们人类是什么？我们依靠我们的言语。我们被悬浮在语言中。我们的任务是来交流经验和对他人的想法。我们必须不断努力扩大范围的描述，但方式，我们的信息不从而失去其目的或明确的字符。(彼得森 1963:10)*

悖论，出现波纹的粒子和波的偏好的问题根本不是现实的悖论，但只是表明我们的语言需要一些适应其语法规则。这些将矛盾消失。根本问题是在其本质上，不本体论或身体语言。当他的门徒之一就是大胆地举行，这是难以置信的根本的东西，在世界是语言，不是现实，波尔回答说：

> *我们悬浮在一种语言，我们不能说什么，到底是怎样的。"现实"这个词也是一个字，一个字，我们必须学会正确使用。(同上：11)*

所以，同样到康德的论文，对古典的需求基于我们的"现状"——我们都是这样的生物和没有其他，因此我们实际的概念是必要的概念对我们来说在任何描述的现象。所以也延长这种康德主义的精神，这些概念是有效和有意义只只要它们适用于现象。因此，运用我们的古典概念并把问题归咎于电子本身——正如他们只是逻辑错误，他们需要毫无意义的语句：

> *原子物理学的整个局势剥夺了一切意义这种固有的经典物理学理想化将归因于对象的属性。(波尔 1937:293)*

这种"理想化"是潜在主义者的主要逻辑罪　(如马赫指出了这一点)——切断对象和其属性从完整的系统内，只可以它曾经被观察到。"地方"是我们归因于电子只作为一种现象测量内明确的系统，例如，通过单缝的属性：　缝是什么措施"电子的地方"。但而不是结束，只能在一些这种测量系统内并电子拥有"地方"，我们把它砍下来，从该系统继续归因于它作为"自主知识产

3. 第三次哥白尼式革命:陷入空无

权"的地方。这是"理想化"的逻辑错误。针对此错误必须记住的东西是"个性",即非可分性,测量系统和电子组成的一些整体。这些都是真正只作为一个完整的整体,我们命名为"现象",因此每个部分内这种现象的现实只是相对的现实——相对于整个现象。在他们的分离现象的部分因此拥有不现实: 电子的"地方"不是真正分开的仪器,完全相同的仪器是真正 (作为这样一份文书) 只有当它的措施,因此

在普通物理意义上的独立现实可以既不归现象也不是各机构的观察。(波尔 [1927] 1934:54)

但由于现象(即,电子测量位置) 并不具备单独现实,也不做测量仪器,它跟随他们的现实是相对的从其

下面每个概念,或者说的每一个字,也取决于我们任意选择的角度来看,但是,我们,在一般情况下,必须准备接受了完整的阐释的同一个对象可能需要不同的看法,违抗独特的描述事实的含义不仅相对的意义。(波尔 [1929] 1934:96)

发现相对地位的每个概念和对象,因为它体现在玻尔的互补原则,标志为他特征的康德关键活动。什么在这里发现了先天综合原则,存在的经验,在康德意义上的必要的逻辑条件。玻尔清楚这对爱因斯坦一些二十年后:

我忍不住说的令人不安的问题,在我看来这个问题是不是否我们应该坚持对物理描述,是容易接近的现实,但相反,我们应该追求你所显示的路径和发现现实的描述逻辑的先决条件。(给爱因斯坦, 11.4.49, 在罗森的信: 45)

"逻辑的系统必备组件"表示实际的事实,我们所有的概念是相对于"观",这也是选择的测量系统。只是作为与马赫这相对论的审议导致从逻辑的"决心"因果性测定的参考系统,它也是这样在玻尔这高山族参数中。可以

预期，在这一阶段测量系统将很快转型，从正在变成一种创建属性（如发生与马赫，爱因斯坦）无中生有的因果逻辑参考系统。

3.12.7 "让我们期待那一天 2 x 2 = 5"

在第一的波尔提出了因果关系的测量系统作为推理从互动中每次测量中必须存在于其还在衡量的属性为生存的必备条件。现在是必不可少的它是一个不能忽略而不扭曲现实 （"理想化"） 的情况。并发现存在有限的下限的相互作用能量，能量量子，成为了这一考虑与理想化特别支持。在其传统意义上的因果关系的概念现在不得不经历一些改变： 状态 （位置、速度） 的古典概念失去了其意义的因为它成为"理想化"。当"个性"（不可分割性）的电子，其属性和测量仪器，守卫时，不能再保持这种古典的状态。这是已经由照顾原则的不确定性，而玻尔解释创建现在跟随的非决定论的哲学基础："初始状态"的概念 （电子的说） 是现在毫无意义，除非它测量，但速度和尖锐和分隔属性的地方然后是毫无意义的为的不确定性原理显示。甚至不能根据此分析可以被同样写马赫发现量子之前甚至制定因果关系。

但如果现在是没有意义的因果关系，然后量子力学的统计特性变得明显——这个理论预言只是概率的事实现在成为任何可能的原子理论的必要特征。严格哲学的思考–是毫无意义的"独立国家"的概念从"个性"和本质相关性的概念和现象的高山族参数现在基于这种统计性质的必要性。这一论点被创建后，沿与它也出现过的量子理论的完整性最坚实的基础。现在还有没有必要解释及其统计性质的假设隐藏的因素导致统计涨落的(假设"隐藏变量")它是根本不可能作出这种解释根本存在。波尔表示，希望将发现这样一种解释一天，就是

在结构上类似的句子："我们可能会希望它以后会关掉，有时候 2 x 2 = 5, 因为这会是很大的优势，为我们的财政状况。(海森堡 1958 年: 132)

如定做,数学证明为这发现如果当匈牙利数学家约翰 • 冯 • 诺依曼出版 1932 年工作量子力学数学基础。他表明,任何假定原子粒子拥有更多的功能,比那些出现在测量中,和提供测量的震级,因果解释的理论将必然地相互矛盾理论的其他测量的成果。冯 • 诺依曼的定理是为玻尔的完备性的论文,令人惊讶的证据和量子社区去惦记着这些甚至和后一个年轻的美国物理学家证明在 1952 年两不误。它是戴维•伯姆,即便如此,作为其余的物理学家,玻尔的追随者和哥本哈根诠释,制定一个详细的例子,违背了冯 • 诺依曼的定理。因果关系解释在这里他的例子粒子的概率行为隐藏的特点是电子和也是一种力量在距离确切的地方。玻姆表明,是否我们假设这些单独(隐藏) 功能和其严格的因果行为,薛定谔方程,量子理论的所有观测结果可以推断出没有矛盾。没有人喜欢新理论 (甚至没有爱因斯坦,他自己黑暗的原因) 但它是不可能无视这一事实,冯 • 诺依曼是错和量子理论以前完整性要求现在新的假设,例如,有没有力量在一段距离。这意味着麻烦。

3.12.8 "那里是没有量子世界"

已经在 1927 年很明显,为了保持完整性论文,必须假定某种距离在行动,采取量子粒子的马赫的"决心"种之间。对海森堡的信息专家解释原则的不确定性,玻尔的异议后出现的主要原因。我们看到,海森堡的解释扰动参与行动的测量。波尔对此提出了异议,因为它承认的不完备性理论,假定是震级,属于电子 (地方或速度等) 却不完全可衡量。仅由假设它们是真正分开的测量,是它在所有可能谈论到电子的状态为"动乱"。因此它已经清楚说明然后到玻尔和他亲密的圈子,新理论的完整性取决于非现实在分离他们测量量子级数。换句话说,为了巩固量子理论的完备性,有必要解释所有其震级作为严格观测他们的存在就是"现象",因此,他们是真正只当他们观察作为现象。量子理论是严格理论现象和不包括在其谈话中和引用任何东西(如隐藏震级) 超越这些现象:

三种哥白尼革命

我们在这里举行新光旧的真理，在我们大自然的描写，目的是不会透露现象的真正本质，而只是跟踪下来，到目前为止，它是可能的我们的经验的流形方面之间的关系。（玻尔 1934年：18）

但恐怕它会怀疑这种"真实本质"不过是真实，玻尔解释这一细节中清楚的词：

还有没有量子世界。有只是抽象的量子物理描述。它是错误的认为物理学的任务是要找出自然的是。物理学涉及我们能说的性质。（彼得森 1963:12）

从一个稍后的和很多成熟的观点，玻尔解释量子理论的完备性是其数学一致性和其成功现象的解释完全相同。任何满足这两点要求的科学理论是"完整"和这独立的存在又进一步解释，这一成功（在"隐藏震级"为例）：

至于量子机械模式的描述的完整性，必须承认的是，我们正在处理数学上一致的方案，适于测量每个过程对其范围内和从预测结果与实际观测结果的比较，才能判断其中足够。……整个形式主义是被视为推导预测，明确或统计性质的工具。（玻尔 1948年：316,314）

这些都是足够显式声明关于玻尔愿意吸收高山族释法，所有解释量子现象的必要信息空虚的后果。有不是，不能测量的现象，包含任何其他信息比解释明确中这种现象本身。如果摄影板测量电子的命中的地方，这不能解释为如其以前的"轨迹"，另一个地方的影响例如，或由它"通过"狭缝再加上一些的运动规律。这种信息的解释会是可行的只有条件是"轨道"和"运动"在它，甚至缝本身，拥有现实分开的测量。但以来所有此类信息的解释，既不是也不能测量中所述，它缺乏物理现实，所以不能解释。完备性理论的前提是，因此，它的高山族解释，因此对它的解释信息空虚。而当这个哲学的结论支持，如前所述是冯・诺依曼的 1932年证明，表明量子现象没有翔实的解释在逻辑上可以，至上的哥本哈根诠释似乎足够清晰。新物理学再一次证明抗信息化的胜利。

然后爱因斯坦出现,摧毁这和平的空虚,造成的破坏的量子力学解释超越了不到今天。右后爱因斯坦的论点的外观,泡利写了海森堡参数"是一场灾难如发生爱因斯坦表示公众舆论关于量子力学每次"。(信海森堡 15.6.35)

3.12.9 爱因斯坦的灾难

1935 年,爱因斯坦发表了参数与其他两位理论家帮助他在英语制定、弥敦道罗森和鲍里斯 • 玻,所以由他们的缩写 EPR 命名参数。它回答了这个问题它它的标题——"量子力学描述能完成吗?"一个明确的答案: 只有在价格的接受以及其怪异的后果的高山族解释。爱因斯坦的论点,因为总是他的方式,是极其简单: 由于海森堡不确定性原理是说,有的大小,不能同时测量的最大精度 (测量仪表的精度) 和中其中一人的知识的不确定性增加了只有在其他大小的测量在确定性盘缠双一个简单的结论如下: 如果一个数量级 (比如说速度)可以完全肯定与最大的精密测量,这意味着,这个速度是真实。如果这种速度可以测量与确定性,这意味着电子拥有明确的速度。此外,如果它是可能安排测量,以便它将免于任何交互与被测量,然后明显的电子太这个速度是真正甚至之前它进行了测量,这是确切的含义"没有任何互动"。爱因斯坦发现这种测量非交互方式,我们称之为爱因斯坦测量。

原子的粒子可能分解成两个粒子。由于这里有效的法律保护,两个部分移动方向相反,所以他们其中服从保护所有大小的要求。因此,例如,如果整个粒子的原始动力是零,然后两个解体粒子动量的总和零也会。于是,通过测量一个粒子的动量 (让我们称之为"近") 就可以计算 ("遥远") 的第二个粒子的动量。从而我们测量的第二个粒子,但没有与它交互中的任何方式,因此不可能干扰其状态在任何方面的势头。因为(正如的确定性原则允许),可以与任何程度的精度来衡量的近粒子的动量是可能用来测量从而绝对精度和没有交互或干扰遥远粒子的势头。这是爱因斯坦测量。

嗯,根据不确定性原理就可以选择任何非通勤的震级之一,它以衡量爱因斯坦测量。因此,如果我们首先选择速度说,爱因斯坦-测量它的可能性说遥远的电子具有明确和精确的速度分别从测量值。但它也是可能而不是速度测量其非通勤的关联、电子的地方。这种可能性与不确定性原理,符合,所以同样的后果现在遵循有关的地方——遥远的电子已十分明确和精确测量分开的地方。

于是,从遥远的电子使爱因斯坦测量这两种可能性,它跟随任何两个非通勤震级有一个精确和含义明确的物理现实与分离的测量,即使没有测量实际上是,即,即使两个可能性中既不趣。这里的要点是,由于这两种可能性中共存,只要既有趣,它遵循两个数量级拥有明确和确切的物理现实是分开测量-所有的时间。显然一个数量级实际测量将导致不确定性,在其他数量级,因此,作为不确定性原理说,它确实将不可能都同时具有最大精度进行测量。但这是爱因斯坦测量中不重要。因为最主要的是,只要没有测量一直是根本,这两种可能性共存,那么这么做两个大小。但这是这种情况的爱因斯坦的参数分析: 非测量的情况。所以,爱因斯坦总结,量子力学是不完整的因为事实证明,现在,根据不确定性原理,它是不可能衡量同时一些大小,虽然他们拥有明确和单独的物理现实。换句话说,量子力学是无法描述所有物理现实——它是一种不完全的理论,因此应完成。

它很容易看到,因此,爱因斯坦的参数仅在本体和逻辑的单纯的可能性,认为和是潜在主义者本体的典型,因为其原理是可能性可以完全真实,没有实施。他们是可以因此,共存与其他真正的和真实的可能性只是像他们一样,如果其中一方没有实施-也许永远不会。什么然后从这里突然照亮的哥本哈根诠释所隐藏的含义。因为它是现在,要认为量子力学是完整,爱因斯坦是错,就必须拒绝他潜在主义者的本体,即,它有必要争辩说的可能性并不真实。此外,事实证明,它有必要也承担某种行动在一段距离。

3.12.10 一个好的笑话

爱因斯坦的论点是，一样泡利说，一场灾难。对玻尔它来了"犹如晴天霹雳从蓝蓝的天空"作为他的学生利昂 • 罗森菲尔德记录。玻尔事实上知道一些年，爱因斯坦难以接受的新的理论，非决定论和不时试图反驳它的不确定性原理。但新的论点是别的一共为它完全接受的原则，但使用一种可怕的潜在主义者本体。很多天波尔不能相信他理解爱因斯坦的话很正确。此外，它是爱因斯坦的相对论理论作为玻尔模型的严谨科学思想和从中他借了的现实主义，他建造了哥本哈根诠释。爱因斯坦新潜在主义者是为他"叛国罪"，在罗森菲尔德的单词。

波尔不知道这一点，但爱因斯坦拒绝了他的相对论的现实主义已经在 1920年，正如我们所看到的。但海森堡知道这不够好。在讨论中，他们举行了1926年，爱因斯坦没有对此表示惊喜的概念"电子路径"从海森堡的新理论，他只是现在发现，则明确电子没有一条道路，可以实际看到气泡室中。海森堡测不准向他解释，电子原子中并没有任何洗澡了，因为我们无法观察到它。"令我惊讶的是，爱因斯坦的想法根本不满意这一论点"，海森堡告诉。爱因斯坦认为，他不相信就可以构建使用专门的观测条件，理论和海森堡继续：

> 当我表示反对，在这我只一直在适用类型的他，也已经迈出了他狭义相对论的基础简单地回答了他的哲学："也许我确实较早前，使用这种哲学，还写了它，但它仍然是一派胡言"。(海森堡 1983年: 114)

后现实主义他早放弃，爱因斯坦在一安静的敌意，向所有在他看来"实证主义"，他被称为"新时尚"。当他谈到 1932 年与他的朋友和第一位传记作者，Philipp 弗兰克，他是维也纳学派的开国元勋之一 （这是他曾在维也纳力克的任命的第一动力） 爱因斯坦表示他反对"新时尚"。弗兰克拒付和说

——"你讲得好,时尚,这是你发明于 1905 年"。爱因斯坦回答说,把他的扑克脸"一个好的笑话不必须经常重复"上。(Feuer: 93)。

最大出生,直到最后拒绝同化 EPR 参数,因为他无法消化潜在主义者本体,或相信爱因斯坦通过它,爱因斯坦回答说:

> *我不得不承认你们的审议工作,让我想起美丽的谚语:"荣格-阿尔特本司西"[年轻妓女-老偏执狂] 特别是当我想到玻恩...我们已经成为澳大利亚在我们科学的期望。(在出生 1971:149 7.9.44)*

3.12.11 现实主义者时刻: 玻尔的答复

当玻尔承诺捍卫量子物理学的完整性,因为它是时,他被迫从置入集约利用他高山族信条-整体技术机制非现实的潜力,通过整体论世界的所有精华,相对性到基本非信息度的量子物理解释。

由于问题的焦点是同时现实的两种可能性爱因斯坦测量每两个数量级,因此有必要来反驳这一现实。它是爱因斯坦作出了澄清,对玻尔的唯一方式来反驳他的论点。在本文末尾的 EPR 他写道:

> *人可以反对这一结论,理由是我们的现实的准则是不充分的限制性。的确是一个不会到达我们的结论,如果一个坚持两个或更多的物理量可以视为同时元素的现实只是当他们可以同时测定或预测。(EPR: 130)*

但这是一切的现实主义者假定作为自我——理解核心: 可能性,不只是潜在的东西,不是真实的之前他们趣 (在本例中测量) 的现象。玻尔,果然很高兴地拿着任聘书和在其上修筑他整个的驳斥。可能性,事实上,是不真实的东西之前他们佳音,和这的原因是存在的"定义"的物理对象的相关性。物理量是真实的所以波尔认为,只与测量系统"定义"了它。概念"定义"

⚜ 3. 第三次哥白尼式革命:陷入空无 ⚜

和"完整定义"有中央的作用,玻尔的思想,虽然不是在其通常的意义上。测量系统是什么"定义"震级因为只与它这种规模 (电子的速度,说) 成为一个单一值,有一个数字相关,震级和只是然后绝对清楚我们在谈论什么。典型的现实主义者,那里是没有意义或现实中任何事情如果没有定义它所感知它,这个事实能感觉到,或,物理网络情况下,采取措施。因此电子的速度有没有物理现实,只要它的定义不趣,即,只要有没有测量设备能够测量这种速度。但不仅仅如此,因为他们必须此外如此定位,能够测量这个特定的速度。和我们应很快不看见,即使这会相当足够。

它是相当重要而敏感的困难,参与暑期这个组合的定义和测量仪器能够测量所需的大小。如果物理量 (速度、位置) 不是真的之前它被"定义",如果"定义"告诉我们如何测量大小,它遵循任何测量仪将测量我们希望,任何大小,所以只要我们修复定义正确。根据希尔伯特的的传统,任何规模缺乏身份之前它定义的因此,没有仪器能够分开的定义,测量给出大小而不是其他。只有定义确定什么是仪表测量的大小。因此,这是波尔的参数的确切的感觉,有是没有物理现实之前定义坚定的和一次它确定,测量仪器,它确定表示的定义——它是其材料的体现。因此,只要不在它的地方定位仪器完全准备好测量有只是没有速度因为现在还没有很好的"定义"。

但这不是足以确保完整性的量子力学,因为那些两个数量级的同时现实的威胁仍然存在的。因为为什么应该不需要测量仪器是目前和所以佳音在他们的存在这些两个数量级同时?非完整性便会重新出现,因为他们的存在,尽管他们不会能够测量完全两个震级,(根据不确定性原则)。

玻尔忍不住在这里,尽管他尽了力,没有任何现实主义者,他在这关键时刻到达时。亚里斯多德在一个类似的时刻,当他不得不提供一个明确的答复的问题,结巴当地球完全成为一个潜在的人吗?它发生在他考试的潜力,概念和问题的意义是这样: 地球成为植物,然后绵羊和牛,并靠吃这些,人同化他们和他们成为他的身体部位。在下一阶段"男子生男子",正如亚里士多德曾经说过。并因此出生的婴儿由在最后计数的地球，其成为了他父亲的身体。现在的问题是可能谈谈对这块土地，它是一个潜在的婴儿吗?亚里斯多德的回答-不，否则，你也会有对谓词的一切它是潜在任何其他的东西，这是明确的废话。它是必要的因此，某种程度上缩小的潜力，标准和亚里斯多德建议-地球必须首先成为父亲的身体之前，我们可以说它是一个潜在的婴儿，但即使是不足够。它必须首先成为明确的父亲的尸体的精子。但即使在当时是不够的。精子必须首先到达子宫、休息内它在合适的条件。

亚里斯多德停止在这一点上，但很明显这是一个任意的停止，和短的考虑显示只有两种可能的解决办法： 要么胡言乱语 （一切都有可能是什么），或地球不是一个潜在的婴儿，直到孩子实际上出生-只在那一刻是毫无疑问地球成为了这个人 （如果你有兴趣在这一问题，你可能读其详细的分析 Bechler 1995 年）。但这一结论的含义很明确——可能性不是真实的之前他们趣。换句话说，没有可能性。但这是新的一派胡言，不比以前，和现实主义者这里左右为难，他视为荒谬的两个结论。这是本体论的现实主义者真理的时刻，因为在这个时刻，他决定他是否能够支付他的价格，并承认他的现实主义取决于论文的可能性根本不是本体论的真正的前一刻他们佳音。亚里斯多德未能完全承认这一点，我们不得不提取这一些胁迫下的入场。

这到底是什么在他关键时刻发生在玻尔： 为了围捕成功他对爱因斯坦的回答，他不得不说它不是足够测量仪被放置在它的地方准备测量 （因为这两项文书可以有时一起放置，并做好充分准备来同时测量）。它是测量本身实施的必要条件。只有从实际测量的震级之一的那一刻起，它是不可能在同一时间测量其他大小——海森堡原理现在甚至作为逻辑上的可能性，消除另一种可能性。

3.12.12 "的现实的合理定义"

玻尔回避这最后和关键的步骤,在爱因斯坦,他回答,但他取得了三年后,当他来意识到他正骑着的过山车。他喃喃地说这一次,在一次演讲,他在 1938年,在华沙给了,永远不会再重复这。这入场的意思是,那里是没有速度,速度测量之前,根本就没有一个地方在测量之前。测量 (如定义) 创建大小无中生有,瞬间,没有任何因果关系的行动,完全按照实际的东西出来有没有物理现实的潜力成为现实。

随着要求的这种解释清晰的物理非决定论,它需要典型的逻辑决定论。这是答案的完整性的爱因斯坦和保存的玻尔的第二部分。这一部分也划定了爱因斯坦的 EPR 纸或末尾。反对者会认为两个数量级同时存在只有当他们同时测量解释了后,他又解释说为什么这样的结论会被推到但另一个荒谬的假设:

> 对这种观点,因为无论是一个或其他的但不是能同时同时,数量 *p* 和 *q* 可以预言的他们不是同时真实。这使得现实的 *p* 和 *q* 取决于测量过程的第一次系统,不会打扰任何方式的第二个系统上进行。没有一个合理的现实定义可以预计允许这种情况。(*EPR:130*)

即是说,如果现实主义者认为,现实的遥远的粒子的速度取决于是否近粒子速度衡量,他将不得不预料从而是有一些影响距离,根据假设,没有部队之间近粒子发生了什么和什么会发生在遥远的那位。爱因斯坦认为这后果作为荒诞,驳斥了现实主义者的位置。

但玻尔认为这是一个自然的结论。尽管定义是一个逻辑实体,只创造了物理现实,正如我们所看到的。如果手头的物理学说这里的电子束的速度和遥远的那位是所以绑定,从一个速度,另是可计算的因此这种定义 (或测量) 同时创建这两种速度。我们定义在这个地方的速度通过测量它在这个地方,然后我们创建同一时刻的遥远的电子，速度和我们仔细标记只是片刻之前，他们谁也没有任何的速度。

这是创造的?显然，这不是物理的因果创作。遥远的电子可以银河距离较远，在数千年光的距离，但其速度创建准确时刻，它是定义或由附近的电子测量。没有物理的影响，例如，一些部队或信号，其速度是小于或等于光速)因此，能参与创建的遥远的速度。玻尔强调这件事，并解释说，我们这里有一种非物质创造。有承认这一点，不过，他补充说，爱因斯坦的话

包含关于所表达的含义的多义性"没有以任何方式干扰系统"。当然那里是在种情况下如刚刚考虑机械扰动下测量过程在最后的关键阶段调查系统没有问题。但即使在这个阶段是本质上的影响的定义预测的可能类型的条件对于系统未来的行为问题。由于这些条件构成对"物理现实"一词可以将正确地附加到任何现象的描述固有元素。(玻尔 1935年: 139)

"干扰"从中爱因斯坦旨在隔离的遥远的粒子测量中盛满了存在，即使没有"机械"的力作用在它上面。为什么呢?因为还有另一个力作用在一个距离，和这一次是无限更多有力，因为它是逻辑的力量-在遥远的粒子中定义的震级现实的条件。这些都是逻辑条件和它们包含作为一个"固有元素"什么发生到了附近的粒子，并因此，通过数学计算，会发生什么在这里"决定"逻辑上那边，什么将被创建为现实。我认为它是最合适把这种"逻辑的创作，"因为什么在这里创造现实那边的只是一些定义 (或测量)。

这样的结论是只有意料之中的因为逻辑决定论相关物理决定论在任何现实主义: 既然潜力不是真实的但不能是身体的原因，因此赋予世界它的形式和内容——必须不是任何物质的力量。这就是为什么很清楚玻尔，只是我们的定义是什么塑造了世界。因此在高山族解释量子理论构成一致续集在高山族理解相对论的特殊和一般理论。这个物理，作为一个整体，是由逻辑决定论，即世界由我们定义理论现代迷人模型。完备性理论，由于它提出了玻

尔,确保其非篇章信息性: 它包含没有解释一件事的另一种,但宁愿它所有的解释都由我们的定义,因此,每一件事情的本身。

此逻辑的决定论,测定由逻辑行动在的距离的定义,被唯一的保险的完备性理论,为世界的反映和创建一次,其逻辑的整体,因此,世界: 那里是没有物理含义到遥远粒子的速度,除非作为逻辑近粒子速度的影响。他们联系如此强烈,他们所有的属性都是互相关联和他们单独的存在因此是毫无意义的连接在一起。他们都由定义,和所有的定义都由我们决定。人类的心灵是世界的创造者——它是目前世界上的国家根据头脑中的定义和测量的创造者。

3.12.13 薛定谔的猫,不过第一次亚里斯多德的战斗

它是古希腊哲学家亚里士多德表明现实主义就物理决定论和严格的逻辑决定论的需要。亚里斯多德通过这两个后果: 即使有原因和影响时间连续沿之间没有必要的联系,是有必要在世界因为有的命题的真值不能更改。例如,每个真实的陈述有关的东西,已经发生了不可能是假一天,和因此它一定是真实的 (即,永恒地)。此外,即使影响趣之前是: 它将佳音 (因为它不由因果必然性,其原因是链接),但从那一刻它趣没有必要,也一定是真的,因为在不能变得虚假了。

亚里斯多德解释说,是否两个事件之间有必要的联系,这会对我们在现实生活的不利影响。例如,我们不知道今天是否会或不会明天一场战斗。但如果我们假设明天有一场战争的声明可今天只有真实或错误,即,还有没有第三个真值,然后如果明天还有一场战斗,然后这句话是真的已经今天。如果今天已经然后它昨天为好,从而永远。并且因为战斗发生声明显然是永远真实后,它跟随那明天有一场战争的声明是真实流向永恒,因此它是一个必要的真理。亚里斯多德被吓住了这种可能性,为那么荒谬将遵循"什么都不是偶然发生,但一切发生的必要性"(DI:18b16),因此,"它不会考虑和之前的行

动 (想想,是否我们这样做,这样或那样会发生,但如果我们不这样做另一件事会发生) 认为有必要"(DI:18b31)。他的结论是,之前声明变为 真 或 假 根据什么确实会发生,它根本没有真值。亚里斯多德因此,采用三值逻辑,尽管他从来没有阐述了它。这是一种表达他本体论 (或物理) 的非决定论。

它可能有助于知道,尽管我提出他的论点的方式,他的结论的理由不是宿命论的道德思考。他考虑的主要因素是原子论的事件: 因为这场战斗是只是潜在的明天今天,然后今天它缺乏所有的现实,因此今天没有元素可以链接到它。"今日"是切断从"明天",因为在真正、实际的东西没有白吃的潜力。"明天"并不居住在"今天"在任何方面,并因此没有什么今天可以确定明天。休谟的论据是,如果从亚里斯多德这些考虑复制。

但之后他关于第三个真值的结论的几条线,他补充说,即使在事件发生之前有是没有必要的然而现在它发生它发生的必要性:

> *是什么,一定是的当它是;和什么不是,一定不是,当它不是。但不是一切,一定是;并不是一切都是不,一定是不。为要说,即是必要性的必要性的万事时,与不是必要性的必要性的无条件地说,它是必要性的必要性的。(DI:19a23)*

所以它跟随他,都是实际也是必要的因为它是实际的一刻,它不能是否则,它包含没有潜力,因为这是一个非现实。本文所说的一切是必要的它是实际的因为它包含了,在那一刻便不存在不可能的时候,我被称为"逻辑决定论"。它很容易看到它如何重视现实主义者本体非决定论。因为有没有可能性,然后东西现实化之前是不可能,因此肯定是没有为它实施的必要性 (这是本体的非决定论)。但此刻它不佳音,没有可能和这是一个逻辑上真正的声明: 如果一件事情是实际的它不能它也是不实际。亚里斯多德认为: 因此实际的东西是一定是实际的当它是实际的或者,只要它是实际。一切,因此,发生的绝对必要性,当它发生,但没有为它发生任何事先的必要性。

❧ 3. 第三次哥白尼式革命:陷入空无 ❧

最终,亚里斯多德的争论战明天,成为了著名的薛定谔的猫的故事,我认为现实主义者量子力学解释的其中这只猫成为了商业的标志,是现代的重复的亚里士多德的论点。没有非决定论以创建量子理论的高山族诠释新物理学中接管任何物理或观测证据真正需要。

亚里斯多德认为约明天的战斗是战斗今天是只是潜在的东西,并因此今天明天的情况的真实描述这是: 那里是战斗并没有战斗。这样的描述并不矛盾,因为可能性并不矛盾,只有真实的东西可以相互矛盾。所以,固然没有实际状况"战斗及无仗",还有这两个矛盾非现实叫可能性之间没有矛盾。

我们也许可以提高现在的明天的情况的描述,有我们这些可能性有关的一些详细信息被我们发现,例如,一方今天宣布总动员的巨额外汇储备,然后我们会说,也许是 70%,明天有可能战斗和没有的 30%。这是一个描述以外的国家,例如,有 50%是和有 50%并不是一场战斗。但是,即使这些都是不同的状态的描述,他们是不同的状态,缺乏现实中同样程度的东西——它们是纯粹的可能性。这些可能性,机会,百分比不描述其他和进一步属性的情况明天但只是不同的信息,我们有关于今天实际的情况。但仍然现状今天不包含任何东西明天,现实主义者举行。什么真正今天未连接到什么是真正明天,或者换句话说,今天的情况包含没有方向、没有趋势,没有任何力量和没有潜力因为这种潜力缺乏所有现实。

亚里士多德的论点合理的解释因此将这: 声明,明天有一场战争,这今天说的时候是真的,也不是假的但有一些其他第三的真理价值——这是确切地描述状态的可能性。而这,因此,亚里士多德的非决定论,表达如下从他的现实主义。

3.12.14 谈到这里的猫

量子理论的微积分说同样的事,关于所谓的"国家"或"状态-功能",这是
物理世界的描述其中央和基本仪器。想象一下一个电子射出的电子源,会议
途中"半镜",即,一个玻璃平板仅半。有两种可能性——电子将穿过玻璃,
沿着一条直线,或它将反映从它,并且偏离垂直的路径。量子理论认为,
既然有这样两个相等的可能性,那么一刻与半玻璃及其影响电子的状态是:
50%直线路径和50%垂直路径。这,然后,它击中玻璃一刻是电子的状态。为
什么呢?因为我们只是不知道如何去预测它会怎么样。但我们要说"国家"
(或"状态函数") 的电子后影响现在简单地总结我们的知识,而不是电子的
真实状况的描述我们将从而被承认是进一步去了解它——即,我们的知识是
不完整的东西。这将是无知的宣言,所以不完全性理论中。

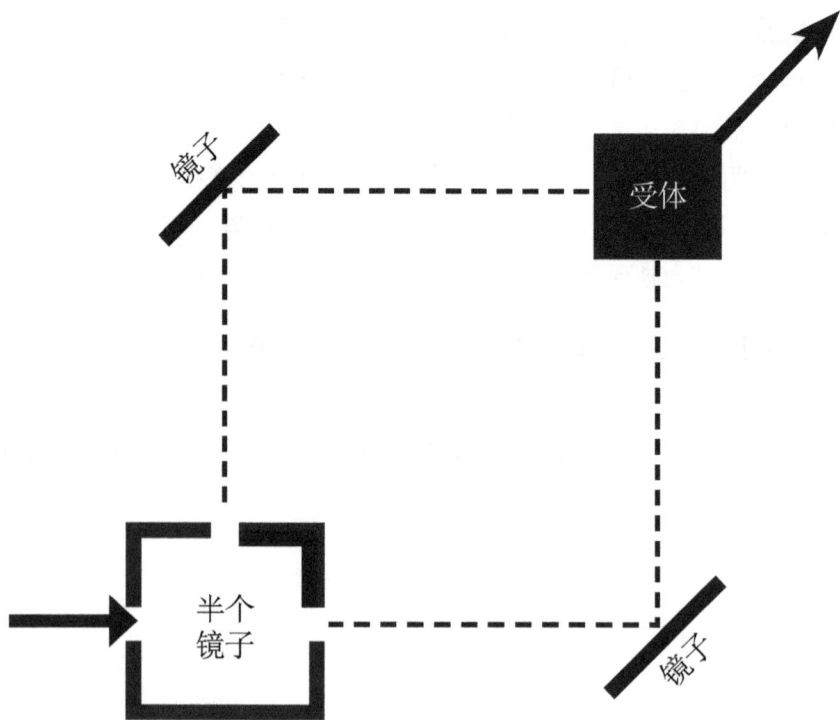

～ 3. 第三次哥白尼式革命:陷入空无 ～

现在回到亚里士多德的战斗:假如我们要说今天明天通过可能性状态的描述反映了不超过我们的无知状态明天,我们将意味着从而是有今天隐藏在邦内包含的种子,明天。从而,我们会承认我们并不知道什么是真正的今天,而不仅仅是关于明天将会发生的事情的。但这是完全的潜在主义者的位置,如果他认为世界由因果关系和法律性质的结构。他认为,有需要会发生什么明天因为内今天导致它是如此有明确的因果联系。这种潜在主义者认为明天隐藏在今天,并且这是我们要知道所有的法律性质和今天的情况的所有细节,我们可以知道确定性与正确性明天会是什么。因此,这潜在主义者说,一些潜在的东西 (内今天明天) 具有充分的现实。他是本体论的决定论者,因此他也承认他的无知和声明的每个可能的科学不确定性。

这是的立场,亚里斯多德拒绝了,因为他拒绝承认和确定性和如此的科学,是不可能。现实主义是大胆办法解决这个难题——如果还有没有现实中潜在的东西,如果我们谈的可能性只是关于小说和生物我们的头脑,那么有没有办法知道今天什么明天。说今天一切都很可能对明天 (第三次的真值),而是有没有现实的这种可能性,意味着要说说是这里的什么都不知道。为现实主义者,明天为一类的可能性状态的描述并不反映任何关于今天的无知。相反地,他这排气管今天的情况完全确定是作为是只有恰当的科学知识。

这也是现实主义者解释电子的状态函数作为所有可能性的总和。玻尔,这种解释的主要创作者塑造它,状态函数将一个完整和某些状态的说明,这样没有进一步的信息存在在所有关于它。和为什么?为同样的原因,为亚里斯多德-工作因为这些可能性并不是真实的东西,因此他们不是那种东西,就可以知道在目前之前任何人趣。这是本质的本体的非决定论的玻尔引入他创建的量子理论的解释。

薛定谔总结这种解释在 1935 年作为反应对风暴的爱因斯坦的攻击创建,为玻尔和现实主义者s制定了一个困难的问题: 假设我们有一个密封的笼子里,包含一只猫,一种毒药卑鄙,和电子源针对可憎。从它发出的电子会撞上可憎，打破它，造成中毒的猫。但这一个多小时时间的电子状态是排放的50%和 50%不排放。因此，这也是猫-50%活着和死了的50%的状态但还有没有这种事 （猫之间至少）。所以，薛定谔暗示的缔约国任何一方的量子理论将归因于电子和猫只是反映了我们的无知，或如果不是，再难的问题-如何以及何时究竟是其状态"50%活着 50%死"转化成国家"100%活"或"100%死了"，我们观察到的那一刻，我们打开了笼子。

亚里斯多德有清晰的答案关于战役的平行问题 （和同样关于地球作为一个潜在的婴儿） 这是未来状态仍然仅仅可能性直到分钟那里是一场战斗，(或一个婴儿出生)，求和或取消了这场战斗，分钟(或流产)。然后，在那一刻，一种可能性真实和其他被淘汰。这一进程的潜力之一根本是暑期的瞬时的过程，所以不真的过程。它是一个飞跃。

3.12.15 最终垮台

而这，事实上，是量子理论的现实主义者解释所谓的"量子跳跃"。所有的可能性消失除了一个它趣。有是没有可能的答案的问题，如何不量子跃迁采取的地方——或甚至问题-当它确实佳音?但最严格、严谨的现实主义者答案: 是一笔成锋利的状态，在其中，猫是活着 （或死亡） 的可能性、发生只有在此刻，我们打开笼子里并看一看这只猫的国家从量子跃迁。在那一刻，状态函数会发生什么变化正是"折叠"-所有可能性"都崩溃"除了现实化。它只是预期一个制订这一概念是在同一本书他臭名远扬的定理的显示位置，因为所有这一切都旨在挽救圣洁的结论——关于状态的猫-不缺乏知识或缺乏确定性，从来没有任何毫无疑问是冯诺依曼理论中还有没有不完全性。

它很容易看到这理论的崩溃状态函数由于我们的目光表达的现实主义有没有单独的世界——没有猫"在那儿"其状态是独立于我们的知识和我们的知觉的基本原则只不过是。猫的客观状态是我们知识的它，这些都是完全相

❧ 3. 第三次哥白尼式革命:陷入空无 ❧

同。当我们知道它的状态是一整套的可能性,那么这也正是它的状态,当我们的知识的状态更改此刻的目光,在那一刻猫的客观状态更改,以及和即当量子跃迁发生和猫的状态将从"活死人"到"活着"(或"死")。世界是完全按照我们感知它的因此我们所知的确切地。

这种密切的相似性,几乎认同,伯克利,惊讶于爱因斯坦和薛定谔和爱因斯坦称为玻尔"神秘"(更多信息,请参阅 p.547)。但是,事实上,在相对论中没有比有没有更多的神秘主义。爱因斯坦在 1905 年建造它它的争论不仅速度是相对于测量系统,国家但也是人民群众和部队和能量和时间间隔。玻尔认为既然爱因斯坦的理论包含没有少神秘主义比量子理论在他的解释,因为所有现在补充说,根据玻尔解释,国家是唯一和永远只是相对。既不是猫,也不是电子有一个单独的自我状态,但只是相对于参考系统定义了它,一国和玻尔补充说,这个参考状态测量系统,即,这是计划和编程,以观察猫或电子实验装置。

相对论说电子拥有它自己,没有速度或质量和惯性的自己,或能源或寿命或它自己的半径,但是,所有这些属于只有它和测量系统,作为一个整体,即,作为"相对"的属性。玻尔解释声称同样关于所有,被称为"系统状态"。如果"系统"是只猫,举个例子,然后它存在并且是真正只作为一个整体,它包括测量系统的属性。因此,玻尔可以回答爱因斯坦-"什么我喜欢伯克利和他必须是真实的就是被感知吗?不,不,我完全像你,又像'要真正是为了测定的参考系统'你介绍于 1905 年。将你或零你-我们双方或既不是伯克利分校"。

此外,在至少自从马赫提出了一个观点,当然以来制定了数学的相对论的一般理论的惯性,相对性原理显而易见新物理学完全同化,一个地方的事宜"决定"物质状态的另一个遥远的地方的一种非物质力量的概念。根据理论的相对论这个网球的惯性在这里和现在"由"明星的α-半人马座的距离它是有几万光年的距离,因为它是有现在但没有物理的力将它们联系起来。有不

❧ 三种哥白尼革命 ❧

是粒子的少神秘主义在这比在遥远粒子态分别并不存在，而"由"没有部队附近的状态的语句。玻尔，当然，是正确，但这为邮政1920年爱因斯坦不超过世界得到了用于重复太多次的笑话。

4. 粗犷: 伦理的结语

什么将是: 第三次革命内, 制订了, 现实主义和他们最典型的形式主义和语言版本, 原则刻画而不仅仅是贫困的科学哲学在 20 世纪。这个贫穷的反映是高山族价值论, 声称值除外, 哪个男人有助于他们没有现实的增长。本论文的现代起源也可以位于休谟和康德在其第一次系统地制定。正如所有自然定律的这么多的人的心灵, 合成即便如此是伦理的法律-人立法伦理他立法性质的一样。但由黑格尔的伦理现实主义和他的道德的力量, 我会打电话给粗犷, 说强是好的和权利行使最深切的影响。我们还应当遵守纳粹意识形态体现这现实主义的绝对值, 其命题, 以及如何这种哲学链接到纳粹理论的真理。

4.1 高山族伦理

如果那些是唯一真实的东西给我们的经验, 作为现实主义的论文索赔, 然后所有其余的事, 我们会告诉的事情仅仅是小说, 有没有现实。因此, 例如, 不只是空间和时间, 但也自然法则是虚构的实体。他们唯一的存在是主观的像甜、痛苦和红色。因此, 所有的科学, 从通过到心理学、物理学数学同样是结构处理伪不能宣称任何篇章信息性的解释。所有的科学都是空的信息和同义反复只要他们解释说, 但如不他们做解释, 但只是描述和组织的现象, 他们的信息是绝对主观。

这是关于科学的性质的两项最后哥白尼革命的最终总和。但本文高山族导致尚未再走一步-如果自然法则缺乏任何现实, 显然没有现实可以归因于法律的伦理除了他们表达的只是主观的核心。我似乎没有澄清的是它的固有的伦理, 就无法了解现实主义的全部含义。因此, 我决定要关闭这个故事关于崛起并超车的高山族革命 （短和示意图） 由三个其代表-休谟、康德、黑格尔的伦理系统的演示文稿。休谟, 首先认为, 高山族伦理必须只是主观主义的结论, 尽管康德和黑格尔作出了一些努力, 每个人在他自己的方式, 来掩盖这一结果, 它不断涌现后短的询问, 和它所带来的道德虚无主义不是能隐藏。

4.2 休谟的道德虚无主义

我们已经看到, 之后他对休谟因果关系规律的分析澄清可以力和其行动之间没有区别 （见上述临106）。因此都有任何意思为现实主义者中的价值、意志与行动之间的区别。所有这些都只是一个实体, 没有内部的分工是可能在这里, 和这个实体是什么是只是动作本身。因此, 在分析中的复制所必需的连接的想法, 休谟接着告诉的道德价值 "恶" 是什么分开我们的感情:

> *但可以有任何难以证明, 那副, 美德不是事实, 其存在的原因, 我们可以推断出的问题吗?采取任何行动允许为恶性: 任性例如谋杀。检查它在所有的灯, 并看看是否你能找到这个问题的事实或真正的存在, 你们所谓的 "副"。在你认为哪种方法, 你发现只有某些激情、动机、意志和思想。还有没有其他物质的案件中的事实。副完全逃脱你, 只要你考虑的对象。你永远可以找到它, 直到你变成你自己的乳房, 你的倒影, 发现情绪不答应, 出现在你身上, 为此采取行动。这里是事实;但它是对象的感觉, 而不是原因。它在于你自己, 不在对象中。所以, 当你发音的任何行动或字符要恶毒, 你毫无意义, 但是, 从宪法来看, 你的本性, 你有感觉或情绪的过失责任从它的沉思。(论文: 468-9)*

❧ 4. 粗犷: 伦理的结语 ❧

正是如有不是事实, 在世界上是有必要的连接, 并因此没什么分开"心灵的决心"即便如此没什么事实在世界, 可以用来表示一个副, 分别从我们的"不答应"的感觉。因此, 休谟接着所有的道德价值不对应于任何对象或事实部份分开我们, 只是主观的国家, 因此他们的地位是完全的次要质量:

副和美德, 因此, 可能相比声音、颜色、热与冷, 其中, 现代哲学, 不是素质的对象, 而在头脑中的观念: 这一发现在道德, 像其他在物理学中, 是被视为投机科学相当大的进步。(同上: 469)

必然的结论, 休谟避免一提, 是进步的, 这一"发现"和这个"相当大"的实际意义是进步的, 高山族道德不可能是进步的规范性的原因很简单, 作为行动的理由采取任何价值判断成为空或相同的命题。道德价值是现在相同的意志, 意志的行动, 因此道德价值和行动是一定要完全相同的。来解释然后行动得因为它是好意味着严格地说, 因为他做的行动得。直接的后果就是任何行动是好或良性为谁做到了, 因为我们从逻辑上讲不可能会, 和因此做事, 这是邪恶的在我们的眼前。所以, 任何道德判断的人, 除了演员不可能显著或有意义的他, 而他所有的行为完全相符 (因为他们是相同的) 和对他的判决。因此是其中一个人可以直接他的行动没有"措施"。

但由于只当有着某种他们行动之间的协调, 这种协调不能道德, 正如我们看到, 一个社会的人可以生存下去, 所以, 任何这种协调和建立一个生活的社会可以来只能用一种力, 迫使人们采取一些法律**而不是按照他们的意志和力量**。那里是没有地方, 因此, 参数和哲学思考关于良好和邪恶和唯一的主人是力量。这是休谟的结论——原因在我们实际生活中, 扮演任何角色, 事实上它只是作为奴隶的情绪, 所以也应该如此:

原因是, 也应该只是, 奴隶的激情, 也永远不会假装要服务和服从他们比任何其他办公室。(同上: 415)

激情就是确定行动的力量，同样必须有某种确定社会协调的行动的力量。这种力量一定是唯一的可能可以创建这种协调。

现实主义必须完成的这一结论–道德价值观是"虚构的想象"，和唯一确实存在的事实是因武力或强迫做它的激情而执行的操作。休谟的现实主义开始作为一个无辜的参数有关常识关于非现实的物理和数学的理论实体，这意味着科学的虚无主义，和它一定结束与绝对的道德虚无主义和理论上的合理统治的力量和激情的原因。这高山族本体反射是规范性的信息的解释的其理论，既然没有法律或部队在物理学中，其所有的解释都是规范性的信息的解释的一定为空，因为目前没有法律或道德中的值，所有的道德判断是规范性的信息的解释的一定为空，因此可以掩饰其身份发言。信息空虚导致规范性空虚，这会导致接受实际至高无上的统治力和激情无处不在我们的世界。这是有史以来为黑手党，和世界各地的杀人小队的伦理有力的理据。

4.3 康德从他道德的沉睡中醒来

尽管我们不知道在他因读过休谟的伦理理论的"教条沉睡"从康德的觉醒，康德的道德理论来说其实是革命的那现实主义，是革命的康德的本质的必然结论。这种说法听起来很奇怪，看似康德的道德理论是从休谟的道德虚无主义相反极点。但即使短的分析将表明是可能的没有这种否定，事实上，它并不存在。康德的道德理论是明显的虚无主义伦理和宣言，康德打开在这他分析提示：

> 它是不可能想什么事都在世界上，或甚至超越它，可以关注自己好无限制除了良好的意愿。(基础：49)

因此，那里是没有意义或作为价值，既不是在这个世界，也不是在它之外存在的本身好，好。什么存在，因此只能作为这样一个好，有意义是人类，是前年从的人，即，他的意志。这是康德的现实主义的第一次的关键步骤和所有

❧ 4. 粗犷: 伦理的结语 ❧

其余都源于此。已经从它的第一件事是本论文的空虚:自从不是每个意志是体现的很好,因为很明显,有坏和恶性遗嘱。什么,然后,区分它们和很好的体现吗?如果没什么外是很好的人,这与它就可以说,这就会是好的因此一次良好的意愿是它自己的标准。因此本文的空虚:显然所有它说只是善良意志是绝对的好,因为只有它是绝对的好。最主要的仍是隐藏:什么是该属性的挑出任何会一样好?对这一问题不仅将康德从来没有回答,但此外他永远不会答应处理它。

康德强调很清楚,以消除任何疑虑,良好的意愿是好独立的后果或利益造成的 "不是因为它的影响或完成,而不是它的健身来达到一些拟议的目的"。此外,即便这会可能没有办法完成,然而**"像一颗明珠**,它仍然闪耀本身,作为有其充分的东西本身的价值。有用性或果实可以既不将任何东西添加到此价值也不会让它"(同上:50)。要总结这一重点,可以先使用康德的宣言,良好的意愿是唯一很好,"由于其意志,那就是,它是好本身和被看待为本身"(同上: 50)。

刻画善良意志为好的特点是其 "绝对性":将是唯一的东西,如果它是好的它是好在每个方面,独立于任何尊重。**这是单词的意思 "本身"**-不是好在一个方面而是坏在另一种,与我们的世界中的美好事物一样。**将成为**立即明确,这也是构成好的整个内容的属性。所有其余的属性,将出现不会内容。

间特有的后果这一事实,是良好的意愿将继续被好即使跟随从它产生的一切后果都是坏的结论。因为除了其绝对性善有没有进一步的内容的话,很有可能,希特勒的意志是良好的意愿,然后它是绝对好甚至虽然它直接造成种族灭绝,谋杀儿童和妇女,恶魔般的折磨,破坏整个文化和文明等。正如我们所知,大部分的德国国家正是因此浏览此事:希特勒的意愿是良好的意愿,而所有的结果,无论是可怕,因为他们可能,丝毫无损于这绝对善良的希特勒的意志。

虽然没有更多的内容将被添加到这个绝对的善，康德制定行动必须满足才能被视为道德高尚的三个必要的条件。首先，它必须做出意识或意识的做这件事的责任　（和不停的趋势，或快乐或效益等，尽管这些也不会降低）。这种**责任意识**康德称为 "**道德内容**" 的行动　（同上：　53)，和我很快就会回到它。第二个必要条件是根据一项原则或规则的行动得。因此，"道德价值" 的行动是独立的正如我们所看到的它的后果，但只依赖质量原则导致意志。与康德总结在第三个必要条件-责任，由于它的行动得这两个条件是出于对法律的尊重的需要。

但是，只要我们不知道的内容的意志必须直接本身的原则和尊重的行动必要的法律，我们不知道转成一个善的意志意志的内容是什么。只要我们不知道论文内容，任何原则及任何法律可能是什么变成任何意愿化为绝对好。换句话说，康德制定行动是道德和意志是很好，把它视为绝对的条件是不仅仅是形式条件，不包含任何内容。因此，这个至善-善意-不由任何内容，暂时分隔。在这一阶段是充足的例如，为大众凶手要心怀尊重一些法律和他将已确定的一些原则——这项法律，这些行动成为绝对的好。

康德的道德原则 4.4 纯净的形式

在这里出现一个有趣的事实：　康德的确实认为作为单纯形式的道德原则。此外，他认为流于形式的指令会带来绝对的意志，即，通过其行动的后果缺乏任何重量测定的意志的道德原则。他考虑的是，大约，这些：　因为不错的动作一定是出于职责和法律，其道德的内容，不能由考虑涉及其结果的决定。这种考虑结果康德称为 "验后原则"，所以它导致良好的意愿的问题，必须由一个先验原则严格确定。但正是由于验后是生死攸关的内容，所以先验是只是一个正式的事：

> *将站立之间其在先的原则，是正式的和其验后给予奖励，这是材料，如在交叉路口;因为它仍必须确定的东西，它必须由意志这样的*

❧ 4. 粗犷: 伦理的结语 ❧

正式原则行动做擅离职守, 每个材料的原则将已被撤回, 将会从它的时候。(同上: 55)。

先验原则和法律的意志坚定康德称为 "范畴的紧迫性", 因为这是刻不容缓的纯粹理性, 因此, 不能通过 "假设", 即, 它不取决于任何经验并不针对任何目标的实现。大约, "分类" 的含义是 "绝对" 的。即使这绝对是先验, 不是分析而 "实际的综合评判", 康德认为, 因为它连接, "连接它立即的理性意志的概念是不包含在它的事情" (同上: 72)。因为对绝对命令由纯粹理性, 其性质和地位是其余的其被合成和先验, 纯粹理性的原则相同, 因此也就其正在不仅仅是形式。只所以可以绝对命令是必要的命题, 即适用不只于 "人类对理性的人这样, 不只是在特遣队的条件下和例外但绝对必要, 但" (同上: 62)。反之亦然, 由于绝对命令必须是必然和普遍, 它也必须纯粹是先天的为

很明显没有经验能给机会…推断甚至这种必然的法律的可能性和应如何测定我们的法律将被视为法律的意志决定的理性存在者, 而我们只是作为理性存在者, 如果他们只是实证, 没有他们的起源完全先验的纯粹, 但实际原因的东西吗?(同上: 62-3)

但从他们被的先验由此可见现在, 正如我们看到它跟随余生的理论纯粹理性, 不包含任何内容的纯原则, 而只是确定的形式。所以绝对命令

有没有跟行动和什么是源于它, 但是从其本身的行动如下…这一必要的原则与形式可能被称为道德的必要性的问题。(同上: 69)。

这是结论和中心论点的康德的道德哲学, 也是很重要的在这里停止, 并理解其全部意义。康德清楚这里与强度这将消除任何怀疑他的意义和目的, 最高的道德原则是严格正规的原则, 因此, 不包含任何内容和信息。这种纯粹的形式带来的绝对性和律令的必要性, 因此, 这一必要一定

*只不过是**普遍性的法律如**;这个单独的整合是祈使句正确表示必要时。(同上：73)*

换句话说，律令，正在严格正规，不能告诉我们任何关于实际规则的内容（"**马克西姆**"），指示了我在这里和现在而只关心这一规则的逻辑形式。它说什么，因此，仅仅是这条规则必须符合普遍的规律，即一项法律，适用于任何理性的存在。因此，这是不仅仅是形式的命题，而是先验当然并不是分析。因此从概念的律令，推导出的纯粹实践理性，即，律令，原则和康德制定它一次因此：

*还有，因此，只有单一的绝对命令，和那就是：只根据这一**格言**，您可以在同一时间将它成为一个普遍法则。(同上：73)*

4.5 道德律作为一条自然法则

概念"一般规律"出现在这里，不是指法律的州立法议会，例如。其意图意义深远，这种意图的意思是决定命运。因为它暗示了"一般法律的性质"，发挥了中心作用的理论纯粹理性批判中的概念。我们看到那里性质的通用或一般法律是法律或这纯粹的理性，因为它们都合成先验。我们看到如何限定其信息的空虚和如何这个综合性的含义和如何解释的可能性这种法律，它们都是通过的原因综合自然本身作为一个连贯的系统，即，作为经验的合成规则。在标题中总结了这一结论-人立法性质，或换言之-自然法则拥有没有独立于人的现实。他们唯一的现实是主观的因为通过这些规则，原产于他本人，他能够创造体验混乱的感觉。

这也是关于道德的康德发现单纯的法律的情况。其实它是在同一意义上，自然的法则即，即使它唯一的起源是的人，即使它拥有没有分开的现实，这是规则使创建经验给定混乱的理由。只有这种经验现在是现象的社会行为和律令支配着社会生活在同样的意义，自然法则支配现象的性质，即是主观的

❧ 4. 粗犷: 伦理的结语 ❧

感觉而已。按顺序为有道德的世界, 我们必须以合成, 或为自己构建实际的或者道德生活和规则的这种合成是律令在遵守这一规则的唯一行动构成统一, 因此, 道德的世界的感觉。

康德解释, 因此, 说因为"正确叫什么性质(关于其形式)最一般的意义上……据它根据普遍规律是事物的存在", 因此对绝对命令是在这个正式的意义上的自然法则:

> *因此普遍的必要性的义务也可以去如下:表现得好像你行动的格言是*
> *通过你的意志成为自然界的普遍规律。(同上: 73)。*

在这里制定的普遍规律是法律关于合法性问题, 即, 关于选择行动的必要方法。合法性要求行动是只有条件, 它体现了普遍性与必然性, 即, 只有条件是它是一条自然法则的特殊情况。康德目的从而宣布是自然的完全一样现象, 也是自然的如此我们的行动可以根本解释, 理解只有条件是自然的他们体现普遍合法性。原因是纯粹的逻辑: 不能体现普遍规律的行动表示有限的法律, 但有限的合法性是自相矛盾并因此这种行动消灭了它自己的意思。康德用插图是照明: 一个人, 想要自杀, 并且辩解的争论, 即使保存生命的职责是一个普遍规律, 然而它有例外, 如本例。同样一个人借钱在充分了解它将无法偿还其债务和为证明这使用相同的考虑-即使守信用和协定的义务是普遍的规律, 然而它有例外 (例如, 当没有选择和有必要撒谎等)。康德认为, 律令"立即显示"这种考虑抗辩自己和因此不体现可能法律性质的:

> *然后, 认为这是一次, 天性的法律, 它将摧毁生命本身相同感觉的目*
> *标是为了实现进一步的生活目的, 促使将抗辩自己会因此不作为自然*
> *生存。(同上: 74)。*

同样关于打破承诺, 当我们试图回答这个问题"是否正确?"通过检查"会怎样如果我的格言成为一个普遍法则"

然后看一次，它将永远不会持有作为自然界的普遍规律和一定但必须符合它本身自相矛盾。对于这种法律的普遍性实在令承诺又结束了另一可能是在它本身不可能。(同上：74)

就是关于承诺和他们保持，包括例外，法律一定自相矛盾，涉及承诺这一概念就失去了意义。一个由这样的法律统治的世界，在承诺和所有包含在他们（"结束另一可能是在它"）中不存在。

4.6 道德真理是仅仅一致性

它能够被问及关于此示例在一个缺乏制度的承诺的世界有什么不好吗?在道德上错了这样一个世界是什么?它可能的情况，这是很不舒服和苛刻的世界，但这与它的道德有什么什么呢?是康德提供每一个例子中一样。

因为在这里，我们也不能使用实用程序方面的考虑，似乎康德的唯一可能的答案是绝对命令确定道德完全由它是一个测试或可能存在的道德概念判据的事实，这是他说，这项法律严格正规的意思。例如，承诺破碎的世界不是不道德的但它是只是一个允诺的概念不适用于的世界。与此参数是有效的所以康德会一直有，任何观念，我们实际的生活。因此，如果我们在现实生活中包括允诺的概念，例如，然后一定他们做不包括也打破承诺的可能性。在短-我们，要么我们世界包含承诺，一个概念，那么就根本没有意义在打破一项承诺或我们的世界根本不包含这一概念的分类必须显示。但一件事是不可能的我们的世界既包含允诺的概念，也定义了它的法律的例外的概念。换句话说-而言我们是理性的存在，我们甚至不能认为是承诺，但他们打破世界。

因此，强调绝对命令不包含任何关于内容的伦理世界但严格关于它的形式，康德也暗示深远的结论:道德律是连贯一致的法律，自然，并没有什么更多。一样人立法性质，它通过创建其立法，即便如此他创建的主人道德的法律，

❧ 4. 粗犷: 伦理的结语 ❧

这是自然的一部分。这些双方自然的现实的是同一标准-合成统一及其一致性。但这也需要从相反的方向: 每相干的世界,即,每个可能就我们的世界是一个道德的世界。或者,换句话说,有没有和不能被一个不是道德的世界

这就是为什么康德解释说,是否我们倾向于原谅自己从以下一些实用的规则的例外的借口,这是我们也无法将此规则会被打破的原因: 但这不是我们道德的性质,但只是为了一个简单的逻辑理由是,不是逻辑上的可能性,真正将有一个矛盾是没有逻辑上的可能性的思考它。因此,

> *如果我们现在对自己参加任何过失的责任,我们发现我们真的不会*
> *我们的座右铭应成为一个普遍的规律,因为这是对我们来说,不可*
> *能......因此如果我们重量从同一个点的所有情况下视图,即谓之*
> *理,我们会发现一个矛盾在我们的意志,即某些原则是客观必要作为*
> *一项普遍的法律,并且还主观上不能拿普遍但允许例外情况。(同上:*
> *75-6)*

因此,这种意愿是不可能的而只要它存在,或者是可能的它一定是一个善的意志。通过现有的为理性会即,意思是要佳音东西连贯在一个连贯的世界内,因此它由普遍和必要的法律。它遵循从这里它一定适合普遍或绝对必要。而且由于绝对是这个正式的道德的唯一和最高法律,然后理性意志一定还好。

和世界或性质,也是这样。只要是真正对我们它由通用和必要的法律,并因此是一定相干。这是世界的唯一的一个目的是世界的实际或现实将是世界的可能。因为一个真正的意愿是一定好 (即,它未必适合自然法则) 它想,主导的原因,综合统一的相干世界的世界一定是一个美好的世界。

这把我们带到典型、完整地反映或表达的信息空虚的康德的道德哲学的两个结论。我开始指出康德的开幕词-唯一绝对的好事是良好意愿-的空虚,现在我们达成这空虚的根。它是流于形式的绝对命令式的后果,而这种手续

是世界的完整主体性和自然规律,后果和命令的后果是这:只是因为性质的一般规律是主观的他们是可能的因此,只是因为自然本身就是主观是真正为我们作为一个协调一致的体验。因此,我们的实际经验是真实对我们来说只有而言就是连贯的即由必然和普遍的法律确定。因为这些一定是先验的法律,他们也严格正规和主观。从这纯净的形式构建的实践经验世界的法律它立刻跟随每一个连贯的世界,不管其特遣队的内容,未必适合律令和每一个连贯的世界,即,一个合法的世界,因此是一个包含仅在道义上好内容的世界。因为真正的意志是可能的只要只有相干将为一个连贯的世界,它遵循所有的真正意愿是好的因此,是绝对的好。

完全一样的一致性是必要的和意志足够标准的道理,所以它现在跟随它是很好的好的标准,并因此的一个美好的世界。因此,这是康德哲学中的科学革命的伦理反思:绝对好不是一些模型存在分别从人(如柏拉图在善的概念)和根据我们指导我们的行动和判决。思维是一个单独的模型就是道德的教条沉睡。绝对好,只是当作真理,是人造出来的并没有任何现实与他分开,意识到从伦理沉睡中醒来。真理和好男人从这不可分离性是主体性的两个完整的全部意义。就像所有人都看到天空那么蓝,草,绿色不转蓝的主体性和客观性投入绿色所以是这种情况跟真理和好——这些至少为蓝色和绿色,都是主观的事实和事实上更多:因为(相反对案例的蓝色和绿色)没什么在不同的世界相应的真相和在任何意义上的好。所以,即使提到了主体性在这里不是人类的激情或劝说或突发奇想,不过它绝对主体性因为它是前年从男人,没有对应于它在不同的世界。

4.7 从绝望的论点:康德胶水内容

这是顶点和康德伦理学的逻辑的详尽表达式。而不是康德本人。他被赶出,和它以为他的伦理,胶给它另一端与另一个高潮,将它转化为情感上可接受的学说的东西如此清楚虚无主义意蕴的结果。这几乎是必然,这附属物将一

✤ 4. 粗犷: 伦理的结语 ✤

些内容以抵消, 抵消其纯净的形式。与此内容将不的议论, 而是说教是善良也在所难免。我说它是不可避免的因为类似的事情发生前康德亚里士多德的伦理学最重要的道德理论。但在澄清这让之前我告诉关于康德的胶水了。

纯粹的或绝对的意志我们说话直到现在严格由其正式的财产——拟合出的普遍性和必然性的法律尊重这项法律, 我们看到这纯净的形式需要与这个普遍规律的内容无关。将此内容不管它可能在如此远, 只在某种程度上实际规则是选择, 并通过了所体现的普遍规律, 根据它行动拥有绝对的伦理意义。康德解释法律本身是这种意愿的目的和原因很简单——这不是一个人的意志而普遍的原因, 必须适合所有的生物都拥有的原因, 无论他们是谁的意愿。因此, 它不能包含特定的人类结束或设计, 当然不是私人的倾向。这种人力和私人设计康德称为 "只是相对的;因为只有他们仅仅关系到特别组成的教师对象的欲望, 给了他们自己的价值, 因此可以提供没有普遍的原则, 有效和有必要为每一个意志, 那就是, 没有实际的法律, 所有理性的人没有原则" (同上: 78)。

应该在这一点上, 剩下的问题和应该埋和消除一个先验道德问题还不只是正式的想法。但康德冲破这个逻辑的障碍, 并进行了这一突破与任意性和矛盾的严密的逻辑性, 其中占主导地位这一点分析。康德解释说, 如果有一个绝对的末端, 即, 到底哪种独立的 "人类特殊的天然宪法" 但宁愿必须 "持有一定的每一个理性人的意愿" (同上: 76) 然后它 (因为它然后将绝对普遍) 可视为道德律的形式的一部分, 但不过将把法律变成 "材料" 即信息。为只有通过一些这类设备将绝对命令成功地筛选出一些可能的世界, 并宣布这些非道德。问题是——怎么这样绝对的末端, 即, 一种不被用作本身手段进一步结束, 并不表示一个特定的人, 自然激情可能创造的原因和前年从它的世界里? 总之, 怎么会有绝对的实体在一个世界, 完全是相对于人吗?

然而, 康德这急需, **需要他也发现它的所有发现·母亲**而争先恐后地宣布它剥夺的任何参数或理由, 而仅仅是作为一个事实的发现, 为他制定下划线:

❧ 三种哥白尼革命 ❧

***现在我说**，人类和一般每个理性作为存在目的本身，而不仅仅是作为一种手段……相反他必须在他所有的行动……永远被看待同时作为结束。……这些众生，因此，并不只是主观的两端，……但宁愿目的结束，那就是，人的存在本身就是结束。(同上: 79-94 概览)*

唯一的论据的康德成功构建这一概念从绝望的论点:任何人是绝对的结束或在我们的世界，就没有这种结束，然后没有实际的绝对原则将存在的理由:

因为没有它什么的绝对值得会找到任何地方;但如果所有价值都有条件和因此特遣队然后没有至上的实用原则，理由可以找到任何地方。(同上: 94)

所以，绝对结束发现的唯一目标是克服"所有的价值是特遣队"的结论，即克服道德虚无主义带来的绝对纯净的形式。康德非常清楚地暗示，没有一些进一步限制原则每一个连贯的世界是道德好因为它是很适合的绝对必要性。他也知道，现在已经太晚了在这一天，纠正这个错误因为这虚无的结果（每个值和每个好是只是特遣队）已经嵌入康德的基本论题: 如果值是前年从男人，和他是什么创建它们和立法到道德世界中，那么所有值都是相对于他和他的理由并因此绝对价值是一个毫无意义的概念。

所以，新理念的人是绝对的价值，可能不能被同化到康德道德的形而上学。它任意，扔进这笔交易，它违背了这个形而上学，因此不可能是它的一部分。此兼容性问题明显贴的皇家法令，那么联合国康德，**"现在我说"** 和通过的唯一的论点，即康德设法聚集了绝对结束-从绝望的论点。康德在这里宣告正式明确成果的论文作为立法者对道德法则的人是道德虚无主义，只有一些鬼使神差可以防止这种情况，他认识。

❧ 4. 粗犷: 伦理的结语 ❧

4.8 和让人想起一个绝对末端

亚里士多德是在同样的情况, 当他决定要介绍他自己的神, 原动机, 自然的最终和绝对的终结。没有这个神, 亚里士多德的自然都只是一个系统的过程, 每个拥有其自然的顺序, 因此它自然结束。这自然的结束点也是其目的和目标即使是毫无意义的说, 亚里斯多德解释说, 目的是这一进程的移动原因。最后是虚幻, 亚里斯多德解释, 只要过程没有完成的因为然后它仍在未来。然后它的存在只是潜在的, 因此它不能采取行动。这是现实主义的他-所有, 不是现实主义的一个惊人的对象没有真实性, 因此, 所有只可能是现实主义的不真实的本质。因而, 例如, 所有柏拉图的单独的想法成为了无尽攻击的目标, 亚里斯多德, 和因此他争辩是没有单独现实的形式和它是一个给定的对象只是某些方面。对象的互补方面他叫做物质, 和真正的每个对象可以因此得到理解和描述从这两方面-正式和材料。但因为他们仅仅是方面, 他们不存在分别从彼此和从对象, 因此, 也从人介意分开这些方面称为物体或物质的整体和统一的东西。

因此当亚里士多德证明作为先行者和最后绝对世界末日, 上帝的存在, 认为它也是独立于世界和纯净的形式, 他从而驳斥他高山族本体的所有原则。所以神的亚里士多德的理论是他的本体, 没有部分和其唯一的作用, 所以我认为, 是为了保全他的伦理观从嵌入它的虚无主义, 给予的意义和原因世界作为一个整体, 从而, 也许。由于亚里斯多德与最终确定好, 它遵循对他来说, 没有他入场, 当然, 任何整理在其自然结尾的自然过程是好的和因此任何人类的行动是好只要是自然的。与康德与亚里斯多德也是如此, 一样不能有任何分离内自然 (即, 实际) 的所有操作那些从那些坏是好的原则。

突然出现的绝对好分开的世界和最终实现的世界往往和渴望, 担任也许可以从高山族虚无主义所固有的它保存相对两端的伦理。价格当然会接受到高山族本体, 矛盾和亚里斯多德似乎准备好它, 因为一如既往——混乱是比疯狂更好。

❧ 三种哥白尼革命 ❧

康德的高山族同化新绝对结束世界，唯一的目的可能是解决方案的相对于男人，是解决方案的亚里士多德的绝望的重复。现在发生了，亚里士多德的神的典型变化被取而代之的是这里人。亚里斯多德是不愿意承认他的本体论以及性质和其分类的创造者，系统的共性　（什么在亚里士多德的系统代表了自然法则的概念）　是男人，所以此系统中最高和单独的任意性仍然看不见。但与康德，其整个哥白尼式的革命在此发现-其道德，只是它的自然延伸——这是很清楚，可见，理性的人现在绝对和仅仅由于任意人的决定。其真正的目的和作用出现在绝对命令式的新提法：

> *因此，实际的迫切需要将以下：如此行事你使用人类，无论是在你自己的人或任何其他，总是在同一时间作为结束，永远不会只是作为一种手段的人。（同上：80）。*

康德解释说，这一提法是什么措施内容注入律令，因为第一种公式　（这只是指实际的每个规则的普遍性）提出了其单纯的形式　（同上：85-6）。新的配方设计，以及作为一种目的，人的概念"必须在每一句箴言作为所有的只是相对的和任意两端的限制条件"（同上:86）。那就是人的，特定和仅角色概念作为目的，是人的要挽救绝对必要，从其纯净的形式，因此其信息的空虚，因此，从道德虚无主义（"相对论和任意性"）带来的一致性作为道德的唯一标准。

最主要的原因绝对此是符合康德的哲学，是结束可以只是绝对不只是"相对和任意"，条件是其现实不依赖于任何其他的事情。嗯，现实的价值取决于现实中确定它，而这项法律的现实取决于人的立法，因此相对于它，因此它跟随，任何结束根本，严格高山族框架的情况下，可以真正仅仅由于一项法律，立法及其现实的法律。因此，任何结束根本是一定只是相对的即，相对于立法这项法律的人。反之也是足够有绝对一端为整个的康德式结构，可折叠。为那么就没有理由拒绝与相同值的合理性，什么康德的整个叫做"教条主义"的理论，即，现实包含绝对价值和分别从人的法律，以致人类必须服

4. 粗犷: 伦理的结语

从他们的分离和绝对性, 完全按照柏拉图认为。所以太, 和由同样的原因, 它是足够一个单独的形式的存在, 这也是一个单独的结束, 整整亚里士多德的形而上学, 坍塌。

4.9 和掩盖了矛盾

康德去难克服这互相矛盾的情况绝对结束人立法者, 高山族框架的概念但我不认为他产生甚至一个有趣或良好理由它。相反, 他试图制订的所有参数都都毫无价值, 因为它们预先假定完全相反的他证明了。一个例子就够了。

由概念 "两端王国" 康德表示由最高的道德法则, 对绝对命令的道德世界。这是原因的一个世界, 类比到王国 "自然", 它们由普遍规律, 也是原因的自然的法则。他称为道德世界 "两端的王国", 因为它是一个严格的理性的人, 是绝对的末端, 由组成的世界, 这一概念强调, 因此, 王国的对象, 即自然世界的区别。使用这一概念他现在可以宣布什么是道德的本质:

> 道德由组成, 然后, 在参考**法律给**其中一个人的一切行动目的王国中的是可能的。(同上: 84)

词 "立法" ["法律给予"]这是在其第一次制定律令的摘要。另外然后说目的王国中的存在不仅在迄今, 因为它由立法。所以, 我们仍然在域作为道德的唯一标准的一致性:不只是人类的立法不确定领域的道德行为, 而是说每一个和任何这种立法将确定一些道德的境界。即使是这种立法必须如此做作, 创造本身两端的境界, 这仍将构成境界的道德, 没有限制原因这些绝对的目的永远不会给出了先天的但只由立法本身很简单:我们不知道如何确定绝对结束之前拥有一些规则指导我们如何做到这一点的第一件事但可以有这样一条规则的内容没有限制。因此, 每个实际的规则将确定这些绝对的目的, 是其内容它可以不管, 只要它具有普遍的法律的逻辑形式, 因此可以嵌入到绝对命令。

所以，举个例子，如果我抱着的实际规则是，"扩展您的生活空间就像你可以只要你不伤害德国人"，此规则具有绝对的道德内容的那一刻，它被声明为一个普遍的规律，和结束它确定的境界将德国的国家。另一个版本的这一决定本身是任何种族主义理论，是一条自然法则人类理性所规定的法定（无论是犹太人，或德国，或日本）。例如，这种法律会

> *努力给最优秀的人–那就是，最高的人类–这个地球的生命哲学逻辑上必须服从这个人的内心同样的贵族原则并确保领导和此人的最高影响降到最优秀的人才。(希特勒: 443)*

康德认为王国的两端，即包含所有理性的存在，理性是任何被人按进绝对结束不属于他的哲学，但他深深的人文精神和他私人的信仰什么轮流。目前尚不清楚他说什么，为什么它是原因，而没有感觉，或感觉的生命，或数学能力或**音乐天才**，每个从和他们的喜好或全部在一起，不确定的绝对目的王国和康德永远不会带来任何哲学的理由这一信念。因而，在续集中康德解释：

> *现在，**道德**是的条件下，一个人有理性的人可以是目的本身，因为只有通过这可能成为法律，为成员提供在两端的王国。因此道德和人类而言它是道德的有能力，是道德的，这种仅有的尊严。(同上 ［基础］:84)*

据此，理性不是相当足够要"本身结束"，前提条件必须持有，这是"道德"，即体现了普遍的规律，采取行动，他自己和他自由将立法为自己。于是，它不是本身的合理性或人性本身是"本身的终结"。康德从来没有解释他是如何选择的结束属性本身的合理性，"道德"，还有什么?但最主要的是，这两个条件得到满足在那个纳粹的例子我带即实际规则是一般道德，因此只有德国的国家本身的终结。康德的最后一句，说那唯一的人类，拥有道德能力有"尊严"不会更改这种情况，因为根据实际规则示例中原来并不是所有人类都属于"人类中的到目前为止它是能够的道德"。

✃ 4. 粗犷: 伦理的结语 ✃

许多努力由康德的口译员来克服这种灾难性结论和表明, 即使他隐含的索赔-对绝对命令的第一个版本是正式的而第二个是材料, 然而都是相互等价的 (同上: 85 6)——是可以理解的。到目前为止, 这些努力均告失败 (见最重要和最密集的 O'niell 126-144) 因为他们要求极端的变化, 在意义上的 "结束", 因为他们未能满足先天综合地位的康德的需求(与欧内尔, 例如, 那里是没有提及这种需求)。

4.10 "目的‧是主观本身"-黑格尔的现实主义

在康德的道德理论的内在矛盾是其学生, 一个知名问题, 其中之一如下总结了这:

> *纯粹理性批判和实用理性批判之间的关系是旧的形而上学, 它崩溃了下的辩证矛盾和背, 打击纯粹理性批判中被摧毁的所有结论都是重新觉醒的实践理性批判的新生活。从自我意识的道德, 尊重道德自我有为本身, 和正义与善的上帝的存在。(卡尔 ‧ 罗森在 C完成作品 vol.viii p.vi)*

而道德虚无主义所固有的律令的纯净的形式是其中一个轴轮的旋转的哲学家康德的唯心主义向一种新形式和新峰在 19 世纪, 黑格尔提出批判。他宣布, "它是几乎不可能作出过渡到特定职责测定从以上测定作为缺乏的矛盾, 作为正式信函与本身职责"。康德的所作所为, 黑格尔暗示, 是 "在这里带材料从外面, 从而到达特定职责"。但是, 只要这个输入外劳不是道德哲学的一部分整个康德的努力只不过是 "空形式主义, 加道德科学, 为了职责义务空谈", 那就是, 是一种无内容和毫无意义的责任。黑格尔解释他感知之间 "为了职责义务" 伦理及其形式和 "空虚" 的链接:

> *但如果职责是将意志只是作为一种责任并不是因为其内容, 它是一个正式的身份一定不包括每个内容和测定。(POR) §135*

❧ 三种哥白尼革命 ❧

康德伦理学的最高原则这信息空虚，黑格尔接着解释，在此看到，

> *还有没有标准根据这一原则决定是否或不是此内容是一种责任。相*
> *反，**它是可以证明任何错**或不道德的模式，通过这种方式行动的…［*
> *康德的原则］ 确实不在本身含有任何原则除了正式身份和缺乏的矛*
> *盾。(同上)*

这种批评的康德伦理学的空虚被添加到黑格尔的批评的性质类别的主观性
所带来的整体上的主体性。黑格尔说，康德认为，理解的类别不包含任何内
容，并引用康德的单词 （批判 B 75 见上文第 121 段） 黑格尔的结论是

> *理解是思想的活跃，但也有的想法只是没有真正的内容："没有内容*
> *的想法是无效和空"。(跃点 iii 436)*

这种空虚，黑格尔接着强调，所有被认为是客观在康德哲学中的主体性的加
入：

> *目标，应该构成主观这边背道而驰，同样是本身主观:…它关起来*
> *仍然是我的自我意识; 该区域类别是只测定我们的思维理解。既不*
> *一，也不是其他什么因此本身也不是这两个在一起的知识，任何在本*
> *身。因为它只知道一个奇怪的矛盾现象。(同上: 440)*

康德的现实主义体现在论文中的立法者对自然和道德的人： 还有没有现实
中诸如空间、时间和自然法则之前他们都是客观存在，或趣的人的情感和
理解。黑格尔的现实主义不同但类似的论文中体现： 所有现实严格都体现
在人类社会中，所以，趣在人类社会中的任何东西都是现实，和哲学真理本
身，其实只反映其特遣队期间"每个人是在任何情况下的一个孩子他的时
间; 因此哲学，也它自己的时间理解思想中" (POR:21)。因为那里是没有现
实中值分离的社会，它遵循道德是一种在历史上不断变化和发展的事情。因
此，黑格尔的现实主义是真理和现实是相对于社会实施他们，论文和不能有

❦ 4. 粗犷: 伦理的结语 ❦

任何其他真理和现实意义。所以, 什么事实上已更改之间康德和黑格尔的版本的现实主义是只的方式对人的现实的相对论论文本身仍然。

从这正是黑格尔的批判遵循关于康德的论文对绝对命令的强制元素。康德强调道德的行动不能取决于演员的自然倾向, 但严格上他将迫使他普遍依法办事。黑格尔反对声称这种强制的道德观点创建什么之间的鸿沟应该应该是什么, 和必须消除这个鸿沟。因此, 例如, 根据犹太宗教的神圣的命令,

> 这些并不表这什么更多比什么应该做, 因为他们是普遍的但他们不表达是什么; 和这一事实马上指示其缺陷......, 因为形式的命令意味着对立的指挥官和一些反对他的命令的事。(ETW 215n)

那就是, 行动要完整的道德, 必须有身份之间的指挥官意志和意愿的遵循者, 和在黑格尔的语言中, 必须有身份之间应该合适。

4.11 作为奥迪历史: 黑格尔的伦理现实主义

我们在这里观察特征手指之一到打印的高山族传统从亚里士多德通过休谟、康德、黑格尔 (尽管对康德的批判)。如同我已经说过, 康德也不能有最后演员的意愿和普遍的规律, 任何对立因为偏离法律会自相矛盾, 根本是没有这个意愿。我还指出, 康德认为他的论点揭露基金会的日常行为的前提条件, 因为他们打算是道德的因此, 只要他们的定向的自由意志。即, 律令, 应该是什么其实已经是现实中我们的行动, 因此永远不会分开他们。以上所有这徘徊的人立法者论文: 道德的法律不能脱离人类理性的意志, 因为这是什么立法他们, 男人决定应该和从而确定什么是真正的自己。

黑格尔同意一个重要修改-这个原因是什么, 但"世界精神", 它体现在世界的历史。这是的原因, 为什么世界占主导地位的原因, 以及为什么世界历史给我们呈现了一个"理性的过程"。黑格尔解释说, 这篇论文已经通过以下串联

的身份在哲学中的"证明"：原因是世界的物质，它是无穷的力量，它是无限的材料和无限的形式移动这种材料。因此

> *因为原因并非那么无能为力，找不出任何事，除了单纯的理想，意图-以外的现实，为其地方没人知道在哪里；单独和抽象，人类某些人头脑中的东西。它无限复杂的事情，他们的整个本质和真相。（博爱 9）*

原因的同时不被"无能为力，找不出任何事，除了仅仅是理想"哲学太交易未必不与单独的想法但是只用了已趣在世界的想法：

> *哲学的对象是这个想法：和这个想法并不是这么无能，作为只是为了拥有一项权利或义务，而不是真实存在。**哲学是其中那些对象·社会规范和条件·是唯一的表面外现状**的对象。（逻辑：除第 6 章）*

结论是现实、真理和在世界上，与柏拉图主义，相反事物的本质是前年从世界和事实上是观察到的世界本身。因此，本文证明了"哲学"是

> *这个"创意"或"理由"是真正的永恒的绝对强大的本质；它揭示世界本身和在别的揭示这个世界，但这和它的荣誉和荣耀，这是论文的正如我们所说的证明了在哲学中，和在这里作为证明。（POH:9-10）*

这就是为什么黑格尔看到与"位于这个伟大的原则，无论是真的必须在现实世界和感官所感知的经验主义"强亲属关系 （逻辑 §38）。这句话，"不能太经常重复"这就是

> *我们所说的原则、目的、命运，或自然和思想的精神，是只是一般性和抽象的东西。原则、存在法、计划是隐藏的、未开化的本质，哪像这样-然而真实本身-不是完全真实。目标、原则等，都在我们的思想，只有；我们主观设计中的一个地方但尚未在现实的范围内。（POH:22）*

现实主义在黑格尔一个其最清晰和最尖锐的表达式，发现和从它进化而来的他对历史哲学的兴趣。为此现实主义带来"那什么是由永恒的智慧意是实际

☙ 4. 粗犷: 伦理的结语 ❧

上完成域的存在、积极的精神, 以及在那仅仅是自然"(同上: 15)。黑格尔指出, 这种考虑的后果是那段历史, 正如哲学家写的一定是**不管的理由存在**, 沿莱布尼兹所建立的方法:

> *我们处理这项问题的方式是, 在这方面, Theodicaea-神的道的理由-尝试形而上学, 在他的方法, 即, 在无限期的抽象类别的莱布尼兹。所以, 可能理解生病了, 那在世界上发现, 和精神思维与存在的罪恶事实不甘心。(同上: 15)。*

所以, 与康德, 现实主义与神义论了采取自觉、黑格尔所充分认识, 此外, 他认为这本质的哲学的最高原则, 只要它是科学, 原理, 他叫"**的理念·以现状关系**":

> *因为哲学是勘探的理性, 它是那正是目前的理解和实际情况, 不成立的世界之外而存在上帝知道在哪里的. (POR:20)*

这些词的意思是, 只是什么"目前的和实际的"根本可能是"理性"。但都是"本和实际"也是"合理"吗?黑格尔去时就宣称, 即使柏拉图的共和国"是一个著名的例子的空理想"澄清这个问题, 然而柏拉图的证明了他的伟大的精神原则独特的性格, 他的想法变成其实即将到来的世界革命转的支点。

合理的就是实际的;

> *实际的就是合理的。(同上.)*

黑格尔在要添加, 这点, 去这一原则"共享由每个涉世不深的意识和理念, 后者就把它作为其出发点考虑的精神和自然宇宙"(同上)。因为即使在这个世界什么都不透露的原因, 但正如他所说, 还是实际不是所有的存在。他解释说, 这主要原因是需要分开内什么存在意外等的分离, 在它的必要。所以它应该仔细注意理解黑格尔的现实主义并不是所有是实际是理性。那么远那么好, 但真正的困难出现完全在这一点。

因为本质并不是独立于实际或物质世界并不存在"在世界之外的存在上帝知道在哪里",不能有任何的模型,它在逻辑上可以区分偶然和实质。黑格尔的解决办法是的唯一的方法是不根据一些模型,但由世界的历史。现状是历史的本质,因为它被揭露阶段。但它很容易看到,这是无解,但只是承认自己的失败。显然并不是所有历史提出了对于实际因为正如黑格尔解释,它包含相同的绝望混合物的本质和事故,却依然没有没有模型,他们可以被筛分开。它们之间任何区别一定会只是任意和所有这些可能的区别将同样正确。任何实际可以认为是一样的理性,更通常所有的现状可以被视为同样什么应该是。这是道德的虚无主义,这是固有的现实主义,甚至当历史考虑: 什么东西存在,实际也是应该为这一特殊阶段和目的和目标的历史进程是道德良好,因此所有实际社会机构在目前阶段,家庭、民族和国家,战争-是真正道德的表现。

4.12 结果: 个人和国家的身份

这不可分割的应该而是继续以特色的高山族道德向我们的日子,因为它表达在欧洲的存在主义和实用主义的道德理论。黑格尔是这不可分割性导致了其公民状态绝对至上的论文。这绝对霸权意味着每个人的个性的公民和其绝对合并中被国家的毁灭。只有通过这种绝对的合并可以所有可能的反对声音或之间的区别是,应该取代以及之间,个人的意志和意志的状态,和唯一所以可以法律趣他们内在而不是通过强迫其公民。此外,其法律将现状什么是正确和正义在这一阶段,因为历史是无限原因以其无穷的力量的体现。因此有必要,权"将不可避免地达到实际存在——会意识到",从哪个黑格尔结束以下:

然后也构成了一个国家和内部强大,当私人利益的公民是一个与共同利益的国家;当某个人也发现其满足在实现中,另一个命题本身非常重要。(POH:24)

❧ 4. 粗犷: 伦理的结语 ❧

这是唯一的原因为什么黑格尔反对私人公民与国家是由力只, 例如, 在一个独裁政权的身份。他们的身份, 便**只是 "机械"** 并不现实。只有当两地的融合由自由选择和内部将公民的身份, 有机统一, 越来越达到现实。他反对独裁统治是义务的出于同样的原因, 他反对康德伦理学, 道德义务或命令, 它的起源和它的末端之间没有身份时的效率低下的原因。这也是他需求的州-公民自由的意义, 因为这种自由是真正的和真实的所以他声称, **只有当它是**将公民与国家之间的完整的身份意识。看来每个恐怖政权曾经总是同意其公民的真理这观和精心照料, 意识到它通过不同的手段, 从完全统治的年轻人, 教育通过庞大的宣传机制, 对年龄的再教育营。此标识之间自由和与国家意志的完全合并, 黑格尔这样总结:

> *这个本质是联盟的主观理性意志:它是道德的整体状态, 这是这种形式的现实, 其中个人有, 享有他的自由;但他承认, 相信, 和愿意的情况, 这是共同向全体。......我们肯定法律、道德、政府, 而他们独自一人, 有积极的现实和完成的自由。(同上: 38)。*

模型, 在这个特殊的自由方面针对黑格尔和古代基督教社会的公民与国家的统一是必要。其成员相互联系的 "爱", 取消了他们作为个人拥有私人的目的是和遗嘱, 这些 "死自己" 的存在的连接为了 "找自己" 重新成为现实, 这是耶稣的身体。在黑格尔的成熟的理论, 国家和民族整体 "道德", 取代 "耶稣的身体" 和 "**基督教爱" 取而代之的是绝对忠诚于国家和其领导人**。结论是, 国家是整个道德的体现, 因为只有在其框架内可以私人将个人的佳音本身:

> *这至关重要的是, 主客观的统一将和普遍性, 是道德的整体, 其具体表现是国家。**内在的实相**, 个人有, 享有他的自由, 但仅只要他知道, 信奉, 和遗嘱普遍是国家。(LPH: 93)*

> *自在自为的状态是伦理的整体, 暑期的自由, 和它是绝对年底自由应该是实际的原因。......状态是与伦理的观念-伦理精神的现状,*

❧ 三种哥白尼革命 ❧

大量将清单和明确对本身认为和知道本身和实现它只要知道它知道它。(POR: §258, §257)

黑格尔照顾，因此，要解释自由的概念，因此，"不一样的主观意愿和它任意的倾向，但普遍意志的见解"，这是唯一"理性意志"(LPH: 121)，作为一个有机的统一体，在历史发展和状态。所以还有没有其他道德旁边的状态，即，其现状的存在形式。但国家现状是它是一种统一，个人的形成。只有国家是一个独立的实体，满足企业的需求，一个真实的个体。这就是为什么它是绝对和普遍结束了它的公民，在其中他们可以佳音他们自由的唯一途径是通过合并与状态：

状态的大将它具有特殊的自我意识在当这已增至其普遍性；现状现状因此它是理性本身。这个坚固的统一是绝对和无动于衷的目的本身，和在它自由进入其最高的权利，正如这个终极拥有的个人，谁的最高职责就是成员的国家的最高权利。(POR: §258)

没有必要买这些词语的确切含义就能看到他们的要点-国家是的上帝 （它是亚里士多德的绝对结束和始动） 和其公民的自由是在这种神的崇拜，因为

状态包括在 3 月神在世界……，我们应考虑状态，这实际的神，对其自身的想法。(同上)

也许我应该在这里提到考夫曼对此翻译野蛮袭击(Kaufmann:3-5, 36,141)。他认为，相反这应译为"是一个国家的事实是上帝对待世界的方式"。反正最严格和最新的翻译这一步，有种给什么样的男人，一直包括词三月，考夫曼认为是哗众取宠的黑格尔的仇敌表达方式及其前身的方式。

而由于国家是上帝的现状，显然是没有其角色，关心的安全和保卫其公民的财产而是"国家对个人的关系是一种完全不同的"：

由于国家是客观精神，它是只通过成员的个人本身具有客观性、真理和道德的生活状态。联盟这样是本身的真实内容和结束和命运如果

~ 4. 粗犷: 伦理的结语 ~

个人是普遍的生活方式; 他们进一步特别满意、活动和行为模式作为他们的离境和结果点有此坚固和普遍有效的基础。(POR: §258 以及 §261 版)

黑格尔的特殊性, 因此, 爱国主义所确定的所有日常行动的公民与他对国家的职责。这种意识的公民认为他所有的状态, 作为统一内道德至上的行为使他意识到他的自由和它然后变成现状:

一般...爱国主义是我坚固和特定的兴趣是保留和利益所载的意识和末端的状态和在后者的关系对我作为一个个体。(同上: §268)

因此, 例如, 书记在乎国家通过努力组织列车时间表中最高的效率从而表达他的爱国精神。问题, 在哪里做火车去和什么是他们的货物, 必须不是他考虑的一个因素因为状态 "最终目的, 具有最高的权利相对于个人" 正如我们看到 (同上: §258) 状态是他行动的最高道德目的。

黑格尔有理由, 我相信, 以色列国在处决艾希曼, 但他也有理由在同一程度和相提并论的艾希曼的行动因为他表现得像一个真正的爱国者。因此, 同样的原则本身 "是有没有理由或意识或义或别的高于国家这样承认" 使他争辩说,

贵格会等再洗礼派教徒, 抗拒任何需求由他们的国家, 如以保卫祖国, 人不能容忍在真实的状态。这悲惨的自由思维和相信什么人将不被允许, 也不能任何此类退背后个人意识的责任。(合我: 443)

状态 (即, 在每个方面) 这绝对霸权, 其公民的任何需要非容忍任何一例反对他们之间充满道德。因此, "良知的只有本法院拥有任何价值, 作为普遍的合法化的良知, 不需要认识到特定良知的被告"。(同上)这是道德的为什么黑格尔承认的伟大和作为在, 历史中打开一个新的时期, 但也承认雅典法院执行他的道德哲学家苏格拉底的历史重要性的原因。所以, 即使 "苏格拉底仍然是拥有自己的头脑, 一定自己和内心决定良心的绝对权利的英雄",

不过他"造成对道德生活的伤害"雅典的国家，因此有充分的权利来惩罚他的：

> *雅典人因此，不仅有道理的而且也必然反应反对它根据他们的法律，因为他们认为这一原则（主观反射的原理）作为一种犯罪。(合我：444)*

4.13 "职权范围相互暴力减少纠纷"

但什么是国家本身的终结？很好，因为历史上现实化的联合国的精神和精神世界，民族的精神现状揭示本身"事件和交易构成了它的历史……一个国家是道德——德——活力-，虽然它从事实现其宏伟的对象，以及捍卫其外部暴力的工作过程中给它的目的是客观存在"(博爱医院:74)。和它的目的是什么？黑格尔的答案是令人惊异:最终目的是统治所有其余的国家，和只有在这种统治是都体现其道德的现状：

> *自我意识的一个特定的国家……是的客观的现实，这种精神次投资它的意志。这绝对反对其他特定自然心中会有没有权利:，民族统治世界。(EN:)§550国家的这种时刻分配作为一个自然的原则给实施这一原则在世界精神自我意识的自我发展过程中的任务。这个国家是主导之一在世界历史上，这个时代，它在历史上只有一次可以有出这个划时代的作用。它拥有与作为承载世界精神发展的现阶段，灵，其他国家是没有权利，以及他们，像那些的时代已经过去了，不再计数在世界历史上的绝对权利与对比。(POR 权依其)*

就是世界的因为民族精神只有在历史现状趣和不单独存在，其暑期为其余主导是世界的其伦理精神的暑期。支配其他国家和他们的权利，绝对消除，因此，是 3 的道德的民族的高潮原因很简单，这也是 3 的道德的其历史月底。结果自是现状，它也结束了，也真正的使命感："我们断言是必不可少的命

❦ 4. 粗犷: 伦理的结语 ❦

运绝对的目的, 或–这来自同样的事情–世界历史真实结果"(博爱医院 21)。因此, 超越目前的现状是道德的没有运动可以据此判断国家的行动。换句话说的最后的"结果"现在是历史的什么体现国家的最高道德。现在, 由于"的国家的最后一个方面是出现在近期的现状, 作为一个单一的国家, 标志着由物理条件", 既然"作为一个单一的个体是针对其他像个人专属",

> 这种独立性的一个中央权力机构减少了他们相互暴力, 战争状态的条款之间的纷争, 以满足其一般房地产社区……成为遗产的勇敢。(EN:) §545

每个状态是一个个体, 和各国社会是个人存在的一个社会在不断的摩擦状态。这里, 而不是暗示, 通过讨论、纠纷、信念、参数和理性证明解决这样的摩擦, 黑格尔结束、通俗易懂、无冗余的中介阶段, 真正的方法, 所以解决这类纠纷的唯一途径是通过"相互的暴力行为"。为什么呢?基本原因在现阶段下一阶段有没有尚未趣, 因此, 有没有任何的意义, 要问谁是历史的正确的。因为正义和权利的唯一标准是历史本身, 因此, 在现阶段每个人都是同样正确。司法没有单独的条件时, 还有没有意思在争端和信念, 每个人都是同样正确, 和唯一途径解决摩擦离开是佳音未来, 即, 去到战争:

> 战争已决定不维护任何一方的权利是真正的右 (对双方都有真正的权利), 却必须让路给其他的权利。(引用在华莱士: 141)

战争或甚至连续状态的国家之间的战争是骨子里的状态作为一个个体, 但由于只有国家是道德的现状, 它作为条件状态的个性表达, 是不必要的只是逻辑但是表达它的道德, 跟随那场战争和它的胜利是其最高的道德的表达式。

它跟随反复出现国家之间的战争条件下是结束, 因此职业, 所以是在道义上好。战争–任何战争, 无论是防守还是侵略–黑格尔驳回的区别–具有鲜明的道德:

更高的意义在于, 通过其机构(我已经把它放在另一个场合), 自然的伦理健康保存在持久性的有限确定性他们漠不关心, 就像风的运动保留从停滞的 **弹性平静** *会产生, 停滞海不能说哪一* **个持久** *永恒和平也将会产生的国家之一。(POR)　§324*

黑格尔解释说, 即使 "正义和美德, 做错事, 暴力和副"

和这种有意义和价值在私人的 "有意识现状" 的境界、道德观的历史进程站立高于一切这种私人的道德:

世界历史上不属于这些观点;在它, 思想的世界的精神......, 必要时刻达到其绝对权利和国家的生活在这一点上, 这个国家的言行实现满额, 财富, 名利。(同上:　§345)

4.14 道歉，因为我的例子

为了说明我的演示文稿, 我将主要的纳粹的灾难, 和它是重要因此获得使用权的作用和意义这些插图。第一, 什么他们不说, 不想说: 最重要的是, 我不打算声称纳粹通过康德和黑格尔哲学的伦理学。我也不打算声称纳粹就是这些哲学的产物。而且我甚至不打算声称康德和黑格尔的哲学产生的纳粹主义出现任何影响。所有这些都是历史的论文, 和也许他们是真正和也许他们是假的但我不是专家在纳粹思想史上, 因此, 根本不打算声称这种历史的说法。这些插图的作用是不公开的康德和黑格尔的伦理的历史后果而只是为了说明其实际的内容。我要求通过这些插图就是被纳粹兴趣任何坚实的哲学基础, 为他们的意识形态　(其中他们从未有的总是鄙视)　康德和黑格尔的哲学伦理的能符合条例草案好像到订单创建它们。

再一次, 我不打算什么的说: 　**我不认为康德和黑格尔构建他们的有意创造虚无主义的伦理道德的哲学**理论。毫无疑问, 相反, 情况恰恰相反:康德是通过和真正的人文主义者和人类的尊严、自由及良好的绝对性他深近乎宗

๑ 4. 粗犷: 伦理的结语 ๑

教的信仰, 及同样感谢黑格尔。他们的伦理著作有着十分重要意义部分致力于表达的这些深深的人文精神和道德等, 例如, 康德的论文关于人, 作为绝对的结束并不只是手段, 正如我们所看到的。

但所有这一边的康德黑格尔的个性和信仰是我感兴趣的任何部分, 因为它不是他们的道德哲学的任何部分。由于我不做处理的个性, 做不要考虑其人文精神在我的故事, 我的生意在这里是相当有限的并在康德的情况下它甚至大幅集中:康德哲学的道德, 只要它是他的一般哲学的一部分。我们看到男子作为结束, 康德的人文主义任意导入并不是这种哲学的一部分。

我深信, 这两个康德和黑格尔本来感到羞愧和尴尬纳粹主义在他们的国家的崛起 (和我说这的海德格尔的相当绝望的情况下) 和他们过纳粹主义是如何找到一个自然的家在其道德哲学中他们可能会摧毁他们的作品和停止做哲学。也有一些人认为, 他宣布一些更得罪的论文 (我用的) 只是因为害怕的权力, 被的黑格尔的研究人员(例如, 托尔斯:96, 但比较这说明有59-97)。但是, 再一次, 是否论文花钱雇为演示文稿的黑格尔的现实主义他写的恐惧或对真理的尊重是无我的兴趣。同样是无我的兴趣爱好, 还是黑格尔发表这篇论文, 或只是教训他们说, 是否只是其学生声称他教训他们说, 如果你希望, 这会使你平静下来, 我准备同意这些根本不是黑格尔的单词。但他们都写下来, 并构成一个整体的理论。这是我的关注。

此外, 我不知道的多个案例, 纳粹将自己的行为辩解的康德的哲学。但这种情况下存在, 据报道, 在议定书, 在他的审判在耶路撒冷的艾希曼的证词和它描述在阿伦特在耶路撒冷的平庸之恶的茵曼琪。一种情况是足够为一个哲学命题的例证, 尽管它当然是确认的历史论文相当不足。哲学的论文在这里提出, 康德和黑格尔哲学的道德目前, 逻辑上和概念上, 坚实的基础, 为野兽派的意识形态, 因为它们是虚无主义哲学。同样可以斯大林和吧; 保罗•伯特的情况同样的目的, 但纳粹主义案例是, 由于某些原因, 我非常接近。

ও⁓ 三种哥白尼革命 ⁓ও

无疑,亦会将抗议隐含的论文中,纳粹主义是一种虚无主义的意识形态和伦理和本体论的相对主义是核心的重要的一部分,它的读者。无疑那里可以几乎不被发现在纳粹思想家的著作相对论和虚无主义论文。但我们也发现这种论文在康德和黑格尔。我不处理普通文档声明的声明和立场而主要是什么逻辑上隐含在他们。康德的最高的论文,对绝对命令是一个单一的伦理法,和它是先天综合,需要祈使句是纯粹正式和因此空的内容。这种空虚可以填写的任何内容,因此,任何道德的理论是由严格的先验原则是充分准备接受和证明所有可能的意识形态。这是一个康德的虚无主义的一部分。第二部分是律令的什么隐含的综合性质。因为这意味着分开的人,是律令的没有道德的价值观,因此他们是律令的的小说的人类创造的法例。而且由于他的原因使他能以立法只是任何任何法律,只要是符合法律的休息,道德虚无主义的综合性论文的必然后果。

纳粹意识形态与虚无主义之间的联系是稍微有点复杂,但关于法西斯主义的出现重要研究均证实这类链接(例如欧哈那)。但即使在这里有说明的种族主义在明确的光,比如纳粹意识形态,阿尔弗雷德 · 罗森伯格,关于神话,以及宣言》的重要纳粹重要领导人之一——海因里希 · 希姆莱——关于真理的创始人所阐述的理论难题的案件。再次,可其他的例子,如亅滞不前事件,但由于某种原因纳粹的情况下,艾希曼和罗森博格和希姆莱是给我更多有关。但最好的解释,我知道两个为像事务亅滞不前和纳粹的种族理论是由两个共享的深本体论相对主义:现实并不存在"在那儿",而是人类建设(或合成)产品。看来这个方向提供的论文,犹太人不属于人类,但纯粹是生理上,一些亚种的它很好地理解。因此种族是罗森博格,象征神话实体和象征是合成特色产品。

我不敢说,希姆莱或亅滞不前是康德。但我敢说,康德的现实主义,即,湮没的结构真正良好的世界存在"有"的"教条",并同样地,在黑格尔现实主义与它实际是理性和道德的口号——构成的在哲学的一个时空感、完整说明理由和坚实的基础,为虚无主义和相对主义无论它们的形状可能。

❧ 4. 粗犷: 伦理的结语 ❧

4.15 "可怕教条"

自从纳粹意识形态与黑格尔的哲学之间的激烈相似性程度和强度的纳粹恐怖结束第二次世界大战中, 以及后出现, 一种学校黑格尔学者创立, 目的是免除他的一切责任, 和它包括几乎所有目前天黑格尔学者 （见例如, 考夫曼文集）。但错过了, 作为一项规则, 黑格尔的哲学问题的核心, 这救恩努力: 道德的现实主义, 正如黑格尔宣布它, 他的理论的基础。它是只可能以该理由作为黑格尔无视这样一个事实, 他的哲学是现实主义至尊品牌, 只因这他认为他的哲学作为最高的西欧和他本人为历史的终极致歉。但这个西欧的本质是它逻辑上是废话来区分其神的圣洁和其存在的合理性, 其道德, 历史上的成功。关于高山族硬核心这一事实, 是黑格尔学者们都已经知道这种纯化努力大约 100 年前开始。1857 年, 其中之一写道:

> *我可以看到, 这句名言关于实际在黑格尔的小序》意义上的合理性与霍布斯和成膜剂、 Haller 或斯塔尔有教的一切是相对自由的原则。神的恩典和绝对服从的理论是无辜的与**那可怕的教条**无害发音作为现有神圣的存在。(鲁道夫 • 哈伊姆引述编者按)*

它无关只是自由主义者和以人为本和犹太人的情人和反理性主义的黑格尔怎么样, 作为他的捍卫者节目。所有这些和许多其他好吃的东西可以见于黑格尔, 但这些"不属于他的哲学", 正如黑格尔所说关于造物主和守护程序在柏拉图篇(合II:21)。人文主义和自由主义和反民族主义没有衡量的标准可以覆盖或甚至有点补偿"丑恶"的性质和基于高山族本文的历史哲学和历史的卖弄学问没有措施可以擦除这些高山族文本从黑格尔的著作或甚至某种程度上减少其系统的中心地位, 在他的思想。

最近黑格尔运动史上的重要学生之一指出, 事实上, 大部分的学术研究者关于黑格尔的政治哲学和普鲁士人的状态之间的联系可以有获利他们专门讨论一些认真的考虑到"海涅的见解"(Toews:95)。而事实上, 黑格尔死后三年

⌘ 三种哥白尼革命 ⌘

海因里希 • 海涅出版他的著作宗教和哲学在德国(1834年)，警告，世界上关于德国唯心主义的可怕影响。海涅解释道，"由于康德德国后果被卷入，哲学界和哲学现在成为了一个民族主义问题"(海涅:311)。加一旦康德哲学和其追随者成为"国家大事"的另一个因素即特殊质量的德国人的"不容易移动它的地方，但是一旦它针对纳入明确的轨道，它会继续在它无比耐心到其结束"(同上)。康德的唯心主义哲学和造成其追随者

> *革命力量的演变和他们只能等待他们期待世界充满恐惧和惊讶的是，爆炸的时间。然后会出现康德人会拒绝承认任何尊重甚至对世界的现象，和无情，用剑和斧子，将整个土壤中我们欧洲的生活，甚至最后根植于过去是铲除。...但最可怕的所有这些将将帮助德国革命和虽然认同这个企业为破坏的自然哲学家康德手是残酷和他中风是潇洒的因为没有地方在任何传统的尊重，他的心里，虽然费希特将敢任何风险，因为对他来说没有风险是现实的;然而，在这哲学家是自然的这么多更可怕的是自然的，他的忠诚与自然，他是自然的能够唤起并招募恶魔的权力的古老的德国泛神论，在我们发现只有在古代日耳曼部落产生谁对战斗的渴望，不是自然的破坏和不为胜利而不仅仅是自然的战斗的战斗激情的力量...德国野蛮的战斗激情。(海涅: 350-352)*

在法国，为法国人为了向他们澄清，由康德的唯心主义的可怕现实意义写着这些字。到他的法国读者海涅上交这些词:

> *不要笑我的劝告，到发梦者，警告你反对康德，费希特和自然哲学家，不要笑视觉者在现象领域的内设想同样的革命本身发生的精神境界的忠告。...表演将在德国，法国革命会在为无辜的**田园诗**比较完成。(同上: 352-353)*

即使海涅的愿景是，尽管他诗意的想象，实际上只是"无辜的理想"相比，现实开始具体化整整 100 年后，毫无疑问，这个"现象领域的革命"这的确发

ᴥ 4. 粗犷: 伦理的结语 ᴥ

生在纳粹德国, 并由链接康德论文人是所有的世界秩序和对黑格尔论文历史是唯一和最终的道德法官道德的源泉。

海涅这些单词的一部分被约翰 • 杜威在他的第一次世界大战, 德国哲学和政治的休息之后出版的一本书。杜威, 作为原教旨主义黑格尔, 开始他哲学的朝圣和现在是美国实用主义的领袖、写在那个时候, 什么都不是丢失或更改在德国历史上一个特殊的行业理念和那表情世界惊讶, 观察, 它试图解释世界开始由达尔文主义的影响实际上植根于"古典理想主义哲学" (1915:120), 即, 在哲学由康德和"其先端是黑格尔"(同上)。为长的引言, 杜威添加到那本书时新版的它的标题是 1942 年出版了"希特勒的国家社会主义一世界"。由那杜威意味着希特勒的不断需求, 取消的区别或为世界的思想和现实世界之间的区别。希特勒认为这现实主义作为关键到第一次世界大战后保存德国从其低级的状态。杜威在这里提到"黑格尔攻击的康德分离是什么和什么的应该是, 实际和理想。他宣布什么是实际是理性的和什么是理性变得通过它自己的活动实际"。现在, 杜威仍在继续, 希特勒反抗黑格尔的历史性, 等到自己良好的速度历史现实化理性的需求:

> *希特勒的哲学或世界观, 是, 铁一般的事实与理想的身份可在这里, 现在, 结合理想信念的命运已经称为德国人民彻底组织控制生活的各个方面的力量。(杜威 1942:26)*

然而杜威失败带出本质: 希特勒认为, 理想是一个事实 (不只是小说), 只有在条件下, 现实化 (并不是仅仅是可现实的在这里和现在。因此, 力量是唯一能证明这样的理性和理想的真实性。黑格尔会同意, 因为他解释说, 现实化在历史上的"原因"不是形式逻辑, 分析原因, 但有创造力行事盲目和不自觉地在人民和国家的佳音其意图。希特勒的理性认同"最原始的自然表达"。因为"最原始的自然"是直觉、感觉、情感、血、种族, 在希特勒的语言中有不同的名称相同的对象, 和所有这些都是"生命的力量", 随之而来的就是理性和自然和力都相同——它们是真正的实际。因此, 希特勒宣布, "我们的敬拜是专门培养的这是自然的因为自然的是上帝的旨意"(同上： 40)。杜威，提出这个概念的连续性，黑格尔与希特勒之间，写道，原因行为在黑格尔"盲目和不自觉地"的事实

提供了一个真正的债券，尽管高咏语词的黑格尔，与希特勒依赖本能之间。债券的连续性被增强当我们学习绝对精神的最高历史表现是成立联合国；和，在世界历史上一个特定的国家是在一个给定的时期中，占主导地位，其绝对权利的承担者的绝对精神发展的当前阶段，与其他国家的精神是无效的权威和不再计数在历史上。没有大的困难阻碍翻译黑格尔的状态，他通常叫"国家"，到希特勒的民间社会，和希特勒通常有明确标识自然、生命、鲜血，有的理由。(同上：44)。

在 1942 年写下这些字句，杜威已经清楚的不幸但紧实用主义哲学与残酷主义伦理之间的联系。但在世纪初此链接不看这么坏，主要是黑格尔的后果和实用主义的创始人的理想主义默示的承诺。因此，例如，在英国的新实用主义的杰出代表是 （最初德国） 哲学家傅氏席勒然后在牛津大学执教。在有趣的一篇他写在1903年纸席勒解释，标准高山族方式后康德和黑格尔，我们选择我们的假设 （醚），因为任何这种假设变成我们的生活更和谐。但随之而来的就从这里科学真理是简单的逻辑和实践和谐：

假设的现实，然后，批准本身要真实比例，因为它表明本身能够呈现我们的生活更和谐。...知识就是力量，因为我们拒绝承认作为知识无论不符合我们的权力欲。(席勒：200)

这一鉴定的科学知识提供满意的一次出演了相反的方向，每一位满意的任何"权力欲"我们"求权力"是欲望的真理的创造。康德和黑格尔的和声现在成为了"我们对权力的欲望"满意任何和所有行动的理由和绝对现实现在会是什么绝对有只满足这。它跟随从这里，它是不可能为我们那一天我们会发现绝对现实充满着恐怖：

❧ 4. 粗犷: 伦理的结语 ❧

对真理的追求可以揭示商会在最深处的神殿, 恐怖的概念还有一个严重的谬误, 我们可能都被迫承认和崇拜终极现实中这个凶暴的伪装. **如果这是事实, 我们应该下降, 相信它, 并接受它为真. ……,** *即使我们可能被迫承认对真理的追求必然和不可避免地带来我们面对一些难以忍受的* **暴行**...*仍将简单的权宜之计. 尽快对真理的追求被公认为实际上有害, 我们应该简单地放弃它. 如果它被误导的爱好者病态坚持他们恶魔追求* "真理不计后果" *他们会加盖开出, 这是因为印度政府已印出* **标签**. *(同上: 201)*

它只是自然席勒被称为他的实用主义 "人文主义"。

康德的 "关键" 论文, 人是道德的所有的世界秩序, 与历史上是道德的最高和最后法官, 黑格尔论文源的组合是道德的什么使成为可能, 30 年内建立并呼吁的一个新的意识。这是对塑造未来的历史和道德的简单的装甲和斯图, 有关的塑造本历史和存在道德的语言暴行的宣传和教育, 以及塑造过去的历史, 由其重新发明的科学残酷暴行的认识。从苏联和毛泽东遗产的例子是著名的。更多相关的我是纳粹遗产的一些例子。

4.16 纳粹立法向世界

我不想, 在座的纳粹思想的哲学基础, 而只是为了指出康德的哲学和蕴含在它的虚无主义伦理之间联系起来的概念。希特勒本人告诉案他读在他服役期间, 在第一次世界大战的掩体中的士兵正如叔本华的书作为意志和世界代表性和传记作者报告这补充说, 这显然是哲学文本　(也是唯一一个), 希特勒很清楚(微波激射器:124, 看到希特勒的词, 大意是 "我进行叔本华的作品与我第一次世界大战整个" 特雷弗-罗珀:524)。现在, 这种情况下, 它是书的可信, 这也是书的借以希特勒知道康德的哲学, 因为关于叔本华一半书的专门用于系统分析了康德的通道。叔本华敬佩康德作为最伟大的哲学家和看待自己作为只是他接续, 即使另外主观主义论文世界是仅仅惊人

❧ 三种哥白尼革命 ❧

（"代表"）他还认为，事物本身的本质，康德关于禁止任何谈话，没有什么，但宇宙的力量，他称之为"会"。野兽主义后果，现实是什么人只是通过他的力量，创建远并不重要的历史学家写道，"对希特勒来说，现实，尤其是政治现实，不是一个事实而宝物；它由人类的心灵，人的意志"（特雷弗-罗珀，在藏发奎森引用：164）。

但超越这幕式 （尽管最重要） 联动，很重要的认为康德的唯心主义后果如何有一个地方在纳粹意识形态本身的核心。

我选择了最具哲学性文本的纳粹分子，是阿尔弗雷德 • 罗森博格的20 世纪的神话。这本书出版前希特勒上台掌权，除了希特勒的奋斗，最重要的思想清单的纳粹分子，主要是因为它提出了一种种族理论的哲学基础。罗森博格是在纳粹政权的核心人物和实现的第一，在纽伦堡审判和处死，十个纳粹党领导人之一的区别；他站在的审判的种族主义意识形态成立犯罪。

这本书的名字，神话的 20 世纪，是它自己的一条消息：德国国家是需要一个新的神话，将唤醒沉睡的绝望。只有通过这种神话将它能够作为一个活的国家投胎和现实化在世界其职业："这就是我们世纪任务；创造新的人类类型超出了新的生命观"（罗森博格： xlvi）。这样一种创作要求的勇气"烧背后的桥梁"和"留下老家用物品"，"和对所有疑问和问题新好男人的未来第一德国德国政府知道只有一个答案：**我会凯旋而归，孤单！**"（同上）。但自从"真正重生永远不会是一种政治权力……但它象征着灵魂的最高价值识别中央经验"（同上： lii），新的人需要一个新的最高值，以作为重生的能量来源。这种最高的价值和值的支持和伴随系统是这本书现在提出的神话。这种神话，非常简洁，种族理论，在其中心站立与德国国家作为其代表阿里比赛绝对至上的神话。

罗森博格选择期限"神话"以便澄清向他的读者：他处理演示文稿的器乐的真理，其本质是其作用和目的，但不是它与独立的科学事实的书信。罗森博格的神话有调节的作用，在康德的条款，和它属于康德的纯粹理性，如那不

❧ 4. 粗犷: 伦理的结语 ❧

朽的灵魂, 思想的物种选择的自由和上帝。这些都是没有提到的现象, 世界上任何事物的概念, 他们不能融入一个连贯的现象世界。但是, 尽管这个人就不可能进行他的道德和实际生活而没有假定他们的存在。因此, 即使他们并不是生活的概念的理解并不是生活的理性的并即使它是生活的不可能证明或驳斥他们的现实, 他们是生活的我们日常的和有组织的基本条件。因为他们不属于理解他们理性, 并不因为他们不是理性的他们是神话的物种。但是正是因为神话是不谅解的一部分, 它不会处理概念和抽象, 而是表示生活本身。神话是现实, 因为男人使它成为现实:

只有神话和其形式是真正活着。这是为男人准备去死的事。(罗森博格: 448)

"竞赛和血神话" 就是思想中心的新的革命, 因为 "重新建立健康的血液的天真是也许在哪个男人的最大任务可以设置自己今天" (同上:1iv)。因此本书打开与长的一章题为 "种族和民族灵魂", 和权利在其开放它声明的原则, 将确定大幅本体论的神话: 我们生活在革命的时代, "人类的过去的旧图像已经消失"。而不是他们 "青春的生命力……粉彩驱使向形式;一种意识形态, 世界观生了……",

这在我们时代的标志, 体现在一种转身逃避绝对值, 即是说, 在撤退从值举行和要超越所有的有机经验, 孤立的自我曾经设计了以和平或暴力的手段, 创造一个普遍的精神社区。(同上: 3)。

几个图案在这里交织在一起, 需要放松。具有什么特点的新的革命就是信念的消除有值, 即, 是信念的分开有机现实中的男人, 绝对。这种想法, 认为这种单独的值确实存在, 由一些人, 他创造了它, 因为他本人就是 "自我隔离" 从他的社会。这里的主要例证是旨在创建单独的值这一概念通过 "普遍精神社区", 服从绝对和普遍的价值观, 不论种族和血液的差异的耶稣基督。另一个例子是梦的 "以人为本 '人类' " 的创作。"这两个理想已经被埋葬在伟大的抗日战争的血腥混乱。……[和现在处于]石化和不再活组织的过程", 并因此

❧ 三种哥白尼革命 ❧

人类普世的教会，**或主权自我**，脱离的血液，债券不再为我们的绝对值。(同上：3)。

总之,这两个非常的理念是绝对价值的想法这些绝对值本身 （如基督教、人文精神等） 都是创造的男人和男人必须因此, 更改。而且由于所有值都都只是表达的 "血液"和 "有机体", 这个值可以是 "通用"或绝对的纯属无稽之谈。古老的神话在第一次世界大战期间死了和, 都是 "令人怀疑, 甚至奄奄一息的教条缺乏极性和其中代表下台支持抽象性质"(同上：4)。"自然", 当然是生命力的, 混凝土, 实际, 而 "抽象"是生命力的那些垂死的神话, 基督宗教与人文主义, 设法忽略 "电流的热血流淌所有人民的真正价值和真正的文化"的典型方式。而不是接受, 血液是精神, 是价值, "血减少到仅仅是化学配方"(同上：4)。然而,

> *今天开始整整一代人有一种预感, 值只会创建并保存在那里的血法仍然决定想法和行为的男性, 是否自觉或不自觉。(同上：4)*

它是重要的通知, 因此, 从一开始作为神话, 作为申报的不合理性, 提出了纳粹的 "血与种族"理论和它即提出以这种方式为背景的 "教条"(在康德意义上) 价值论, 反抗, 反抗分离理论和绝对值。反对这种绝对性, 新的相对论理论值的争论, 这些都是只是创作的人, 正是因为那是 "创建和保留"的值表达 "血与种族"内, 他们被创造了, 和因为 "种族是形象的灵魂"(同上), 因此创建的值都是比赛本身的表达。这双方面的值作为表达式的血液和灵魂, 历史现在介绍新历史哲学的罗森博格进行提交:

> *因此, 种族历史已同时是自然历史和神秘的灵魂。然而, 历史宗教, 相反是血液的伟大的世界故事, 潮起潮落的人民, 他们的英雄思想家、发明家和演员。(同上：5)。*

康德与黑格尔的精神认知科学对各条线, 和似乎理解他们, 把他们当作人作为立法者对自然和道德和论文的所有想法的历史社会相关性的初步应用的

❧ 4. 粗犷: 伦理的结语 ❧

最好办法。即使在这本书中没有提到黑格尔, 康德不断提到和罗森博格把他当作**四之一**的德国天才 (以及**巴赫**、歌德、叔本华) 真正的代表。德国的灵魂 (或种族) 或天才,"如果什么是他的性质, 特点, 比它是对所有种类的一元论和教会的刚度是**强加在他的罗马的**那种厌恶反感"(同上: 76)。德国, 因此, 实质是多元的因此他区分仔细性质, 在占主导地位的刚性的法律 (和没有奇迹存在的地方, 与天主教教条) 一方面, 和男人和他的行动, 那里有一个地方的自由, 另一方面。这种区分第一次向全意识和原则的地位康德提出的:

与伊曼努尔 • 康德, 这个古代的行列式或我们生活思想被带到意识领悟的最大水平, 并且从未尔后可以输给我们的理解。(同上: 76)。

与地中海的种族, 谁介绍了自由进入自然 (中的奇迹和迷信形式) 印度北欧种族设想这件事在相反的方向: 它

> *象征主义中溶入整个宇宙。……因此它并不需求信仰中的神话般的事迹作为实际事件。对他来说他们**成为"真正的"在据认为他们**……因为它是依赖于作为象征主义的信仰,"奇迹"剥夺其材料的意义。(同上: 76)。*

有趣的是, 康德和他两个世界, 和"象征"和创造现实, 和什么把这变成印度北欧的种族, 它的特点的信仰之间的连接。自由意志是康德与调控的原则, 如前所述, 因此它不拥有"客观"的状态, 即, 没有此类的对象。罗森博格认为这是近似的看法, 即, 将整个世界变成纯粹的"象征意义", 一种不涉及到任何单独的对象的符号系统:它是只我们决定相信在象征主义为我们创造了世界。这一观点的特殊性与地中海的种族的印度北欧种族, 所以康德是德国种族代表性哲学家。

罗森博格描绘康德为代表的"北欧精神"的为另一种方式是由二分法的动态与静态的世界。而地中海的宗教把这个世界看作本质上是静态的影响一

∽ 三种哥白尼革命 ∽

次只和永恒稳定神圣的创造——"德国的宗教",拒绝创造和奇迹的神话,
认为世界一样具有动态"成为,作为正在争取永久条件"(同上: 78)。然后,

> 北欧的精神获得了在其基本的成就在于他力量的宗教和科学之间建
> 立分的伊曼努尔 · 康德哲学意识。....这种区别至关重要,因为它自
> 己内在本性的北欧文化的先决条件。它意味着推翻叙利亚犹太人启
> 发教条和释放我们动态极化,如同自由神秘主义和力学性质。(同上:
> 79)。

所以什么就诞生在这里是作为一个哲学家动态、无休止的创作是斗争的神
秘的人类行动和力学性质之间的区别,哲学家康德。这个康德象征着种族与
德国灵魂重生。此外,罗森博格强调这种"机械性质"的象征性的或只是理
想字符,以免留下任何疑问关于其"客观性"的含义:

> 在高一点的哲学问题的解决,我们发现奥义书,柏拉图、康德,抵达
> 深刻不同的做法,尽管关于空间、时间和因果关系的理想性质相同的
> 答案。(同上: 79)。

柏拉图是扔进这笔交易在这里作为连接印度和德国的比赛,因此重要的是
要注意这里有严格罗森博格的明确认识的理想状态的链接哪些康德属性
"机械性质",即完整的主体性的自然法则。罗森博格以及意识到类别的理
解和其原则根据康德的观点,只是正式地位和解释此流于形式,按照习惯在
德国理想主义的传统,即作为信息空虚 (见 p.396 以上黑格尔的评论)。
他从事他所有的自由和人文理性主义的斗争,这一结论关于空虚的理解权利
在这些关于康德的行之后。康德的空间、时间和因果关系的理想站并不意味
着"混乱",但只有《综艺》和统一性。这个思想的多元化,罗森博格粘附到康
德理想,

> 我们不仅在所有专制主义和普遍主义系统 (表面上的"人性"的假设
> 上寻求建立所有灵魂的唯一神教派为所有时间) 反对的幅度最大的

❧ 4. 粗犷: 伦理的结语 ❧

地方 (同上: 79)。被认为是存在于古代的普遍性是一个谬误的现代
抽象。(同上: 81)。

"抽象"是黑格尔的核心概念之一, 象征了所有, 是符合实际、具体、真实, 并因此每一个"普遍的、绝对的"的概念是一个空洞的抽象。为此原因是抽象是一种智力的生物, 但

这个智力, 即提出了这个任务, 只是一个正式的工具, 并且因而是缺乏内容。它的任务是确立因果关系的序列。然而, 一旦它作为一个立法的主权登上王位, 它标志着结束的一种文化, 并作为种族中毒的证明。(同上: 80)。

"种族中毒"是叙利亚犹太传统引入北欧的印度传统, 和它的过程有以下特点**统治的智力**和它的抽象, 如值和时间、空间和因果关系作为单独和绝对的实体。智力和情感与康德创建的直接经验之间的区别为罗森博格代表伟大的理由为他的自由主义和人文智慧统治的斗争并返回到本能和原始的活力:

本在于理念和经验永远不会完全重合, 康德最深的理由, 即是说, 只有在有意识的思考构建文化绝不能成为完全至关重要。(同上: 82)。

[就业] 使用的家常纳粹 4.17 律令

我们看到黑格尔宣布"它要通过这种方式解释任何错误的或不道德的行动模式", 即由康德的绝对命令 (见上文 p.396 [这里对585] 全流道)。他在审判期间在耶路撒冷在 1961 年, 艾希曼解释说, 他一直生活所有他根据康德伦理学和主要根据康德的定义的责任。当法官询问这时, 艾希曼解释:

我的意思我关于我的意志的原则总是必须如此, 它可以成为的一般法律原则的康德的话。(阿伦特: 121)

❧ 三种哥白尼革命 ❧

即使他因此他一辈子都住，他继续说道，这站住了，他给出了他的"最后解决方案"中的工作。汉娜 • 阿伦特认为，作为事实上他活了根据律令，但改变了汉斯 • 弗兰克改写，这是合理的艾希曼知道其配方。这一提法的"绝对命令在第三帝国"说

元首，如果他知道你的行动，将批准其方式行事。(阿伦特：121)

此版本的康德**家用小矮人**，在艾希曼的单词　　(同上)，是生活的继续他在独裁的政权，党思想承诺内下的半康德方式。"所有所剩的康德精神"在此版本中，阿伦特说，是"一个人做多服从法律，他超越服从仅仅调用，并确定自己的意志与法律，源从中法跳背后的原则要求。在康德的哲学中，这一来源是实践理性;艾希曼的家用的他，在 Fuhrer"(Arendt:121-122) 的意愿。但阿伦特是错误的一个重要的细节——在康德实践理性是最肯定不原产地法律，因为它是只是起源的律令，并且这不是实际的法律，但正如我们看到，这种法律的一般形式。实际的法律本身被立法的人，而实际的理由只是检查他们的逻辑形式，即，不管他们是不是一致。康德表示这当他强调指出，它是不够普遍依法办事，自行动拥有道德内容，它是必要的也要将这项法律。但德国"小男子汉"在纳粹的法律中，感知不一致的地方并服从他们成为道德行动的那一刻，他还立下遗嘱他们，即认同将立法规定他们的元首。阿伦特，人意识到这一点，添加太多的可怕的系统性和精度和方法行使期间"最终解决方案"

可以追溯到非常奇怪的想法，事实上在德国，很常见，是守法意味着不只是为了服从法律，而是行动，仿佛一个人服从法律的立法者。(阿伦特：122)

很难见到康德的绝对命令和阿伦特，此版本之间的区别，如果是，事实上，正如阿伦特指出，被广泛接受的概念，在纳粹德国，它是在究竟什么是康德伦理学对此德国外国人难见到。

⟡ 4. 粗犷: 伦理的结语 ⟡

4.18 哲学的科学角

因为在这最后一章之前这本书作为一个整体处理的科学哲学，这是唯一的适当我应风起高山族伦理教化的故事关于纳粹科学哲学的这一章。将提出，然而，作为连续与罗森博格的哲学的神话和象征意义。德国的民族自豪感的重要组成部分是世界的神话的古代日耳曼部落密集，开始以来的欧洲，这是世界的神话的他们建立，创造了欧洲文化的论文。而因为事实证据是这个神话的一部分，纳粹允发明考古和史学研究证据为这新的历史。

纳粹主义对证据的态度很好地反映在 SS 人向犹太人在集中营解释真理由维克托的话说:

*然而，这是 5 月结束，我们**赢**得了战争对你:你们谁都不会离开要作见证，但即使有人为了生存，世界不会相信他。或许会怀疑，讨论，研究的历史学家，**但会有不确定性，因为我们将毁灭证据和你在一起**。(李维: 1)。*

真理是严格确定性，和这证据，确定和的证据由维克托。这是理想主义的但从康德到黑格尔，最后加工和它在纳粹意识都深深地被同化。

一些德国教授的反抗假的考古证据科学真理的名义，以向他们解释这个科学真理的本质希特勒让它们松散不是别人的盖世太保和 S 美国指挥官希姆莱之后的 "神的恐惧在心中的那些教授和布雷斯劳" 希姆莱向他熟悉的记录这次谈话，解释 "科学意见，任何人都不感兴趣，他们都只是他们私人的意见"。另一方面

*如果国家或一方已宣布，某些视图被认为是科学研究，视图必须接受只是作为科学公理，和必须有没有**犹豫不决**关于它的所需起始点。还是少批评。(劳: 224)。*

❧ 三种哥白尼革命 ❧

什么是涉及科学考古和史学 (即,文件和其真实性研究) 等在这里,但原则是相当普遍的并将最终包括生物学和物理学。原则是——科学事实就是事实,是构造并确定在历史上,维克托和有没有分开,因为他的事实。希姆莱去解释:

> 无论是德国部落的前期历史的真谛这还是别的,我们不在乎一个叫声。科学所得收益每年或两年的假说。所以是没有世俗的理由,为什么党应该不放下一个特定的假设作为起点,即使它与当前的科学观点背道而驰。一、只对我们来说,重要的事情和这些人,由政府支付的东西是历史的有思想,加强我们的人民在他们必要的民族自豪感。(同上:225)

在这最后一章我关注职业道德规范的现实主义和作为一种防御(相当绝望地)对被控"夸张"和"伪造"我介绍了黑格尔和伦理源于他自己他宣布的现实主义。由于现实主义是在其所有的变换的理想主义的本质,从它派生的伦理持有同样对于康德和我们这个时代,对于康德的传统,如逻辑实证主义者或费耶阿本和库恩和哲学家的文化和社会从马克斯 • 韦伯的传统,如麦克福柯和被称为后现代主义的精神科学的哲学家。尽管所有的区别和差异,并且尽管所有出血人文主义、自由主义,多元化浇筑从他们,他们的工作是历史的科学的什么比西欧,理由的一切,而不仅仅是历史的科学的的每个可能(量子或巫毒教),但也每一个可能的文化(和平或战争的)和所有恐怖,并将更多。

"不要笑我的文字,有远见的人"。

www.ingramcontent.com/pod-product-compliance
Lightning Source LLC
Chambersburg PA
CBHW060234100426
42742CB00011B/1528